高等职业教育"十二五"规划教材

Daolu Gongcheng Zhitu yu CAD
道路工程制图与 CAD

（第二版）

汪谷香　夏晓慧　**主　编**
闫新勇　赵仙茹　**副主编**
刘孟良　刘正兵　**主　审**

人民交通出版社股份有限公司
China Communications Press Co.,Ltd.

内 容 提 要

本书为高等职业教育"十二五"规划教材,也是国家社会科学基金"十一五"规划(2009年度)教育学一般课题《高职建设类课程项目化、模块化改革研究》研究成果之一。

本书分为四个模块:模块一为工程构件的绘制及识读,主要介绍了《道路工程制图标准》(GB 50162—92)的基本内容、识读工程构件所需的核心投影理论;模块二为专业图的识读,目的是提高学生识读专业知识的技能;模块三为工程结构物的绘制,该模块以工程案例为载体,介绍各种AutoCAD绘图命令与编辑命令以及其他辅助知识;模块四为实训模块,该模块将AutoCAD与专业相结合来强化AutoCAD绘图技能水平。

本书可作高职高专院校道路与桥梁、公路监理等专业用教材,还可供相关工程技术人员参考。

＊本书配有多媒体助教课件,任课教师可通过加入职教路桥教学研讨群(QQ群561416324)索取。

图书在版编目(CIP)数据

道路工程制图与CAD / 汪谷香,夏晓慧主编. —2版.
—北京:人民交通出版社股份有限公司,2015.8
高等职业教育"十二五"规划教材
ISBN 978-7-114-12296-5

Ⅰ.①道… Ⅱ.①汪… ②夏… Ⅲ.①道路工程–工程制图–AutoCAD软件–高等职业教育–教材
Ⅳ.①U412.5

中国版本图书馆CIP数据核字(2015)第124904号

高等职业教育"十二五"规划教材

书　　名:	道路工程制图与CAD(第二版)
著　作　者:	汪谷香　夏晓慧
责任编辑:	袁　方
出版发行:	人民交通出版社股份有限公司
地　　址:	(100011)北京市朝阳区安定门外外馆斜街3号
网　　址:	http://www.ccpress.com.cn
销售电话:	(010)59757973
总　经　销:	人民交通出版社股份有限公司发行部
经　　销:	各地新华书店
印　　刷:	北京武英文博科技有限公司
开　　本:	787×1092　1/16
印　　张:	23
字　　数:	576千
版　　次:	2010年9月　第1版
	2015年8月　第2版
印　　次:	2021年5月　第11次印刷　　总第18次印刷
书　　号:	ISBN 978-7-114-12296-5
定　　价:	58.00元

(有印刷、装订质量问题的图书由本公司负责调换)

第二版前言

本书于 2010 年出版，为国家示范性高等职业院校课程改革教材。随着这几年国家示范性高等职业院校课程建设的发展，进一步完善高职教育从高端技术技能型人才的培养出发，将专业技能抽查标准与教材融合的理念，充分吸纳国家社会科学基金"十一五"规划教育学一般课题《高职建设类课程项目化、模块化改革研究》（课题批准号：BJA090060）的研究成果，在此基础上对本书进行了改版。

本次改版过程中，我们突出以下两点：一是充分体现了高职教育基于能力本位的教育观、基于工作过程的课程观，本书充分考虑了高职高专职业教育教学特点，培养学生的技能需要，以能力为主线构建模块化知识框架，以培养学生的职业能力，让学生掌握必需的、实用的识图、绘图模块；二是以任务为主线构建项目框架，达到培养应用型人才为目的，在此基础上重组教学内容和表达方式，突出培养学生的就业能力。

本书作了以下改进：

1. 本书在章节上很好地体现了模块化和项目化的特点。全书共分为四个模块，模块一为工程构件的绘制与识读；模块二为识读专业图；模块三为工程结构物的绘制；模块四技能实训。不同模块的编写方式不同。

2. 本书以模块为框架，以任务的形式构建项目的框架形式。模块一是以够用、实用为原则，将实用的制图理论知识与人民交通出版社股份有限公司开发的相关的数字化资源相配套，有利于培养学生的读图能力。

3. 模块二为识读专业图。本模块是把制图理论与专业图紧密结合，该模块以实用的成套的施工图纸为载体并配与数字化资源的专业实物图模型相匹配，目的是有利于提高识读专业图的技能。

4. 模块三以工程案例为载体来组织 AutoCAD 教学，增加了一些高级版本新增的内容，比如如何创建表格。本模块突出任务式的项目框架，以及增加如何绘图的理念，通过实例任务的形式引入操作命令的目的性教学方式，来强化学生的计算机绘图能力的培养。

5. 模块四实训模块为新增加内容，通过专业图的实训来强化学生 AutoCAD 操作技能。

6. 该书基本上遵循了道路工程制图规范，将专业制图与 AutoCAD 相结合，强化培养技能性人才的特点，在例题的讲解中突出了教学重点，同时，在排版上有很大的改进，图文并茂，减少了大量的文字说明。

本书由湖南交通职业技术学院汪谷香、夏晓慧担任主编，河北交通职业技术学院闫新勇、陕西交通职业技术学院赵仙茹担任副主编。具体编写分工如下：模块一项目一～项目四、模块三项目一～项目五由汪谷香编写，模块一项目五由湖南交通职业技术学院王丽群编写，模块二项目一由赵仙茹编写，模块二项目二、三由夏晓慧编写，模块三项目六由四川交通职业技术学院曹雪梅编写，项目四由闫新勇编写。全书由汪谷香统稿。

感谢湖南交通职业技术学院刘孟良教授对本书进行审稿，感谢中交四局二公司刘正兵经理进行专业技术指导，感谢曹雪梅、青海交通职业技术学院姚青梅指导本书的二维码数字资源的制作。

本书可作高职高专院校道路桥梁工程类、公路管理类专业教材，还可供相关技术人员参考。

由于水平有限，教材中难免有不妥之处，恳请读者批评指正。

编　者
2015 年 4 月

目　录

模块一　掌握制图规范与工程构件的绘制及识读 …………………………………………… 1
　项目一　掌握制图规范和相应的基本知识 …………………………………………………… 1
　　任务　了解工程图样及制图规范 ………………………………………………………… 1
　项目二　绘制简单的基本体的三面投影 …………………………………………………… 15
　　任务一　投影的概念及正投影特性 ……………………………………………………… 15
　　任务二　绘制基本体的三面投影 ………………………………………………………… 20
　　任务三　绘制基本体的轴测投影图 ……………………………………………………… 27
　项目三　绘制基本几何元素的投影 ………………………………………………………… 36
　　任务一　绘制点的三面投影 ……………………………………………………………… 37
　　任务二　绘制直线的投影 ………………………………………………………………… 39
　　任务三　绘制平面的三面投影 …………………………………………………………… 45
　　任务四　绘制圆管涵断面投影（截交线、相贯线） …………………………………… 53
　项目四　绘制工程结构物的投影与剖面、断面图 ………………………………………… 61
　　任务一　绘制工程结构物的投影及尺寸标注 …………………………………………… 62
　　任务二　绘制涵洞口的剖面图、变截面T梁的断面图 ………………………………… 81
　项目五　绘制公路路基填、挖方线 ………………………………………………………… 97
　　任务一　绘制点、线、面的高程投影 …………………………………………………… 97
　　任务二　曲面的高程投影 ………………………………………………………………… 104

模块二　识读道路工程专业图 …………………………………………………………… 112
　项目一　识读道路路线工程图 ……………………………………………………………… 112
　　任务一　识读公路路线平面图 …………………………………………………………… 112
　　任务二　识读公路路线纵断面图 ………………………………………………………… 117
　　任务三　识读公路路基横断面图 ………………………………………………………… 120
　　任务四　识读城市道路路线工程图 ……………………………………………………… 122
　项目二　识读桥梁工程图 …………………………………………………………………… 124
　　任务一　识读桥梁工程图 ………………………………………………………………… 124
　　任务二　识读钢筋混凝土结构物的配筋图 ……………………………………………… 134
　项目三　识读涵洞工程图 …………………………………………………………………… 147
　　任务一　涵洞的基本知识 ………………………………………………………………… 147
　　任务二　识读涵洞工程图 ………………………………………………………………… 148

模块三　绘制工程结构 …………………………………………………………………… 155
　项目一　认识AutoCAD的工作界面及其基本操作 ……………………………………… 155

任务一　认识 AutoCAD 工作界面 ………………………………………… 155
　　任务二　学习 AutoCAD 的基本操作 ……………………………………… 166
　项目二　绘制点、线及几何图形 …………………………………………………… 176
　　任务一　绘制标准的 A3 图幅 ……………………………………………… 176
　　任务二　绘制盖板涵截面图 ………………………………………………… 183
　　任务三　绘制坡度箭头以及多段线构成的平面图形 ……………………… 190
　　任务四　绘制管状桩的断面图 ……………………………………………… 198
　　任务五　绘制回头曲线、道路交叉口 ……………………………………… 202
　　任务六　绘制路线里程桩 …………………………………………………… 211
　项目三　几何体的绘制 ……………………………………………………………… 221
　　任务一　绘制八字翼墙三面投影图 ………………………………………… 221
　　任务二　绘制涵洞一字墙洞口的三面投影图 ……………………………… 225
　　任务三　绘制桥墩图 ………………………………………………………… 235
　　任务四　编辑图形 …………………………………………………………… 244
　项目四　书写文字、表格以及尺寸标注 …………………………………………… 258
　　任务一　绘制道路路线纵断面图的资料部分 ……………………………… 258
　　任务二　U 形桥台尺寸标注 ………………………………………………… 267
　　任务三　标注轴测投影图的尺寸 …………………………………………… 283
　　任务四　创建表格 …………………………………………………………… 287
　项目五　创建三维实体 ……………………………………………………………… 295
　　任务一　U 形桥台的三维建模 ……………………………………………… 295
　　任务二　熟悉三维绘图环境 ………………………………………………… 307
　项目六　打印输出图形 ……………………………………………………………… 319
　　任务一　图形文件输出 ……………………………………………………… 320
　　任务二　在图纸空间中创建打印布局 ……………………………………… 326
　　任务三　图形的打印输出 …………………………………………………… 331
模块四　实训 …………………………………………………………………………… 334
　实训一　AutoCAD 与 Word 的结合使用 ………………………………………… 334
　实训二　绘制道路路线平面图 ……………………………………………………… 336
　实训三　绘制道路路线纵断面图 …………………………………………………… 339
　实训四　绘制道路路线横断面图 …………………………………………………… 344
　实训五　绘制桥墩构造图 …………………………………………………………… 346
　实训六　绘制桥梁总体布置图 ……………………………………………………… 350
　实训七　绘制盖板涵工程图 ………………………………………………………… 351
　实训考核 ……………………………………………………………………………… 355
参考文献 …………………………………………………………………………… 359

模块一　掌握制图规范与工程构件的绘制及识读

当研究空间物体在平面上如何用图形来表达时,因空间物体的形状、大小和相互位置等不相同,不便以个别物体来逐一研究,并且为了能正确、深刻和完全地研究物体以及所得结论能广泛地应用于所有物体起见,特采用几何学中将空间物体综合概括成抽象的点、线、面等几何元素的方法,研究这些几何元素在平面上如何用图形来表达,以及如何通过作图来解决它们的几何问题。这种用图形来表示空间几何形体和运用几何图来研究它们的几何问题的一门学科,称为画法几何。

如果把工程上具体的物体视为由几何形体所组成,根据画法几何的理论,研究它们在平面上用图形来表达的问题,进而形成工程图。在工程图中,除了有表达物体形状的线条以外,还要应用国家制图标准规定的一些表达方法和符号,注以必要的尺寸和文字说明,使得工程图能完整、明确和清晰地表达出物体的形状、大小和位置等。研究绘制工程图的这门学科,称为工程制图。

注意:如将工程图比喻为工程界的一种语言,则画法几何便是这种语言的语法。

项目一　掌握制图规范和相应的基本知识

学习要点

1. 了解图样的作用。
2. 掌握《道路工程制图标准》(GB 50162—92)关于图幅、图框的规定,以及字体、图线、尺寸的规定。
3. 熟悉常用的绘图工具。

任务　了解工程图样及制图规范

一、本课程的研究对象

图样在工程上起着类似文字语言的表达作用,不仅用于指导生产,还用于交流,所以人们常把它称为"工程技术语言"。因而,绘制和阅读图样便成为一个工程技术人员所必须具备的基本功。制图就是一门研究如何绘制和阅读图样的学科,本课程包含了工程制图所需的基础知识、基本理论及基本技能。

制图基础知识:其中包括制图标准及平面图绘制等方面的知识;制图基本技能:其中包

括尺规绘图、徒手草图及计算机绘图等;基础理论:其中包括画法几何及有关的图学理论,各工程图图样表达方法。

(一)了解工程图样

工程图样应准确地表达工程结构物的形状、大小及其技术要求。

如图1-1-1所示,该重力式U形桥台由台身(前墙、侧墙和台帽)与基础组成,支撑桥跨结构,靠自重和土压力来平衡由主梁传来的压力,防止倾覆。

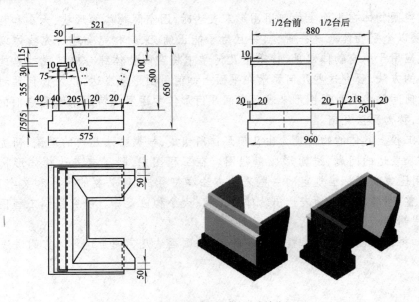

图1-1-1 重力式U形桥台(尺寸单位:cm)

如图1-1-2,该桥墩由四部分组成:从下往上分别为桩(呈梅花形排列的两排)、承台(长方体1500cm×200cm×150cm)、立柱(五根圆形立柱,直径为80cm,高250cm)、墩帽(全长为1650cm,宽为140cm,高度在中部为116cm,在两端为110cm)。

(二)本课程的学习目的

1．知识目标

(1)熟悉制图规范和其他相应的基本知识,掌握对形状、尺寸、技术要求能够理解正确的技能。

(2)掌握绘制物体的三面正投影的技能。

(3)掌握识读与绘制专业工程图的技能。

(4)掌握计算机绘图的技能。

2．能力目标

(1)培养正确绘制和阅读工程图样的基本能力。

(2)培养和发展空间想象能力、空间逻辑思维能力和创新思维能力。

(3)培养用计算机手段、尺规及徒手绘制工程图样的能力。

3．职业素养

(1)在学习过程中培养学生一丝不苟的工作态度。

(2)培养团队协作精神和吃苦耐劳的精神。

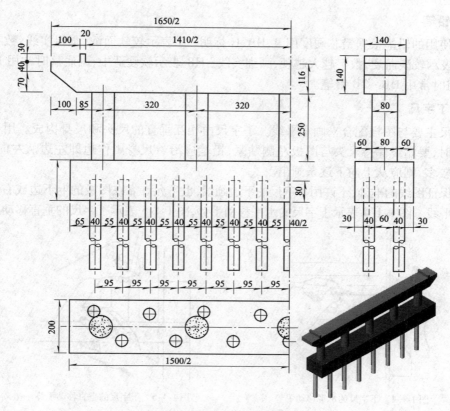

图 1-1-2　桥墩结构图(尺寸单位:cm)

二、制图工具及其使用方法

手工绘制工程图必须借助制图工具进行,常用的绘图工具及仪器有图板、铅笔、丁字尺、三角板、比例尺、分规、圆规及曲线板等,如图 1-1-3。

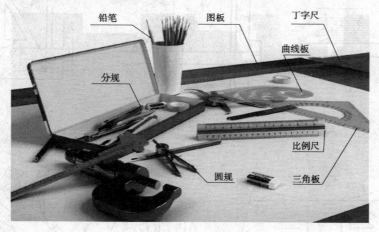

图 1-1-3　制图工具

(一)图板

画图时的垫板,图板板面应质地松软、光滑平整、有弹性,图板两端要平整,角边应垂直。图板的大小有 0 号、1 号、2 号等各种不同规格,可根据所画图幅的大小而选定。

3

(二) 铅笔

绘图使用的铅笔根据铅芯硬度用 B、HB、H 标明，B 表示较软而浓，画粗实线，数字越大越软；H 表示较淡而硬，数字越大越硬，画细实线；HB 表示软硬适中，画底稿时常用 H~2H 铅笔，描粗时常用 HB~2B 铅笔。

(三) 丁字尺

丁字尺主要与图板配合来画水平线。丁字尺由相互垂直的尺头和尺身构成。用丁字尺画水平线时，要始终保持尺头与图板左侧贴紧，铅笔应沿着尺身工作边即左边从左向右画，如水平线较多，则应从上向下逐条画出。

为了保证图线的准确，不许用丁字尺的下边画线，也不允许靠在图板的上下边或右边画铅垂线或水平线。图 1-1-4 表示丁字尺的水平移动手势，图 1-1-5 表示丁字尺的垂直移动手势。

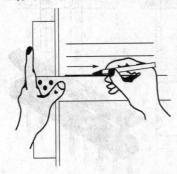
图 1-1-4 丁字尺的水平移动手势

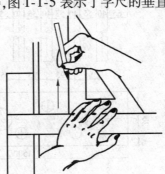
图 1-1-5 丁字尺的垂直移动手势

(四) 三角板

三角板与丁字尺配合主要用来画铅垂线和某些角度的斜线（如 30°、45°、60°、75°），如图 1-1-6、图 1-1-7 所示。

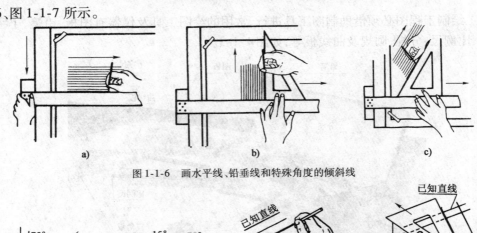
图 1-1-6 画水平线、铅垂线和特殊角度的倾斜线

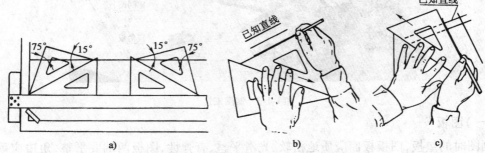
图 1-1-7 画已知直线的平行线和垂直线

（五）比例尺

在图样中图形与实物相应的线性尺寸之比，称为比例。刻有不同比例的直尺称为比例尺。比例尺的式样很多，常用的为三棱尺（图 1-1-8），它在三个棱面上刻有六种比例，其比例有百分比例尺和千分比例尺两种。百分比例尺有 1∶100、1∶200 等，千分比例尺有 1∶1000、1∶2000 等。比例尺上刻度所注数字的单位为米（m）。

图 1-1-8　三棱尺

值得注意的是图形上所注的尺寸是指物体实际的大小，它与图形的比例无关。绘图时将实际尺寸按选定比例在相应的尺面上量取即可（均以米为单位）。

注意：比例尺不能作为直尺使用。

（六）分规、圆规

分规是截量长度和等分线段的工具。使用时应使两针尖接触对齐，圆规是用来画圆或圆弧的仪器。分规、圆规的使用如图 1-1-9 所示。

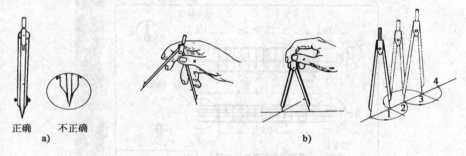

图 1-1-9　分规、圆规的使用

（七）擦线板

擦线板是用来擦去画错图线的工具，是用透明胶片或金属片制成的（图 1-1-10）。使用时选择适当形状的挖孔，框住图上需擦去的线条，左手压紧擦图片，再用橡皮擦去框住的线条，这样擦图的准确性很高，可避免误擦有用的图线。

图 1-1-10　擦线板的用法

（八）曲线板

曲线板是用来画非圆曲线的工具。在使用曲线板之前，必须先确定曲线上的若干控制点，再分段画出，每次至少应有三点与曲线板相重合，画后一段时，曲线板的相应部位必须与前一段中的两个点或一定长度相吻合，以保持线段的顺滑，如图 1-1-11。

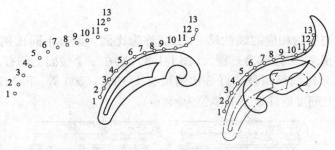

图 1-1-11 曲线板

三、制图的基本规格

工程图是重要的技术资料,是施工的依据。为使工程图样符合设计、施工、存档的要求,便于技术交流,国家对图样的格式、内容和表达方法等制定了统一标准,制图时必须严格遵守。

本节主要介绍《道路工程制图标准》(GB 50162—92)中对图幅大小、图线线型、粗细、尺寸标注、图例、字体等所有的有关规定,如图 1-1-12 所示。

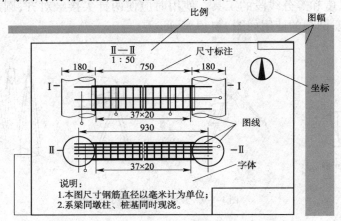

图 1-1-12 标准示例

(一)图纸的幅面及格式

为了使图纸整齐,便于装订和保管,图幅及图框尺寸大小应按国家标准规定(表 1-1-1)执行,表中尺寸代号的含义见图 1-1-13 所示。

图纸基本幅面尺寸　　　　　　　　　　　　　　表 1-1-1

尺寸代号	图幅代号				
	A0	A1	A2	A3	A4
$b \times L$	841×1189	594×841	420×594	297×420	210×297
a	35	35	35	30	25
c	10	10	10	10	10

根据需要,图幅短边不得加长,长边可以加长,图幅 A0、A2、A4 应为 150mm 的整数倍,图幅 A1、A3 应为 210mm 的整数倍。

图框内右下角应绘标题栏,简称图标,如图 1-1-14 所示。《道路工程制图标准》(GB 50162—92)规定的格式有三种,图标外框线线宽宜为 0.7mm;图标内分格线线宽宜为 0.25mm。

(二)比例

图样中图形与实物相应线形尺寸之比,称为比例,比例采用阿拉伯数字表示。

规范规定:当一幅图中比例完全相同时,可在图签中注明。当一幅图中出现不同比例时,比例应该标注在视图图名的右侧,且字高比图名字高小一号或两号。当竖直方向与水平方向的比例不同时,可用 V 表示竖向比例,用 H 表示横向比例,如图 1-1-15 所示。绘图比例应设为整数,一般设为 10 的整倍数。比例的选择应根据图面布置合理、匀称、美观的原则,按图形大小及图面复杂程度确定,一般优先选用表 1-1-2 中的常用比例。

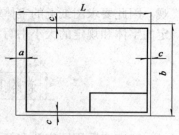

图 1-1-13 幅面格式

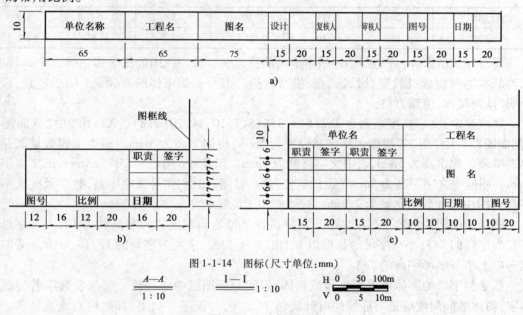

图 1-1-14 图标(尺寸单位:mm)

图 1-1-15 比例的标注

绘图所用的比例 表 1-1-2

常用比例	1:1	1:2	1:5	1:10	1:20	1:50
	1:100	1:200	1:500	1:1000		
	1:2000	1:5000	1:10000	1:20000		
	1:50000	1:100000	1:200000			
常用比例	1:3	1:15	1:25	1:30	1:40	1:60
	1:150	1:250	1:300	1:400	1:600	
	1:1500	1:2500	1:3000	1:4000		
	1:6000	1:15000	1:30000			

当采用一定比例画图时,图样上标注的尺寸数字是结构物的实际尺寸,而与所采用的比例无关。

(三)字体

文字、数字或符号是工程图中的重要组成部分。若字体潦草,各写一套,会导致辨认困难,或被误认为其他,容易造成工程事故,给国家和个人带来损失;同时也影响图面的整洁美观。因此要求图纸上的字体端正、笔画清楚、排列整齐、标点符号清楚正确；而且要求采用规定的字体和规定的大小书写，如图1-1-16。

图1-1-16 仿宋字例

汉字应采用国家公布简化汉字，从左至右，横向书写，并应采用挺秀端正、粗细均匀的长仿宋体。图纸上的汉字应写成长仿宋体，即高宽比是3∶2；《道路工程制图标准》（GB 50162—92）中以字体高度代表字号，应不小于3.5mm，其字高系列及字高与字宽关系见表1-1-3。

长仿宋体字的高宽关系　　　　　　　　　　　　　　　　　　表1-1-3

字高（即字号）	20	14	10	7	5	3.5
字宽	14	10	7	5	3.5	2.5

要写好长仿宋体，首先要练好基本笔画的特点和写法。我国的汉字多达数万个，但仅由八种基本笔画组成：横、竖、撇、捺、点、挑、钩、折。书写长仿宋体的要领是：横平竖直、起落分明、排列匀称、填满方格。

规范规定：文字高度系列为2、2.5、3、3.5、5、7、10、14、20（mm）。A3图纸中"立面图"、"侧面图"、"大样图"等视图名称字高设置为5mm，比例字高为3mm。图中工程数量表及其他表格表名称字高为5mm，表中文字高度为3mm。附注中"附注"二字为5mm，正文文字为4mm。图框中文字字高为5mm（设计单位名称、日期、比例、图号文字字高，数字及英文字母字高），图中尺寸数字字高为2.5mm，视图中用于说明的文字字高为3mm。

图纸中的阿拉伯数字、外文字母、汉字拼音字母笔画宽度宜为字高的1/10；大写字母的字宽为字高的2/3；小写字母的高度以b、f、h、p、g为准，字宽为字高的1/2；a、m、n、o、e的字宽为以上小写字母字高的2/3。

数字与字母的字体可采用直体或斜体，但同一册图纸中应一致。字母及数字若写成斜体字，斜体的倾斜度应是对底线逆时针旋转75°。若与汉字并列书写时，应写成直体字。当数字或字母与汉字同行书写时，其字高比汉字应小一号。图纸中分数不得用数字与汉字混合表示，如五分之一应写成1/5。如图1-1-17所示。

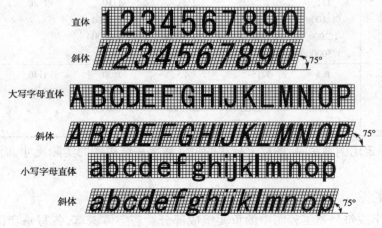

图1-1-17 数字和字母字列

(四)线型

工程图是由不同线型、不同粗细的线条所构成,这些图线可表达图样的不同内容且分清图中的主次。图形线型种类有实线、虚线、点划线、折断线、波浪线等。《道路工程制图标准》(GB 50162—92)对线型及线宽的规定见表1-1-4。

常用的几种图线　　　　　　　　　　　　　　　　　　表1-1-4

名　称	线　型	线　宽	一　般　用　途
粗实线	————	b	可见轮廓线、钢筋线
中实线	————	$0.5b$	较细的、可见轮廓线、钢筋线
细实线	————	$0.25b$	尺寸线、剖面线、引出线、图例线等
加粗实线	━━━━	$1.4\sim2.0b$	图框线、路线设计线、地平线等
粗虚线	– – – –	b	地下管线或建筑物
中虚线	- - - -	$0.5b$	不可见轮廓线
细点划线	—·—·—	$0.25b$	中心线、对称线、轴线等
双点划线	—··—··—	$0.25b$	假想轮廓线
波浪线	～～～	$0.25b$	断开界限
折断线	—／—	$0.25b$	断开界限

图线的宽度应符合《道路工程制图标准》(GB 50162—92)中规定的线宽系列,即0.18、0.25、0.35、0.5、0.7、1.0、1.4、2.0(mm)。每个图样一般使用三种线宽,且互成一定的比例,即粗线:中粗线:细线 = $b:0.5b:0.25b$,见表1-1-5。绘图时,应根据图的复杂程度及比例大小,选用如表1-1-5所示的线宽组合。在同一张图纸内相同比例的各图样应选用相同的线宽组合。图框线和标题栏线的宽度,应随图纸幅面的大小而不同,见表1-1-6。

线宽组合　　　　　　　　　　　　　　　　　　　　表1-1-5

线宽类别	线宽系列(mm)				
b	1.4	1	0.7	0.5	0.35
$0.5b$	0.7	0.5	0.35	0.25	0.25
$0.25b$	0.35	0.25	0.18	0.13	0.13

图纸图框线和标题栏线的宽度(mm)　　　　　　　　表1-1-6

图线幅面	图　框　线	标题栏外框线	标题栏分格线
A0、A1	1.4	0.7	0.35
A2、A3、A4	1	0.7	0.35

相互平行的图线,其间隙不宜小于其中的粗线宽度,且不宜小于0.7mm,虚线、点划线的线段长度和间隔宜各自相等。

绘制比较简单或比例较小的图时,可以只用两种线宽,其线宽比规定为$b:0.25b$,即不用中粗线。

规范规定:每一张A3图上的线宽一般不超过三种:粗线0.35mm、0.25mm与细线0.18mm。图中除构造图的轮廓线、钢筋线用粗线以外,其他一律用细线。在钢筋图中钢筋线用粗线0.35mm,轮廓线0.25mm。

在图线与线宽确定后,具体画图时还应注意如下事项,如图1-1-18所示:

①当虚线与虚线或虚线与实线相交时,相交处不应留空隙,应交于线段处。

②当实线延长线为虚线时,应该留有空隙,不得与实线连接。
③当点划线与点划线相交或点划线与其他图线相交时,交点应设在线段处。

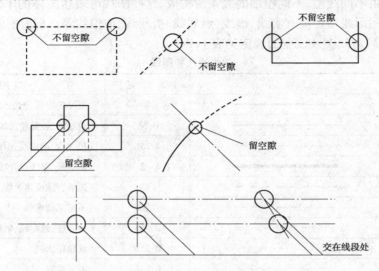

图1-1-18 图线相交的画法

图线间的净距不得小于0.7mm,必要时可采用示意方法,局部放大比例。

(五)坐标

①为表示地区的方位和路线的方向,地形图上需画出坐标网格或者指北针。

②图纸上指北针标志的绘制如图1-1-19a)所示,圆的直径应为24mm,指针尾部的宽度为3mm,需用较大直径绘制指北针时,指针尾部宽度为直径的1/8。网格表示坐标:坐标网格应用细实线绘制,南北方向轴线代号为 X 轴,向北为坐标值增大方向;东西方向轴线代号为 Y 轴,向东为坐标值增大方向。坐标网格也可采用十字代替,如图1-1-19b)。坐标控制点的标注,如 $X460.405/Y310.750$ 就是该点距坐标原点向北460.405m,向东310.750m。

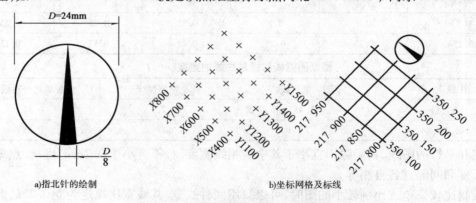

a)指北针的绘制　　　　b)坐标网格及标线

图1-1-19 坐标网格及指北针的绘制

注意事项:

①当坐标数值位数较多时,可将前面相同数字省略,但应在图纸中说明,坐标数值也可采用间隔标注。

②坐标值的标注应靠近被标注点,书写方向应平行于对应的网格线,或在其延长线上。

③当需要标注的控制坐标点不多时,宜采用引出线的形式标注。水平线上、下分别标注

X 轴、Y 轴的代号及数值。

④当需要标注的控制坐标点较多时,图纸上可仅标注点的代号,坐标数值可在适当位置列表示出。

⑤坐标数值的计量单位应采用米,并精确到小数点后三位,如图 1-1-20。

图 1-1-20　控制点坐标的标注

(六)尺寸标注

工程图样是要准确地表达工程结构物的形状、大小及技术要求,所以必须准确、完整和清晰地标注出工程结构物的实际大小,作为施工的依据。

1. 尺寸的组成

一个完整的尺寸由尺寸界线、尺寸线、尺寸起止符、尺寸数字四部分组成,又称尺寸的四要素,如图 1-1-21 所示。

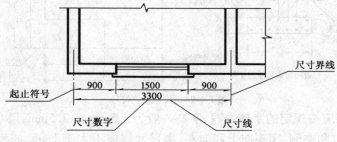

图 1-1-21　尺寸组成

2. 尺寸标注的一般规则

(1)图上所有的尺寸数字是物体的实际大小数值,与图的比例无关。

(2)在道路工程图中,线路里程桩号以公里为单位;高程、坡长和曲线要素以米为单位;一般砖、石、混凝土等工程结构物以厘米为单位;钢筋和钢材断面以毫米为单位。图上尺寸数字之后不必注写单位,在注解中注明。

(3)尺寸界线应用细实线绘制,与被标注长度垂直,当标注有困难时,尺寸界线也可不垂直于被标注长度,但尺寸界线应互相平行。规范规定:A3 图纸中,尺寸界线与标注实体的最小间距为 1mm。尺寸界线外端长 1.5mm,内端长为 3mm,如图 1-1-22。

(4)尺寸线用细实线绘制,应与标注长度平行,且不宜超出尺寸界线,标注时应避免尺寸线之间及尺寸线与其他指示线交叉。任何情况下图线不得穿过尺寸数字,尺寸线与被标注尺寸的实体轮廓线的最小间距以及互相平行的两尺寸线的间距一般在 5～6mm,同一张图纸或同一图形上的这种间距大小应保持一致。分尺寸线应离轮廓线近,总尺寸线应离轮廓线远,如图 1-1-23。

(5)尺寸线与尺寸界线的相接点为尺寸的起止点,在起止点上应画尺寸起止符号,有如下表示方法:

①尺寸起止符号可采用单边箭头表示,箭头在尺寸界线的右边时,应标注在尺寸线之

上;反之,应标注在尺寸线之下。规范规定:箭头大小可应根据图纸输出比例设置,A3 图纸设定为 1.2mm,与标注线夹角 15°。

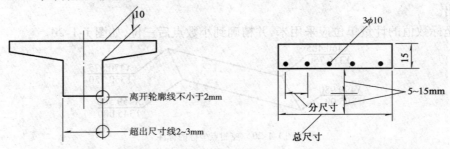

图 1-1-22　尺寸界线的标注　　　　　图 1-1-23　尺寸线的标注

②斜短线表示:尺寸起止符也可采用尺寸界线按顺时针转 45°方向的倾斜方向,且长度为 2~3mm 中粗斜短线表示。

③小黑圆点表示:在连续表示的小尺寸中,也可在尺寸界线同一水平的位置,用黑圆点表示尺寸起止符,如图 1-1-24。

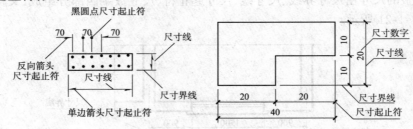

图 1-1-24　尺寸起止符号

(6)尺寸数字应按规定的字体书写,字高一般为 3.5mm 或 2.5mm,尺寸数字一般标注在尺寸线中间的上方和左侧,字头向上和向左,离尺寸线应不大于 1mm,如没有足够的注写位置,最外边的尺寸数字可标注在尺寸界线外侧,中间相邻的尺寸数字可错开注写,也可引出注写,同一张图纸上,尺寸数字大小应相同,如图 1-1-25。

(7)引出线的斜线与水平线应采用细实线绘制,其交角可按 90°、120°、135°、150°,当需要文字说明时,可将文字标注在引出线的水平线上。当斜线有几条时,各斜线宜平行或者交于一点,如图 1-1-26 所示。

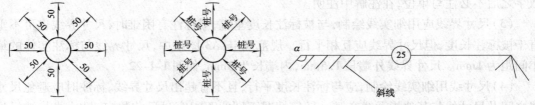

图 1-1-25　尺寸数字、文字的标注　　　　　图 1-1-26　引出线的标注

(8)大样图:当用大样图表示较小且复杂的图形时,其放大范围应在原图中采用细实线绘制的圆形或其他较规则的图形圈出,并用引出线标注名称,如图 1-1-27 所示。

3.圆的标注(直径 φ、D 或 d,半径 R 或 r)

在标注圆的直径尺寸数字前面,加注符号"φ"或"d,D",在半径尺寸数字前面,加注符号"r、R",如图 1-1-28a)所示。当圆的直径较小时,半径或直径可如图 1-1-28b)所示标注;当圆的直径较大时,半径尺寸的起点可不从圆心开始,如图 1-1-28c)所示。

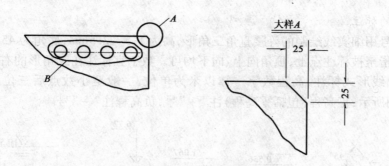

图 1-1-27　大样图范围的标注

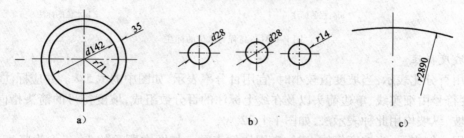

图 1-1-28　半径与直径的标注

圆弧尺寸标注如图 1-1-29a)所示,尺寸线应以与该圆弧同心的圆弧线表示,尺寸界线应指向圆心,起止符号用箭头表示,弧长数字上方应加注圆弧符号"⌒"。当弧长分为线段标注时,尺寸界线可沿径向引出,如图 1-1-29b)所示。标注圆弧的弦长时,尺寸线应以平行于该弦的直线表示,尺寸界线应垂直于该弦,如图 1-1-29c)所示。

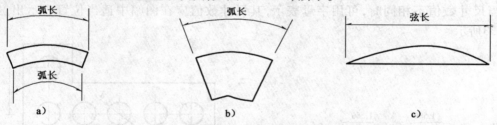

图 1-1-29　弧、弦的尺寸标注

4. 球的标注($S\phi$ 或 SR)

标注球体的尺寸时,应在直径和半径符号前加 S,如 $S\phi$ 或 SR。

5. 角度的标注

角度的尺寸线应以圆弧表示,角的两条边为尺寸界线,起止符号应以箭头表示,如果没有足够的位置画箭头,可用圆点代替,角度数字应沿尺寸线中间的上方,当角度太小时,可将尺寸线标注在角的两条边的外侧,如图 1-1-30 所示。

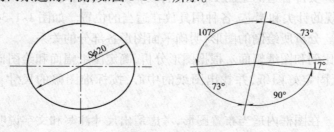

图 1-1-30　角度的标注

6. 高程的标注

高程符号用细实线绘制的等腰直角三角形,高为1.5~2.5mm,底角为45°,如图1-1-31所示。顶角指至被标注点上,顶角向上、向下均可。数字宜标注在三角形的右侧。图形复杂时,可用引出线形式标注,高程数字一律以米为单位,一般至小数点后三位。零点高程注±0.000如图所示,正高程(包括零高程)注"+"号,负高程注"-"号。

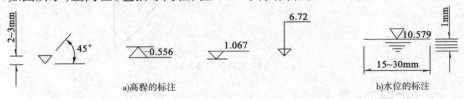

图1-1-31 高程与水位的标注

7. 坡度标注

① 用百分比表示:当坡度值较小时,宜用百分率表示,如图中的1.5%。并应标注坡度符号,坡度符号由细实线、单边箭头以及在线上标注的百分数组成,坡度符号的箭头指向下坡。路面横坡、纵坡均用此种表示法,如图1-1-32所示。

② 用比例表示:当坡度值较大时,宜用比例表示。如图中所示的$1:n$。1为竖直方向的高度值,n为水平方向的距离。路基边坡、挡土墙和桥墩墩身的坡度都采用这种方法表示。

8. 尺寸的简化标注

① 连续排列的等长尺寸可采用"间距数乘间距尺寸"的形式标注。

② 两个相似的图形可以只绘制一个,未画出图形的尺寸数字可用括号表示。如有数个时,当尺寸数值不相同时,可用字母表示,其尺寸数值应在图幅中适当位置表示出,如图1-1-33所示。

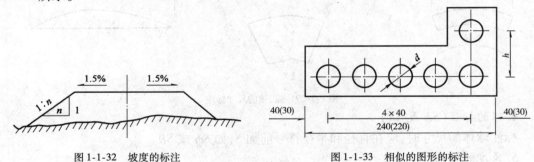

图1-1-32 坡度的标注　　　　图1-1-33 相似的图形的标注

四、制图的步骤与方法

(1) 准备工作。安排合适的绘图工作地点,准备好图板、丁字尺、三角板、绘制不同图线的铅笔,调整好圆规的针尖和铅芯,各种用具放在适当的位置。如图1-1-34所示。

(2) 图形分析。分析所绘制的图形,明确平面图形各部分的关系。

(3) 选择图形比例和图纸幅面。根据图形分析,确定图纸幅面和绘图比例。在图板合适的位置上用胶带纸固定好图纸,并找出图纸的中心,按标准图幅的尺寸,绘制图框线和标题栏。

(4) 图形布置。在图框内适当布置图形,考虑留出尺寸注写和文字说明的位置。图形布置考虑好之后,画出图形的基准线,如中心线、轮廓线等。

(5)绘制底稿。用较硬的铅笔绘制底稿。先画出图形的主要轮廓,再画细节。图形的底稿线应细、轻、准。

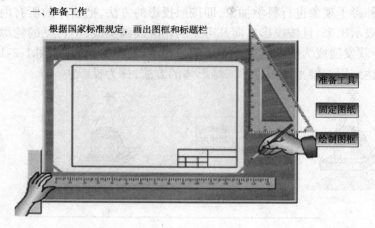

图1-1-34　准备工作

(6)加深。底稿完成后要仔细检查,准确无误后,按平面图形标注尺寸的方法引出尺寸界线和尺寸线,然后按不同线型加深图形。图线应浓淡均匀。

(7)注写尺寸数字和文字说明,填写标题栏。

项目二　绘制简单的基本体的三面投影

学习要点

1. 投影的基本知识。
2. 正投影特性。
3. 三面投影体系以及形体三面投影图的绘制。
4. 常见基本体的类型,投影特性。
5. 轴测投影的基本参数以及基本特性,正等测投影、斜二测投影的基本参数,如何绘制正等测与斜二测投影。

在工程设计中常用各种投影方法绘制工程图样。本项目介绍投影的基本概念和性质、工程中常用的图示方法、三视图的形成及其投影规律。

任务一　投影的概念及正投影特性

一、影子与投影

思考:比较图1-2-1中两图的区别。相关资源见二维码1。

物体在光线的(灯光和阳光)的照射下,就会在地面上产生影子。图1-2-1a)所示是在灯光的照射下桥台所产生的影子,这种常见的自然现象称之为投影现象。当光线照射的角度或距离改变时,影子的位置、形状也随之改变。也就是说,光线、物体、影子之间存在着紧密的联系。

人们对这种影子现象进行科学抽象,即按照投影的方法,把物体的所有内外轮廓和内外表面交线全部表示出来,且按投影方向凡可见的轮廓线画实线,不可见的轮廓线画虚线。这样,形体的影子就发展成为能满足生产需要的投影图,简称为投影,如图1-2-1b)所示。这种依投影的原理达到用二维平面图表示三维形体的方法,称为投影法。

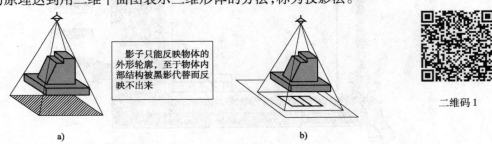

图 1-2-1　影子与投影的区别

(一) 投影的概念

投影具有三要素:投射线、投影面、投影,投射线与投影面交点称为投影,如图 1-2-2 所示。物体的投影图是按照投影的方法画出物体上所有的轮廓线,可见的轮廓线画成粗实线,不可见的轮廓线用虚线绘制。

(二) 投影法分类

根据投射线的不同情况,投影可分为两大类:

1. 中心投影

所有投射线都从一点(投射中心)引出的,称为中心投影,如图 1-2-3a)所示。

2. 平行投影

所有投射线互相平行则称为平行投影。若投射线与投影面垂直,称为正投影;若投射线与投影面斜交,称为斜角投影或斜投影,如图 1-2-3b)所示。大多数的工程图,都是采用正投影法来绘制。

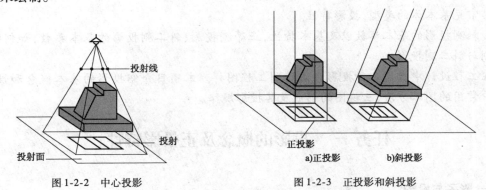

图 1-2-2　中心投影　　　　　图 1-2-3　正投影和斜投影

(三) 工程上常用的几种图示法

图示工程结构物时,由于表达的目的和被表达对象特征的不同,需要采用不同的图示方法。常用的图示方法有正投影法、轴测投影法、透视投影法和高程投影法。

1. 正投影法

正投影法是一种多面投影。空间几何体在两个或两个以上互相垂直的投影面上进行正投影,然后将这些带有几何体投影图的投影面展开在一个平面上,从而得到几何体的多面正投影图,由这些投影图便能完全确定该几何体的空间位置和形状,如图1-2-4所示。

优点:作图简便。采用正投影法时,常将几何体的主要平面与相应的投影面相互平行,这样画出的投影图能反映出这些平面的实形,因此,从图上可以直接量取空间几何体的许多尺寸,即正投影图有很好的度量性,所以在工程上应用最广。

缺点:无立体感,直观性差。

2. 轴测投影法

轴测投影采用单面投影图,是平行投影之一,它是把物体按平行投影法投射至单一投影面上所得到的投影图,如图1-2-4所示。

优点:轴测投影的特点是在投影图上可以同时反映几何体长、宽、高三个方向上的形状,富有立体感,直观性好。

缺点:不能完整表达物体的形状,度量性差,只能作为工程上一种辅助视图。

3. 透视投影法(中心投影法)

透视投影法即中心投影法,如图1-2-5所示。由于透视图和照相原理相似,它符合人们的视觉,图像接近于视觉映像,逼真、直观性强,常用为设计方案比较、展览用的视图。近年来透视图在高速公路设计中应用较广,它是公路设计的依据之一。

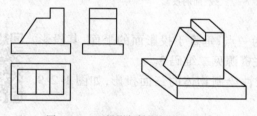
图1-2-4 正投影与轴测投影的区别

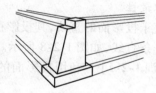
图1-2-5 透视投影

优点:直观性很强。

缺点:绘制较繁,不能直接反映物体的真实大小,不便度量。

4. 高程投影法(地形图法)

高程投影是一种带有数字标记的单面正投影,常用于表示不规则曲面。假定某一山峰被一系列的水平面所切割,用标有高程数字的截交线(等高线)来表示地面的起伏,这就是高程投影法,如图1-2-6所示。用这种方法表达地形所画出的图称为地形图,在工程上被广泛应用。

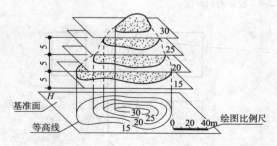
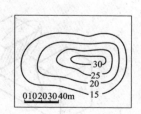

图1-2-6 高程投影

二、了解正投影的基本性质

正投影是本书的重点,在此主要介绍正投影的投影性质。

1. 类似性(图1-2-7)

(1)点的投影仍然是点。

(2)直线的投影一般情况下仍为直线;当直线倾斜于投影面时,其正投影短于直线的实长。

(3)平面的投影一般情况下仍为平面;当平面倾斜于投影面时,其正投影具有类似性。

相关资源见二维码2。

二维码2

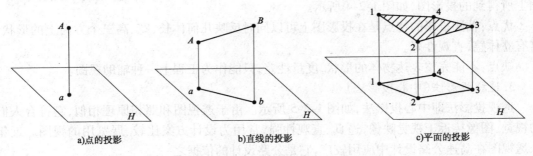

a)点的投影　　b)直线的投影　　c)平面的投影

图1-2-7　点、线、面的投影

2. 积聚性

垂直于投影面的直线,其投影积聚为一点;垂直于投影面的平面,其投影积聚为一条直线,如图1-2-8所示。相关资源见二维码3。

【实训1-2-1】 利用投影面的积聚性绘制物体的三面投影,如图1-2-9所示。

提示:垂直于投影面的平面在垂直的投影面的投影积聚为直线。

二维码3

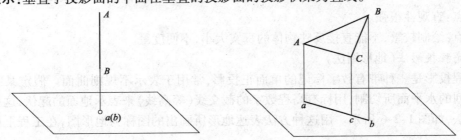

图1-2-8　投影的积聚性

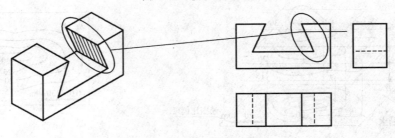

图1-2-9　平面的积聚性

3. 实形性

平行于投影面的直线和平面,其投影反映实长和实形,如图 1-2-10 所示。

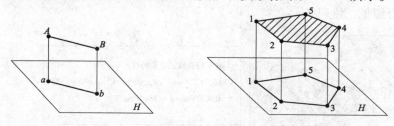

图 1-2-10　实形性图

【实训 1-2-2】　利用投影面的平行性绘制物体的三面投影,如图 1-2-11 所示。

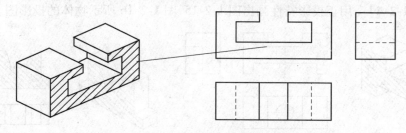

图 1-2-11　直线与平面的实形性

提示:平行于投影面的平面在对应的投影图中反映实形。

【实训 1-2-3】　积聚性和实形性比较,如图 1-2-12。相关资源见二维码 4。

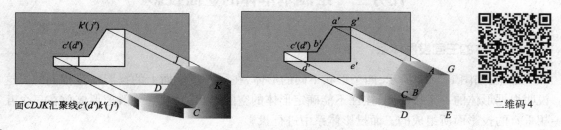

图 1-2-12　积聚性和实形性比较

二维码 4

4. 从属性(相关资源见二维码 5)

(1)若点在直线上,则该点的投影必在该直线的投影上。

(2)若点或直线在平面上,则该点或该直线的投影必在该平面的投影上。

5. 定比性

点在直线上,直线上点把该直线分成线段之比等于点的投影分直线的投影之比,即点的定比分割性,如图 1-2-13 所示。相关资源见二维码 6。

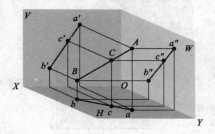

$C \in AB$(直线上的点的投影性质)
从属性 $c \in ab$, $c' \in a'b'$, $c'' \in a''b''$
定比性
$AC/AB = ac/ab = a'c'/a'b' = a''c''/a''b''$

二维码 5

二维码 6

图 1-2-13　点的投影定比性

6.平行性

空间相互平行的直线,其投影仍相互平行;且空间长之比等于投影长之比,如图 1-2-14 所示。相关资源见二维码7。

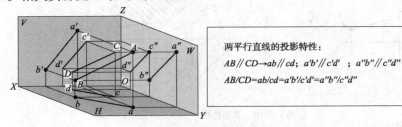

二维码7

图 1-2-14 两平行直线的投影

【实训1-2-4】用正投影特性画出图 1-2-15、图 1-2-16 所示物体的投影图。

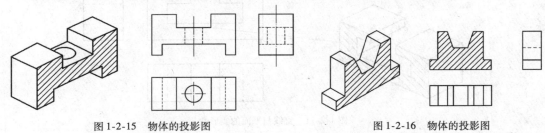

图 1-2-15 物体的投影图　　　　图 1-2-16 物体的投影图

任务二　绘制基本体的三面投影

一、物体的三面投影体系

思考: 如图 1-2-17 所示,四个形状不同的形体,在同一投影面上的投影却是相同的。这说明根据形体的一个投影图,往往不能确定形体的空间形状。因此,一般把形体放在三个互相垂直的投影面所组成的三面投影体系中进行投影。

(一)三面投影体系的建立及其名称

把形体放在三个互相垂直的平面所组成的三面投影体系中进行投影,如图 1-2-18 所示。三个投影面分别为:水平放置的平面称为水平投影面,用字母"H"表示,简称 H 面;正对观察者的平面称为正立投影面,用字母"V"表示,简称 V 面;观察者右侧的平面称为侧立投影面,用字母"W"表示,简称 W 面。三个投影面两两垂直相交构成三条投影轴 OX、OY、OZ,三投影轴垂直相交于 O,称为原点。

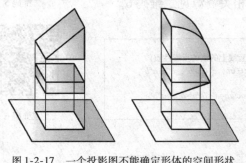
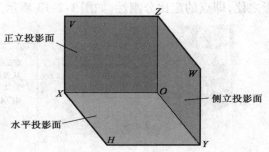

图 1-2-17　一个投影图不能确定形体的空间形状　　　　图 1-2-18　三面投影体系

(二)三面投影图的形成

把被投影的形体放在三面投影体系中,且形体置于观察者和投影面之间,形体靠近观察者的一面称为前面,反之为后面,依此定出上、下、左、右四个面。用三组分别垂直于三个投影面的投射线对形体进行投影,如图1-2-19所示。相关资源见二维码8。

(1)由上向下投影,在 H 面上得到的投影图,称为水平投影图,简称 H 面投影。

(2)由前向后投影,在 V 面上得到的投影图,称为正立面投影图,简称 V 面投影。

(3)由左向右投影,在 W 面上得到的投影图,称为侧立面投影图,简称 W 面投影。

上述所得到的 H、V、W 三个投影图就是形体最基本的三面投影图。根据形体的三面投影图,可以确定形体的空间位置和形状。

为了使三投影图能画在同一张图纸上,把三个投影面展开在同一平面上,按照国家标准规定:V 面不动,将 H 面绕 OX 轴向下旋转 $90°$,W 面绕 OZ 轴向右旋转 $90°$,就可以使它们转至与 V 面同在一个平面上,如图1-2-20所示。

图1-2-19 三面投影图的形成 　　　　　　　　图1-2-20 三面投影规律

(三)三面投影图的投影关系

三面投影图是从形体的三个方向投影得到的,三个投影图之间是密切相关的,它们的关系主要表现在度量和相互位置上的联系。

1. 投影形成相关的顺序关系

在三面投影体系中,从前往后,以人→物→图的顺序形成 V 面投影;从上往下,以人→物→图的顺序形成 H 面投影;从左往右,以人→物→图的顺序形成 W 面投影。

2. 投影中的长、宽、高和方位关系

每个形体都有长度、宽度、高度或左右、前后、上下三个方向的形状和大小变化。形体左右两点之间平行于 OX 轴的距离为长度;上下两点之间平行于 OZ 轴的距离为高度;前后两点之间平行于 OY 轴的距离为宽度。

每个投影图只反映其中两个方向关系:H 面投影反映长度和宽度、左右(X 轴)、前后(Y 轴);V 面投影反映长度和高度、左右、上下(Z 轴);W 面投影反映高度和宽度、上下、前后。

3. 投影图的三等关系

三面投影图在形体位置不变的情况下,从三个不同方向投影所得到的,它们共同表达同一形体。V、H 两面投影都反映形体的长度,展开后所反映形体的长度不变,因此必须左右对齐即"长对正"的关系;同理,H、W 两面投影都反映形体的宽度,有"宽相等"的关系;V、W 两面投影都反映形体的高度,有"高平齐"的关系,称之为"三等关系"。

"长对正,高平齐,宽相等"不仅适用整个形体的投影,也适用形体的每个局部的投影,如图1-2-21所示。

4. 投影位置的配置关系（图1-2-22）

根据三个投影面的相对位置及展开的规定，三面投影图的位置关系是：以立面图为准，平面图在立面图的正下方，侧面图在立面图的正右方。这种配置关系不能随意改变。

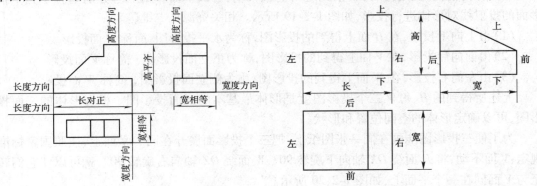

图1-2-21　投影规律　　　　　　　　　图1-2-22　物体三视图的方位对应关系

【实训1-2-5】　画如图1-2-23～图1-2-27所示物体的三面投影。

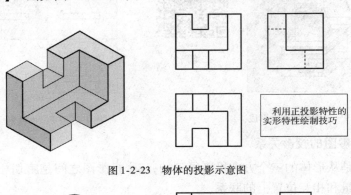

图1-2-23　物体的投影示意图

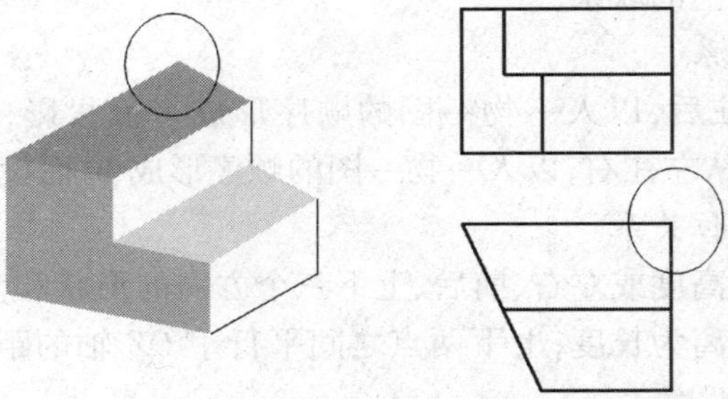

图1-2-24　物体的投影示意图

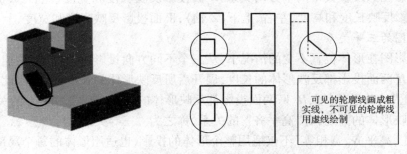

图1-2-25　物体的投影示意图

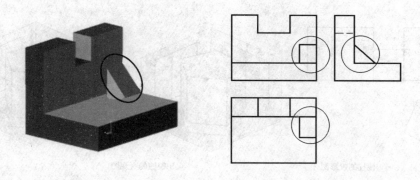

图 1-2-26　物体的投影示意图

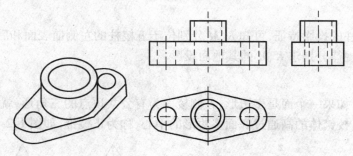

图 1-2-27　物体的投影示意图

二、平面立体的投影

表面由平面所围成的几何体称为平面立体。平面立体的投影就是围成它表面的所有平面图形的投影。工程上常用的平面立体有棱柱体和棱锥体。

思考： 分析图 1-2-28 所示物体的投影特点有哪些？有哪几个平面？各平面的相对位置怎样？

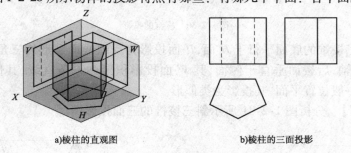

a) 棱柱的直观图　　　　　　b) 棱柱的三面投影

图 1-2-28　棱柱的投影

（一）棱柱体

该五棱柱的 H 面投影是一个反映上下底面的五边形，其 V 面投影中，上下底面平行于 H 面，其投影平行于对应的轴，后棱面平行于 V 面，反映实形，其他左右棱面垂直于 H 面，投影均反映类似形。其 W 面投影中，上下底面、后棱面的投影平行于对应的轴，其他左右棱面投影均反映类似形。

注意： 三面投影遵循对应的三等关系及各投影之间的方位关系。

【实训 1-2-6】 如图 1-2-29 所示面上取点，在五棱柱的表面上 K、M 的正投影，求作 K、M 点在其他面的投影。相关资源见二维码 9。

二维码 9

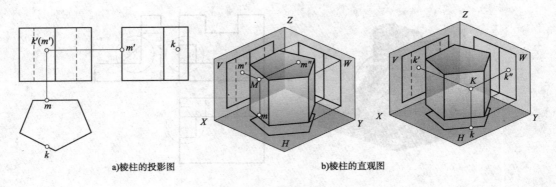

a) 棱柱的投影图　　　　b) 棱柱的直观图

图 1-2-29　棱柱面上取点

提示：
① 根据五棱柱的投影特征，可知 K、M 分别位于五棱柱的左侧前表面和后表面上。
② 根据投影规律分别求 K、M 的其他面投影。

（二）棱锥体

一个平面体，如果一个面是多边形，各侧棱面为有公共顶点的三角形，就称之为棱锥体。底面是正多边形，棱锥体的高通过底面多边形的中心，称为正棱锥，如图 1-2-30 所示。

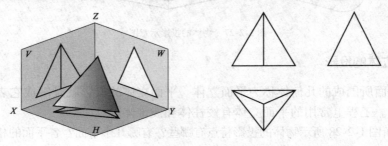

图 1-2-30　棱锥的投影

投影分析： 三棱锥的底面平行于 H 面，H 面投影为反映底面实形的三角形，其他面投影为平行于对应的轴；后棱面垂直于侧面，其 W 面投影积聚为一条直线，其他面投影为类似形；其他棱面为一般位置平面，其投影为类似形。

【实训 1-2-7】 分析图 1-2-31 所示斜三棱锥的三面投影图。

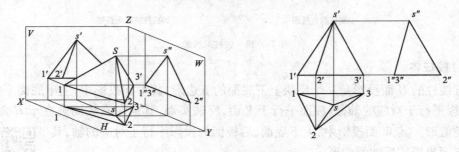

图 1-2-31　斜三棱锥的投影

三、曲面立体的投影

思考： 分析图 1-2-32 所示圆柱的投影特点。相关资源见二维码 10。

由曲面或曲面与平面所围成的几何体,称为曲面立体。曲面立体的曲面是由运动的母线(直线或曲线)绕固定的导线运动形成的。母线在曲面上的任一位置称为素线。

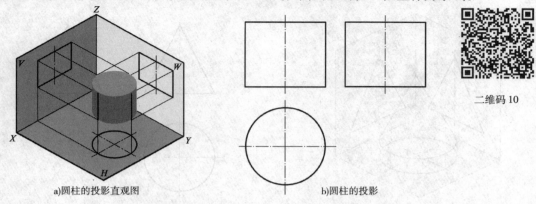

a)圆柱的投影直观图　　　　　　　b)圆柱的投影

图 1-2-32　圆柱的投影

(一)圆柱体

圆柱面是由一条直母线绕与其平行的轴线旋转而成的。

投影特点:当圆柱的轴线垂直于 H 面时,其三面投影为:H 面投影图为一圆周,该圆周为圆柱面上所有点和直线的积聚投影,其 V、W 两个投影图均为矩形。

【实训 1-2-8】　已知图 1-2-33,圆柱面上 M、N 点的正面投影,K 点的水平面投影,求 M、N、K 点在其他面的投影。相关资源见二维码 11。

二维码 11

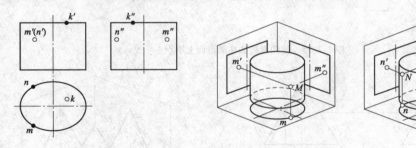

图 1-2-33　圆柱面上取点

提示:

①由圆柱的投影特性可知,M、N 点的水平投影位于圆周上,根据 M、N 点的正面投影的可见性,M 点位于圆周的前半圆周上,N 点位于圆周的后半圆周上,根据投影规律求侧面投影。

②根据 K 点的水平面投影可知,K 点位于圆柱的上表面圆周上。

(二)圆锥体

由三角形的斜边绕一直角边旋转而成的。

投影特点:一个投影图为圆,另两个投影图为三角形,如图 1-2-34 所示。相关资源见二维码 12。

①辅助素线法(图 1-2-35):N 点位于圆锥的一条素线上,线的从属关系可以求出其他面投影。

二维码 12

②纬圆法(图1-2-36):过N点正立面投影作一个纬圆,N点位于该水平纬圆周上,根据其投影特点求其他面投影。

图1-2-34 圆锥的投影

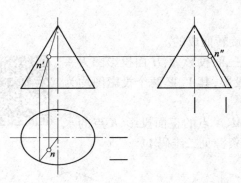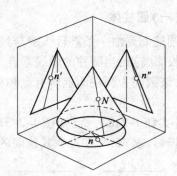

图1-2-35 辅助素线法在圆锥面上取点

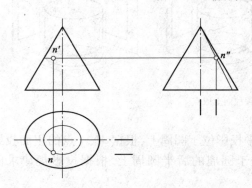

图1-2-36 纬圆法在圆锥面上取点

(三)球

球是由半圆绕直径边旋转而成的,如图1-2-37所示。

投影特点:圆球体的三个投影图均为球面直径相等的三个圆周。V面投影的圆周是圆球体上最大正平圆即前后半球分界线的V面投影;H面投影的圆周是圆球体上最大水平圆即上下半球分界线的H面投影;W面投影的圆周是圆球体上最大侧平圆即左右半球分界线的W面投影。

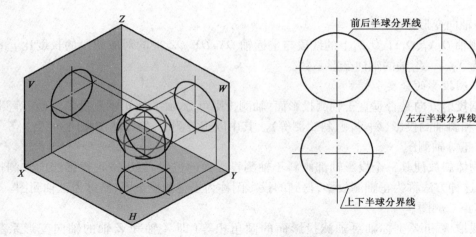

图 1-2-37　球的投影

任务三　绘制基本体的轴测投影图

思考：想象图 1-2-38 所示物体的空间形状？

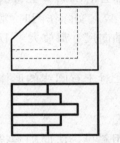

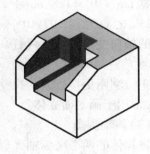

图 1-2-38　物体的空间形状图

一、轴测投影的基本知识

1. 轴测投影的形成

轴测投影是平行投影之一，用平行投影法将物体连同确定该物体空间位置的直角坐标系一起沿不平行于任一坐标平面的方向投射到单个投影面 P（轴测投影面）上所得到的投影，所得到的投影图为轴测投影图，如图 1-2-39 所示。相关资源见二维码 13。

2. 轴测投影的参数（相关资源见二维码 14）

（1）轴测投影面

轴测投影的投影面，图中的平面 P。

（2）轴测轴

空间直角坐标轴 OX、OY、OZ 在轴测投影面上的投影 O_1X_1、O_1Y_1、O_1Z_1，称为轴测投影轴，简称轴测轴。

（3）轴间角

轴测轴之间的夹角 $\angle X_1O_1Y_1$、$\angle X_1O_1Z_1$、$\angle Y_1O_1Z_1$，称为轴间角。

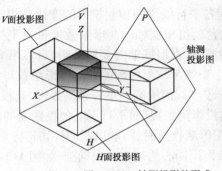

图 1-2-39　轴测投影的形成

二维码 13

二维码 14

(4)轴向变形系数

轴测轴 O_1X_1、O_1Y_1、O_1Z_1 上的线段与坐标轴 OX、OY、OZ 上的对应线段的长度比 p、q、r,分别称为 X_1、Y_1、Z_1 轴的轴向变形系数。

3. 轴测投影的分类

根据投射方向是否垂直于轴测投影面,轴测投影可分为两类:正轴测投影图(正等测、正二测等)和斜轴测投影(斜等测、斜二测等)。其中以正等测图、斜二测图常用。

(1)正等轴测图

将物体斜放使其三个投影轴都倾斜于轴测投影面的位置,然后按正投影法向轴测投影面投影,这种方法称为正轴测投影,得到的投影图称为正轴测投影图,简称为正轴测图。

(2)正二测图

一般取 X 和 Z 坐标轴对轴测投影面的倾角相等(即 X 轴和 Z 轴的轴向变形系数相等)。Y 轴的轴向变形系数常采用 X 轴(或 Z 轴)的一半,所得到的轴测投影图称为正二测图。

正二测图的轴测轴、轴间角、轴向变形系数为:

O_1Z_1 轴为竖直方向,O_1X_1 轴与水平方向成 $7°10′$,O_1Y_1 与水平方向成 $41°25′$。这两个角可根据 $\tan 7°10′ = 1/8$,$\tan 41°25′ = 7/8$ 来作图。正二测图的轴测轴 $\angle X_1O_1Y_1 = \angle Y_1O_1Z_1 = 131°25′$,$\angle X_1O_1Z_1 = 97°10′$,轴向变形系数 $p = r = 0.94$;$q = p/2 = 0.47$。实际作图时,常采用简化的轴向变形系数 1 代替 0.94,1/2 代替 0.47。正二测图每一轴向尺寸都放大了 $1/0.94 = 1.06$ 倍。

正二测图更接近人的视觉印象,立体感最强,但是作图较麻烦,对于有圆线的形体不宜采用,常用于画平面立体。

(3)斜轴测图

将物体的两个坐标轴 X 轴和 Z 轴均平行于轴测投影面 P,采用斜投影法向轴测投影面投影,这种方法称为斜轴测投影,得到的投影图称为斜轴测投影图,简称为斜轴测图。

4. 轴测投影的性质

形体上不平行轴测投影面 P 的平面和直线,在轴测投影中的形状与长度都会发生变形。轴测投影是用平行投影法绘制的,所以,轴测投影仍然具有平行投影的基本性质:

(1)平行→平行:物体上相互平行的线段,其轴测投影仍相互平行。即 $AB // CD$,$A_1B_1 // C_1D_1$,$AB/CD = A_1B_1/C_1D_1$。这是轴测投影最主要的特性。

(2)轴→轴:物体上平行于坐标轴的直线段,在轴测图中,仍然平行于相应的轴测轴。

(3)形体上不平行于坐标轴的线段,则应作出两端点的轴测投影,然后相连。

(4)空间各平行线段的轴测投影的变化率相等。

轴测的含义:可根据轴向变形系数度量出平行于相应坐标轴向的线段的尺寸。轴间角已知,可得轴测轴;再根据轴向变形系数,可以沿着相应的轴测轴的方向,量取轴测投影长,量取轴测投影长等于该坐标轴的轴向变形系数与线段实长的乘积。

(5)平行于坐标面的圆的正等轴测投影,其投影总是为椭圆,在斜二测投影中,平行于正平面的圆,其投影仍为圆,而平行于其他投影面的圆,其投影是椭圆。

画圆的正等测投影时,一般以圆的外切正方形为辅助线,先画出外切正方形的轴测投影(菱形),然后再用四心法近似画出椭圆,如图 1-2-40 所示。

【实训 1-2-9】 完成如图 1-2-41 所示圆柱的正等测图。

作图提示：

（1）画上底椭圆。

（2）用移心法画下底椭圆，即将上底椭圆的四段圆弧的四个圆心分别沿 Z_1 轴方向下移圆柱高度 H，得下底椭圆四段圆弧的圆心，同时对应的圆弧不变，得下底椭圆。

（3）作两椭圆公切线，完成圆柱体的轴测图。

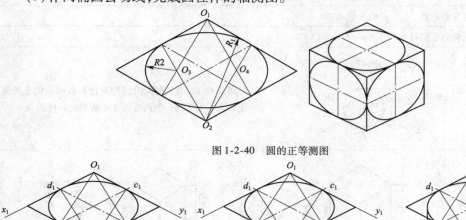

图 1-2-40　圆的正等测图

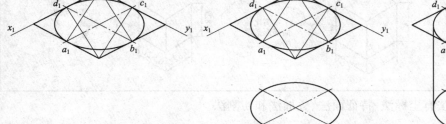

图 1-2-41　圆柱的正等测图

【实训 1-2-10】　画出如图 1-2-42 所示的圆台的正等测轴测图。

作图提示：

分别以 Y、Z 为方向，以 D_1、D_2 为直径画椭圆，然后画两椭圆的公切线为圆台的轮廓线。

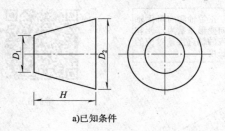 

图 1-2-42　圆台的正等轴测图

1/4 的圆弧的正等轴测作图方法可视为同一椭圆的不同弧段，以圆弧代替椭圆弧。如图 1-2-43 所示。

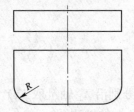 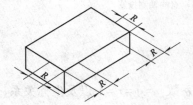 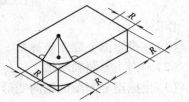

图 1-2-43　圆弧的正等测图

二、正等测轴测投影

正等测轴测投影的基本参数见表1-2-1。

表1-2-1 正等测轴测投影的基本参数

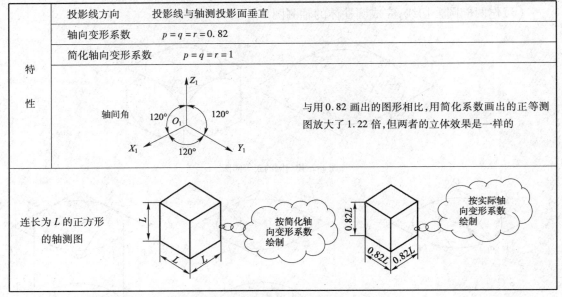

常用作图方法有坐标法、特征面法、叠加法和切割法。

1. 坐标法

坐标法是画轴测投影的基本方法。它是根据形体表面上各点的在三面投影图中的坐标,乘以对应的轴向变形系数,得到各点的轴测尺寸,沿轴测轴或平行于轴测轴的直线进行度量,画出它们的轴测投影,然后依次连接各点的轴测投影的方法。

【实训1-2-11】 完成点的正等轴测图,如图1-2-44所示。相关资源见二维码15。

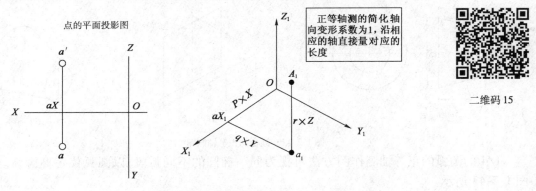

图1-2-44 点的轴测投影

二维码15

作图提示:

(1)在投影图上建立坐标系。

(2)画出正等测轴测轴。

(3)根据正等测图的轴向变形系数 $p=q=r=1$ 以及坐标关系,分别沿 X_1 轴量取 X、Y_1 轴量取 Y,分别作平行线,得 a_1,由 a_1 作 Z_1 轴平行线并量取 Z 即得到点 A_1 的轴测图。

【实训1-2-12】 采用坐标法完成如图1-2-45所示三棱锥的正等轴测图。

作图提示：

(1) 该三棱锥有四个控制点，底面三个 A、B、C，锥顶为 S，只要确定各点的位置即可。

(2) 以 C 点为坐标原点建立对应的坐标体系，并画出正等测轴测轴。

(3) 根据正等测图的基本参数以及坐标关系画出四点的轴测投影，并两两相连得到三棱锥的轴测图。

(4) 整理成型。

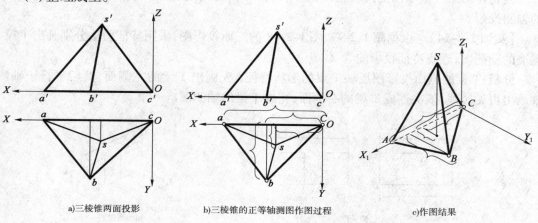

a) 三棱锥两面投影　　　b) 三棱锥的正等轴测图作图过程　　　c) 作图结果

图 1-2-45　三棱锥的正等轴测图

【实训1-2-13】 根据图五棱柱的三面投影图，采用坐标法完成其正等轴测投影图，如图 1-2-46 所示。相关资源见二维码 16。

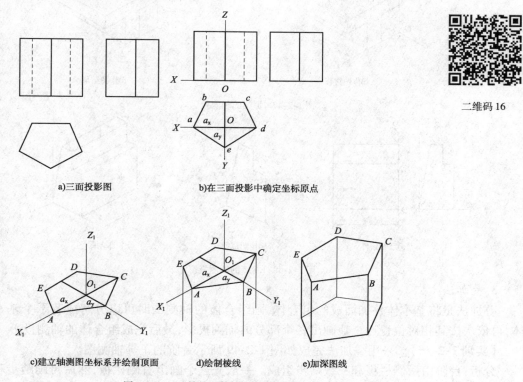

二维码 16

a) 三面投影图　　　b) 在三面投影中确定坐标原点

c) 建立轴测图坐标系并绘制顶面　　　d) 绘制棱线　　　e) 加深图线

图 1-2-46　五棱柱正等轴测投影图

作图提示：
(1)选择合适的坐标原点建立坐标体系，标出各控制点，并画出正等轴测轴。
(2)根据各坐标定出五棱锥的顶面 A、B、C、D、E 得到五棱柱的上底面。
(3)分别过五棱柱顶面的各点向下拉伸对应的棱高，得到各侧面的棱线。
(4)绘制底面并整理成型。

2. 特征面法

当物体的某一个端面能反映物体的形状特征时，可先画出该特征面的方法来绘制物体的轴测投影。

【实训1-2-14】 根据图 1-2-47、图 1-2-48 的三面投影图，采用特征面法分别画出 T 梁、翼墙的轴测图，理解特征投影的含义。

分析：T 梁的侧面投影图反映 T 梁的形状特征，先画出 T 梁的左侧面，然后平行于轴测轴画出可见棱线，依次连成 T 梁的右侧面，完成 T 梁的轴测图。

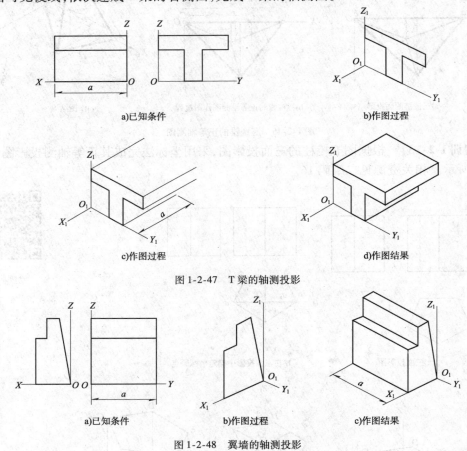

a)已知条件　　　　　　　　　　　　b)作图过程

c)作图过程　　　　　　　　　　　　d)作图结果

图 1-2-47　T 梁的轴测投影

a)已知条件　　　　b)作图过程　　　　c)作图结果

图 1-2-48　翼墙的轴测投影

3. 叠加法

叠加法是将基本体叠加而成的组合体，画组合体的轴测图时可以分解成若干个基本形体，再依次按其相对位置逐个地画出各个部分的轴测投影，最后完成组合体的轴测投影。

【实训1-2-15】 采用叠加法完成如图 1-2-49 所示台阶的正等轴测图。

分析：台阶由两侧栏板和三级踏步组成。一般先逐个画出右侧栏板，然后再画踏步和左侧栏板。

作图提示：

（1）绘制右侧栏板：根据侧栏板的侧面特征投影画出右侧栏板的左表面然后向右拉伸其厚度78即作X轴的平行线，即可得到右侧栏板的正等轴测图（五棱柱）。

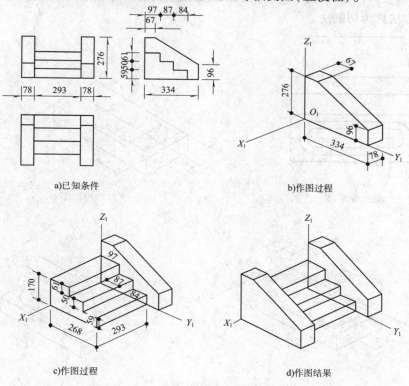

图1-2-49 台阶的正等轴测图的绘制

（2）绘制踏步：在右侧栏板的左侧面上，按踏步的侧面投影形状画出踏步右端面的正等轴测投影，然后向左拉伸293即作X轴的平行线，即可得到踏步的正等轴测图。凡是底面比较复杂的棱柱体，都应先画端面，即特征面，这种方法称为特征投影法。

（3）画左侧栏板的正等轴测图：根据踏板与左侧栏板的位置关系画左侧栏板的右表面位置，再根据栏板侧面投影的特征位置在踏步的左端面定位左侧栏板的右侧轴测投影，然后向左拉伸78，即可得到左侧栏板的正等轴测图（五棱柱）。

（4）擦去多余图线并加深。

【实训1-2-16】 采用叠加法完成如图1-2-50所示桥墩的正等轴测图。

作图提示：

（1）绘制基础的正等测图。

（2）绘制左侧桥墩底部的半个椭圆弧：确定左侧半圆的圆心位置，以该圆心为对称中心向左、向右、向前、向后各量取桥墩的下底面的半径长，形成一个圆的直径为边长的菱形，画半个椭圆弧。

（3）绘制右侧桥墩半个椭圆弧以及桥墩上部椭圆弧：把左侧半圆的圆心位置向上移动桥墩的高度，再以此圆心为中心作以上底面圆的直径为边长的菱形，画半个椭圆弧。依次类推作右侧半椭圆弧。

（4）擦去多余图线并加深。

4. 切割法

有些形体是由基本形体切割若干部分得到的。画这种形体的轴测投影,先画出原始基本形体的轴测投影,然后按截平面的位置依次切去应该去掉的部分,从而得到该物体的轴测投影,这种方法称为切割法。

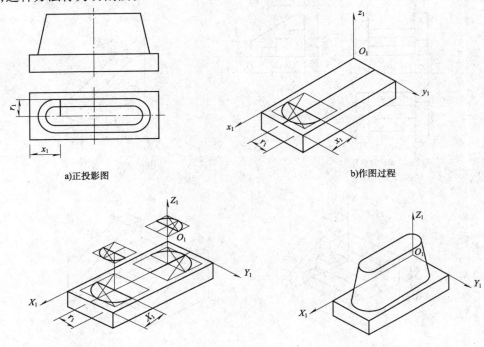

图 1-2-50　桥墩的正等测图

【实训 1-2-17】　采用切割法完成图 1-2-51 所示物体的正等轴测投影图。

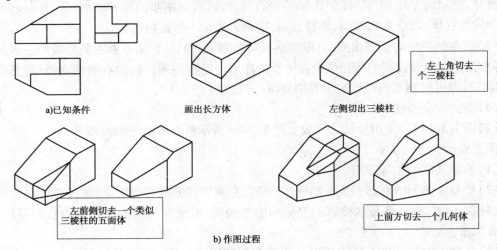

图 1-2-51　物体的正等轴测投影图的绘制

作图提示:
(1)左上角切去一个三棱柱。
(2)左前侧切去一个类似三棱柱的五面体。

(3)上前方切去一个几何体。

三、斜二测轴测投影(见表1-2-2)

斜二测轴测投影的基本参数表　　　　　　　　　表1-2-2

特性	投影线方向	投影线与轴测投影面倾斜
	轴向变形系数	$P_1 = r_1 = 1$　　　$q_1 = 0.5$
	轴间角	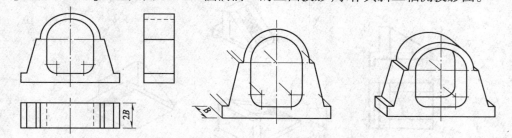
	边长为L的正方形的斜二轴测图	

【**实训1-2-18**】 已知图1-2-52涵洞洞口的三面投影,求作其斜二轴测投影图。

图1-2-52　物体的斜二轴测图的绘制

作图提示:先绘制隧洞口的前表面,然后,沿着Y_1轴向后拉伸宽度的一半。

分析:绘制物体的斜二测图时,因为一个坐标面V面(XOZ)平行于轴测投影面,轴向变形系数$p = r = 1$,故在XOZ方向上的前后端面的圆在轴测投影面上的投影均为反映实形,$q = 0.5$,故Y向宽度在轴测投影图上绘制时缩短一半。

四、轴测图的选择

绘制轴测图时,首先要考虑的是选用哪种轴测图以及考虑从哪个方向去观察物体,才能使形体最复杂的部分显示出来,轴测图选取的原则是:图形明显、自然以及作图方法力求简便。

1. 轴测类型的选择

要考虑的图样有较强的立体感,不要有太大的变形,要尽可能完整清晰地表达清楚物体各部分的形状,尤其是要把物体的主要形状和特征表达清楚。避免形体被遮挡,应尽可能看全形体上的通孔、通槽等。

思考:圆的正等测与斜二轴测投影基本作图方法的区别有哪些?

当一个圆处于正平、水平、侧平的位置时,在正等轴测投影中,因空间坐标面对轴测投影面都是倾斜的,因此平行于坐标面的圆其轴测投影都是椭圆。

斜二轴测投影面是和正立面（XOZ）平行的，所以正平圆的斜二轴测投影仍然是圆。

2. 轴测投影方向的选择

画轴测投影时除了要考虑轴测类型的选择外，还要考虑从哪个方向观察形体，才能使形体最复杂的部分显示出来，即观察者从哪个方向去观察物体，使需要表达的部分最为明显，图的立体感强（物体的内外表面可见的越多），图形的清晰性好。顶面简单而底面复杂的形体（如梁或者柱），应采用仰视轴测图，顶面较复杂的形体，常采用俯视轴测图（基础或者台阶）。

如图 1-2-53 所示，a)、b) 是自上往下看，即形体位于低处，c)、d) 是自下往上看，即形体位于高处，a)、c) 自左向右看，b)、d) 自右向左看。

a) 向左下观察　　b) 向右下观察　　c) 向左上观察　　d) 向右上观察

图 1-2-53　四种不同方向的正面斜二测图

图 1-2-54 所示为形体从不同方向投影所得的三个正等测图。从图形的明显性来看，图 a) 最好，把左侧复杂部分反映出来了，故效果最好；b) 图次之；c) 图主要表现形体底部的形状，底部为一平板，而复杂的部分未表达出来，效果较差。

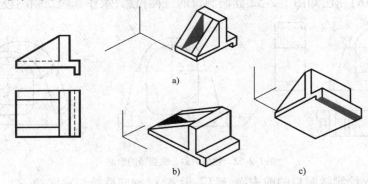

图 1-2-54　三种不同投影方向的正等测图

项目三　绘制基本几何元素的投影

学习要点

1. 点的投影规律、点的投影与坐标之间的关系、两点之间的相对位置及重影点可见性的判别。

2. 各种位置直线的投影特性以及判别直线的相对位置；两直线之间的平行、相交、交叉的投影特性以及判别。

3. 各种位置平面的投影特性以及如何判别平面与投影面的相对位置。

4. 了解截交线、相贯线的基本性质，以及会求简单形体的截交线与相贯线。

任务一 绘制点的三面投影

当研究空间物体在平面上如何用图形来表达时,因空间物体的形状、大小和相互位置等不相同,不便以个别物体来逐一研究,并且为了使得研究正确、深刻和完全,以及所得结论能广泛地应用于所有物体起见,特采用几何学中将空间物体综合概括成抽象的点、线、面等几何元素来研究物体的投影特性。

1. 点的投影的形成

【实训1-3-1】 在三面投影体系中,绘制图1-3-1空间点的投影,按旋转规定展开后得点的三面投影图,并总结点的三面投影规律。相关资源见二维码17。

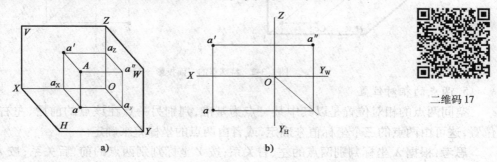

二维码17

图1-3-1 点的三面投影

由空间点 A 分别向 H、V 和 W 投影,可得到点 A 的水平投影 a、正面投影 a' 和侧面投影 a'',按旋转规定,展开后得点的三面投影图。

注意:空间点用大写字母表示,如 A、B、C 等;H 面投影用相应的小写字母表示,如 a、b、c 等;V 面投影用相应的小写字母加一撇表示,如 a'、b'、c' 等;W 面投影用相应的小写字母加两撇表示,如 a''、b''、c'' 等,如图1-3-1所示。

2. 点的投影规律

(1)垂直规律:$aa' \perp OX$、$a'a'' \perp OZ$。

点的 V 面投影与 H 面投影的连线垂直于 OX 轴;点的 V 面投影与 W 面投影的连线垂直于 OZ 轴。即两投影的连线必垂直于相应的投影轴。

(2)相等规律:点的投影到投影轴的距离,反映点到相应投影面的距离。

即:$aa_x = a''a_z = Aa'$,反映 A 点到 V 面的距离。

$a'a_z = aa_y = Aa''$,反映 A 点到 W 面的距离。

$a'a_x = a''a_y = Aa$,反映 A 点到 H 面的距离。

3. 特殊位置点的投影

思考:如图1-3-2所示,有哪几种特殊点的情况?其投影有何特点?

(1)投影面上的点,一个投影与空间点重合,即在投影面上,另两个投影在相应的投影轴上,它们的投影仍然完全符合点的基本投影规律,如图1-3-2所示 B、C 点。

(2)投影轴上的点,两个投影与空间点重合,即在投影轴上,另一个投影在坐标原点上,如图1-3-2所示 D 点。

4. 点的投影与坐标

A 点到 W 面的距离为 X 坐标;A 点到 V 面的距离为 Y 坐标;A 点到 H 面的距离为 Z 坐

标;A 的坐标表示 (X,Y,Z)。

点的每个投影反映两个坐标,点的三面投影与点的坐标关系为:

(1) A 点的 H 面投影 a 可反映该点的 X 和 Y 坐标。

(2) A 点的 V 面投影 a' 可反映该点的 X 和 Z 坐标。

(3) A 点的 W 面投影 a'' 可反映该点的 Y 和 Z 坐标。

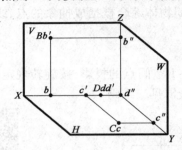
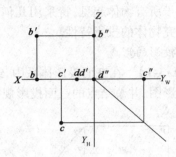

图 1-3-2　特殊点的三面投影

5. 两点的相对位置

空间两点的相对位置是以其中某一点为基准,判别另一点在该点的前后、左右、上下的位置,这可由两点的三个坐标值来确定,或者由两点的坐标差来确定。

思考:根据 X 坐标判别两点的左、右关系;按 Y 坐标判别两点的前、后关系;按 Z 坐标判别两点的上、下关系。判断图 1-3-3 中 A、B 两点的相对位置。相关资源见二维码18。

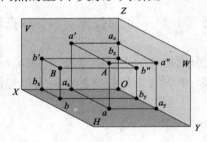
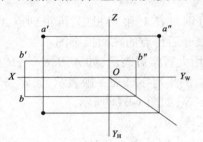

二维码18

图 1-3-3　两点的相对位置

结论:B 点在 A 点的左、后、下方。

6. 重影点及其可见性的判别

当空间两点位于某一投影面的同一投射线上时,则此两点在该投影面上的投影重合,这两点称为对该投影面的重影点。换句话说,当空间两点的三个坐标值中有两个相同时,它们在由这两个坐标所组成的投影面上的投影发生重影,如图 1-3-4 所示。相关资源见二维码19。

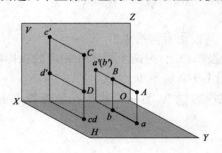
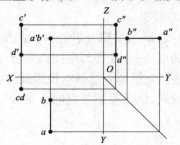

二维码19

图 1-3-4　重影点

重影点可见性的判别:由未发生重影的其他面的投影判别其上下、左右或前后的位置关系,正上方、正左方或正前方的可见,反之不可见。凡不可见的投影其字母写在后面,并加括号表示。

【实训1-3-2】 已知 A 点距 V、H、W 面的距离分别为 15、20、30,试作其三面投影图。

分析:已知空间点 A 与投影面的距离,须把距离转化为投影面的投影坐标。

结论:根据空间点 A 与投影面的距离与坐标的关系,各投影面与坐标对应关系:$H \to Z$,$V \to Y$,$W \to X$,A 点:$X = 30$,$Y = 15$,$Z = 20$ 求其在投影面的投影,如图 1-3-5 所示。

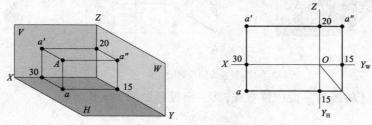

图 1-3-5 点的距离与投影

【实训1-3-3】 已知 B 点在 A 点的正前方 10,C 点在 A 点之上 10,之后 8,之左 15,试完成 B、C 两点的三面投影。

分析:根据点的相对位置的概念,以 A 为基准点,B 点位于正前方,即 $Y_b > Y_a$,坐标 X、Z 相等,a'、b'重合。

C 点在 A 点之上 10,则 C 点的 Z 坐标比 A 点的大 10,C 点在 A 点之后 8,则 C 点的 Y 坐标比 A 点的小 8;C 点在 A 点之左 15,C 点 X 坐标比 A 点的大 15。故 C 点位于 A 点的左、后、上,如图 1-3-6 所示。

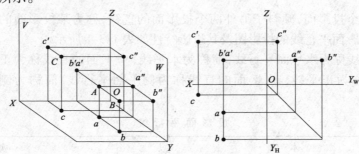

图 1-3-6 两点的投影

思考:作 $A(10,20,30)$、$B(10,20,10)$、$C(5,10,15)$、$D(10,25,15)$ 点的投影,并思考把 AB、CD 连接起来得到什么样的直线?

任务二 绘制直线的投影

两点决定一直线,求直线的投影,只要确定直线上两个点的投影,然后将其同面投影连接,即得直线的投影。

根据直线与投影面的相对位置可分为:一般位置直线、投影面平行线和投影面垂直线,后两种为特殊位置直线。

一、投影面的一般位置直线(图 1-3-7)

对三个投影面都不平行不垂直的直线称为一般位置直线。

一般位置直线的投影共性：与三投影面的投影均为倾斜的直线，均小于实长。相关资源见二维码20。

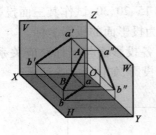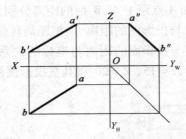

二维码20

图1-3-7 一般直线的投影图

三棱锥的 SA 棱线为一般位置直线，其三面投影如图1-3-8所示。

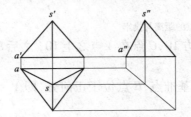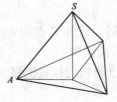

图1-3-8 三棱锥的投影图

二、投影面平行线（相关资源见二维码21）

只平行于一个投影面，倾斜于另外两个投影面的直线，称为某投影面的平行线。各种投影面平行线的投影图及其投影特性如表1-3-1所示。

∥H 面的直线称为水平面平行线，简称为水平线；∥V 面的直线称为正平面平行线，简称为正平线；∥W 面的直线称为侧平面平行线，简称为侧平线。

二维码21

表1-3-1 投影面平行线

投影面平行线	立体图	投影图	实训
水平线			
正平线			

续上表

投影面平行线	立 体 图	投 影 图	实 训
侧平线	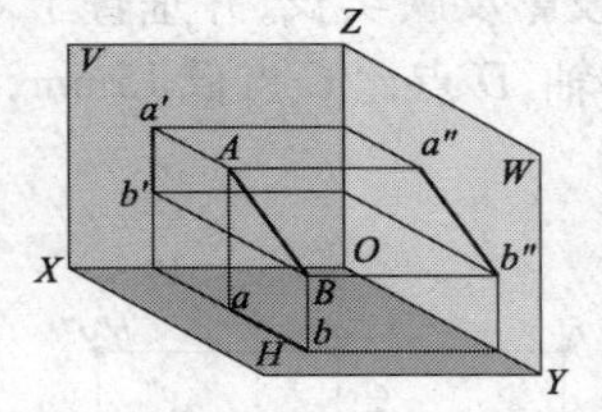	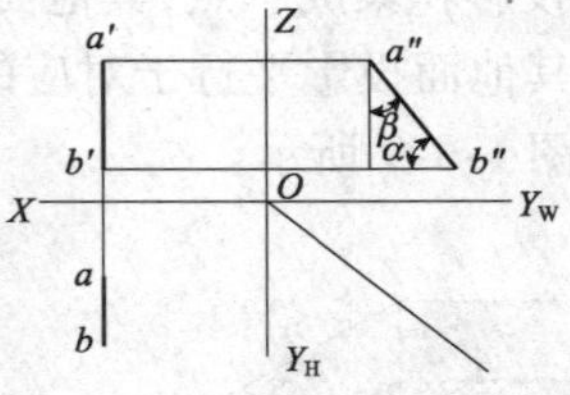	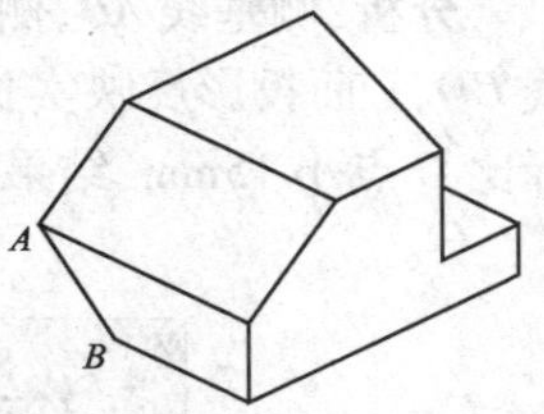
投影特性	投影面平行线的共性： (1) 直线在所平行的投影面上的投影反映实长，且该投影与相应投影轴所成夹角反映直线对其他两投影面的倾角； (2) 直线其他两投影都小于实长，且平行于相应的投影轴		

三、投影面的垂直线（相关资源见二维码22）

与某一个投影面垂直的直线称为投影面垂直线，垂直于一个投影面，必平行于另两个投影面。垂直于 H 面的直线称为水平面垂直线，简称铅垂线；垂直于 V 面的直线称为正平面垂直线，简称为正垂线；垂直于 W 面的直线称为侧平面垂直线，简称为侧垂线。

各种投影面垂直线的投影图及其投影特性如表1-3-2所示。

二维码22

投影面的垂直线

表1-3-2

投影面平行线	立 体 图	投 影 图	实 训
铅垂线	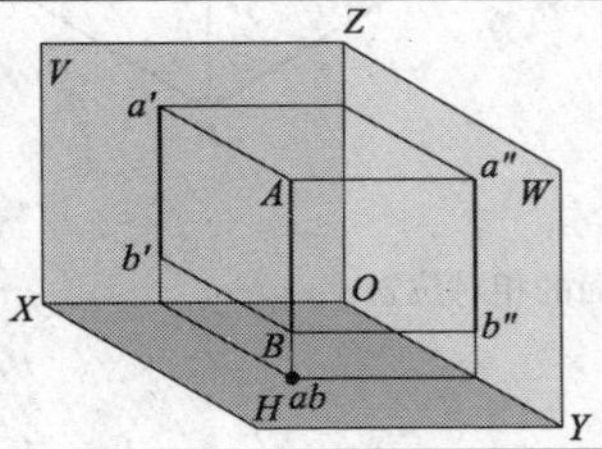	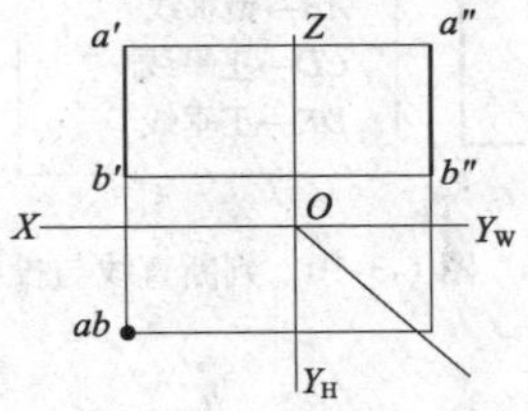	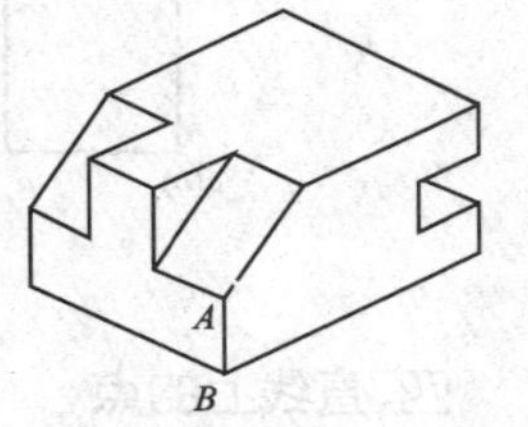
正垂线	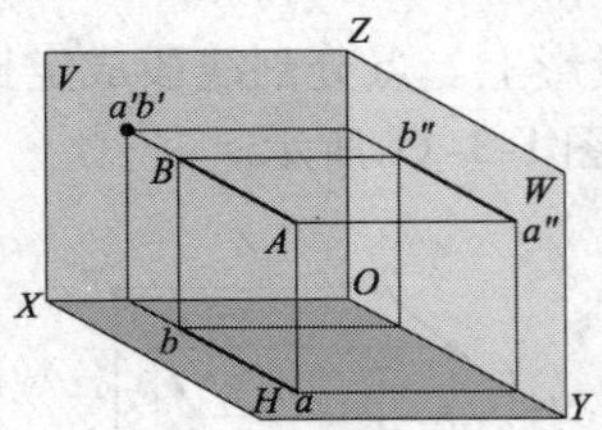	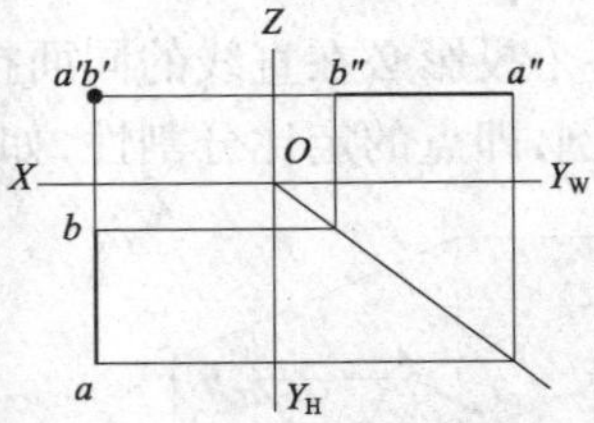	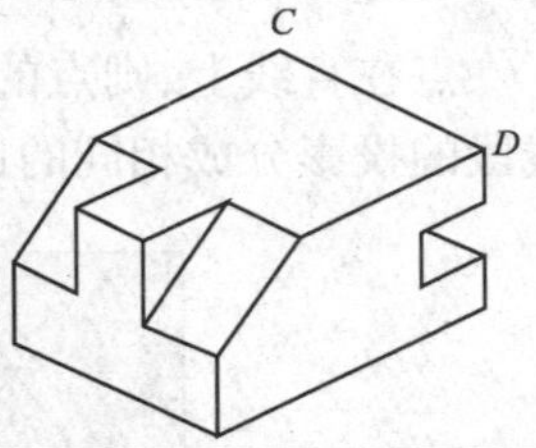
侧垂线	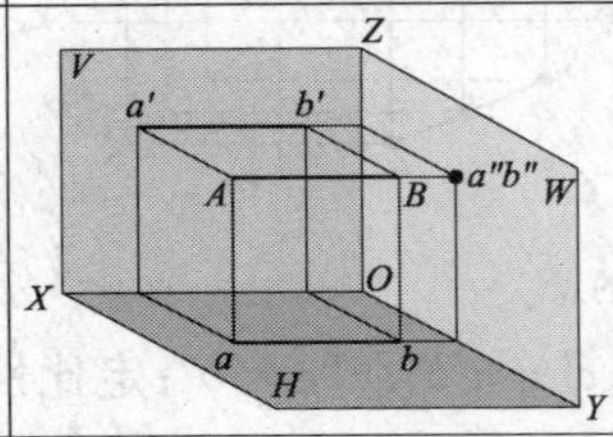	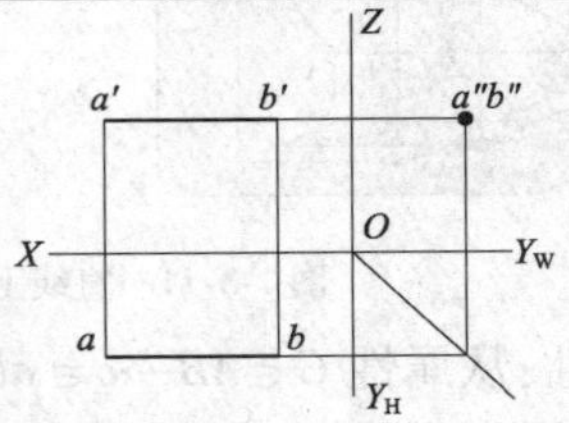	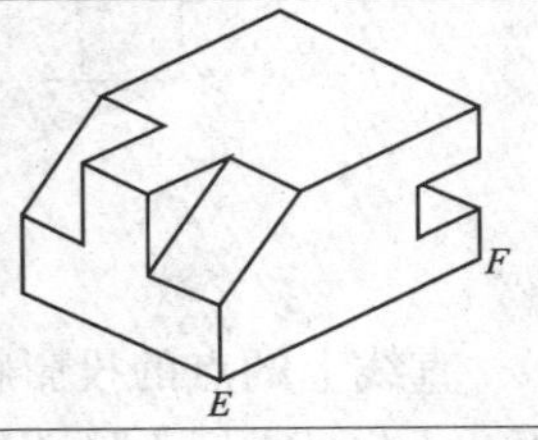
投影特性	投影面垂直线的共性： (1) 在所垂直的投影面上的投影积聚成一点； (2) 其他两投影与相应的投影轴垂直，并反映实长		

【实训1-3-4】 过A点作侧垂线AB,实长为20mm,B点在A点的左侧;过C点作正平线CD,CD实长为25mm,D点比C点低15mm。

分析:侧垂线AB,侧面投影积聚成一点,其他面投影反映实长,并垂直于对应的轴;正平线CD,V面投影反映实长,其他面投影平行于对应的轴,D点比C点低15mm,即D点的Z坐标比C点小15mm,结果如图1-3-9所示。

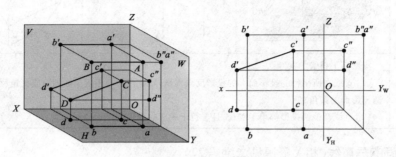

图1-3-9　AB、CD直线图

【实训1-3-5】 已知图1-3-10所示立体上直线AB、CD、DE的空间位置,在投影图中标注其投影位置,并判断其与投影面的相对位置。

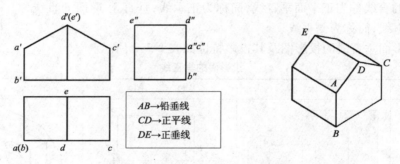

图1-3-10　判断直线与投影面的相对位置

四、直线上的点

点在直线上,则点的各个投影必在直线的同面投影上。点分割线段成定比,其投影也把线段的投影分成相同的比例,即点的定比分割性,如图1-3-11所示。

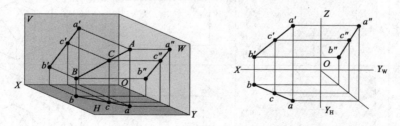

图1-3-11　直线上的点

直线上的点的投影特性:从属性 $C \in AB \rightarrow c \in ab; c' \in a'b'; c'' \in a''b''$;定比性 $AC/AB = ac/ab = a'c'/a'b' = a''c''/a''b''$。

判断点是否在直线上,一般只要观察两面投影即可,但对于特殊的投影面的平行线,要考虑三面投影是否满足直线上点的投影性质才行,如图1-3-12所示。

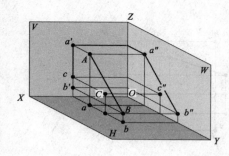 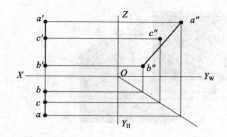

图 1-3-12 判断点是否在直线上

五、两直线的相对位置

空间两直线的相对位置可分为:平行、相交和交叉(异面)。

1. 平行两直线

空间两直线互相平行,则其同面投影互相平行且比值相等;反之,若两直线的同面投影互相平行且比值相等,则此空间两直线一定互相平行。如图 1-3-13 所示。

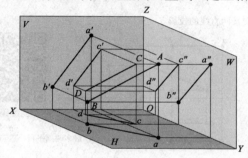 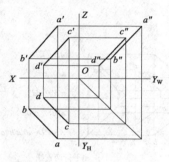

图 1-3-13 平行两直线的投影

2. 相交两直线

相交两直线,其同面投影必相交,交点符合点的投影规律,各投影交点的连线必垂直于相应的投影轴。如图 1-3-14 所示。

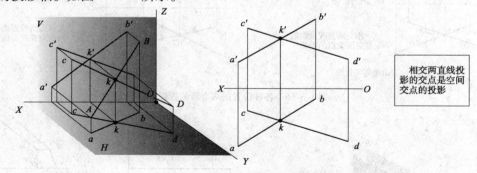

图 1-3-14 相交两直线的投影

3. 交叉两直线

交叉两直线既不平行也不相交,其各面投影既不符合平行两直线的投影特性,也不符合相交两直线的投影特性,如图 1-3-15 所示。

【实训 1-3-6】 比较图 1-3-16 中各图的区别,并判断其相对位置。相关资源见二维码 23。

【实训 1-3-7】 判断图 1-3-17 八字翼墙中 AB 与 CD、CD 与 CE、AB 与 EF 的相对位置。

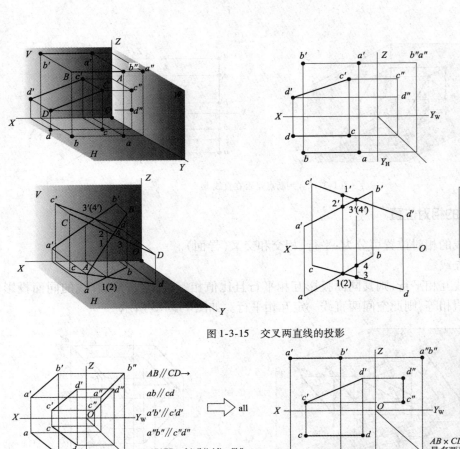

图 1-3-15 交叉两直线的投影

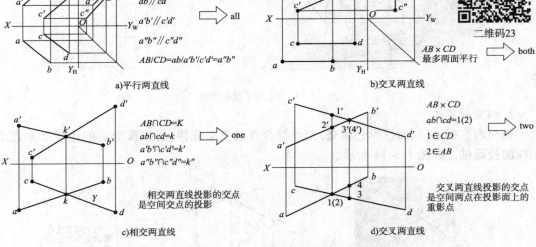

a) 平行两直线　　　　　　　　　　　　b) 交叉两直线

c) 相交两直线　　　　　　　　　　　　d) 交叉两直线

图 1-3-16 各种位置的两直线的投影

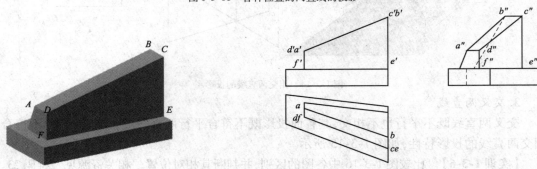

图 1-3-17 八字翼墙中直线与投影面的相对位置

提示：AB 与 CD 相互平行、CD 与 CE 相交、AB 与 EF 为交叉两直线。

六、直角的投影

直角的投影定理：空间两直线垂直相交，如果两直线均平行于某一投影面，则在该投影面上的投影反映直角；如果正交的两直线与投影面均不平行，则在该投影面上的投影不反映直角；如果正交的两直线中有一条直角边平行于某一投影面（另一边不垂直于该投影面），则在该投影面上的投影为直角。直角的这一投影性质称为直角投影定理，如图 1-3-18 所示。

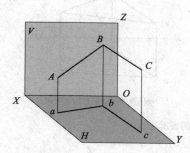 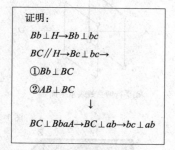

图 1-3-18　直角投影

此定理的逆定理成立。

任务三　绘制平面的三面投影

【实训 1-3-8】　在三面投影体系中绘制下图空间三点的投影，把各点的同名投影相连得到平面的投影，按旋转规定展开后得平面三面投影图，并总结平面的三面投影规律，如图 1-3-19 所示。

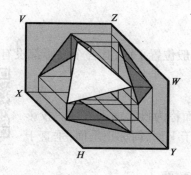 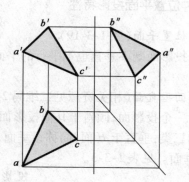

图 1-3-19　平面的投影

一、平面的表示法

1. 几何元素表示法（非迹线平面，图 1-3-20）
2. 迹线表示法（迹线平面）

迹线是平面与投影面的交线，水平迹线 Q_H，正面迹线 Q_V，侧面迹线 Q_W。迹线与投影轴的交点叫集合点，分别以 Q_X、Q_Y 和 Q_Z 表示。如图 1-3-21 所示。

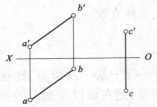
a)直线和直线外的一个点表示平面

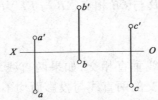
b)不在同一直线上的三个点表示平面

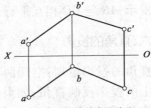
c)相交两直线表示平面

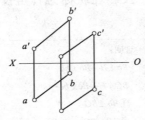
d)平行两直线表示平面

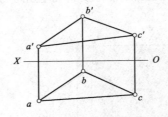
e)任意的平面图形表示平面

图 1-3-20　平面的表示法

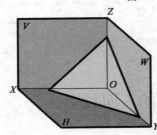
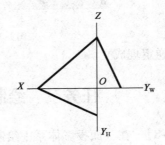

图 1-3-21　平面的迹线的表示法

二、各种位置平面投影特性

1. 一般位置平面（图 1-3-19）

与三个投影面既不垂直也不平行的平面为一般位置平面，其各个投影都没有积聚性，都小于实形。

2. 投影面垂直面（相关资源见二维码 24）

垂直于一个投影面，倾斜于其他投影面的平面称为投影面垂直面。投影面垂直面的三类：垂直于 H 面，简称铅垂面；垂直于 V 面，简称正垂面；垂直于 W，简称侧垂面。见表 1-3-3。

二维码 24

投影面垂直面　　　　　　　　　　　　　　表 1-3-3

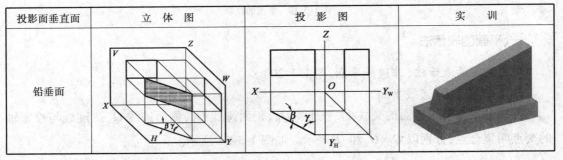

续上表

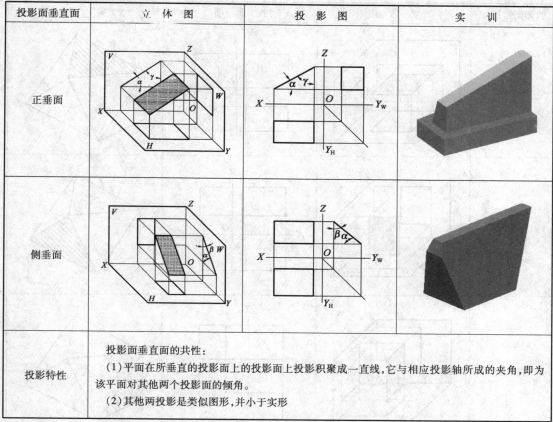

投影面垂直面	立体图	投影图	实训
正垂面			
侧垂面			
投影特性	投影面垂直面的共性： （1）平面在所垂直的投影面上的投影面上投影积聚成一直线，它与相应投影轴所成的夹角，即为该平面对其他两个投影面的倾角。 （2）其他两投影是类似图形，并小于实形		

【实训 1-3-9】 分析如图 1-3-22 所示八字翼墙有几个面，并分析各平面与投影面的相对位置。

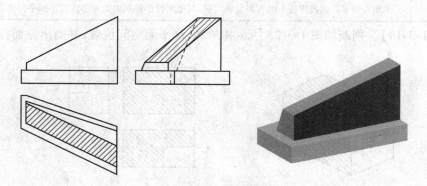

图 1-3-22 八字翼墙的投影

提示：上表面为正垂面；下表面为水平面；左、右表面为侧平面；前表面为铅垂面；后表面为一般位置平面。

3. 投影面平行面（相关资源见二维码 25）

平行于某一投影面的平面，称为投影面平行面，投影面平行面与另外两个投影面垂直。平面平行于 H 面，简称水平面；平面平行于 V 面，简称正平面；平面平行于 W 面，简称侧平面。如表 1-3-4。

二维码 25

投影面平行面　　　　　　　　　　　表 1-3-4

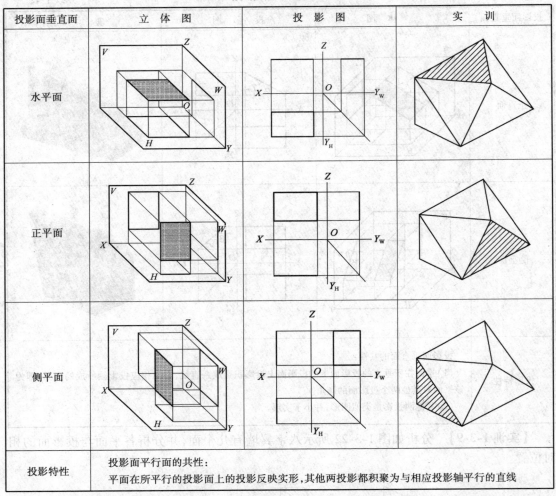

投影面垂直面	立体图	投影图	实训
水平面			
正平面			
侧平面			
投影特性	投影面平行面的共性： 平面在所平行的投影面上的投影反映实形，其他两投影都积聚为与相应投影轴平行的直线		

【实训 1-3-10】 判断如图 1-3-23 所示 A、B、C、D 平面空间位置，并画出三面投影。

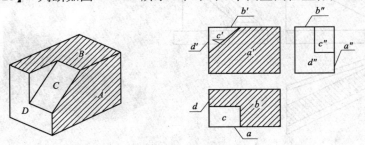

图 1-3-23　判断平面空间位置

【实训 1-3-11】 判断如图 1-3-24 所示 P 平面、Q 平面及 AB、CD 直线的空间位置，并画出三面投影。

【实训 1-3-12】 判断如图 1-3-25 所示平面的空间位置。

分析：物体各平面的情况为，左右表面为侧平面；前后表面为正平面；下表面为水平面。物体内部表面情况为，上部前后对称为侧垂面；左右对称为正垂面。下部平面情况为，左右表面为侧平面；前后表面为正平面。

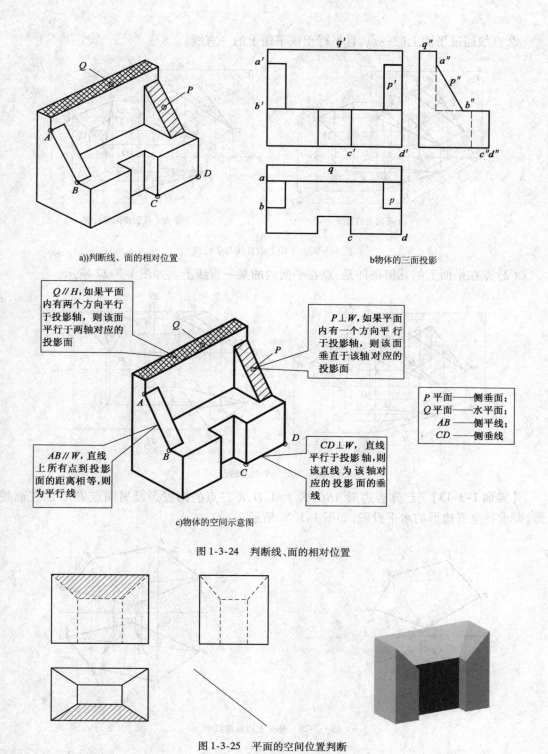

a))判断线、面的相对位置

b)物体的三面投影

c)物体的空间示意图

图 1-3-24 判断线、面的相对位置

图 1-3-25 平面的空间位置判断

三、平面上的点和直线

（1）直线在平面上必须具备下列两个条件之一，如图 1-3-26 所示。

①直线通过平面上的两点。

49

②直线通过平面上的一点,且平行于该平面上的一直线。

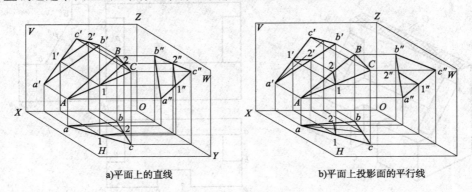

a)平面上的直线　　　　　　　　　　b)平面上投影面的平行线

图 1-3-26　平面上的直线与平行线

(2) 点在平面上的几何条件是:点在平面内的某一直线上。如图 1-3-27 所示。

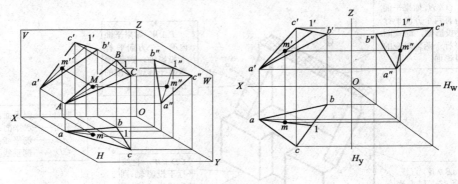

图 1-3-27　平面上的点

【实训 1-3-13】　已知五边形 ABCDE 上 A、D、E 三点的两投影及另两点 B、C 的正面投影,要求补全五边形的水平投影,如图 1-3-28 所示。

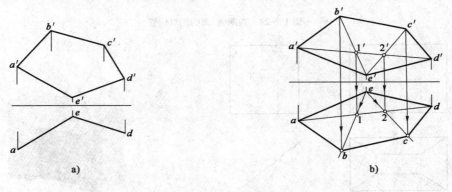

图 1-3-28　补全五边形的投影

四、直线与平面、平面与平面间的相对位置

1. 直线与平面、平面与平面平行

(1) 直线与平面平行

若一直线平行于平面上的某一直线,则该直线与此平面必相互平行如图 1-3-29。

（2）平面与平面平行

若一平面上的两相交直线对应平行于另一平面上的两相交直线，则这两平面相互平行。

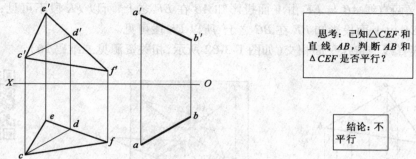

思考：已知△CEF和直线AB，判断AB和△CEF是否平行？

结论：不平行

图1-3-29　判断AB是否平行于平面CEF

若两投影面垂直面相互平行，则它们具有积聚性的那组投影必相互平行，如图1-3-30所示。

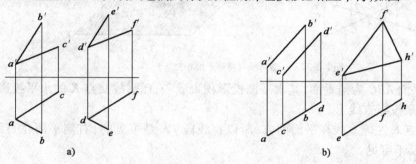

图1-3-30　两平面平行

2. 直线与平面、平面与平面相交

直线与平面或平面与平面之间，若不平行则必相交。直线与平面相交产生交点；平面与平面相交产生交线。

直线与平面相交的交点，是直线与平面的共有点，该点既在直线上又在平面上，求解交点的投影，则需利用直线与平面的共有点或在平面上取点的方法。平面与平面的交线是一条直线，是两平面的共有线，求交线时只要先求出交线上的两个共有点连之即得。在投影图中，为增强图形的清晰感，必须判别直线与平面或平面与平面投影重叠的那一段（称重影段）的可见线。

（1）特殊直线与平面相交（如图1-3-31所示）

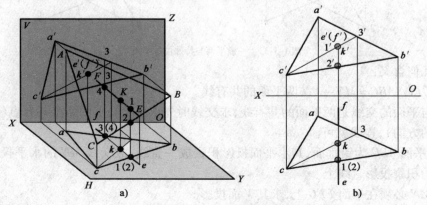

图1-3-31　特殊直线与平面相交

分析：利用直线的积聚性投影可直接找到交点 K 的 V 面投影 k'。直线 EF 为正垂线，其正面投影积聚成一个点，故交点 K 的正面投影也积聚在该点上。

因为交叉两直线 AB 与 EF 由 V 面投影知 AB 在 EF 之上，所以 FK 段不可见；或交叉两直线 BC 与 EF 由 V 面投影知 EF 在 BC 之上，所以 EK 段可见。

（2）一般直线与特殊平面相交（如图 1-3-32 所示，相关资源见二维码 26）

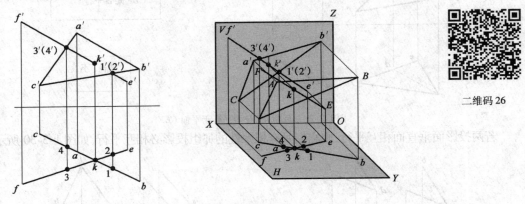

二维码 26

图 1-3-32 一般直线与特殊平面相交

分析：平面 ABC 为铅垂面，其水平投影积聚成一直线，故交点 K 的水平投影也积聚在该平面的积聚投影直线上。

因为交点 K 左侧直线在平面前方，所以直线段 FK 是可见的，右侧平面在直线的前，所以直线段 EK 不可见。

（3）平面与平面相交

一般平面与特殊位置平面，如图 1-3-33 所示。

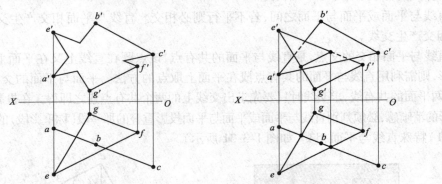

图 1-3-33 一般平面与特殊位置平面

理解几何含义：

$\triangle EFG \cap \triangle ABC = MN \to MN$ 两平面的共有线。

平面与平面的交线是两平面的共有线，求交线时先求出交线上的两个共有点（或一个交点和交线的方向），连线就可。

分析：平面 ABC 为铅垂面，其水平投影积聚成一直线，故交线 MN 的水平投影也积聚在该平面的积聚投影直线上。

交线 MN 必须在平面 EFG 上，求其 V 面投影。

关于可见性判别是在上述线面相交可见性的基础上进行的，显然交线为两平面投影重叠处可见与不可见的分界线,即两平面投影重叠处被分为两部分,交线一侧为可见,另一侧为不可见。由此对 V 面可见性的判别,EG 位于 AB 的前方,故 EN 可见,AC 位于 EF 的前方,故 EM 可见。

(4)一般直线与一般平面相交(相关资源见二维码 27)

由于一般直线与一般平面没有积聚性,不能在投影图上直接定出其交点,如图 1-3-34 所示,求交点时,可采用辅助平面进行作图。

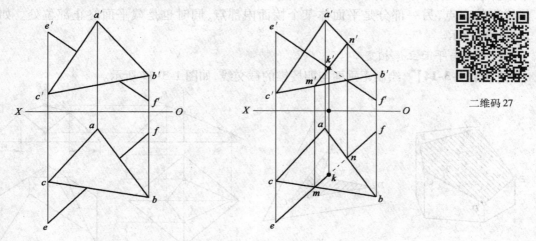

图 1-3-34　一般直线与一般平面相交

①包含直线 EF 作辅助平面垂直于 H 面。
②求平面 ABC 与辅助平面的交线 MN。
③求交线 MN 与直线 EF 的交点 K,即为所求。
④利用重影点,判别其投影重合部分的可见性。

任务四　绘制圆管涵断面投影(截交线、相贯线)

一、截交线

截交线:基本形体被平面(截平面)所截时,所产生截平面与立体表面的交线。工程上很多结构物可以看成是由多个基本体经截切组合而成的,如图 1-3-35 所示。相关资源见二维码 28。

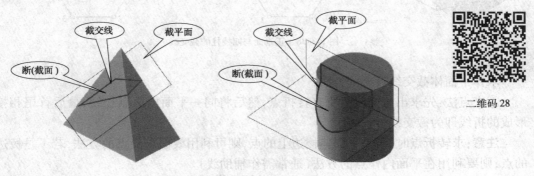

图 1-3-35　截交线

截交线的性质：截交线是截平面与基本体表面共有点的集合，是截平面与立体表面的共有线。当基本平面体被截平面完全截断，则所得的截交线必为一闭合的平面图形。此平面折线是由若干个转折点连接的若干直线段组成，每个转折点均为截平面与平面体棱边的交点，每直线段均为截平面与平面体棱面的交线。如图 1-3-36a）所示。

当基本平面体被某个截平面部分截断，则所得的截交线必为一不闭合的平面折线。此平面折线是由若干个转折点连接的若干直线段组成，其中的转折点一部分为截平面与平面体棱边的交点，另一部分是平面体某个棱面内部点，同时也是截平面终止部位处。如图 1-3-36b）所示。

1. 平面与平面立体相交

【实训 1-3-14】 绘制正垂面与四棱锥的截交线，如图 1-3-37 所示。

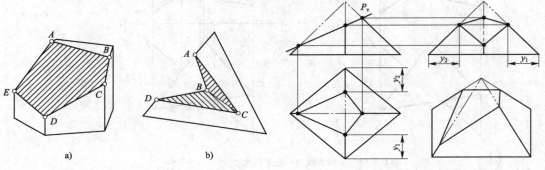

图 1-3-36 截交线的性质　　　　图 1-3-37 正垂面与四棱锥的截交线

提示：
（1）作出截平面与四棱锥四条棱边的交点（共 4 点）。
（2）将位于同一平面内的两点连成交线。（共 4 段）。
（3）完成截断体投影。

【实训 1-3-15】 绘制正垂面与四棱柱的截交线，如图 1-3-38 所示。相关资源见二维码 29。

二维码 29

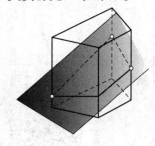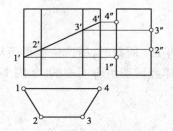

图 1-3-38 正垂面与四棱柱的截交线

提示：
求作平面体截交线投影的方法：

①交点法：先求出截交线上所有转折点，然后将同一平面内两点连线，最后首尾相接所形成的折线即为截交线。

注意： 求转折点时，若是平面体棱边上的点，则可利用线面求交点的方法；若不是棱边上的点，则要利用在平面内作点的方法（通常需作辅助线）。

②交线法：一般利用特殊截平面的投影性质（平行面的投影性质）直接求出截交线上的

每段直线段。

2.平面与曲面立体相交

在工程上的一些构件中,常遇到平面与曲面立体表面相交的情况,如图 1-3-39 所示。

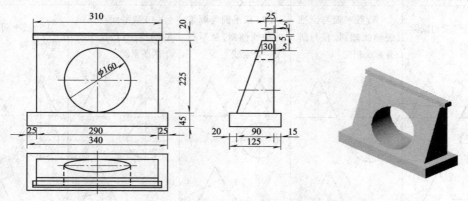

图 1-3-39　涵洞洞口图

平面与曲面相交时,所产生的截交线是一条平面曲线或平面直线。也可能是曲线和直线组成的平面图形,还可能是平面多边形。其实质是求平面与曲面共有点的集合。

截交线投影可以采用描点法求出。即先求出曲线上一些点,包括三类特殊点和一些一般点。然后将这些点光滑连线。

特殊点包括:

(1)确定曲线轮廓的点,如最左点、最右点、最高点、最低点、最前点、最后点。

(2)截交线上位于曲面体轮廓线上的点,如轴线上的点、中心线上的点。

(3)截交线每面投影可见与不可见的分界点。

表 1-3-5、表 1-3-6 是平面与圆柱、圆锥相交得到的截交线情况。

平面与圆柱相交所得的截交线的情况　　　　　表 1-3-5

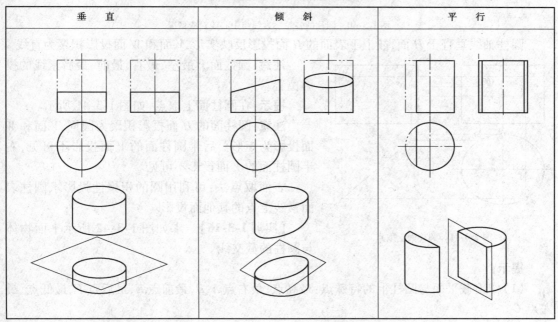

平面与圆锥相交所得的截交线的情况　　　　　　表 1-3-6

截平面位置	截平面位置	截平面垂直于锥轴	截平面与所有的素线都相交	截平面与所有的素线都相交
(1)截平面与圆锥的轴线垂直	(2)截平面与圆锥的轴线倾斜，且与所有素线相交	(3)截平面与圆锥的轴线倾斜，且平行于一条素线	(4)截平面与圆锥的轴线平行，且平行于两条素线	(5)截平面通过圆锥的锥顶

提示：圆柱的各轮廓素线与中心线对应情况，如图 1-3-40 所示。

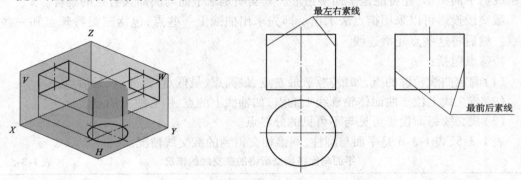

图 1-3-40　圆柱的各轮廓素线与中心线对应情况

圆柱轴线垂直于 H 面，故上下表面的 H 面投影反映实形，V 面和 W 面投影积聚为直线。

注意：圆柱面上最左、最右、最前、最后素线的投影位置。

提示：在圆柱面上取点，如图 1-3-41 所示。

注意：圆柱面的 H 面投影积聚为圆周，V 面和 W 面投影为矩形。后半圆柱面的 V 面投影不可见，右半圆柱面的 V 面投影不可见。

表面取点法：可利用圆的积聚性投影求圆柱表面素线上点的其他面投影。

【实训 1-3-16】　求如图 1-3-42 所示平面物体与圆柱的截交线。

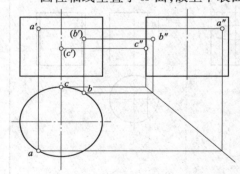

图 1-3-41　圆柱面上取点

提示：
(1)作出截平面与圆柱上的特殊点：最高点、最右点 A、B，最前点 E，最后点 F、最低点、最左点 C。
(2)利用圆的积聚性投影的性质作一般点如 G、H 点。

（3）光滑连接各点。

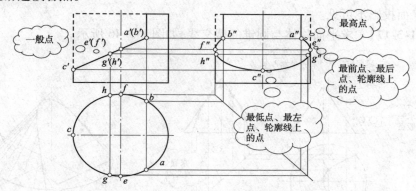

图 1-3-42　平面物体与圆柱的截交线

思考：如何绘制如图 1-3-43 所示圆柱的截交线？

提示：求截交线即为圆柱面上取点，圆柱面的 W 面投影积聚为圆周，利用该积聚性的投影特性求特殊点与一般点的其他面投影，然后连成线。

提示：圆锥的各轮廓素线与中心轴线对应情况，如图 1-3-44 所示。

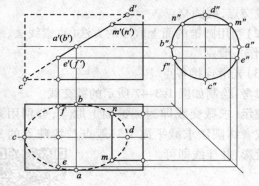

图 1-3-43　圆柱的截交线

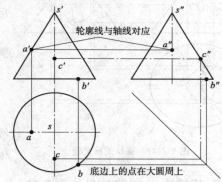

图 1-3-44　圆锥的各轮廓素线与中心轴线对应

圆锥轴线垂直于 H 面，故圆锥表面的 H 面投影反映实形，V 面和 W 面投影积聚为直线。圆锥面的 H 面投影无积聚性，V 面和 W 面投影是等腰三角形。

注意：圆锥面上最左、最右、最前、最后素线的投影位置。

提示：在圆锥面上取点，如图 1-3-45 所示。

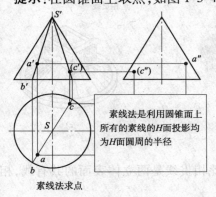

素线法求点

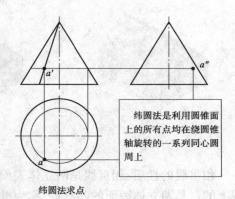

纬圆法求点

图 1-3-45　圆锥面上取点

注意：在圆锥面上取点，可用素线法和纬圆法求。后半圆锥面的 V 面投影不可见，右半圆锥面的 W 面投影不可见。

【**实训 1-3-17**】 求平面物体与圆锥的截交线，如图 1-3-46 所示。

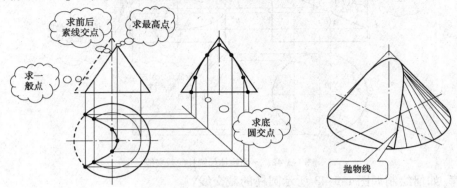

图 1-3-46 平面物体与圆锥的截交线

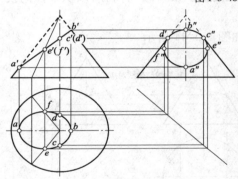

图 1-3-47 圆锥的截交线

提示：

（1）作出截平面与圆锥上的特殊点：最高点、前后素线交点，底圆交点。

（2）利用圆锥的面上取点的方法（直素线法、纬圆法）作一般点。

（3）光滑连接各点。

思考：绘制如图 1-3-47 所示的截交线。

提示：求截交线即为圆锥面上取点，分别用素线法或者纬圆法求截平面上一般点与特殊点的其他面投影，并连线即可。

二维码 30

二、相贯线（相关资源见二维码 30）

相交的两立体称为相贯体，两立体表面的交线称为相贯线，如图 1-3-48 所示。

a)

b)

c)

图 1-3-48 相贯线

相贯线的性质：相贯线是两立体表面的交线，因此相贯线是两立体表面的共有线，相贯线上的点是两立体表面的共有点，称为贯穿点。

相贯的类型：当一个立体全部贯穿另一个立体时，产生封闭的相贯线，称为全贯。当两个立体相互贯穿,任何一个都没有完全贯入对方时,产生一组封闭的相贯线,称为互贯。如图 1-3-49 所示。

a)全贯　　　　　　　　　　　　　b)互贯

图 1-3-49　相贯的类型

相贯线为两段或一段闭合或不闭合的空间折线,折线中的每段线段均为相贯的两个形体的表面交线,折线上的每个转折点,均为一个平面体的侧棱与另一个平面体的棱面的交点。

可见性的判别原则:两立体表面投影都可见的部分相交,其交线可见,否则不可见。

【实训 1-3-18】　求作三棱锥与四棱柱相贯的相贯线,如图 1-3-50 所示。相关资源见二维码 31。

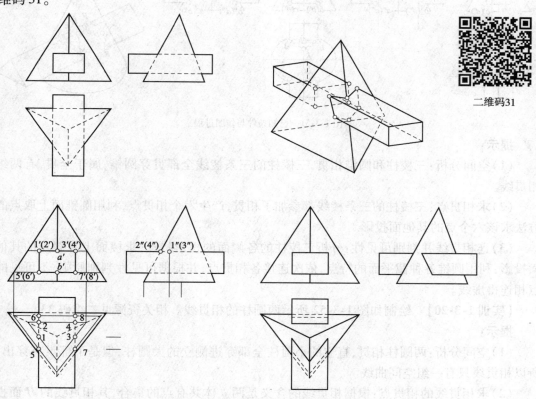

二维码31

图 1-3-50　已知条件与作图过程

提示:

(1)空间分析:三棱锥和四棱柱相贯,四棱柱的四条棱线全部贯穿三棱锥的三个棱面,属于全贯,有两组相贯线。

(2)求相贯点:四棱柱的四个棱面的 V 面投影具有积聚性,与两组相贯线重合,利用基本体面上取点的方法求相贯线上相贯点的其他面投影。

(3)连相贯点为相贯线并判别可见性:根据同一棱面上的两点才能连线的原则分别连接各相邻相贯点。

【实训1-3-19】 求作三棱柱和圆锥相贯的相贯线,如图1-3-51所示。相关资源见二维码32。

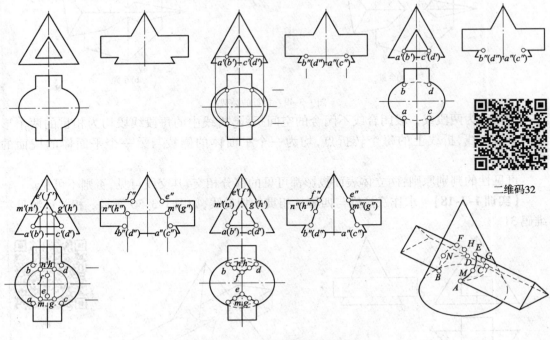

图1-3-51 已知条件与作图过程

提示:

(1)空间分析:三棱柱和圆锥相贯,三棱柱的三条棱线全部贯穿圆锥,属于全贯,有两组相贯线。

(2)求相贯点:三棱柱的三条棱线都参加了相贯,产生六个相贯点,利用圆锥面上取点的方法求该六个点的其他面投影。

(3)连相贯线并判别可见性:分析三棱柱的各侧面的投影特点,求棱面上一般点的其他面投影,利用圆锥各种截平面的特点,依次连接各相贯点,并根据可见性判别原则,不可见的点相连得虚线。

【实训1-3-20】 绘制如图1-3-52所示两圆柱的相贯线。相关资源见二维码33。

提示:

(1)空间分析:两圆柱相贯,直立的小圆柱全部穿进侧立的大圆柱,但是下部没有穿出,所以相贯线只有一组空间曲线。

(2)求相贯线的相贯点:根据相贯线的含义是两立体共有点的集合,其相贯线的H面投影与直立的小圆柱的积聚性投影重合与W面投影重合,取两曲面的特殊点、最左点(最高点)1;最右点(最高点)2、最前点(最低点)3、最后点(最低点)4。其相贯线的W面投影为直立小圆柱和侧立的大圆柱投影重合部分,求最高点和最低点的V面投影。利用圆柱积聚性投影的性质作一般点5、6。

(3)光滑连接各点得相贯线并判别可见性。

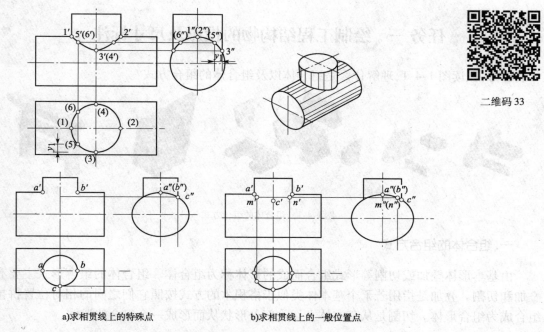

a) 求相贯线上的特殊点　　b) 求相贯线上的一般位置点

图 1-3-52　两圆柱的相贯线

【实训 1-3-21】　绘制如图 1-3-53 所示三棱柱与圆锥的相贯体的投影图。

提示：

(1) 利用相贯线的含义可知，三棱柱的 V 面投影就是两物体的相贯线的 V 面投影，对于圆锥来说，即求一水平截面和两正垂面截面与圆锥截交线的投影。

(2) 利用圆锥水平截面投影性质可知，水平截面的 H 投影是两段圆弧。求其他两截面的截交线的投影，可通过求特殊点与一般点即可。

(3) 光滑连接各点。

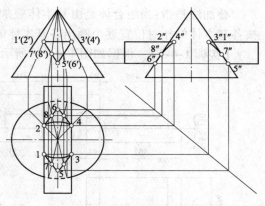

图 1-3-53　三棱柱与圆锥的相贯体的投影图

项目四　绘制工程结构物的投影与剖面、断面图

学习要点

1. 理解组合体的常用组合方式：叠加、切割等。
2. 掌握组合体形体分析法、拉伸法、线面分析法等分析方法以及如何正确标注组合体的尺寸。
3. 理解剖面图形成原理，剖面图的标注方法。
4. 掌握全剖面图、半剖面图、局部剖面图常用的剖面类型的画法以及适用范围。
5. 掌握断面图的类型以及画法。

任务一 绘制工程结构物的投影及尺寸标注

思考：识读图 1-4-1，理解什么是组合体以及组合体的组合方式？

图 1-4-1 组合体的组合方式

一、组合体的组合方式

由基本形体叠加或切割等形式组合而成的形体称为组合体。组合体的组合形式主要有叠加和切割。叠加是指用若干个基本体类似于搭积木的方式按照它们之间的相对位置拼接组合成为组合形体。切割是从基本体上切除部分形状从而形成一个组合的形体。

（一）叠加法

叠加法是指：当组合体是由基本体叠加而成时，先将组合体分解为若干个基本体，然后按各基本体的相对位置逐个画出各基本体的轴测图，经组合完成整个组合体的轴测图。

【**实训 1-4-1**】 根据如图 1-4-2a）所示三面投影图绘制其轴测图。

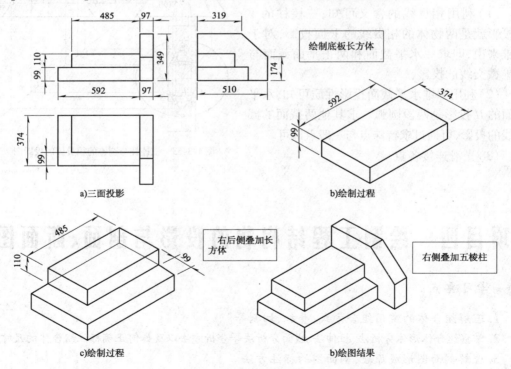

图 1-4-2 组合体的轴测图

叠加法举例，桥台图的绘制，图 1-4-3。

（二）切割法

切割法是指当组合体是由基本体切割而成时，先画出完整原始基本体轴测图，然后按其截平面的位置，逐个切去多余部分，从而完成组合体的轴测图。

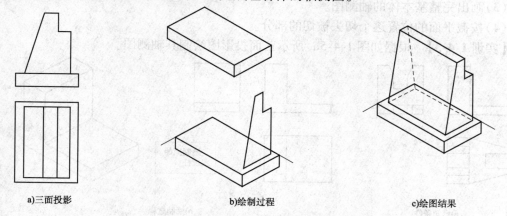

图 1-4-3　组合体的轴测图

【实训 1-4-2】 根据如图 1-4-4a) 所示三面投影图绘制其轴测图。

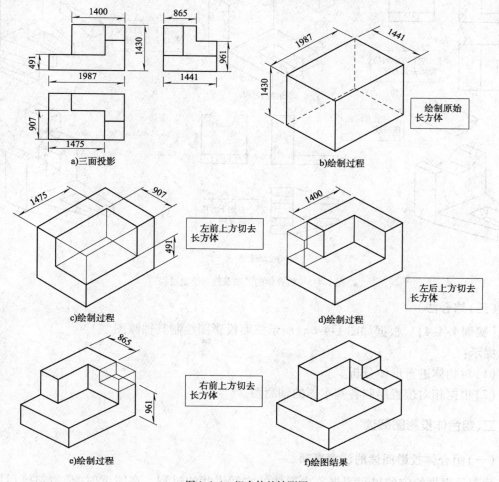

图 1-4-4　组合体的轴测图

提示：
（1）对物体进行形体分析。
（2）建立坐标系。
（3）画出完整基本体的轴测图。
（4）按截平面的位置逐个切去被切的部分。

【实训1-4-3】 根据如图1-4-5a)所示三面投影图绘制其轴测图。

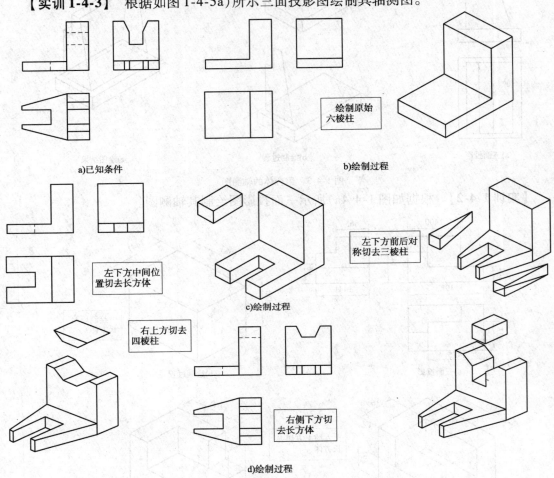

图1-4-5 组合体的已知条件与绘制过程

（三）综合法

【实训1-4-4】 根据如图1-4-6a)所示三面投影图绘制其轴测图。

提示：
（1）对物体进行形体分析。
（2）根据相对位置绘制各基本体的轴测图。

二、组合体投影图阅读

（一）组合体投影阅读的注意事项

读图是根据给定的投影图想象出形体的空间形状的过程。在阅读时，必须熟练运用投

影规律进行分析,并且必须注意以下几点:
(1)熟悉各种位置的直线、平面(或曲面)以及基本体的投影特性。
(2)几个视图联系起来看。

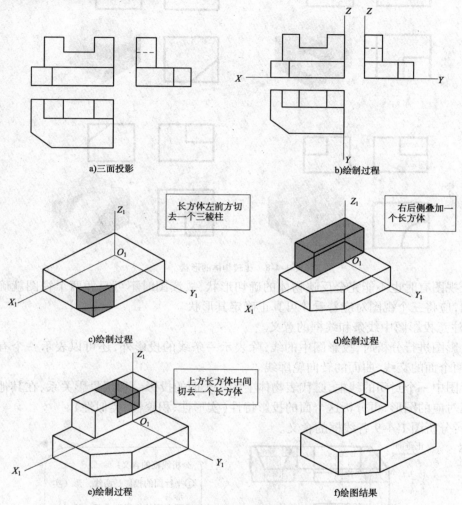

图1-4-6 组合体的轴测图

组合体的每个投影图只反映形体某一个侧面的特征,读图时要把几个视图联系起来,综合各个侧面的特征想象形体的空间形状。如图1-4-7所示。

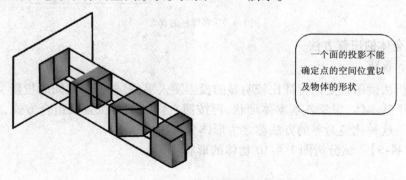

图1-4-7 一个面的投影不能确定物体形状

思考:想象如图1-4-8所示的形状,并分析彼此的区别。

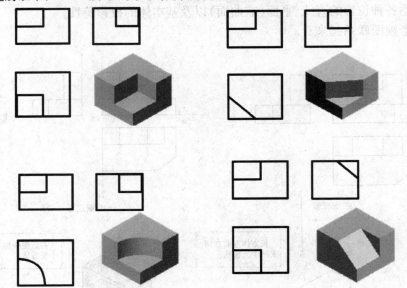

图1-4-8 比较物体的形状

两个视图有时也不能完全反映物体的确切形状,故读图时不可只凭两个视图就确定物体的形状,应将三个视图对应着看才可真正确定其形状。

(3)注意投影图中线条和线框的意义。

对投影图进行分析时,投影图中的线,除表示一条线的投影外,还可以表示一个有积聚性的面、两个面的交线、曲面的转向轮廓线。

投影图中一个封闭的线框,必代表物体上的一个面的投影。利用投影关系,在其他投影图上找到对应的图形,再分析这个面的投影特性(实形性、积聚性、类似性)。

思考:分析图1-4-9各线框的含义。

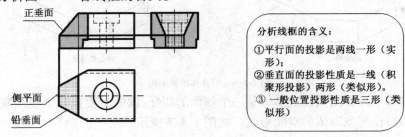

图1-4-9 各线框的含义

(二)组合体的识读方法

1. 形体分析法

形体分析法读图就是以特征比较明显的投影图入手,根据投影图间的投影关系,把组合体分解成若干基本体,想象各基本体形状,再按照它们的相对位置及组合方式,综合想象组合体的形状。这种化整为零的方法称之为形体分析法。

【实训1-4-5】 试分析图1-4-10物体的形状。

提示:

(1)分线框,从投影图中分离出表示各基本体的线框。以特征比较明显的V面投影图入手,将 V 面投影分成四个线框:U 形基础框、六棱柱形的前墙线框、七面体的侧墙线框和长方体的台帽线框。

(2)读线框,根据投影规律(长对正,高平齐,宽相等),分别找出各线框对应的其他投影,并结合各线框所反映形状特征的投影想象各基本体的形状。

读图时要善于找出反映特征的投影。读基础时,首先应抓住水平投影中反映其形状特征的线框读起,结合其 V 面、W 面投影,可以通过拉伸法想象出它的形状。如图 1-4-10b)所示。读前墙时,首先应抓住正面投影中反映其形状特征的线框,结合其 H 面、W 面投影,可以通过拉伸法想象出它的形状。如图 1-4-10c)所示。读侧墙时,首先应抓住正面投影中反映其形状特征的线框,运用线面分析法分析各个面的投影为主,从而想象出它的形状。如图 1-4-10d)所示。读台帽时,三个面的投影都是长方形,故台帽为长方体。

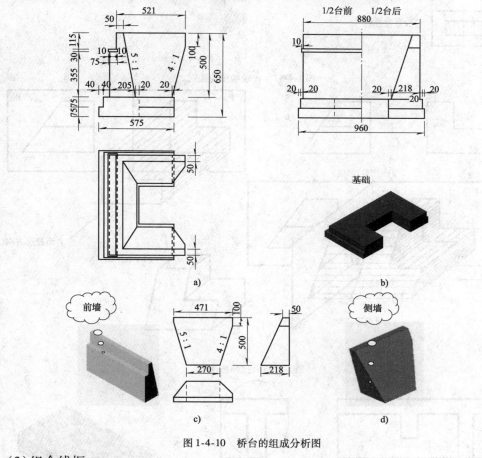

图 1-4-10 桥台的组成分析图

(3)组合线框

根据各线框(即是各基本体)的形状以及其相对位置,综合想象出组合体的形状。

思考:分析图 1-4-11a)、b)的区别。

2. 拉伸法

拉伸法读图一般用于柱体或由平面切割柱体而成的简单体,如图 1-4-12 所示。

拉伸法读图的关键是在给定投影图中找出反映立体形状特征的线框,然后沿着其投影方向拉伸对应的长度,完成物体三面投影图的阅读。

思考:分析图 1-4-13 的特点,并思考形状特征投影的特性。

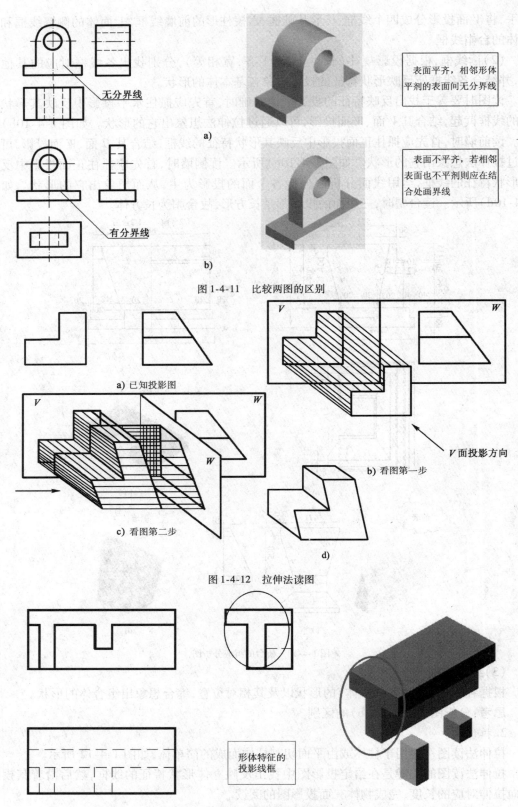

图 1-4-11 比较两图的区别

图 1-4-12 拉伸法读图

图 1-4-13 形状特征投影

一般来说，当立体的三个投影图中有两个投影图中的大多数线条互相平行，且都是平行同一投影轴，而另一投影图中的线条不平行，是一个几何线框，该线框就是反映立体形状特征的线框。

3. 线面分析法

当形体被多个平面切割、形体的形状不规则时，运用形体分析法难以读懂，这时运用线、面分析表面形状以及面与面之间的表面交线，并借助立体的概念想象出组合体的形状，这种方法称为线面分析法。

在看图时把立体的表面分解为线、面等几何元素，运用线面的投影特性，逐个分析各个面的形状、面与面的相对位置关系，以及各交线的性质，从而想象出组合体的形状。

【实训1-4-6】 分析图1-4-14桥台翼墙的平面特点。

桥台翼墙的线面分析结果：上下平面1、2水平面，左上平面3侧平面，左下平面4和右5正垂面，前平面7侧垂面，后平面6正平面。

【实训1-4-7】 利用线面分析法补全物体图1-4-15的第三面投影。

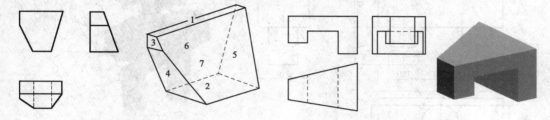

图1-4-14　桥台翼墙的线面分析　　　　　图1-4-15　补全物体的第三面投影

(三) 看图的步骤

1. 看视图抓特征

(1) 看视图：以立面图为主，配合其他视图，进行初步的投影分析和空间分析。

(2) 抓特征：找出反映物体特征较多的视图，在较短的时间里，对物体有个大概的了解。

2. 分解形体对投影

(1) 分解形体：参照特征视图，分解形体。

(2) 对投影：利用"三等"关系，找出每一部分的三个投影，想象出它们的形状。

3. 综合起来想整体

在看懂每部分形体的基础上，进一步分析它们之间的组合方式和相对位置关系，从而想象出整体的形状。

【实训1-4-8】 识读图1-4-16桥墩图。

提示：

(1) 看视图抓特征。先粗读所给的各个投影图，经过投影分析大致了解组合体的形状及组合方式，在此基础上应用形体分析，该桥墩可大致分为四部分：桩基、承台、立柱、盖梁。

(2) 分解形体，确定形状。根据投影的"三对等"关系，将每一部分的各投影划分出来，仔细分析，想象并确定每部分的形状：基桩(直径为120cm，桩与桩之间的距离是300cm)，承台(510×210×200cm)，立柱(直径为150cm)，盖梁(长为560cm，宽为150cm，高为120cm，两侧是防震挡块)。

(3) 综合起来想整体。在看懂了每部分形体和它们之间的相对位置的基础上，最后综合起来确定组合体的整体形状。如图1-4-16所示。

(四)组合体的投影绘制

1. 组合体的投影绘制步骤

(1)形体分析

画组合体的投影图首先要进行形体分析,分析它们是由哪些简单的基本体组成的,同时要分析各基本体之间的组合形式以及相对位置关系如何等。

形体分析的目的是,从形体分析中进一步认识组合体的结构特点,为正确地画组合体的视图做好准备。

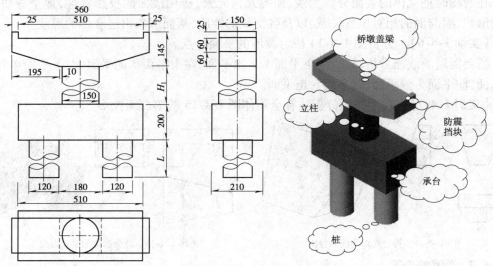

图 1-4-16 桥墩的组成分析图

(2)选择投影图

为了能用较少的投影图清晰的表示出组合体的形状,在形体分析的基础上,还应选择合适的投影方向和投影图的数量。

①选择立面图。立面图是三视图中最重要的视图,立面图选择恰当与否,直接影响组合体视图表达的清晰性。所谓选择立面图就是怎样放置所表达的物体或用怎样的投影方向来作为立面图的投影方向问题。

选择立面图的原则:让 V 面投影图能明显地反映出组合体的结构形状特征,同时尽量减少各视图中的虚线以及,较合理地使用图纸。图 1-4-17 所示。

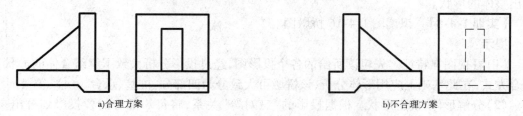

a)合理方案　　　　　　　　　　b)不合理方案

图 1-4-17 挡土墙投影图的选择

②选取投影图的数量。在保证完整、清晰地表达组合体形状结构的前提下,尽量减少投影图的数量,如图 1-4-18 所示。

(3)选比例、定图幅

投影图确定后,还要根据组合体的总体大小和复杂程度,按照国家标准规定选择适当的比例和图幅。

(4) 布置投影图

布图前,先把图纸、图框以及标题栏的边框画出来,根据选定的比例和组合体的总体尺寸,可粗略算出各投影图范围大小,各视图的位置要匀称,并注意在两视图之间要留出适当距离,用以标注尺寸。一般定出形体的对称中心线、主要端面的轮廓线作为作图基准线。

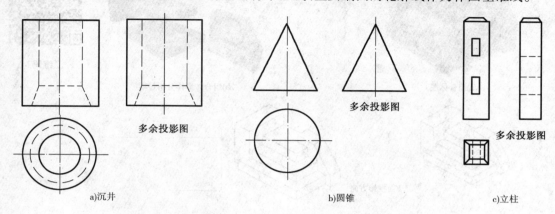

图 1-4-18　投影图数量的选择

(5) 画底图

正确的画图方法和步骤是保证绘图质量和提高绘图效率的关键。

①在画组合体的三视图时,应分清组合体上结构体形状的主次,一般应从正面投影入手,先画主要部分,后画次要部分;先画看得见的部分,后画看不见的部分。

②在画每一部分时,要先画反映该部分形状特性的视图,后画其他视图;要严格按照投影关系,三个视图配合起来逐一画出每一组成部分的投影,切忌画完一个视图,再画另一个视图。

【实训1-4-9】　根据立体图1-4-19完成组合体的三面投影图。相关资源见二维码34。

提示:

①形体分析。该组合体由五个部分组成,各部分的形状,如图1-4-19b)所示。

②选择投影图方向以及选比例、定图幅,如图1-4-19c)。

③布置投影图及绘图过程如图1-4-19d)。

④检查、描深、完成全图。

【实训1-4-10】　绘制图1-4-20所示涵洞口的投影。

提示:

①形体分析,该组合体由三个部分组成:基础、墙身与缘石。

②选择投影图方向以及选比例、定图幅。

③布置投影图及绘图过程。

画图前对涵洞口进行形体分析,该涵洞口由基础部分、墙身部分和缘石部分组成,该涵洞口的绘制是先绘制基础部分、然后是墙身部分,最后绘制缘石部分,注意每个部分都要满足投影规律。画图时注意应根据对应的投影关系同时画出,不要先把某一投影全部画出,再画另外的投影,以免漏画。

绘图过程如图1-4-20所示。

2. 组合体的补视图、补缺线

有些组合体用两个视图就能基本表达清楚它的形状,看懂视图后,应能根据两个视图画出第三个视图。

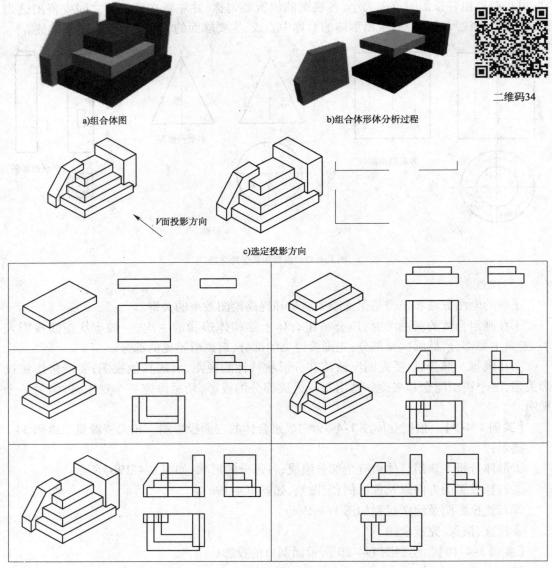

图 1-4-19 绘图过程

（1）补视图

已知两个视图补画第三视图的方法是：

根据已知两视图,运用形体分析方法和线面分析方法,想象出物体的形状,在此基础上,再根据两个已知视图按照"三等"关系画出物体的第三视图。

（2）补缺线

画物体的视图时,必须做到完整准确,不多线也不漏线。

补缺线就是补画出在视图上漏画的图线。

方法:可采用形体和"对投影"的方法。即根据已知视图初步想象形体,检查形体上每一部分在三视图中的投影是否遗漏,补画所缺的图线。

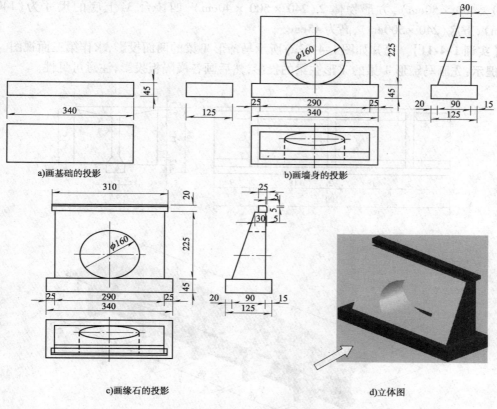

图 1-4-20 涵洞口的画图步骤

【实训 1-4-11】 识读图 1-4-21 所示的排架式墩图。

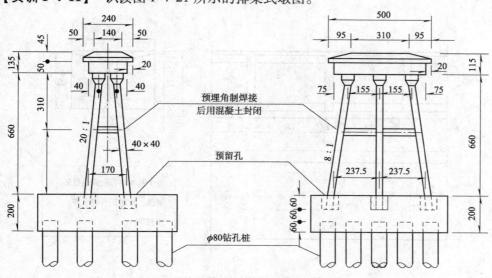

图 1-4-21 排架式墩图

图 1-4-21 排架式墩从下往上分别由桩基础、承台、墩身、墩帽等部分组成。基础为直径为 80cm 的钻孔桩,承台为方形的,墩身为方形的柱体,纵向斜率为 20∶1,柱体底部顺桥向间

73

距为170cm,中间用预埋角钢焊接后用混凝土封闭横向连接,横桥向柱体的斜率是8:1,三根,间距为237.5cm,与墩帽之间用预埋角钢连接起来;墩帽由三部分组成,下部为方形物体1(200×460×50cm),方形物体2(240×500×40cm),四棱台3,上底的尺寸为(140×310cm),下底(240×500cm),高为45cm。

【实训1-4-11】 已知如图1-4-22a)所示马蹄形T梁的两面投影,求作第三面视图。

提示:先画马蹄形T梁的T形主梁的投影,然后画各横隔板投影,注意可见性。

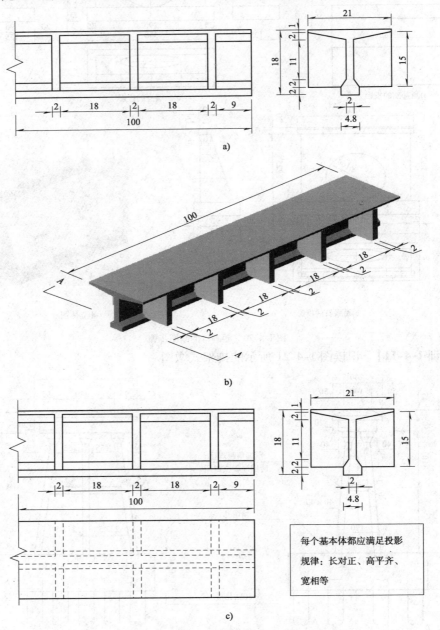

图1-4-22 补画物体的第三面图

【实训1-4-13】 已知图1-4-23所示的盖板涵洞身的两面投影,求作第三面视图。

提示:分别利用投影的对等关系绘制基础、铺底、涵台、和盖板的投影。

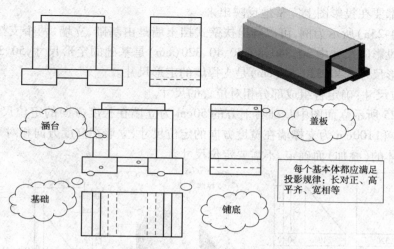

图 1-4-23 补画物体的第三面图

三、组合体尺寸标注

组合体的视图只能表示物体的形状,要想表示其大小,还应注出其尺寸。在图样上标注尺寸是表达物体的重要手段。

(一)基本几何体的尺寸标注

组合体是由基本体组成,为了标注组合体的尺寸,首先要熟悉基本体的尺寸标注法,标注基本体的尺寸,应根据形体的特点把它的三个方向的尺寸完整地标注在投影图上,如图 1-4-24 列举了常见棱柱、棱锥、圆柱、圆锥等尺寸标注示例。

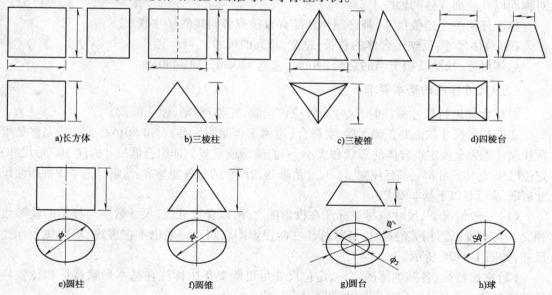

图 1-4-24 基本几何体的尺寸标注

(二)组合体尺寸的种类

(1)定形尺寸:确定组合体各组成部分形状和大小的尺寸。

标注组合体的尺寸时,首先要做形体分析,确定它由哪些基本体组成的,每个基本体的长、宽、高等都要在投影图上完整地反映出来。

以图 1-4-25a)所示为例,可以看出扶壁式挡土墙是由基础、立墙、两个支撑墙四个基本体组成。在投影图尺寸中 50、340、80、50、40、320(cm)是基础的定形尺寸,50、320、400(cm)是立墙的定形尺寸,240、320、50(cm)是支撑墙的定形尺寸。

(2)定位尺寸:确定各组成部分相对位置的尺寸。

图 1-4-25 所示立面图中基础右上方的 50cm 为立墙在长度方向的定位尺寸,侧面图中的尺寸 50cm 和 100cm 为支撑墙在宽度方向的定位尺寸,立墙在高度方向相对于基础的位置是通过组合体的(叠加)而确定,不需要定位尺寸。

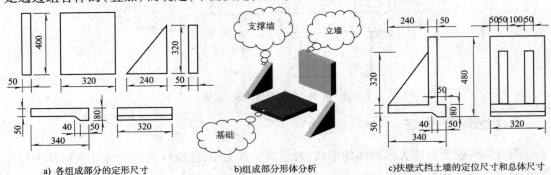

图 1-4-25　扶壁式挡土墙的尺寸标注(尺寸单位:cm)

由以上分析可以看出,在某一方向确定各基本体的相对位置时,标注每一个定位尺寸均需有一个相对的基准作为标注尺寸的起点,这个起点叫尺寸基准。组合体有长、宽、高三个方向的尺寸,每个方向至少要有一个尺寸基准。尺寸基准一般选在组合体底面、重要端面、对称面以及曲面立体的轴线上。

标注任何一个定位尺寸,都必须与基准有直接或者间接的尺寸联系。

(3)总体尺寸:反映组合体的总长,总宽,总高的尺寸。

总体尺寸:扶壁式挡土墙的总长 340cm,总宽 320cm,总高 480cm。

(三)尺寸标注的基本要求

对组合体进行尺寸标注时,尺寸布置应该正确、完整、清晰,便于阅读。

正确是指尺寸数值要正确无误,要符合《道路工程制图标准》(GB 50162—92)。完整是指所注尺寸能完全确定组合体的形状和大小,不能遗漏或重复。即组合体尺寸标注中定形尺寸、定位尺寸、总体尺寸都必须标注完整。尺寸清晰是指尺寸的布置要整齐、清晰。为了保证所注尺寸清晰,应满足以下基本要求:

(1)一般情况下,尺寸应尽量标注在投影图之外,以免尺寸线、尺寸数字与视图的轮廓线相交。与两投影图相关的尺寸,最好标注在两投影图之间。一般也不在虚线、轮廓线上标注尺寸,如图 1-4-26 所示。

(2)突出特征:各基本体的定形、定位尺寸尽可能要集中标注在基本形状特征和位置特征较明显的投影图上,不要分散,如图 1-4-27 所示。

(3)尺寸排列要整齐,同向相互平行的尺寸,应按照"小尺寸在内,大尺寸在外"的规律排列,以避免尺寸线与尺寸界线交叉,如图 1-4-28 所示。

(4)内形尺寸和外形尺寸应分别标注在投影图的两侧,避免混合标注在投影图的同一侧,如图 1-4-29 所示。

(5) 曲面立体的直径,最好标注在非圆的投影图上。即避免在同心圆较多的视图上标注过多的直径尺寸,也应避免用曲面立体的界限素线作为尺寸基准。

(6) 为了避免计算,便于加工制作,尺寸可采用封闭式,不得产生误差。

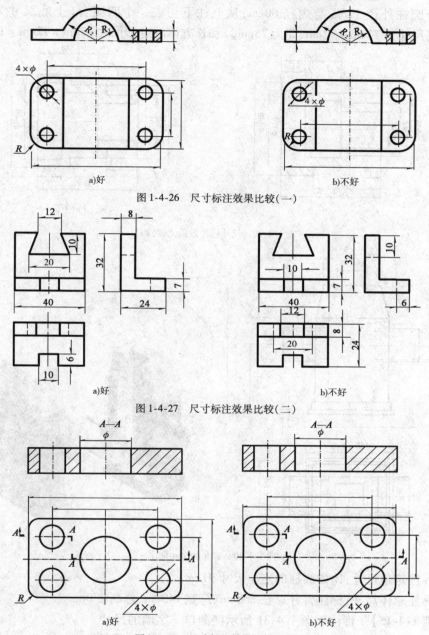

图 1-4-26 尺寸标注效果比较(一)

图 1-4-27 尺寸标注效果比较(二)

图 1-4-28 尺寸标注效果比较(三)

(四)尺寸标注举例

【实训 1-4-14】 标注如图 1-4-30 所示窨井图的尺寸。

提示:

(1) 形体分析,选定基准:该窨井从下往上包含六部分,三个长方体、一个四棱台、两个圆柱;从上往下切去一个四棱台和长方体。

(2)标注定形尺寸:根据形体分析过程标注三个长方体,长方体之一的尺寸为140cm×140cm×10cm,长方体之二的尺寸为130cm×130cm×15cm,长方体之三的尺寸为120cm×120cm×170cm;一个四棱台,上底尺寸为93cm×93cm,下底尺寸为120cm×120cm,高为75cm,两个圆柱外径72cm与内径60cm;从上往下切去一个四棱台(上底尺寸为45cm×45cm,下底尺寸为72cm×72cm,高为75cm,)和长方体的定形尺寸72cm×72cm×170cm。

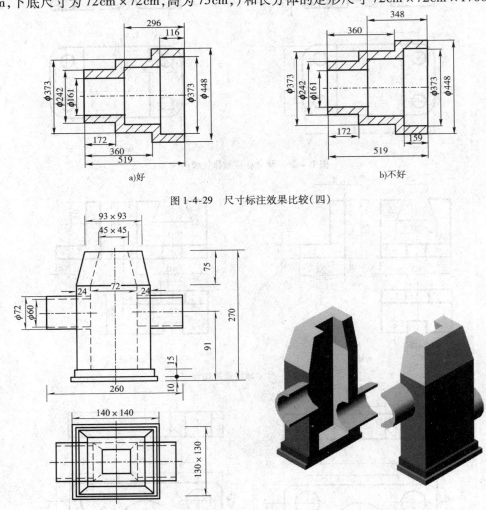

图1-4-29 尺寸标注效果比较(四)

图1-4-30 窨井的尺寸标注

(3)标注定位尺寸:比如圆柱的定位尺寸91cm。
(4)标注总体尺寸:标注窨井总长260cm、总宽140cm、总高270cm。

【实训1-4-15】 标注如图1-4-31所示涵洞口一字墙的尺寸。
(1)形体分析,选定基准:该涵洞口一字墙由基础、墙身、缘石组成。
(2)标注定形尺寸:根据形体分析过程标注基础的定形尺寸为340cm×125cm×45cm,墙身的定形尺寸为30cm、90cm、290cm、225cm、3.75:1,直径为160cm;缘石的定形尺寸为310cm、25cm、20cm,右侧上方5cm、5cm。
(3)标注定位尺寸:在长度方向上,基础、墙身和缘石关于长度方向对称布置,不需定位尺寸;在高度方向,各基本体依次叠加,也不需要定位尺寸,只需标出墙身和基础之间的定位尺寸 20 cm、15 cm;缘石与基础之间的定位尺寸 5cm。

(4)标注总体尺寸:标注涵洞口一字墙的总长 340cm、总宽 125cm、总高 290cm。

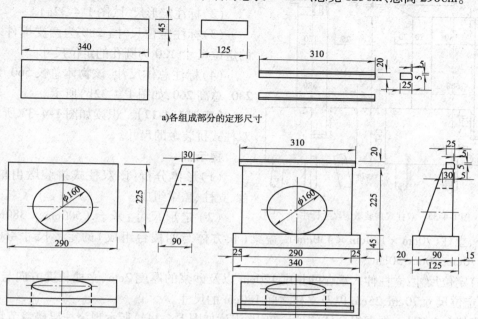

图 1-4-31 涵洞口一字墙的尺寸

【实训 1-4-16】 标注如图 1-4-32 所示连接配件的尺寸。

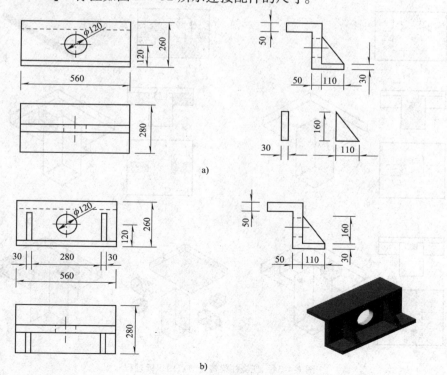

图 1-4-32 连接配件的尺寸标注

79

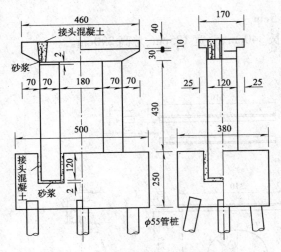

提示:
(1)形体分析,该连接配件分两部分组成。
(2)标注定形尺寸,图1-4-32a)。
(3)标注定位尺寸:280为两支撑件之间的定位尺寸,120为圆孔的定位尺寸。
(4)标注总体尺寸:该物体总长560、总宽280、总高260,如图1-4-32b)所示。

【实训1-4-17】 识读如图1-4-33所示的双柱式拼装墩的尺寸。

提示:
(1)形体分析:该双柱式拼装墩由桩、承台、立柱、盖梁组成。
(2)定形尺寸:承台(500cm×380cm×

图1-4-33 双柱式拼装墩的尺寸标注

250cm)、立柱(70cm×120cm×430cm)、盖梁(长方体与四棱台组成)的定形尺寸460cm、40cm、170cm、10cm、30cm。

(3)定位尺寸:立柱伸入承台的长度120cm以及砂浆的厚度2cm、立柱长度方向与宽度方向的定位尺寸70cm、25cm以及立柱之间180cm的尺寸。

【实训1-4-18】 根据组合体的理论知识,识读如图1-4-34a)所示现浇柱梁楼盖节点图。

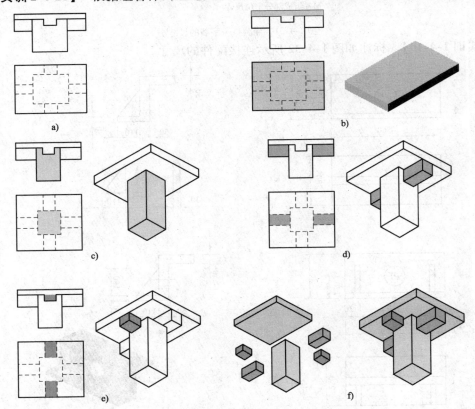

图1-4-34 现浇柱梁楼盖节点图识读过程

【实训1-4-19】 标注组合体图1-4-35的尺寸。

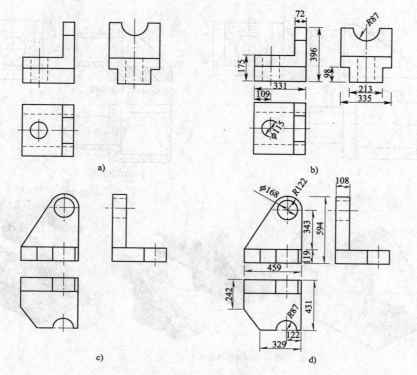

图 1-4-35 组合体的尺寸

【实训 1-4-20】 识读图 1-4-36 所示的泸州大桥桥墩基础构造示意图。

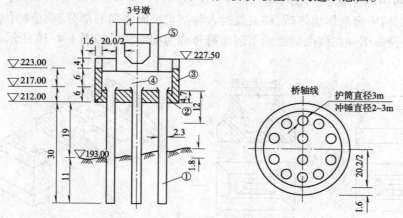

图 1-4-36 泸州大桥桥墩基础构造示意图
①钻孔桩;②封底混凝土;③壁仓混凝土;④承台混凝土;⑤墩身混凝土

任务二 绘制涵洞口的剖面图、变截面 T 梁的断面图

一、剖面图

思考:识读图 1-4-37 所示涵洞口三面投影图和剖面图,试比较两图的区别。

形体结构越复杂,在形体的投影中看不见的轮廓线就会越多,虚线就越多,虚实密集交错,影响图样的清晰,更不利于了解空间形状和尺寸标注,工程上采用剖面图和断面图来解决。

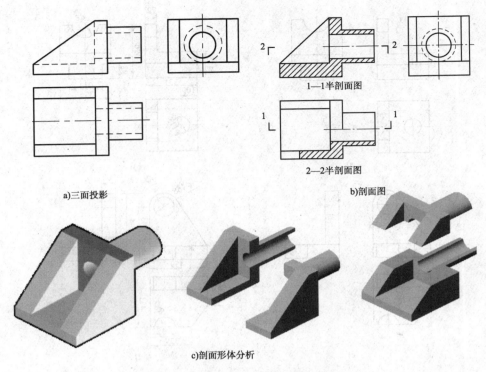

图 1-4-37 涵洞口立体图与剖面图示意图

(一)剖面图的形成

假想用剖切平面剖切物体后,移去观察者与剖切平面之间的部分,剩余物体向投影面作正投影,所得投影图并在被剖切处画上剖面符号称为剖面图。如图 1-4-38 所示。

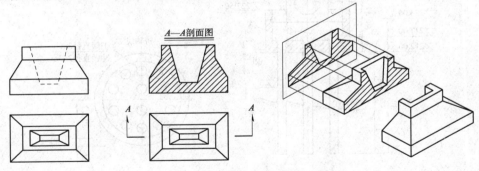

图 1-4-38 剖面图的定义

(二)剖面图的标注(图 1-4-39)

(1)剖切位置:作剖面图时,一般使剖切平面平行于基本投影面,从而使断面的投影反映实形。剖切平面既为投影面平行面,与之垂直的投影面上的投影则积聚成一直线,此直线表示剖切位置,称为剖切位置线,简称剖切线。投影图中用断开的一对短粗实线表示,长度为 5~10mm。

(2)投影方向:为表明剖切后剩余形体的投影方向,在剖切线两端的同侧各画一段用单边箭头指明投影方向,长度为 4~6mm。

(3)剖面图的编号:为了区分清楚不同的剖面图,对每一次剖切要进行编号,《道路工程制图标准》(GB 50162—92)规定,在剖切位置用一对英文字母(如 A),写在表示投影方向的单边箭头一侧,并在所得相应的剖面图的上方居中写上对应的剖面编号名称。剖面符号一律用"A－A"、"B－B"等大写英文字母,也可使用阿拉伯数字。规范规定:所有视图名称应标注在视图上方中部,并在图名底部绘制与图名等长的粗实线和细实线,间距为净 0.5～1mm。

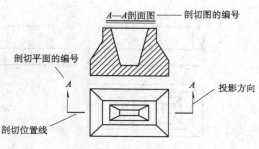

图 1-4-39 剖面图的标注

(4)材料图例:剖面图中包含了形体的断面,在断面图上必须画上表示材料的图例,如果没有指明材料时,可在断面处画上互相平行且间距相等的 45°细实线表示,称为剖面线。常用材料断面图例见表 1-4-1。

常用材料断面图例   表 1-4-1

材料名称	断面代号	画法说明	材料名称	断面代号	画法说明
天然土、混凝土		斜线为 45°细线,石子有棱角	夯实土壤、钢筋混凝土		斜线为 45°细线,在剖面图上画出钢筋时,不画图例线,若断面较窄,可涂黑
砂、灰土、石材		靠近线点较密,斜线为 45°细线用尺画(包括岩层及贴画、铺地等石材)	砂砾石、碎砖、三合土、毛石		石子有棱角,徒手画
普通砖、焦渣、矿渣		斜线为 45°细线,当断面较窄,不易画出图例线时,可涂红。包括水泥、石灰等材料	金属、多也材料		斜线为 45°细线
水		为等腰直角三角形用尺画	木材		徒手画
松散材料、网状材料		底线用尺画,其余徒手画	防水材料、橡胶、塑料		用尺画

(三)画剖视图时应注意的问题

(1)剖切平面的位置一般选择在需要表达内部结构的位置之处,且为投影面平行面,故在剖面图中反映截断面的实形。

(2)因剖切平面是假想的,除剖面图是剩余"体"的正投影,立体的其他面投影不受剖视图的影响,仍然按完整的物体来处理,即每次剖切都是独立的,如图 1-4-40 所示。各视图之间仍满足"长对正、高平齐、宽相等"的投影规律。

(3)剖面图中的截断面随剖面位置的不同而异,必须用剖切线(用粗实线表示,长划表示剖切位置,短划表示投影方向)注明剖切位置和投影方向,并用Ⅰ-Ⅰ等编号命名。

(4)在剖切平面后面的可见轮廓线,应全部用实线画出,不要出现漏线或多画线。凡不可见如果通过其他视图可以表达清楚,均可省略,否则仍应画出。

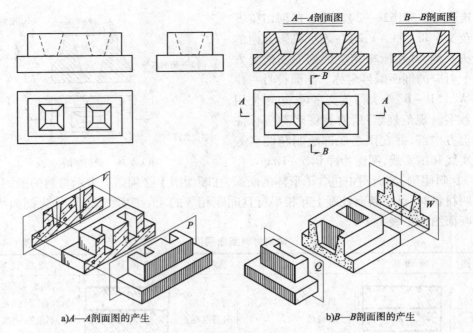

图 1-4-40　剖面图的产生

（四）剖面图的分类

1. 全剖面图（相关资源见二维码35）

全剖面图是假想用一个剖切平面将形体全部剖开所得到的剖面图。如图 1-4-41 所示。

适用范围：外形结构比较简单而内部结构比较复杂的形体或非对称结构的形体。

二维码35

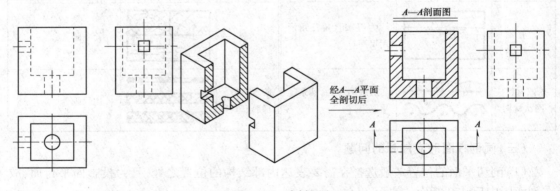

图 1-4-41　全剖面图

注意：全剖面图一般都要标注剖切线，只有当剖切平面与形体的对称平面重合，且全剖面图又为基本投影图的位置时，可以省去标注。

桥台的全剖面图如图 1-4-42 所示。

【实训 1-4-21】　阅读图 1-4-43 端横隔板梁的接头构造，理解全剖面图的含义。

2. 半剖面图

当形体具有对称平面，而外形又比较复杂时，以对称中心线为界，可将其投影的一半画成表示形体外部形状的正投影，另一半画成表示内部结构的剖面图，中间用点划线分开，这种由半个投影图和半个剖面图合成的图形称为半剖面图。如图 1-4-44 所示。相关资源见二维码 36。

适用范围：内、外形状比较复杂的形体，都需要表达的对称形体。

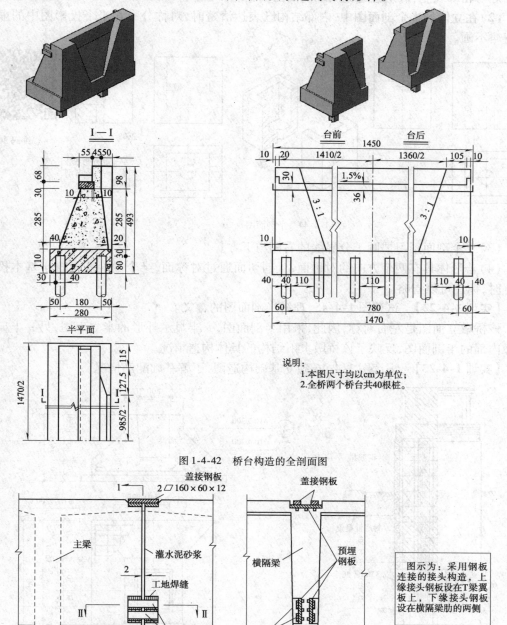

图 1-4-42　桥台构造的全剖面图

图 1-4-43　端横隔板梁的钢板接头构造

注意:

(1)半个投影图和半个剖面图的分界线应画成点划线,不画实线。若作为分界线的点划线刚好与轮廓线重合,则应避免用半剖面图。

(2)在立体的半个剖面图中,内部结构已表达清楚时,对称分布在半个投影图中的虚线可省略不画。

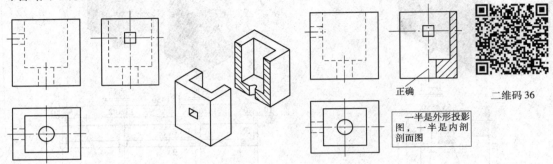

图 1-4-44 半剖面图

(3)半个剖面图习惯画于分界线的右侧与下方。

(4)若形体具有两个方向的对称面,且剖切面通过对称面,半个剖面图又置于基本投影位置时,标注可以省略。

【实训 1-4-22】 试读图 1-4-45,理解半剖面图的含义。

该桥墩立面图是左右对称,因此,采用半剖面图,一半显示外形的半立面图,另一半显示桥墩内部的半剖面图,反映了该桥墩上下结构的具体构造情况。

【实训 1-4-23】 识读图 1-4-46 独立基础构造图,了解基础配筋情况。

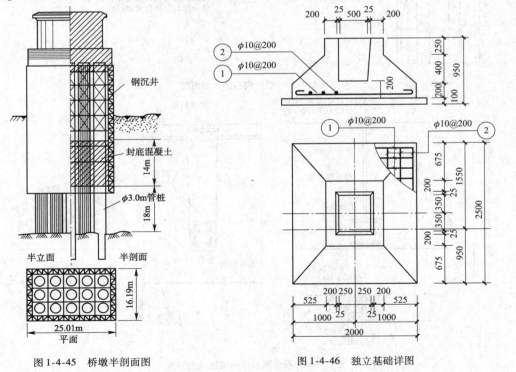

图 1-4-45 桥墩半剖面图　　　　图 1-4-46 独立基础详图

该独立基础详图采用局部剖面图表示基础的配筋情况。

3. 局部剖面图

用剖切平面局部地剖开形体来表达结构内部形状所得到的剖面图,称为局部剖面图。局部剖切的位置与范围用波浪线来表示,图1-4-47。相关资源见二维码37。

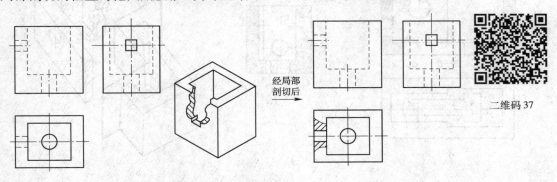

图1-4-47　局部剖面图

适用范围:

(1)当形体外形比较复杂,只有局部的内部形状需要表达时,可采用局部剖面图。

(2)形体轮廓线与对称中心线重合,不宜采用半剖面或不宜采用全剖的形体,可采用局部剖面图。

注意:

(1)局部剖切比较灵活,但应照顾看图方便,其位置、剖切范围大小都可以根据需要而定,但不应过于零碎。

(2)用波浪线表示形体断裂痕迹,应画在实体部分,不能超过图形轮廓线或画在中空部位,不能与图上其他线条重合。

(3)局部剖面图只是形体整个外形投影中的一个部分,不需标注。

4. 阶梯剖面图(相关资源见二维码38)

当形体内部结构的层次较多,采用一个剖切平面不能将形体内部结构全部表达清楚时,可以假想用两个或两个以上互相平行的剖切平面来剖开形体所得到的剖面图,称为阶梯剖面图。

二维码38

适用范围:适用于表达内部结构(孔或者槽)的中心线排列在几个互相平行的平面内的形体。

注意:

(1)在剖面图上,不允许画出两个剖切平面转折处交线的投影。

(2)阶梯剖面图必须加以标注,在剖切的起止点和转折处均应画出剖切符号,转折处的剖切符号不应与图形轮廓线重合。

【实训1-4-24】　识读图1-4-48的剖面图。

【实训1-4-25】　识读图1-4-49的沉井剖面图。

图1-4-49为沉井施工图。立面图是左右对称的,因此采用半剖面图,一半显示外形,另一半显示井身构造。侧面图虽然也是左右对称,但因正中为一道隔墙,不宜采用半剖。所以采用阶梯剖面图,从两个投影图可以看出,它们的剖切互不干扰。投影图和剖面图的分界线不画轮廓线而画中心线。在半剖面图中,如果某些尺寸只有一边能画尺寸界线时,则尺寸线

不必全部画出，但应略超过对称轴线，如图 1-4-49 中尺寸 930cm、840cm 等。在断面符号或剖面线中标注尺寸数字时应该留有空隙，如图 1-4-49 中尺寸 120cm。

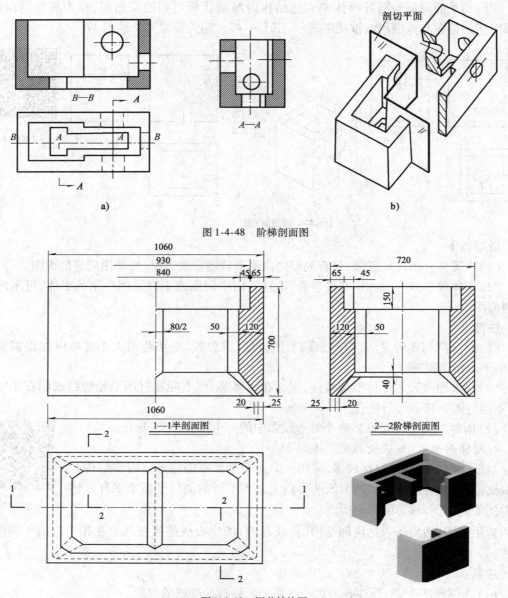

图 1-4-48　阶梯剖面图

图 1-4-49　沉井结构图

5. 旋转剖面图

用两相交的剖切（交线垂直于一基本投影面）剖切形体后，将被剖切的倾斜部分旋转到与选定的基本投影面平行，再进行投影，使剖面图既得到实形又便于画图，这样的剖面图叫旋转剖面图，如图 1-4-50 所示。相关资源见二维码 39。

6. 展开剖面图

剖切平面是用曲面或平面与曲面组合而成的铅垂面，沿构造物的中心线剖切，再将剖切平面展开（或拉直），使之与投影面平行，并进行投影，这样所画出的剖面图称为展开剖面图。

适用范围:适用于道路路线、纵断面及带有弯曲结构的工程形体。如弯梁桥的展开剖面图。

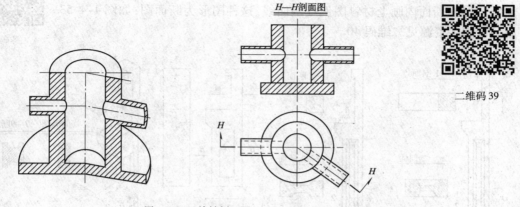

图 1-4-50　旋转剖面图

【实训 1-4-26】　识读弯桥的展开剖面图,如图 1-4-51 所示。

弯桥的展开剖面图:其立面图以桥面中心线展开后进行绘制,由于对称,采用了半剖的画法。当全桥一部分在曲线范围内时,其立面或纵断面应平行于平面图中的直线部分,并以桥面中心线展开绘制。如图 1-4-51 所示。

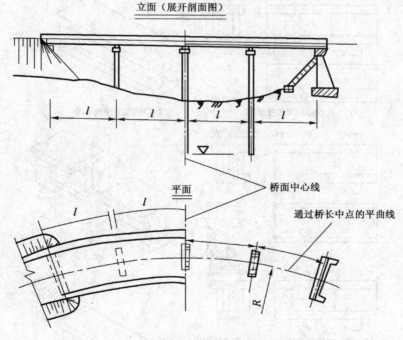

图 1-4-51　弯桥的展开剖面图

二、断面图

思考:注意图 1-4-52 断面图与剖面图的区别。

结论:剖面图为剩余体的投影,包括可见轮廓线,断面图为面的投影,为剖切面与形体的交线所围成的图形。

(一)断面图的形成

当用假想的剖切平面将形体剖开后,得到被剖切处断面的形状(即截面),同时在断面内画上材料图例或剖面线,这种图形为断面图,如图 1-4-53 所示。相关资源见二维码 40。

二维码 40

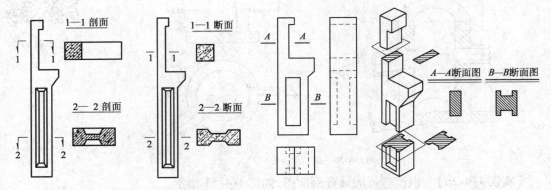

图 1-4-52 断面图与剖面图的区别 　　　　图 1-4-53 断面图的形成

【实训 1-4-27】 根据图 1-4-54 变截面 T 梁的投影图以及 $A-A$ 剖面图,画出 $B-B$、$C-C$ 断面图。

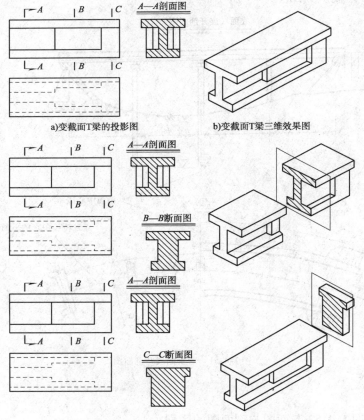

a)变截面T梁的投影图　　b)变截面T梁三维效果图

c)剖面图与断面图

图 1-4-54 变截面 T 梁的剖面图与断面图

(二)断面图的特点

(1)断面图只画出被剖切处平面的投影,它只是面的投影。而剖面图除了画出被剖切处平面的形状外,还要画出形体被剖开后沿投影方向看到的整个剩余部分形体的投影,它是体的投影,如图1-4-55。

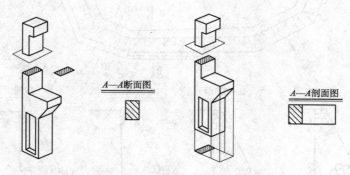

图1-4-55 断面图与剖面图的区别

(2)断面图的标注与剖面图的标注有所不同,断面图也用粗实短划表示剖切位置,但不再画表示投影方向的单边箭头(粗短实线),而是用表示编号的字母或数字注写位置来表明投影方向。编号写在剖切线下方,表示向下投影,编号写在剖切线右方,表示向右投影。如图1-4-56所示。

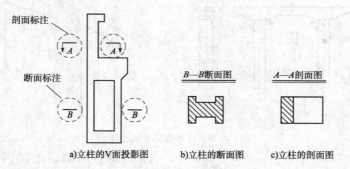

图1-4-56 断面图与剖面图的标注区别

(三)断面图的分类

断面图根据布置的位置不同,常用的断面图有移出断面图、重合断面图和中断断面图。

1. 移出断面图

所画断面图位于投影图的外面,称为移出断面图。如图1-4-57所示。

挡土墙的移出断面图如图1-4-58所示,桥墩盖梁的移出断面如图1-4-59所示。

移出断面图的轮廓线用标准实线绘制,一般只画出剖切后的断面形状,但剖切后出现完全分离的两断面时,这些结构应按剖面图画出。

2. 重合断面图

重合断面图是重叠在基本视图轮廓之内的断面图。如图1-4-60所示。

重合断面图的注意事项:

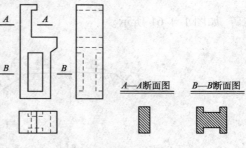

图1-4-57 移出断面图

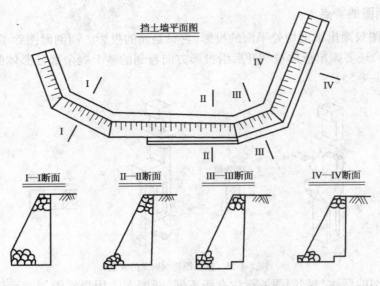

图 1-4-58 挡土墙的移出断面图

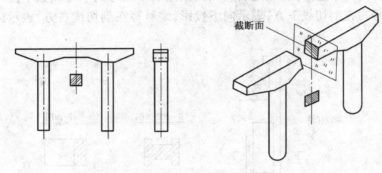

图 1-4-59 桥墩盖梁的移出断面图

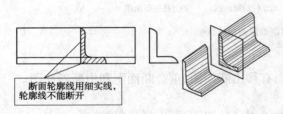

图 1-4-60 角钢重合断面图

（1）重合断面图的比例应与基本视图一致，其断面轮廓线规定用细实线绘制，并不加任何标注。

（2）重合断面图不得影响视图中的轮廓线的表达。

在土木工程中，重合断面图常用于表示路面结构坡度、屋面坡度或构件及墙面的雕饰等，如图 1-4-61 所示。

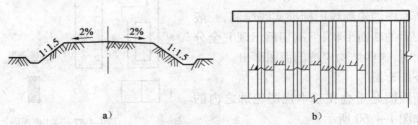

图 1-4-61 路面坡度及墙面花饰重合断面

有时重合断面轮廓线内直接画出材料符号使视图表达更清晰。如桥台锥坡及挡土墙重合断面图,如图 1-4-62 所示。

3. 中断断面图

把长杆件的投影图断开,把断面图画在中间,这样的断面图称为中断断面图,如图 1-4-63 所示。

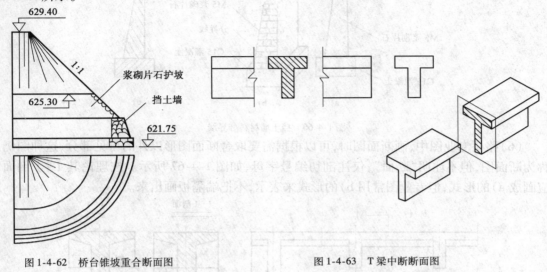

图 1-4-62 桥台锥坡重合断面图　　　　图 1-4-63 T 梁中断断面图

三、剖面图、断面图的规定画法

在画剖面图、断面图时,为了使图形表达更为清晰,除了严格按照投影方法外,还有一些规定,画图时应该遵守。

(1) 画较大面积的断面图符号可以简化,如图 1-4-64 所示。由于横断面面积较大,可只在其断面轮廓的边沿画出断面符号。

(2) 薄板、圆柱等的构件(如梁的隔板、柱、桩、轴等),凡是剖切平面通过其对称中心线或轴线,均不画出剖面线,但可以画上材料图例。如图 1-4-65 所示。

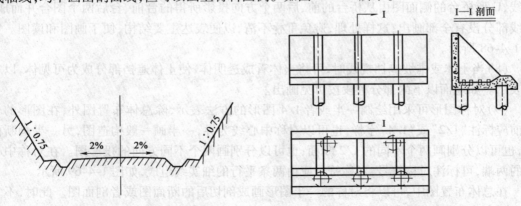

图 1-4-64 较大面积的剖面线表示法　　　　图 1-4-65 桩作为不可剖切来表示

(3) 在工程图中往往为了表示构造物不同材料(如不同强度等级的混凝土或砂浆等),在同一断面上应画出材料分界线,并注明材料符号或文字说明,如图 1-4-66 所示挡土墙断面,挡土墙由混凝土和浆砌片石组成,中间要画出分界线。

（4）剖面线应画成细实线，且当剖、断面图有部分轮廓线与该图的基本轴线成45°倾角时，可将剖面线画成与基本轴成30°或60°的倾斜线。

（5）不影响图样清晰的情况下，对图样上实际宽度小于2mm的狭小面积的剖面，允许用涂色代替剖面线。

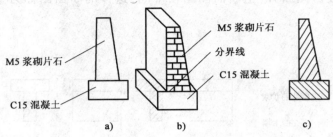

图1-4-66 挡土墙材料分界线

（6）路桥专业图中，画断面图时，可以根据需要取舍断面图形以外的可见部分，这种图仍称为断面图，但不注明"断面"，仅注剖切编号字母，如图1-4-67所示。按理论其Ⅰ-Ⅰ剖面应画成a）的形式，但专业图常用b）的形式来表示，不把端隔板画出来。

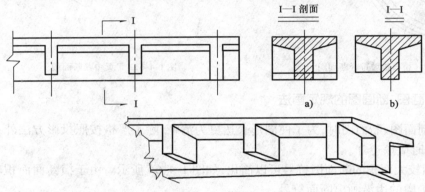

图1-4-67 习惯画法

（7）当用虚线表示被遮挡的复杂结构图时，应只绘制主要结构或离视图较近的不可见的虚线，U形桥台的侧面图由从桥台的前、后两个方向投影所得的台前、台后两个图合并而成，虚线部分没有全部画出，这样处理，避免重叠不清，以便表达主要结构，便于画图和读图。如图1-4-68所示。

（8）当土体或锥坡遮挡视线时，可将土体看成透明体，使土体遮挡部分成为可见体，以实线表示。如地面以下的部分桩段按可见画出。

（9）对称图形可采用绘制一半或者1/4图形的方法表示，除总体布置图外，在图形的名称前应标注"1/2"或"1/4"字样，也可以对称中心线为界，一半画一般构造图，另一半画断面图，也可以分别画两个不同的1/2断面；也可以分别画两个不同方向的投影图。在对称中心线的两端，可标注对称符号，对称符号应由两条平行的细实线组成，如图1-4-69所示。

在总体布置图中，可以将对称的一半图形画成剖切后的断面图或者剖面图。此时，不宜再在图名中注"1/2"字样。

（10）对称图形可绘制一半或者1/4图形的方法表示。图形较大时，可用折断线和波浪线勾出图形表示范围，折断线可超出图形范围1.5～3mm。波浪线不应超出图形轮廓线，折断线和波浪线均用细实线绘制。

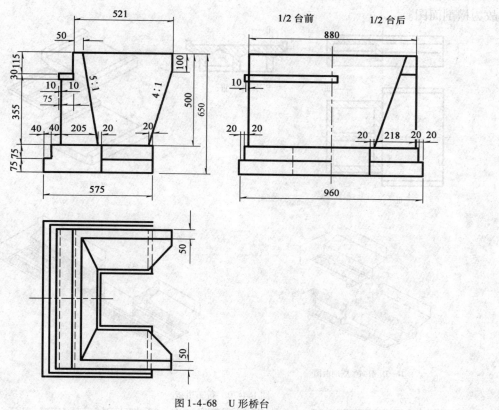

图 1-4-68 U 形桥台

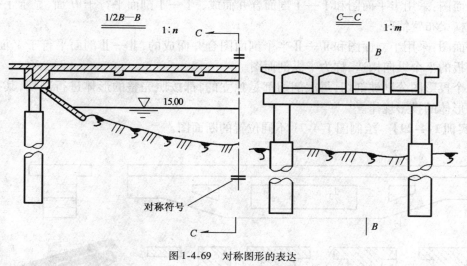

图 1-4-69 对称图形的表达

四、剖面图、断面图的举例

【实训 1-4-28】 阅读行车道板图,如图 1-4-70。

提示:

图 1-4-70 为一桥梁上部结构的行车道板的三面投影图。三个投影图分别被剖切,各剖切面之间彼此独立,因此,应按完整形体进行剖切。

侧面图：采用Ⅲ—Ⅲ阶梯剖面图，由于Ⅲ—Ⅲ剖面平行于 W 面，把行车道板横向剖切，故为横剖面图。

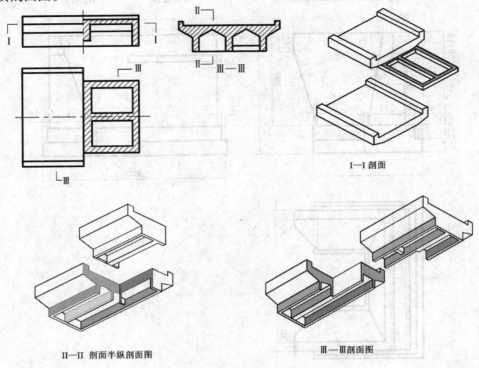

图1-4-70　行车道板

平面图：采用半平面图和Ⅰ—Ⅰ剖面合并而成，Ⅰ—Ⅰ剖面平行于 H 面，显示了行车道板的纵横梁布置情况。

立面图：采用半立面图和Ⅱ—Ⅱ半个剖面图合并而成的，Ⅱ—Ⅱ剖面平行于 V 面，显示行车道板的半个纵向构造，称为半纵剖面图。

三个投影图分别被剖切，每次剖切都是独立的，都按照完整的形体进行剖切，其投影仍然满足形体的投影规律。

【实训1-4-29】　绘制图1-4-71不同位置的断面图。

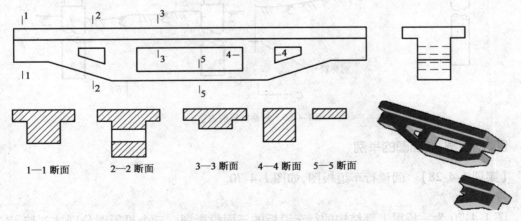

图1-4-71　不同位置的断面图

项目五　绘制公路路基填、挖方线

学习要点

1. 点的高程投影表示法。
2. 直线的高程投影表示法、坡度与平距的含义。
3. 平面等高线的含义,平面的高程投影表示法。
4. 地形面的等高线的性质,地形断面图的绘制。
5. 高程投影的特性以及在工程上的应用。

思考: 如何绘制图 1-5-1a)所示的地形断面图和图 1-5-1b)所示填挖边坡的交线?

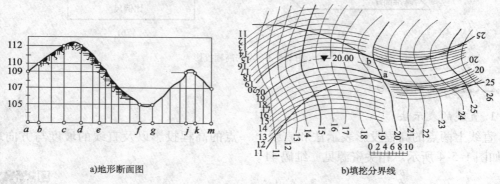

a)地形断面图　　　　　　　　　　b)填挖分界线

图　1-5-1

任务一　绘制点、线、面的高程投影

思考: 分析图 1-5-2 是如何表达空间点、线的位置?

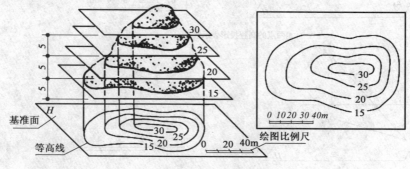

图 1-5-2　高程投影

地面是起伏不平的不规则曲面,长度方向的尺寸和高度方向的尺寸相差很大,很难用三面投影图来表达清楚。在生产实践中常用高程投影法来表示地形图。即用一组等间隔的水平面切割地面,所得截交线均为水平曲线,其上的各点都有相等的高度,故称其为等高线。把这些等高线的水平投影上标上高程数字,能够表示地面的起伏变化。这种用水平投影与高程数字结合起来表达空间物体的方法称为*高程投影法*。

一、点的高程投影

在高程投影中,以水平投影面 H 为基准面,高程就是空间点到基准面的距离。一般规定,基准面 H 面的高程为 0,在基准面以上,高程为正,在基准面以下,高程为负。

空间点 A、B,A 点在基准面上 4m,B 在基准面以下 3m。作出点 A、B 在 H 面上的投影 a、b,并在其右下角标出这两点的高程 4、-3,即得到 A、B 的高程投影图。

在高程投影中必须标明比例或者附有比例尺,以便确定空间点的位置。如图 1-5-3 所示。

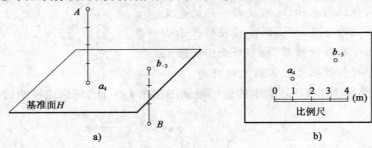

图 1-5-3 点的高程投影

二、直线的高程投影

1. 直线的表示法

直线上两点的高程投影表示法和直线上一点的高程投影以及直线的坡度与方向表示法,如图 1-5-4 所示。相关资源见二维码 41。

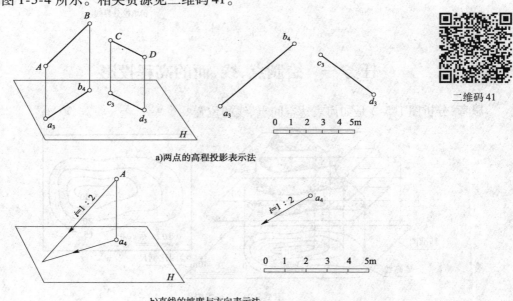

图 1-5-4 直线的高程投影

2. 直线的坡度和平距

(1) 坡度

直线上任意两点的高差与其水平距离之比称为该直线的坡度,记为 i。

$i = H/L = \tan\alpha$,α 为直线对水平面的倾角。

(2)平距

直线上任意两点的高差为一个单位时的水平距离,称为该直线的平距,记为 l。$l = L/H = 1/i$ 或写成 $i = 1/l$ 或 $i = 1:l$ 总之,坡度与平距互为倒数,直线的坡度大,则其平距就小。坡度大表明直线陡。如图1-5-5所示。相关资源见二维码42。

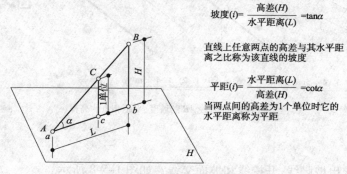

图1-5-5 直线的坡度与平距

3. 直线上的整数高程点

在实际工作中,常遇到直线的两端的高程并非整数,需要在直线的高程投影上作出各整数高程点,解决这类问题,可利用定比分割原理作图。

【实训1-5-1】 求直线 AB 的整数高程点,如图1-5-6所示。相关资源见二维码43。

分析:过直线 $a_{4.3}b_{7.8}$ 作一个辅助的铅垂面,在该面上按照所给的比例尺作出若干条整数高程的水平线,最高一条高程为8,最低一条高程为4。根据 AB 两点的高程在铅垂面上作出直线 AB,AB 与各整数高程的水平线的交点 C、D、E,然后将这些点投至直线的高程投影上,即可得到各整数高程点的投影。

作图步骤:

(1)平行于 $a_{4.3}b_{7.8}$ 作互相平行等距的五条平行线,令其高程为4、5、6、7、8。

(2)由直线 AB 的高程投影 $a_{4.3}b_{7.8}$ 的两端点 $a_{4.3}$、$b_{7.8}$ 作直线垂直于 $a_{4.3}b_{7.8}$,根据 A、B 两点的高程求出平行线组上对应点 A、B。

(3)AB 的连线与平行线组的交点 C、D、E,并由 C、D、E 向直线的高程投影上作垂线,得到的垂足即为整数高程点。

【实训1-5-2】 如图1-5-7所示,已知直线 AB 的高程投影 a_9b_5 和直线上点 C 到点 A 的水平距离 $L = 4m$,试求直线 AB 的坡度 i、平距 l 和点 C 的高程。

分析:使用图中的比例尺量得点 a_9 和点 b_5 之间的距离为10m。

于是可求得直线的坡度为:

$$i = \frac{H}{L} = \frac{(9-5)}{10} = \frac{2}{5}$$

由此求得直线的平距为:

$$l = \frac{1}{i} = \frac{5}{2} = 2.5(m)$$

由于 $L_{AC} = 4m$,所以点 C 和点 A 的高差

$$H_{AC} = i \times L_{AC} = \frac{2}{5} \times 4 = 1.6m$$

由此求得点 C 的高程：
$$H_C = H_A - H_{AC} = 9 - 1.6 = 7.4\text{m}$$

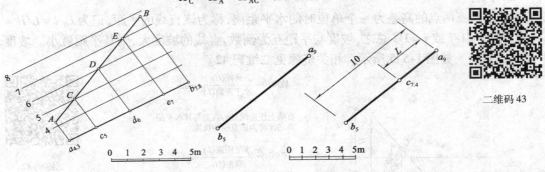

图 1-5-6　直线的整数高程点　　　　图 1-5-7　直线 AB 的坡度、平距和点的高程

三、平面的高程投影

思考：在工程上怎么求出坡脚线、开挖线和坡面交线？如图 1-5-8 所示。

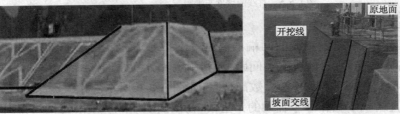

图 1-5-8　坡脚线、开挖线和坡面交线

1. 等高线

平面上的水平线即为平面的等高线，是一组互相平行的直线。平面的坡度线和平面的水平线垂直，其水平投影也应垂直。如图 1-5-9 所示。

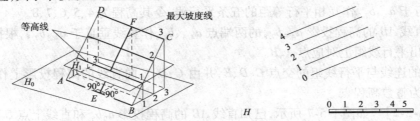

图 1-5-9　平面上的等高线与坡度线

2. 平面的表示法

（1）平面的等高线表示法

平面的等高线表示法实质上就是采用一系列等高线表示平面，图 1-5-10 所示。

（2）坡度比例尺表示平面法（即最大坡度线表示法）

坡度比例尺的实质为最大坡度线的高程投影。平面的坡度线和平面的水平线垂直，其水平投影也应垂直，即坡度比例尺与等高线垂直。如图 1-5-11 所示。

坡度比例尺的位置与方向一经给定，平面的方向和位置也就随之确定。根据等高线与垂直坡度比例尺的关系，过坡度比例尺上的整数高程点作出它的垂线就是平面上相应高程的等高线。

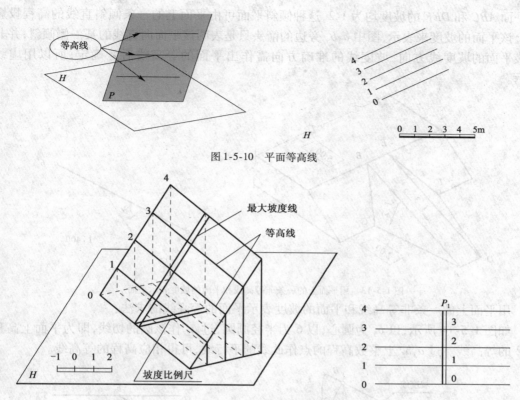

图 1-5-10 平面等高线

图 1-5-11 平面的坡度比例尺

(3) 平面的一条等高线与坡度表示法

这种表示法实质上是等高线表示法和最大坡度线表示法的综合。知道平面上的一条等高线,就可定出最大坡度线方向,由于平面的坡度已知,该平面的方向和位置就确定了。求平面的等高线可利用坡度求得等高线的平距,然后作已知等高线的垂线,在垂线上按图中所给比例尺截取平距,再过各分点根据等高线平行的特性即可作出平面上一系列等高线的高程投影。如图 1-5-12 所示。

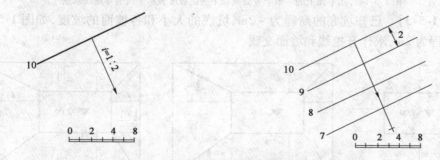

图 1-5-12 用平面上的等高线和平面的坡度表示平面

理解:

坡度(i) = 高差(H)/水平距离(L);等高线已知即可定出坡度线的方向;利用高差(H)、坡度(i)求等高线之间的水平距离。

(4) 平面一条非等高线与平面的坡度的表示法

图 1-5-13 为一高程为 5m 的水平场地及一坡度为 1:3 的斜坡引道,斜坡引道两侧的倾

斜平面 ABC 和 DEF 的坡度均为 1:2，这种倾斜平面可由平面上的一条倾斜直线的高程投影加上该平面的坡度来表示，图中 a_2b_5 旁边的箭头只是表明该平面向直线的某一侧倾斜，并非代表平面的坡度线方向，坡度线的准确方向需作出平面的等高线后才确定，所以用虚线表示。

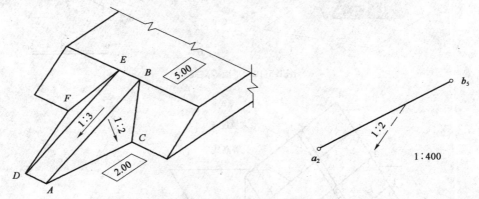

图 1-5-13　用平面上的一条非等高线和平面的坡度表示平面

用平面上的一条非等高线和平面的坡度表示平面的等高线的求法：

如图 1-5-14 所示，以 b_5 为圆心，以 6 为半径画圆，过 a_2 作该圆的切线，即为平面上高程为 2 的等高线。过 a_2b_5 上整数高程的点作此线的平行线，可得相应高程的等高线。

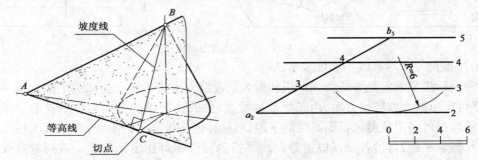

图 1-5-14　用平面上的一条非等高线和平面的坡度表示平面的等高线求法

【实训 1-5-3】 已知坑底的高程为 -2m，坑底的大小和各坡面的坡度，如图 1-5-15 所示，地面高程为 2m，求作开挖线和坡面交线。

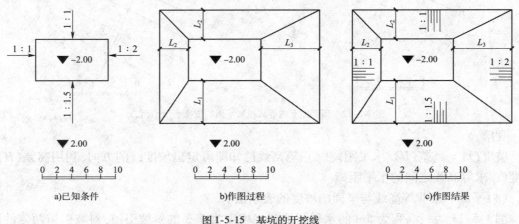

a) 已知条件　　　　　b) 作图过程　　　　　c) 作图结果

图 1-5-15　基坑的开挖线

分析：求基坑的开挖线实际上就是求各坡面上高程为 2 的等高线。坡面交线即为相邻坡面上高程相等的等高线交点的连线。

提示：

(1) 求开挖线。作各坡面上高程为 2m 的等高线，它们分别与坑底的相应底边线平行，水平距离 $L_1 = 1.5 \times 4\text{m} = 6\text{m}$，$L_2 = 1 \times 4\text{m} = 4\text{m}$，$L_3 = 2 \times 4\text{m} = 8\text{m}$。

(2) 求坡面交线。相邻两坡面高程相同的两条等高线的交点即两坡面的共有点，分别连接相应的两个共有点可得四条坡面交线。

(3) 将结果加深，画出各坡面的示坡线。

【实训 1-5-4】 如图 1-5-16a) 所示，已知主堤与支堤相交，顶面高程分别为 3m 和 2m，地面高程为 0.000，各坡面的坡度如图 1-5-16a)，试求相交两堤的高程投影。相关资源见二维码 44。

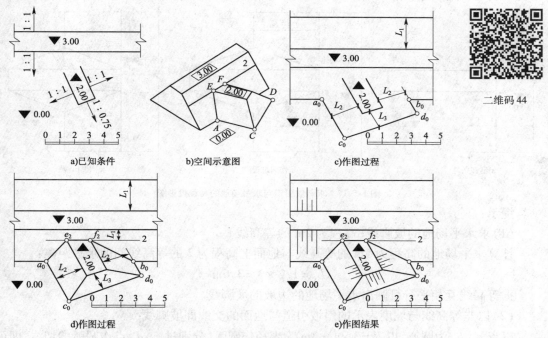

图 1-5-16 求支堤与主堤相交的高程投影图

分析：作相交两堤的高程投影图，需要求三种线：各坡面与地面的交线，即坡脚线；主堤坡面与支堤顶面的交线；主堤坡面与支堤坡面的交线以及支堤坡面与支堤坡面的交线，即相邻面的交线。

通过以上分析得知：在工程中，求坡面交线、坡脚线或开挖线的问题即可转化为求平面的等高线。

提示：

(1) 先计算各堤顶边线与各坡面上高程为 0 的等高线间的水平距离以及支堤顶面与主堤间的水平距离：

$$L_1 = 1 \times 3\text{m} = 3\text{m}, L_2 = 1 \times 2\text{m} = 2\text{m}$$
$$L_3 = 0.75 \times 2\text{m} = 1.5\text{m}, L_4 = 1 \times 1\text{m} = 1\text{m}$$

(2) 求主堤、支堤的坡脚线。主堤堤顶边缘到坡脚线的水平距离 L_1，沿两侧坡面坡度线方向按比例量取 L_1，据等高线互相平行的性质，作顶面边缘的平行线，即得两侧坡面的高程为零的坡脚线；同法根据 L_2、L_3，作支堤坡脚线，主堤与支堤的坡脚线交于 a_0、b_0，支堤自身的坡脚线交于 c_0、d_0。

（3）作支堤顶面与主堤坡面的交线，支堤顶面高程为 2m，与主堤坡面交线就是主堤坡面上高程为 2m 的等高线中的 e_2f_2 段，根据 L_4 作主堤坡面的 2 等高线与支堤的交线 e_2f_2。

（4）求主堤坡面与支堤坡面的交线，支堤坡面间的交线。

（5）加深，画出各坡面的示坡线。

【实训 1-5-5】 如图 1-5-17 一斜坡引道直通水平场地，设地面高程为 2m，水平场地顶面高程为 5m，试画出其坡脚线和坡面交线。相关资源见二维码 45。

二维码 45

分析：作水平场地与斜坡引道的高程投影图，需要求以等高线与坡度表示的水平场地与以非等高线与坡度表示的斜坡引道与地面的交线即坡脚线；水平场地坡面与斜坡引道的交线即相邻面的交线。

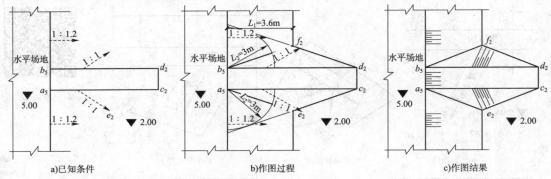

图 1-5-17 求斜坡引道与水平场地的高程投影图

提示：

（1）求水平场地的坡脚线（高程为 2m 的等高线）。

计算水平场地的高程为 5m 的等高线与地面上高程为 2 的等高线间的水平距离：

$$L_1 = 1.2 \times 3 = 3.6m$$

据等高线互相平行可画出水平场地的边坡的坡脚线。

（2）以非等高线与坡度表示的斜坡引道与地面的交线即坡脚线

以点 a_5、b_5 为圆心，以 $R = 3 \times 1 = 3m$ 为半径作圆弧，分别过 c_2、d_2 点作圆弧的切线，即可得到斜坡引道的 2 等高线。

（3）求坡面的交线。（相等高程等高线交点的连线）。

（4）加深作图结果，画出各坡面的示坡线。

任务二 曲面的高程投影

一、正圆锥面

工程上常见的曲面有锥面、同坡曲面和地形面等。在高程投影中表示曲面，就是用系列高差相等的水平面与曲面相截，画出这些截交线（即等高线）的投影。

正圆锥面的等高线都是一系列的同心圆。当高差相等时，等高线的水平距离相等。当圆锥正放时，等高线的高程越大，则圆的直径越小；而当圆锥倒放时，高程越大，圆的直径也越大。如图1-5-18所示。

在土石方工程中,常在两坡面的转角处采用与坡面坡度相等的锥面过渡。

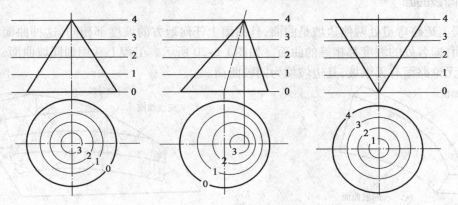

图1-5-18 正圆锥面的高程投影图

【实训1-5-6】 在图1-5-19中,土坝与河岸的连接处,用圆锥面护坡,河底高程为118.00m,土坝、河岸、圆锥台顶面高程及各坡面坡度如图1-5-19,试完成它们的高程投影图。

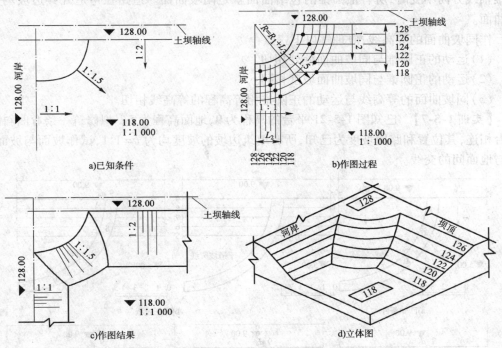

图1-5-19 求土坝、河岸、护坡的高程投影图

分析:圆锥面坡脚线为圆弧,即圆锥面上高程为118的一条等高线;坡面交线为曲线段。
作图提示:

(1)作坡脚线。土坝、河岸、锥面护坡各坡面的水平距离分别为 $L_1 = 2m \times (128-118) = 20m$,$L_2 = 1m \times (128-118) = 10m$,$L_3 = 1.5m \times (128-118) = 15m$,根据各坡面的水平距离即可作出坡脚线。圆弧面的坡脚线是圆锥台顶圆的同心圆。

(2)作坡面交线。各坡面相同高程等高线的交点即为坡面交线上的点,依次光滑连接各点即得交线。

(3)加深作图结果,画出各坡面的示坡线。

二、同坡曲面

工程上道路弯道处两侧边坡是曲面,且曲面上任何地方的坡度都相同,这种曲面称之为同坡曲面,即各处的坡度都相等的曲面。如图 1-5-20 所示。工程上常用到同坡曲面,道路在弯道处,无论路面有无纵坡,其边坡均为同坡曲面。

图 1-5-20　同坡曲面

同坡曲面的形成:以一条空间曲线作为导线,一个正圆锥的顶点沿此曲导线运动,当正圆锥轴线方向不变时,所有正圆锥的包络曲面就是同坡曲面。道路在弯道处其边坡均为同坡曲面。

作同坡曲面的等高线,应理解以下三点:

(1)运动的正圆锥与同坡曲面处处相切。

(2)运动的正圆锥与同坡曲面坡度相同。

(3)同坡曲面的等高线与运动的正圆锥相等高程的等高线相切。

【实训 1-5-7】　已知图 1-5-21 平台的高程为 9,地面高程为 5。拟修筑一条弯曲斜路与平台相连,其位置和路面坡度为已知,所有填筑边坡的坡度均为 $i = 1:1$,试作坡面与坡面、坡面与地面间的交线。

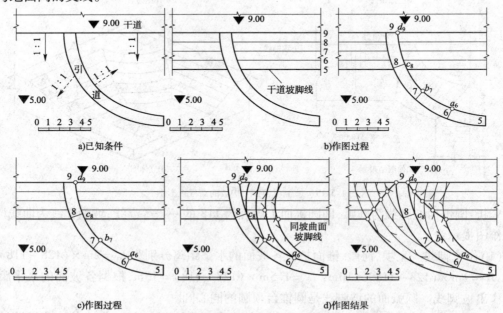

图 1-5-21　求坡面与坡面、坡面与地面间的交线

分析：引道两侧的边坡就是同坡曲面，同坡曲面上高程为 5 的等高线就是引道的坡脚线；同坡曲面与干道边坡坡面上的相同高程等高线交点的连线就是坡面交线。

提示：

(1) 求干道边坡等高线及坡脚线。算出边坡平距，作干道坡面上高程为 8、7、6、5 的等高线，其中坡面上高程为 5 的等高线即为干道坡脚线。

(2) 等分引道顶面的曲导线为四等分，定出曲导线上各整数高程点 a_6、b_7、c_8、d_9。

(3) 求引道的坡脚线以及等高线：分别以 a_6、b_7、c_8、d_9 为圆心，分别以 1、2、3、4 为半径画同心圆，即为各正圆锥的高程为 5 的等高线，作正圆锥上相同高程等高线的公切曲线（包络线），即为引道边坡的（即同坡曲面）等高线，即坡脚线，以此类推，做出正圆锥一系列的等高线，作正圆锥上相同高程等高线的公切曲线（包络线），即得到同坡曲面上的等高线。同样可作出另一侧边坡的等高线。

(4) 求引道与干道坡面的交线：引道边坡的等高线与平道坡面上相同高程的等高线相交，用光滑曲线连接起来，即得引道边坡曲面与干道坡面的交线。

(5) 加深作图结果，画出各坡面的示坡线。

三、地形图

地形面是不规则的曲面，用一系列高差相等的水平面来截地形面，所得的截交线是一系列的不同高程的等高线。如图 1-5-22 所示地形面的等高线是不规则的曲线。

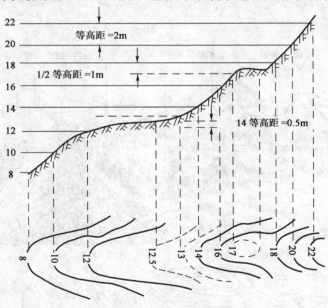

图 1-5-22　等高线示意图

用这种方法表示地形图，能够清楚地反映地形的起伏变化以及坡向等。地形图上等高线高程数字的字头按规定应朝向上坡方向。相邻等高线之间的高差称为等高距。

地形等高线有以下特点：

(1) 等高线是不规则的曲线。

(2) 等高线一般是封闭曲线（在有限的图形范围内可不封闭）。

(3) 除悬崖、峭壁外，等高线不相交。

(4)同一地形内,等高线越密地势越陡,反之等高线越稀疏地势越平坦。

在一张完整的地形等高线图中,为了便于看图,一般每隔四条等高线有一条画成粗线,这样的粗等高线称为计曲线。不加粗的等高线称为首曲线。

为了便于看地形图,把典型地貌在地形图上的特征归纳如下:

(1)山丘:是等高线闭合圈由小到大高程依次递减,等高线亦随之渐稀的地形。

(2)盆地:是等高线闭合圈由小到大高程依次递增,等高线亦随之渐稀的地形。

(3)山脊:是等高线凸出方向指向低高程的地形。

(4)山谷:是等高线凸出方向指向高处的地形。

(5)鞍部:相邻两峰之间,形状像马鞍的区域,在鞍部两侧的等高线形状接近对称。如图1-5-23所示。

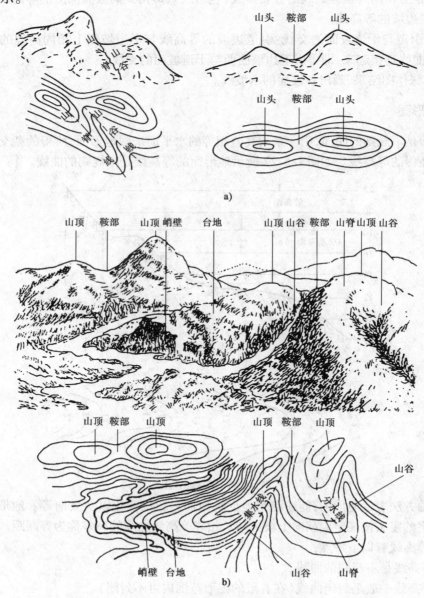

图 1-5-23 典型地貌在地形图上的特征

四、地形断面图

用铅垂面剖切地形面,剖切平面与地形面的截交线就是地形断面,并画上相应的材料图例符号,称为地形断面图。

【实训1-5-8】 绘制地形断面图,其作图方法如图1-5-24所示。相关资源见二维码46。

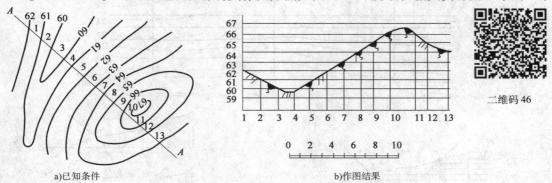

a)已知条件　　　　　　　　　b)作图结果

图1-5-24　地形断面图的画法

分析:用A-A平面剖切地形面,剖切平面与等高线的交点就是地形断面轮廓线上的点,连接这些点,即可得到A-A位置的地形断面图。

提示:

(1)过A-A作铅垂面,它与地形面上各等高线的交点1、2、3、…,如图1-5-24a)所示。

(2)以A-A剖切线上相邻点的水平距离为横坐标,以高程为纵坐标,作一个坐标系。

(3)根据各点的高程得到各点,光滑连接各点,即得地形断面图,并根据地质情况画上相应的材料图例符号。(横断面图)

在土建工程中,经常要应用高程投影来求解工程建筑物坡面的交线以及坡面与地面的交线,即坡脚线和开挖线。求解的基本方法仍然是采用水平辅助平面来求两个面的共有点,即等高线法。

【实训1-5-9】 在如图1-5-25所示地形面上修筑道路,已知路面位置及道路标准剖面,求道路边坡与地形面的交线。

提示:

(1)地形图上与道路方向垂直的横向剖切平面1-1,根据剖切平面位置处各点的水平距离以及对应的高程画出这些位置的横断面图,即地形的1-1剖面图。

(2)按照道路标准画出路面以及边坡线。在剖面图上标出道路边坡与地形剖面的交点a、b,在地形图1-1剖切图上量取a、b点到路两侧的距离,即为开挖边界线。

同样作2-2、3-3剖切面,又求出交线上的点,如c、d、e、f,分别量取与路线边沿的距离得到各开挖线。

【实训1-5-10】 在如图1-5-26所示,已知管线两端高程分别为21.4m和24.6m,求管线AB与地面的交点。

分析:求过该直线的铅垂剖切面与地形面的截交线,再求直线与截交线的交点,就是直线与地形面的交点。

提示:

(1)作间距相等的高程分别为20、21、22、23、24、25的平行线组。

(2) 根据管线上两点 A、B 的高程,以及经过 AB 的铅垂面与地形面上各等高线的交点高程得到对应的空间点 A、B,以及经过 AB 的铅垂面的地形断面线。

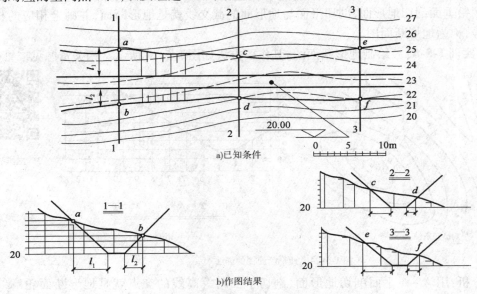

图 1-5-25 求道路边坡与地面的交线

(3) 连接 AB,则直线 AB 与经过 AB 的铅垂面的地形断面线的交点 K_1、K_2、K_3、K_4,即是 AB 直线与地面的交点。

(4) 在地形图上得到交点的高程投影 k_1、k_2、k_3、k_4,并将地面以下的部分画成虚线。

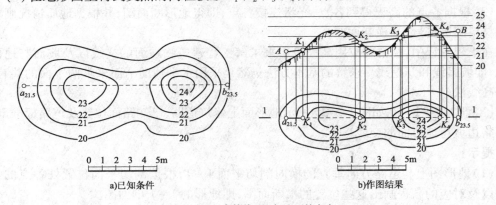

图 1-5-26 求管线 AB 与地面的交点

【实训 1-5-11】 在如图 1-5-27 所示给定的地形面上修筑一条弯曲的道路,道路的路面高程为 20m,两侧的边坡,填方为 1:1.5,挖方为 1:1,如何求填挖边界线? 相关资源见二维码 47。

分析:根据不同的地形位置的高低,以及填挖边坡的坡度求出不同位置的开挖与填筑的交线。

提示:

(1) 确定填挖分界点(不填不挖点,地形面上与路面上高程相等的点,即高程为 20m,如 a、b 点)。

(2) 确定填方(地面高程小于道路路面高程之处),该地形图左侧为填方;与挖方(地面高程大于道路路面高程之处),右侧为挖方。

(3) 根据填方与挖方的坡度算出等高线的平距,因为路面是平坡,故边坡等高线与路缘

110

曲线平行作等高线。

（4）连接坡面上各等高线与相等高程地形面等高线的交点，即得填挖分界线。

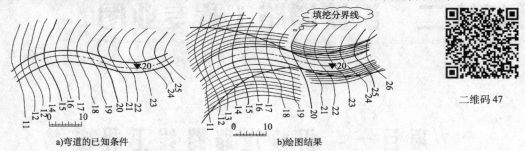

图 1-5-27　求弯曲道路的填、挖边界线

【**实训 1-5-12**】　在图 1-5-28 的地形面上修筑道路，已知路面位置及道路标准剖面，试求各截面的地形断面图，即横断面图。

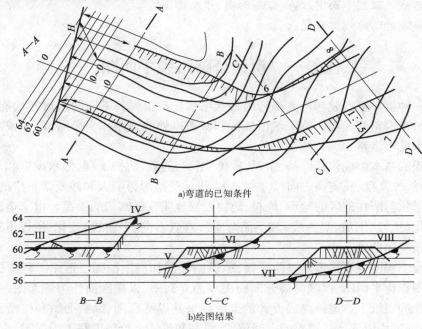

图 1-5-28　求横断面图

分析：路面高程为 60.00m，所以地形面低于 60m 的一端要填，高于 60m 的一端要挖。

提示：

以 $B-B$ 剖面为例：

（1）作地形的 $B-B$ 剖面图（按地形断面图的作法，即以相邻点的水平距离为横坐标，高程为纵坐标点绘各点的位置连成地面线）并在此图上定出道路中心线的位置。

（2）按道路标准剖面图画出路面及边坡线。根据 $B-B$ 中心位置的高程计算填挖高度，该 $B-B$ 处地面高出路面，所以边坡应按挖方坡面的边坡处理，坡度为 1∶1。

同样的方法作 $A-A$、$C-C$、$D-D$ 等横断面图。

模块二　识读道路工程专业图

项目一　识读道路路线工程图

学习要点

1. 识读路线工程图平面图、路线纵断面图、横断面图。
2. 识读城市道路路线工程图。

任务一　识读公路路线平面图

　　道路是一种供车辆行驶和行人步行的带状结构物。根据其不同的组成和功能特点，可分为公路和城市道路两大类。位于城市郊区和城市以外的道路称为公路，位于城市范围以内的道路称为城市道路。

　　道路工程的基本组成包括路基、路面、桥梁、涵洞、隧道、防护工程、排水设施和交通工程设施等，具有组成复杂、长宽高三向尺寸相差大、形状受地形影响大和涉及学科广的特点，道路的位置和形状与所在地区的地形、地貌、地物以及地质有很密切的关系。由于道路路线有竖向高度变化（上坡、下坡、竖曲线）和平面弯曲（左向、右向、平曲线）变化，所以道路路线整体来看是一条空间曲线。

　　道路路线工程图主要指道路路线平面图、纵断面图和横断面图。道路工程图的图示方法是以地形图作为平面图、以纵向展开断面图作为立面图、以横断面作为侧面图，并且大都各自画在单独的图纸上。道路路线设计的最后结果是以平面图、纵断面图和横断面图来表达，利用这三种工程图来表达道路的空间位置、线型和尺寸。绘制道路工程图时，应遵守《道路工程制图标准》（GB 50162—92）中的有关规定。

　　思考一：分小组阅读下面公路平面图 2-1-1，回答下列问题：

　　（1）此段路线的大致走向是怎样的？
　　（2）此图展示的路线有多长？起点在哪里？终点在哪里？
　　（3）此段路线经过了哪些地方？位于什么样的地形中？
　　（4）有几个交角点？怎样识读平曲线的几何要素？如图 2-1-2 所示。

　　路线平面图的作用是表达路线的方向、平面线型（直线和左、右弯道）以及沿线两侧一定范围内的地形、地物情况。

一、图示方法

　　路线平面图是从上向下投影所得到的水平投影图，也就是用高程投影法所绘制的道路

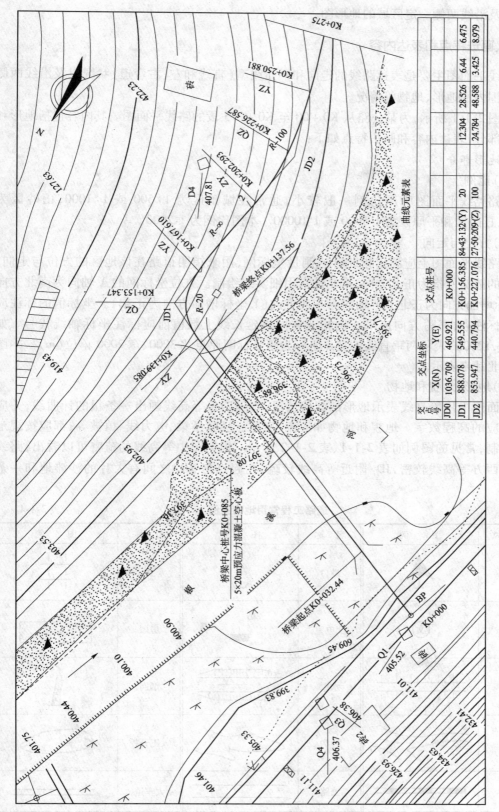

图 2-1-1 路线平面图

中心线及沿线两侧一定区域的地形图。

二、画法特点和表达内容

路线平面图主要是表达路线的走向和平面线型(直线和左、右弯道)状况以及沿线两侧一定范围内的地形、地物等情况。

如图 2-1-1 所示,为某公路从 K0+00 至 K0+275 段的路线平面图。其内容包括地形和路线两部分,表达内容和画法特点如下:

1. 地形部分

(1) 比例

道路路线平面图所用比例一般较小,通常在城镇区为 1:500 或 1:1000,山岭区为 1:2000,丘陵区和平原区为 1:5000 或 1:10000。本图比例为 1:2000。

(2) 方位与走向

在路线平面图上应画出指北针或测量坐标网,用来指明道路在该地区的方位与走向。指北针的箭头所指为正北方向,指北针宜用细实线绘制。方位坐标网的 X 轴向为南北方向(X 坐标增加方向为正北),Y 轴向为东西方向(Y 坐标增加方向为正东)。坐标值的标注应靠近被标注点,书写方向应平行网格或在网格延长线上数值前应标注坐标轴线代号。如"$X3000, Y2000$"表示两垂直线的交点坐标为距坐标网原点北 3000、东 2000 单位(m)。本图中用指北针来表示。

(3) 地形、地貌和地物

平面图中用等高线表示地形的起伏情况,每隔四条等高线画出一条粗的计曲线,并应标有相应的高程数字。地貌和地物如河流、房屋、道路、桥梁、电力线、植被等,都应按规定图例绘制,常见的图例如表 2-1-1、表 2-1-2 所示。根据图中等高线的疏密可以看出,路线起点的西方等高线较密,JD_1 附近等高线较疏,在起点与 JD_1 之间有大片的沙滩地和一条河流。

道路工程常用地物图例　　　　　　　表 2-1-1

名称	图例	名称	图例	名称	图例
机场		港口		井	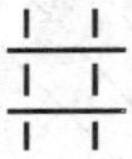
学校		交电室		房屋	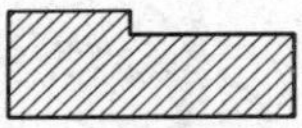
土堤	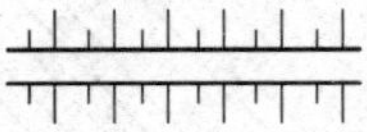	水渠	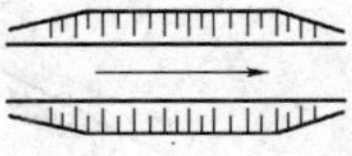	烟囱	
河流		冲沟	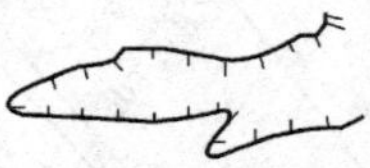	人工开挖	
铁路		公路	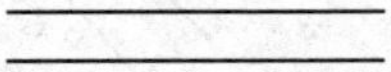	大车道	

续上表

名称	图例	名称	图例	名称	图例
小路	– – – – –	低压电力线 高压电力线	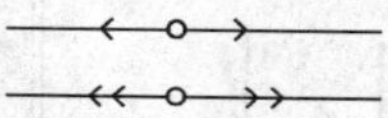	电讯线	
果园		旱地	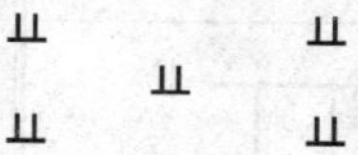	草地	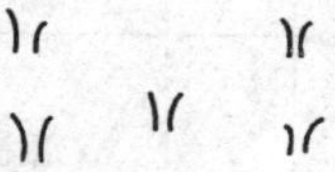
林地		水田		菜地	
导线点	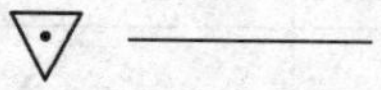	三角点		图根点	
水准点	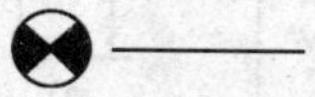	切线交点		指北针	
只有屋盖的简易房	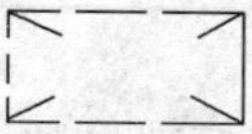	石棉瓦	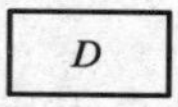 D	贮水池	 水
砖石或混凝土结构房屋	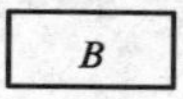 B	围墙		下水道检查井	
砖瓦房	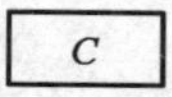 C	非明确路边线		通讯杆	

道路工程常用结构物图例　　　　　表 2-1-2

	序号	名称	图例	序号	名称	图例
平面	1	涵洞		6	通道	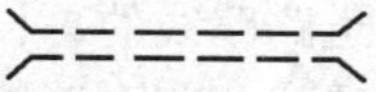
	2	桥梁(大、中桥按实际长度绘制)	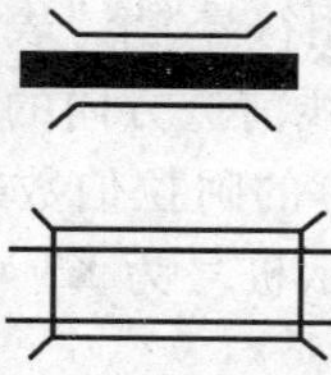	7	分离式立交 a)主线上跨 b)主线下穿	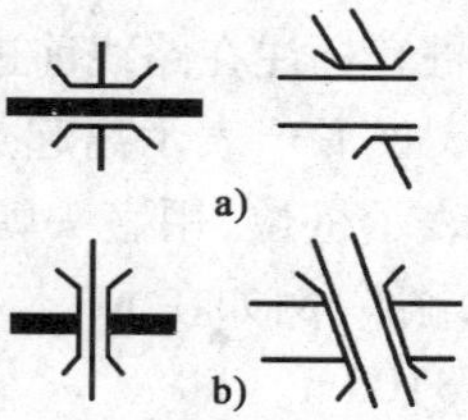
	3	隧道	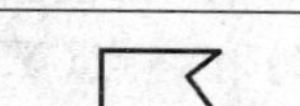	8	互通式立交 (采用形式绘)	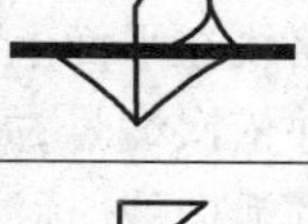
	4	养护机构	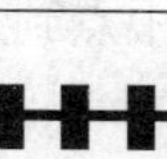	9	管理机构	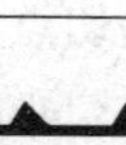
	5	隔离墩		10	防护栏	

续上表

	序号	名 称	图 例	序号	名 称	图 例
纵面	1	箱涵		5	桥梁	
	2	盖板涵	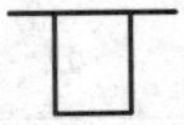	6	箱型通道	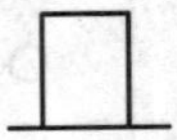
	3	拱涵		7	管涵	
	4	分离式立交 a. 主线上跨 b. 主线下穿	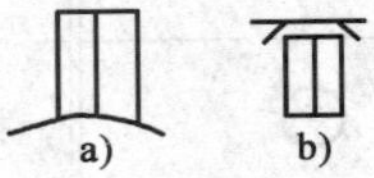 a) b)	8	互通式立交 a. 主线上跨 b. 主线下穿	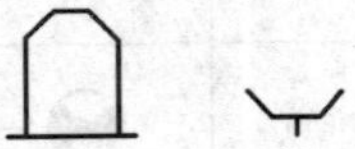 a) b)

(4) 导线点和水准点

在桥梁起点附近设有 Q_1、Q_2 等桥梁控制点，在 JD_1 附近可以看到导线点 D_4 等，沿路线附近每隔一段距离，应标有水准点的位置，用于路线的高程测量，水准点的符号用 BM 表示。

2. 路线部分

(1) 设计路线。

用加粗实线表示路线，由于道路的宽度相对于长度来说尺寸小得多，公路的宽度只有在较大比例的平面图中才能画清楚，因此通常是沿道路中心线画出一条加粗的实线(2b)来表示设计的路线。

(2) 里程桩。

道路路线的总长度和各段之间的长度用里程桩号表示。里程桩号的标注应在道路中线上从路线的起点至终点，按从小到大，从左到右的顺序排列。里程桩分公里桩和百米桩，公里桩宜标注在路线前进方向(从左往右)的左侧，用符号"♀"表示，公里数注写在符号的上方，如"K3"表示离起点 3km；百米桩宜标注在路线前进方向的右侧，用垂直于路线的细短线表示桩位，用字头朝向前进方向(或字头向上)的阿拉伯数字表示百米数，注写在短线的端部，例如在 K3 与 K4 公里桩之间的"1"，表示桩号为 K3 + 100，说明该点距路线起点为 3100m。

(3) 平曲线及曲线要素。

路线在平面上是由直线段和曲线段组成的，在路线平面图中，路线转折处应注写交角点代号并依次编号，如 JD_2，表示第 2 个交角点。在交角点处应设平曲线，常见的较简单的平曲线为圆弧曲线，标注有曲线的起点(ZY)，中点(QZ)和终点(YZ)。曲线元素包括转折角 α，是路线前进时向左(α_z)或向右(α_y)偏转的角度；圆曲线半径 R，是连接圆弧的半径长度；切线长 T，是切点与交角点之间的长度；外距 E，是曲线中点到交角点的距离；曲线长 L，是圆曲线两切点之间的弧长。如图 2-1-2 所示。

通过读图 2-1-1 可以知，这段公路从起点 K0 + 000 处开始，在交角点 JD_1 处向右转折，圆

曲线半径 $R_1 = 20\mathrm{m}$，转弯角度 $\alpha = 81°43'13.2''$（ZY 到交角点 JD_2 处再向左转折），圆曲线半径 $R_2 = 100\mathrm{m}$，转弯角度 $\alpha = 27°50'20.9''$（Z）公路向南方延伸至本图的终点 K0 + 275 处。

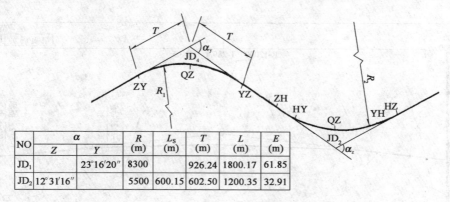

图 2-1-2　平曲线及曲线要素

公路路线狭长曲折，要将整条路线清晰地画在一张图纸（A3）上是不可能的，因此平面图是分段画在若干张图纸上，使用时可将图纸拼接起来，如图 2-1-3 所示。

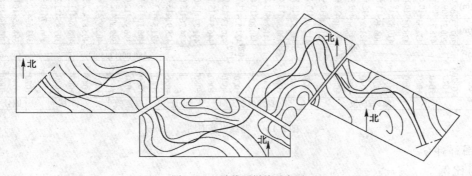

图 2-1-3　路线图拼接示意图

任务二　识读公路路线纵断面图

思考二：分小组阅读下面公路纵断面图，回答下列问题：
（1）此段路线纵向起伏情况是怎样的？
（2）图样中的细实线和粗实线分别表达什么内容？
（3）设计高程线和地面高程线如何得到的？
（4）填挖高度怎么计算？

一、图示方法

路线纵断面图是用假设的铅垂剖切面沿道路中线进行剖切，由于道路路线是由直线和曲线组合而成的，所以纵向剖切面既有平面又有曲面，为了清楚地表达路线的纵断面情况，需要将此纵断面拉直展开，并绘制在图纸上，就形成了路线纵断面图。

二、画法特点和表达内容

路线纵断面图主要表达道路的纵向设计线形以及沿线地面的高低起伏状况、地质和沿线设置的构造物概况。路线纵断面图包括图样和资料表两部分,图样画在图纸的上部,资料表布置在图纸的下部。如图2-1-4 所示为某公路从 K0+020～K0+900 段的纵断面图。

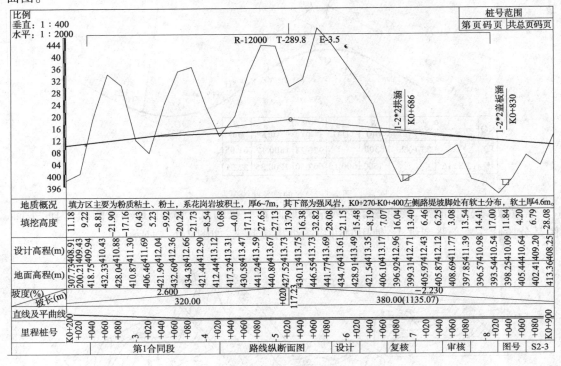

图 2-1-4　路线纵断面图

1. 图样部分

(1) 比例

路线纵断面图的水平方向表示路线的长度,竖直方向表示地面和设计线的高程。由于地面和设计的高差比起路线的长度要小得多,如果竖向高度与水平长度用同一种比例绘制,是很难把高差明显地表达出来,所以绘图时规定竖向的比例要比水平向的比例放大 10 倍,这样画图,虽然图上路线的坡度与实际不符,但却能清晰地显示竖向坡度的变化。例如本图的水平比例为 1∶2000,而竖向比例为 1∶400。为了便于画图和读图,应在纵断面图图样的左侧按竖向比例画出高程标尺。

(2) 设计线和地面线

在纵断面图中,道路的设计线用粗实线表示,原地面线用细实线表示,设计线是根据地形起伏和公路等级相应的工程技术标准而综合确定的。设计线上各点的高程通常是指路基边缘的设计高程,地面线是根据原地面上沿线各点的实测中心桩高程而绘制的。比较设计线与地面线的相对位置,可计算出填挖高度。

(3) 竖曲线

在设计线纵坡变更处(变坡点),为了便于车辆行驶,应设置符合技术标准规定的圆弧竖曲线。竖曲线分为凸形和凹形两种,在图中分别用"⌒"和"⌣"的符号表示。符号中部的竖线应对准变坡点,竖线左侧标注变坡点的里程桩号,竖线右侧标注竖曲线中点的高程。符号的水平线两端应对准竖曲线的始点和终点,竖曲线要素(半径 R、切线长 T、外距 E)的数值标注在水平线上方。本图 K0+520 处为变坡点,变坡点地面高程 427.52m,设计高程为 413.73m,设有凸形竖曲线,半径为 12000m,切线长为 289.8m,外距为 3.5m。

(4)工程构造物

道路沿线的工程构造物如桥梁、涵洞等,应在设计线的上方或下方用竖直引出线标注,竖直引出线应对准构筑物的中心位置,并注出构造物的名称、规格和里程桩号。如图 K0+686 桩位处有一个 1-2*2 的拱涵和 K0+830 桩位处有一个 1-2*2 的盖板涵。

(5)水准点

沿线设置的测量水准点也应标注,竖直引出线对准水准点,左侧注写里程桩号,右侧写明其位置,水平线上方注出其编号和高程。

2. 资料表格部分

路线纵断面图的测设数据表与图样上下对齐布置,以便阅读。这种表示方法,较好反映出纵向设计在各桩号处的高程、填挖高度、地质条件和坡度以及平曲线与竖曲线的配合关系,资料表主要包括以下项目和内容:

(1)本路段的地质概况

根据实测资料,在图中注出沿线各段的地质情况,为施工提供资料。本路段主要有 6~7 米粉质黏土,粉土,K0+270~K0+400 处有软土分布,软土厚度 4.6m。

(2)填挖高度

设计线在地面线下方时需要挖土,设计线在地面线上方时需要填土。即正为填,负为挖。填挖高度的高度值应是各点(桩号)对应的设计高程与地面高程之差的绝对值。

(3)高程

表中有设计高程和地面高程两栏,它们应和图样相互对应,分别表示设计线和地面线上各点(桩号)的高程。地面高程是根据原始地面上沿道路中心线上各点桩号实测出的高程。设计高程是设计线上沿道路中心线上各点桩号的高程。

(4)坡度/坡长

是标注设计线各段的纵向坡度和水平长度距离。表格中的对角线表示坡度方向,左下至右上表示顺路线方向上坡,左上至右下表示顺路线方向下坡,坡度和坡长分注在对角线的上下两侧。上坡坡度为正,下坡坡度为负,如图中第一分格内注有 2.600/320.000,表示顺路线前进方向上坡,坡度为 2.6%,坡长为 320m。若为不设坡度的平路段,则在分格内画一水平线,上方注写数字"0",下方注写坡长。各分格线为变坡点的位置。

(5)里程桩号

沿线各点的桩号是按测量的里程数值填入的,单位为 m,桩号从左向右排列。在平曲线的起点、中点、终点和桥涵中心点等处可设置加桩。

(6)平曲线

为了表示该路段的平面线型,通常在表中画出平曲线的示意图。直线段用分格中部的水平线表示,路线右转弯用"⌐⌐"表示不设缓和曲线的圆曲线,用"⌒"表示设有缓和曲线的圆曲线;路线左转弯用"⌐⌐"表示不设缓和曲线的圆曲线,用"⌒"表示设有缓和曲线的圆曲线,并标注有平曲线要素值。

(7)标题栏

每页图纸应按照要求绘制出标题栏,整册图纸标题栏应标准一致。在每张图纸的右上角标明序号及总张数和本段表示的里程。

任务三 识读公路路基横断面图

思考三：分小组阅读下面公路横断面图，回答下列问题：
(1)横断面图所表达的内容包括哪些？
(2)横断面的基本形式有哪些？

一、图示方法

路线横断面是用假设的剖切平面，在公路沿线设置的中心桩处，沿路线中心线的法线方向剖切，画出剖切平面与地面的交线，再根据填挖高度和规定的路基宽度和边坡，画出路基横断面设计线，即为路基横断面图。用来计算土石方量和路基施工放样。

在横断面图中，路基轮廓线用粗实线表示，地面线用细实线表示，路中心线用细点划线表示。横断面图的水平方向和高度方向宜采用相同比例，一般用1:200、1:100或1:50。

画路基横断面图应按桩号顺序从下到上，从左至右画出。

二、图示内容

(1)比例：横断面图常用比例，一般为1:200、1:100或1:50。本图比例1:200。
(2)在横断面图中，路面线、路肩线、边坡线、挡防构造物轮廓线均用粗实线表示，路面厚度用中粗实线表示，原有地面线用细实线表示，路中心线用细点划线表示。

路基横断面的基本形式有三种：填方路基、挖方路基、半填半挖路基。

①填方路基，称为路堤。如图2-1-5a)所示，整个路基全为填方，图下注有该断面的里程桩号、边坡的坡度、中心线处的填方高度H_T(m)以及该断面的填方面积A_T(m^2)。

②挖方路基，称为路堑。如图2-1-5b)所示，整个路基全为挖方。图下注有该断面的里程桩号、边坡的坡度、中心线处挖方高度H_W(m)以及该断面的挖方面积A_W(m^2)。

③半填半挖路基。如图2-1-5c)所示，路基断面一部分为填方，一部分为挖方，是前两种路基的综合，在图下应注有该断面的里程桩号、边坡的坡度、中心线处的填(或挖)高度H以及该断面的填方面积A_T和挖方面积A_W。

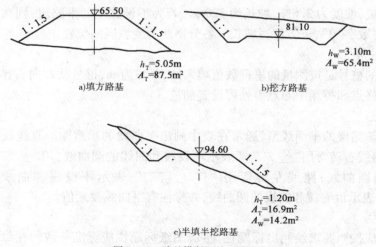

图2-1-5 路基横断面的三种形式

常见横断面形式如图 2-1-6、图 2-1-7 和图 2-1-8 所示。

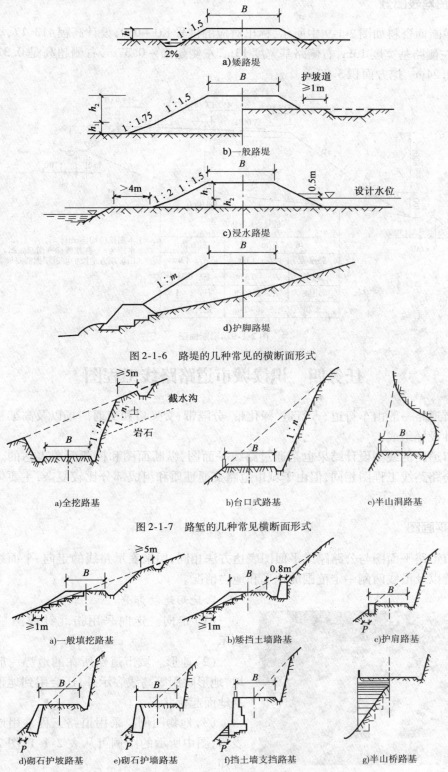

图 2-1-6 路堤的几种常见的横断面形式

图 2-1-7 路堑的几种常见横断面形式

图 2-1-8 半填半挖路基的几种常见横断面形式

三、资料表部分

本横断面资料如图 2-1-9 中所示,标出对应的桩号 K0+060,设计高程 413.17,填挖高度 7.07m,左侧路基宽度 13m,右侧路基宽度 13m,左侧超高 -0.37m,右侧超高是 0.31m,填方面积 289.24m²,挖方面积 3.03m²。

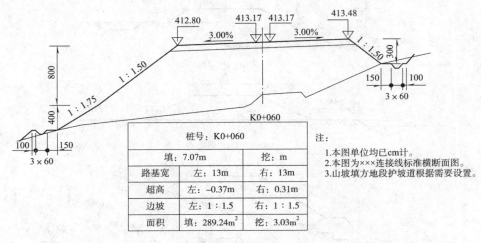

图 2-1-9　横断面图

任务四　识读城市道路路线工程图

城市道路一般由车行道、人行道、绿化带、分隔带、交叉口和交通广场以及高架桥地下通道等各种设施组成。

城市道路的线型设计结果也是通过路线平面图、纵断面图和横断面图表达的。其图示方法与公路路线工程图相同,但由于城市道路交通性质和组成部分比较复杂,主要体现在横断面图上。

一、平面图

城市道路平面图与公路路线平面图表达方法相同,用来表示路线的走向、平面线形和车行道布置以及沿线两侧一定范围的地形和地物情况。

1. 地形地物部分

(1)走向。走向采用指北针或测量坐标网表示。

(2)地形。城市道路所在的地势一般比较平坦,地形除用等高线表示外,还会用到地形点来表示地面起伏状况。

(3)地物图例。采用道路工程常用地物图例表示,图中所示的图例可从表 2-1-1、图 2-1-2 中查知。

图 2-1-10　立交匝道图

图 2-1-10 所示为立体交叉情况。

2. 路线部分

城市道路平面图一般采用较大比例绘制,因此,道路宽度方向可按比例画出,路线的中线采用细点划线,而道路的边线,车行道与人行道宽度线、中央分隔带宽度、绿化带宽度线等采用粗实线。

二、纵断面图

城市道路纵断面图图示形成与公路路线相同,亦为纵向展开断面图。内容亦包括图样和资料表两部分。

1. 图样部分

城市道路纵断面图中,道路的边线采用粗实线绘制,将道路中心设计线和地面线都采用细实线绘制。水平和垂直方向比例也采用相差 10 倍的方法。

2. 资料表部分

资料表中除设计中心线的纵坡之外,还包括有街沟的坡度、坡长及高程,表达方式与公路路线纵断面基本相同。

三、横断面图

城市道路横断面图是通过道路中心线法线方向的断面图。城市道路横断面图一般由车行道、人行道、绿化带和分隔带等部分组成。

城市道路横断面图布置的基本形式如图 2-1-11 所示。

单幅路:俗称"一块板"断面。各种车辆在车道上混合行驶。在交通组织上可以有以下几种方式:
(1)划出快、慢车行驶分车线,快车和机动车辆在中间行驶,慢车和非机动车靠两侧行驶。
(2)不划分车线,车道的使用可以在不影响安全的条件下予以调整

双幅路:俗称"两块板"断面。在车道中心用分隔带或分隔墩将车行道分为两半,上、下行车辆分向行驶。各自在根据需要决定是否划分快、慢车道

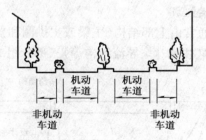

三幅路:俗称"三块板"断面。中间为双向行驶的机动车车道,两侧为靠右侧行驶的非机动车车道

四幅路:俗称"四块板"断面。在三幅路的基础上,再将中间机动车车道分隔为二,分向行驶

图 2-1-11 城市道路横断面图布置的基本形式

项目二　识读桥梁工程图

学习要点

1. 了解桥位平面图,桥位地质断面图的作用与图示方法,掌握桥梁总体布置图的图示方法,能熟练识读桥梁总体布置图,构件图。

2. 掌握钢筋结构图的图示特点,了解钢筋的分类,以及各种钢筋在钢筋结构中的作用。

3. 能熟练识读钢筋结构图。

任务一　识读桥梁工程图

一、桥梁的概述

桥梁是指道路路线在跨越江河、湖泊、山谷和低洼地带及其他路线时,为了保持道路的畅通、水流的宣泄和船只的通航及其他线路的运行而修筑的结构物,如图 2-2-1。

图 2-2-1　桥梁示意图

1. 桥梁组成

桥梁通常由上部结构(主梁或主拱圈和桥面系)、下部结构(桥墩、桥台、基础)及附属结构(栏杆、灯柱、护岸、导流结构等)三部分组成,图 2-2-2。

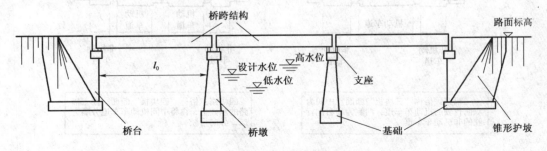

图 2-2-2　桥梁示意简图

桥跨结构是在路线中断时,跨越障碍的主要承载结构,人们还习惯称之为上部结构。

桥墩和桥台是支承桥跨结构并将永久荷载和可变荷载等活载传至地基的建筑物,又称之为下部结构。

支座是桥跨结构与桥墩和桥台的支承处所设置的传力装置。

在路提与桥台衔接处,一般还在桥台两侧设置石砌的锥形护坡,以保证迎水部分路堤边坡的稳定。

桥梁的上部结构基本组成图如图2-2-3所示。

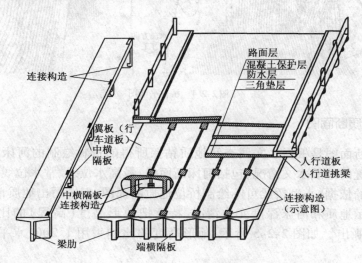

图2-2-3 桥梁上部结构概貌

2.桥梁的分类

桥梁的形式有很多,常见的分类形式有:

(1)按结构形式分为:梁桥、拱桥、刚架桥、悬索桥、斜拉桥等。

(2)按建筑材料分为:钢桥、钢筋混凝土桥、石桥、木桥等。

(3)按桥梁全长和跨径的不同分为:特大桥、大桥、中桥和小桥。

(4)按上部结构的行车位置分:上承式桥、下承式桥和中承式桥。

就桥梁而言,无论它们的形式和建筑材料有何不同,但图示方法都是相同的。下面结合专业图的图示特点来阅读和绘制桥梁工程图。

桥梁的设计不但要满足使用上的要求,还要满足经济、美观、施工等方面的要求。桥梁设计一般分两个阶段设计:第一阶段(初步设计)着重解决桥梁总体规划问题,第二阶段是编制施工图。

桥梁工程的图样一般可分为桥位平面图、桥位地质断面图、桥梁总体布置图、构件图、详图等。

二、桥位平面图

桥位平面图主要是表示桥梁的所在位置,与路线的连接情况,以及与地形、地物的关系,其画法与路线平面图相同,只是所用的比例较大。通过地形测量绘出桥位处的道路、河流及附近的地形和地物,以便作为设计桥梁、施工定位的根据。除了表示路线平面形状、地形和地物外,还标出里程、水流方向等数据。如图2-2-4所示。

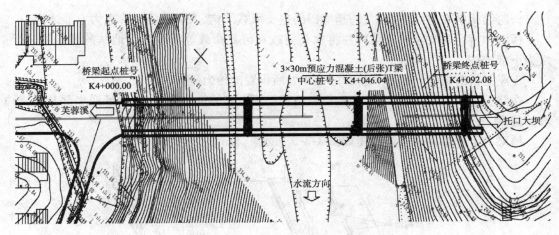

图 2-2-4 桥位平面图

三、桥位地质断面图

桥位地质断面图是根据水文调查和地质钻探所得的资料绘制的河床地质断面图，表示桥梁所在位置的地质水文情况，包括河床断面线、最高水位线、常水位线和最低水位线，作为桥梁设计的依据，小型桥梁可不绘制桥位地质断面图，但应写出地质情况说明。地质断面图为了显示地质和河床深度变化情况，特意把地形高度（高程）的比例较水平方向比例放大数倍画出。如图 2-2-5 所示，地形高度的比例采用 1：200，水平方向比例采用 1：500。

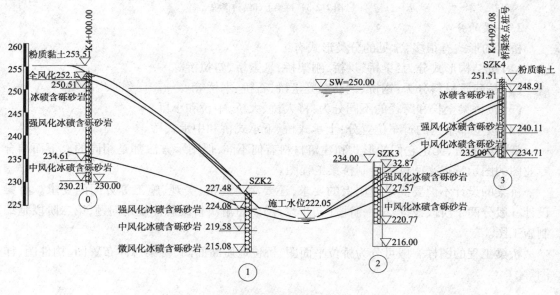

图 2-2-5 桥位地质断面图

四、桥梁总体布置图

(一)总体布置图的用途

桥梁总体布置图是指导桥梁施工的最主要图样，它主要表明桥梁的形式、跨径、孔数、总体尺寸、桥面高程、桥面宽度、各主要构件的相互位置关系,桥梁各部分的高程、材料数量以及总的技术说明等。桥梁总体布置图中还应表明桥位处的地质水文资料和桥面设计高程、地面高程、纵坡、横坡以及里程桩号,作为施工时确定墩台位置、安装构件和控制高程的依据。图2-2-6为桥梁构造立体图,该桥中心位于K4+046.04处,是三孔预应力钢筋混凝土T梁,总长为92.08m,总宽度为8.5m。

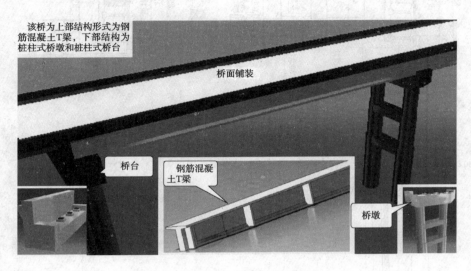

图 2-2-6　桥梁构造立体图

(二)总体布置图的图示方法

桥梁总体布置图一般由立面图、平面图和剖面图组成。

1. 立面图

若桥梁左右对称,立面图常采用半立面图和半纵剖面图合并而成。半立面图表达桥梁主要构件的外部形状,半纵剖面图表达桥梁沿中心线剖开的剖面形状。该桥采用全立面图来表示。在立面图上主要表达桥梁的总长、各跨跨径、纵向坡度、施工放样和安装所需的桥梁各部分的高程、河床的形状及水位高度,还反映桥位起始点、终点、桥梁中心线的里程桩号及立面图方向桥梁各主要构件的桥台、桥墩、T梁、人行道栏杆等主要部分的外形视图以及相互位置关系,从立面图中可以反映出桥梁的大致特征和桥型。

从图2-2-7中可以看出:该立面图绘图比例为1:400,该桥桥位起始点桩号为K4+000,终点K4+092.08.04,桥梁中心线的里程桩号K4+046.04处,全桥为三孔预应力钢筋混凝土T梁桥,总长度92.08m,跨径30m×30m×30m,此桥纵坡为2.29%,桥中设有两个柱式桥墩,两端为桩柱式桥台,桥台和桥墩均采用桩基础。立面图中还根据水文调查和地质钻探所得的资料绘制河床的断面形状,即桥位地质断面图,表明桥位所在位置的地质水文情况,包括河床断面线、最高水位(SW设计水位)、施工水位(最低水位)作为桥梁设计的依据。河床断面线以下的结构如桥台、桩等用虚线绘制。图中还注出了桥梁各重要部位如桥面、梁底、桥墩、桥台、桩尖等处的控制高程。

2. 平面图

桥梁总体布置图中的平面图常采用分层局部剖切的形式。包括左半平面图从上向下投影得到的桥面俯视图,主要画出了车行道、人行道等的位置。桥墩位置、桥台位置的平面图

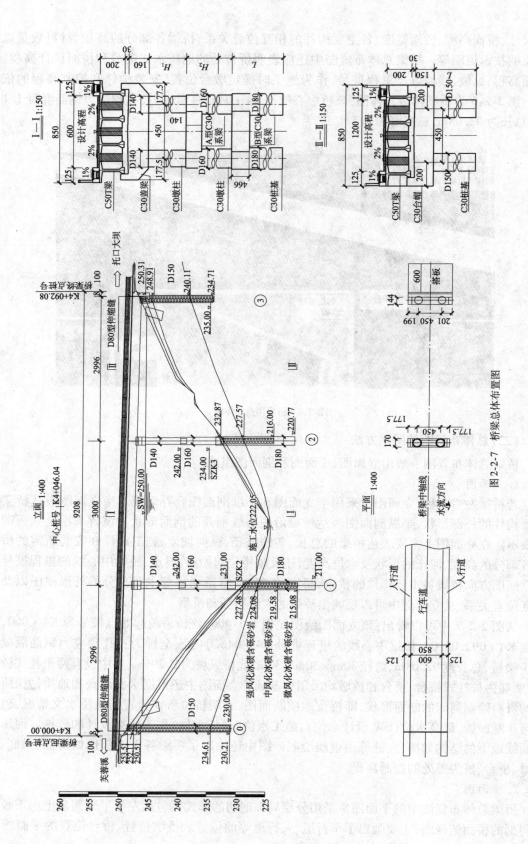

图 2-2-7 桥梁总体布置图

采用的是剖切画法,假想把上部结构移去后,画出桥墩和右侧桥台各结构的平面形状和位置。

图2-2-7中可以看出该桥为钢筋混凝土T梁桥,桥梁总宽度8.5m,两侧人行道宽度为1.25m,行车道宽度为6m;桥梁中轴线与水流方向成90°角。

3. 剖面图

剖面图由中跨和边跨部分各取一半组成的。根据图2-2-7立面图中所示的剖切位置可以看出,Ⅰ—Ⅰ剖面图中表达了桥墩各部分,包括盖梁、立柱、承台、桩基等的投影。Ⅱ—Ⅱ剖面图中表达了桥台各部分,包括盖梁、桩基等的投影。中跨和边跨部分的上部结构相同,桥面总宽度为850cm,两侧人行道宽度为125cm,行车道宽度为600cm,由4块T梁拼接而成。

五、构件图

1. T梁一般构造图(图2-2-8)

预应力钢筋混凝土T梁是该桥梁上部结构中最主要的受力构件,它两端搁置在桥墩和桥台上。该图为30m跨径T梁一般构造图,由立面图、平面图和断面图组成,主要表达T梁的形状、构造和尺寸。立面图、平面图采用同一比例,两者符合长对正的投影关系,而断面图则采用较大的比例。整个桥宽由4片T梁拼成,按不同位置分为两种,中梁(中间共2块)、边梁(两边各1块)。两种梁的高度相同,均为200cm。由于两种梁的宽度和构造不同,故分别绘制了中梁和边梁的平面图,中梁宽215cm,边梁宽210cm,横向是对称的,所以顶平面图和底平面图均只画出了一半。两种梁均分别绘制了跨中断面图和支点断面图,可以看出它们不同的断面形状和详细尺寸。另外还画出了一些细部构造的大样图。

2. 桥墩一般构造图(图2-2-9)

桥墩的作用是支撑上部的桥跨结构。桥墩一般构造图主要表达桥墩各部分的形状和尺寸。该桥墩由横断面图、平面图和Ⅰ—Ⅰ剖面图组成。该桥墩由盖梁、墩柱、系梁和桩基组成。盖梁的全长为805cm,宽为170cm,高度在中部为168cm,在两端为160cm,设有2%的横坡度。盖梁的两端各有一个50cm×170cm×60cm的抗震挡块,是防止T梁移动而设置的。该桥墩的盖梁下设有两根间距为450cm,墩柱顶直径为140cm,墩柱底直径为160cm的圆形墩柱,其高度见桥墩各部参数表。墩柱两种直径变化处设有140cm高、110cm宽的A型系梁。墩柱底设有直径为180cm的桩基,桩基顶设有180cm高、140cm宽的B型系梁。该桥台设有60cm×60cm的支座垫石。垫石高度是变化的,由立面图中的高程控制。

3. 桥台一般构造图(图2-2-10)

桥台位于桥梁的两侧,主要支撑上部T梁,并承受路堤填土的水平推力。该桥台结构图主要表达桥台各部分的形状和尺寸,采用桥台的立面图、平面图和侧面图来表达。该桥台由背墙、盖梁和桩基组成的桩柱式桥台。盖梁全长850cm,宽214cm,高度在中部为158cm,两端为150cm。该桥台设有2%的横坡度,盖梁两端各有144cm×60cm的抗震挡块,是防止T梁移动而设置的。该桥台的基础采用两根间距为450cm,直径为150cm的桩基,该桥台设有60cm×60cm的支座垫石。垫石高度是变化的,由立面图中的高程控制。

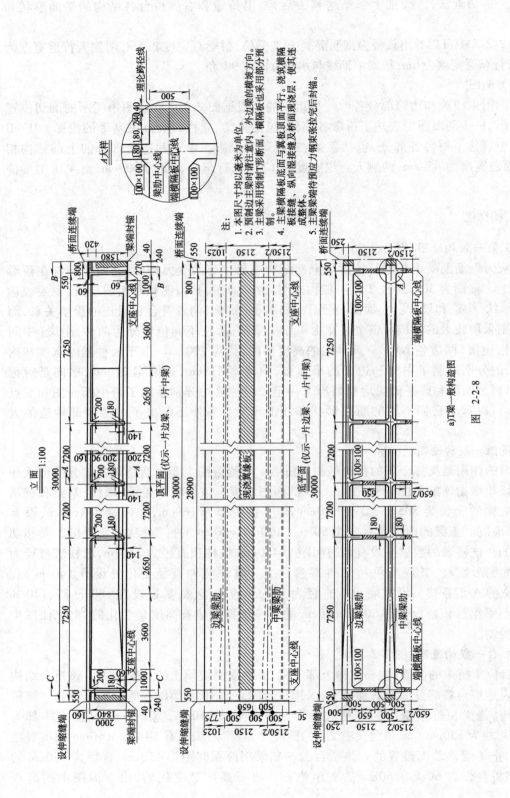

图 2-2-8 a)T梁一般构造图

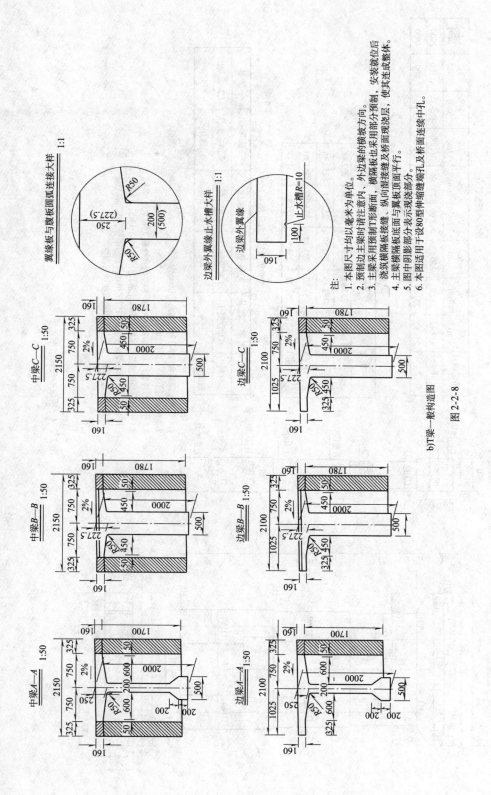

b)T梁一般构造图

图 2-2-8

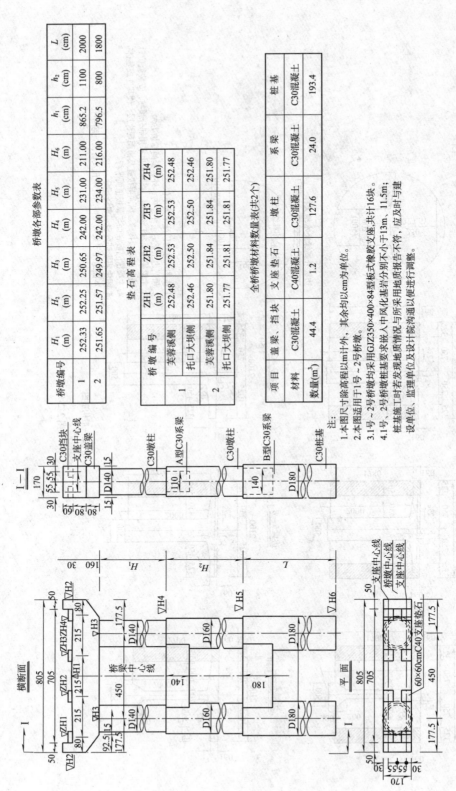

桥墩各部参数表

桥墩编号	H_1 (m)	H_2 (m)	H_3 (m)	H_4 (m)	H_5 (m)	H_6 (m)	h_1 (cm)	h_2 (cm)	L (cm)
1	252.33	252.25	250.65	242.00	231.00	211.00	865.2	1100	2000
2	251.65	251.57	249.97	242.00	234.00	216.00	796.5	800	1800

垫石高程表

桥墩编号		ZH1 (m)	ZH2 (m)	ZH3 (m)	ZH4 (m)
1	芙蓉溪侧	252.48	252.53	252.53	252.48
	托口大坝侧	252.46	252.50	252.50	252.46
2	芙蓉溪侧	251.80	251.84	251.84	251.80
	托口大坝侧	251.77	251.81	251.81	251.77

全桥桥墩材料数量表(共2个)

项目	盖梁	挡块	支座垫石	墩柱	系梁	桩基
材料	C30混凝土	C30混凝土	C40混凝土	C30混凝土	C30混凝土	C30混凝土
数量(m³)	44.4		1.2	127.6	24.0	193.4

注:
1. 本图尺寸除高程以m计外,其余均以cm为单位。
2. 本图适用于1号~2号桥墩。
3. 1号~2号桥墩均采用GJZ350×400×84型板式橡胶支座,共计16块。
4. 1号、2号桥墩桩基要求嵌入中风化基岩不小于13m、11.5m;桩基施工时若发现地质情况与所采用地质报告不符,应及时与建设单位、监理单位及设计院沟通以便进行调整。

图 2-2-9 桥墩一般构造图

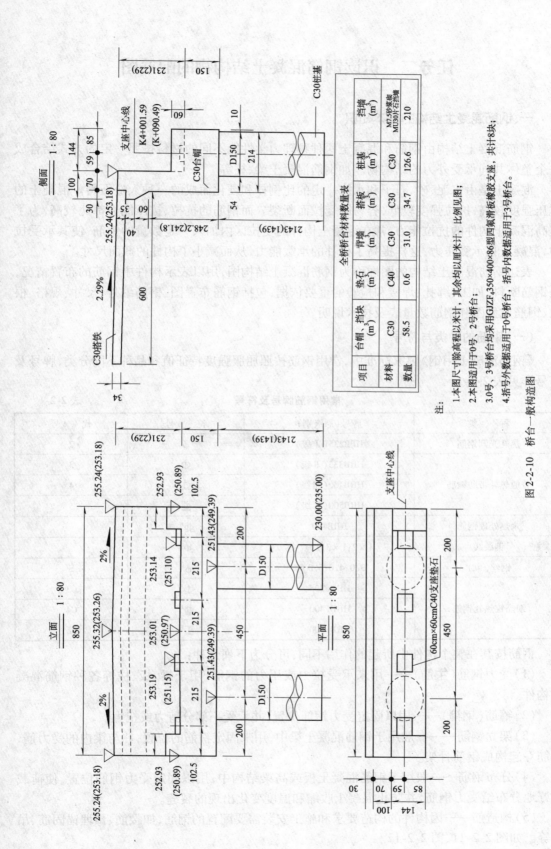

图 2-2-10 桥台一般构造图

任务二 识读钢筋混凝土结构物的配筋图

一、钢筋混凝土结构的基本知识

钢筋混凝土结构由钢筋和混凝土两种物理力学性能不同的材料按照一定的方式结合成一个整体共同承受外力的结构物。如钢筋混凝土梁、柱等。

混凝土是由水泥、砂、石子和水按一定的比例拌和硬化而成的一种人造石料。混凝土的抗压强度较高,抗拉强度较低,容易因受拉而断裂。而钢筋的抗拉、抗压能力都比较高,为了提高混凝土构件的抗拉能力,常在混凝土构件的受拉区内加入一定数量的钢筋,使其承受拉力,混凝土只承受压力,这样提高了构件的承载能力,从而减小了构件的截面尺寸。

表达钢筋混凝土结构的图样称为钢筋混凝土结构图,用以表示构件中钢筋的布置情况,是钢筋断料、加工、绑扎、焊接和检验的重要依据,包括钢筋布置图、钢筋编号、尺寸、规格、根数、钢筋成型图和钢筋数量表及技术说明。

(一)钢筋的种类与符号

《钢筋混凝土用钢》国家标准中,常用钢筋按照屈服强度特征值和品种不同分类,牌号及符号详见表2-2-1。

常用钢筋牌号及符号　　　　　　表2-2-1

种　类	牌号(原级别)	符　号	代　号
热轧光圆钢筋	HPB235(Ⅰ级)	ϕ	2
普通热轧带肋钢筋	HRB335(Ⅱ级)	Φ	3
	HRB400(Ⅲ级)	Φ	4
	HRB500(Ⅳ级)	Φ	5
余热处理钢筋	RRB400	Φ^R	
钢绞线	1×2;1×3;1×7等	Φ^j	
钢丝(束)	3.0;4.0;5.0等	ϕ^s	S
细晶粒热轧钢筋	HRBF335	Φ^F	C3
	HRBF400	Φ^F	C4
	HRBF500	Φ^F	C5

钢筋按其在整个构件中所起的作用不同,可分为下列几种:

(1)受力钢筋(主筋)——用来承受拉力或压力的钢筋,用于梁、板、柱等各种钢筋混凝土构件。

(2)箍筋(钢箍)——用以固定受力钢筋位置,并承受一部分剪力或扭力。

(3)架立钢筋——一般用于钢筋混凝土梁中,用来固定箍筋的位置,并与梁内的受力筋、箍筋一起构成钢筋骨架。

(4)分布钢筋——一般用于钢筋混凝土板或高梁结构中,用以固定受力钢筋位置,使荷载更好地分布给受力钢筋,并防止混凝土收缩和温度变化出现的裂缝。

(5)构造筋——因构件的构造要求和施工安装需要配置的钢筋,如腰筋、预埋锚固筋、吊环等。如图2-2-11、图2-2-12。

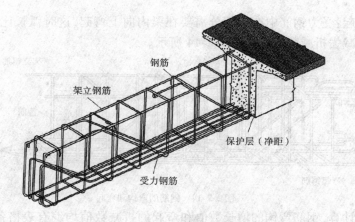

图 2-2-11 钢筋混凝土梁配筋示意图

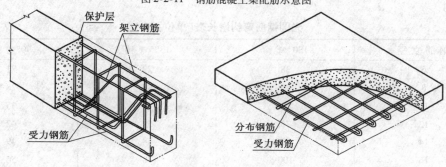

图 2-2-12 钢筋混凝土梁、板配筋示意图

(二)钢筋的弯钩和弯起

对于光圆外形的受力钢筋,为了增加它与混凝土的黏结力,一般在钢筋的端部做成弯钩,弯钩的形式有半圆、直弯钩和斜弯钩三种,如图 2-2-13 所示。计算加工时,钢筋的实际长度要比端点长出为 $6.25d$、$4.9d$ 或 $3.5d$,这段长度即为钢筋弯钩的增长值,这时钢筋的长度要计算其弯钩的增长值。

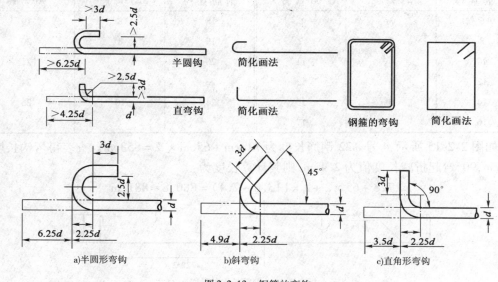

图 2-2-13 钢筋的弯钩

钢筋的弯起：受力钢筋中有一部分需要在梁内向上弯起，这时弧长比两切线之和短些，其计算长度应减去折减数值。如图 2-2-14 所示。

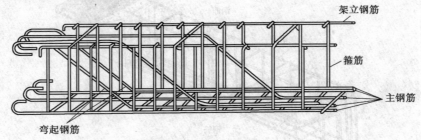

图 2-2-14 钢筋的弯钩和弯起

为了简化计算，钢筋弯钩的增长数值和弯起的折减数值均编有表格备查。如表 2-2-2、表 2-2-3。

光圆钢筋弯钩增长表（单位：mm）　　　　表 2-2-2

钢筋直径	180°弯钩	135°弯钩	90°弯钩
6	38	29	21
8	50	39	28
10	63	49	35
12	75	59	42
14	88	68	49
16	100	78	56
18	113	88	63
19	119	93	67
20	125	98	70
22	138	107	77
24	150	117	84

光圆钢筋弯转长度折减表（单位：mm）　　　　表 2-2-3

钢筋直径	45°弯起	90°弯转	钢筋直径	45°弯起	90°弯转
6	3	6	18	8	19
8	3	9	19	8	20
10	4	11	20	9	21
12	5	13	22	9	24
14	6	15	24	10	26
16	7	17			

如图 2-2-15 所示，4 号 $\phi22$ 钢筋长度为 728cm + 65cm × 2 = 858cm。查表得弯钩长度为 13.8cm，90°弯起折减长度值为 2.4cm，则其计算长度为：

$$728 + 65 \times 2 + 2 \times (13.8 - 2.4) = 880.8 \approx 881 \text{cm}$$

图 2-2-15 钢筋长度的计算

(三)混凝土的保护层

为了保护钢筋,防止钢筋锈蚀及加强钢筋与混凝土的黏结力,钢筋必须全部包在混凝土中,因此钢筋外表面到混凝土表面应保持一定的厚度,这一厚度混凝土称为钢筋的保护层。保护层厚度视不同的构件而异,具体数值可查阅有关设计或者施工规范。梁内钢筋保护层如图 2-2-16 所示。

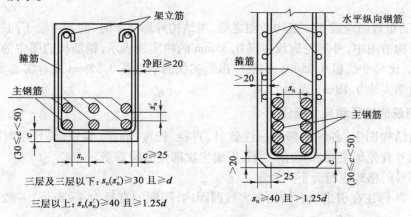

图 2-2-16 梁内钢筋保护层(单位:mm)

普通钢筋及预应力直线形钢筋有最小保护层厚度(钢筋外缘或管道外缘至混凝土表面的距离),后张法构件预应力直线形钢筋不应小于其管道直径的 1/2,且应符合表 2-2-4 的规定。

普通钢筋及预应力直线形钢筋有最小保护层厚度　　表 2-2-4

序号	构件类别	环境条件		
		I	II	III、IV
1	基础、桩基承台:(1)基坑底面有垫层或侧面有模板(受力主筋) (2)基坑底面无垫层或侧面无模板(受力主筋)	40 60	50 75	60 85
2	墩台身、挡土结构、涵洞、梁、板、拱圈、拱上建筑(受力主筋)	30	40	45
3	人行道构件、栏杆(受力主筋)	20	25	30
4	箍筋	20	25	30
5	缘石、中央分隔带、护栏等行车道构件	30	40	45
6	收缩、温度、分布、防裂等表层钢筋	15	20	25

注:环境条件:I-温暖或寒冷地区的大气环境与无侵蚀性的水或土接触的环境;II-严寒地区的大气环境、使用除冰盐环境、滨海环境;III-海水环境;IV-受侵蚀性物质影响的环境。

二、钢筋混凝土结构图的内容

钢筋混凝土结构图图样包括两类图样:一类称为构件构造图(或模板图),即对于钢筋混凝土结构,只画出构件的形状和大小,不表示内部钢筋的布置情况。另一类称为钢筋结构图(或钢筋构造图或钢筋布置图),即主要表示构件内部钢筋的布置情况。

(一)钢筋结构图的图示特点

(1)为了突出结构物中钢筋配置情况,把混凝土假设为透明体,图中构件的外形轮廓画成细实线,钢筋纵向画成粗实线表示,钢筋的断面用黑圆点表示。

(2)当钢筋间距和净距太小时,难以按比例画出时,钢筋的间隙允许夸大绘制,钢筋并在一起,画图应留有空隙,以免线条会重叠。

(3)钢筋结构图,不一定三个投影图都画出来,而是根据需要来决定。例如画钢筋混凝土梁的钢筋图、一般不画平面图,只用立面图和断面图来表示。

(4)在道路工程图中,钢筋直径的尺寸单位采用 mm,其余尺寸单位均采用 cm,图中无须注出单位。

(5)钢筋布置图应置于一般构造图之后,当结构外形简单时,两者可绘于同一视图中。

在一般构造图中,外形轮廓线应以 0.35mm 的粗实线表示,钢筋构造图中的轮廓线应以细实线表示,比尺寸线粗 0.25mm,钢筋应以粗实线的单线条 0.35mm 或者实心黑圆点表示,其他线条为细实线 0.18mm 表示。

(二)钢筋的编号和尺寸标注

在钢筋结构图中,各种钢筋应标注数量、直径、长度、间距、编号,编号用阿拉伯数字表示。钢筋编号宜先编主、次部位的主筋,后编主次部位的构造筋。

钢筋编号的格式应符合下列规定:

①编号 N 标注在引出线右侧的细实线圆圈内,圆圈的直径为 4~8mm,一般采用下列格式进行标注。

$\dfrac{n\phi d}{l}$ⓝ 其中:n——代表钢筋根数;

ϕ——钢筋牌号;

d——代表钢筋直径的数值,mm;

l——代表钢筋总长度的数值,cm。

比如 $\dfrac{14\phi 10}{l=560}$②,其中"②"表示 2 号钢筋,"14ϕ10"表示直径为 10mm 的 HPB235 钢筋(Ⅰ级筋)共 14 根,"l=560"表示每根钢筋的设计长度为 560cm。即表示直径为 10mm 的 HPB235 钢筋共 14 根,每根钢筋的设计长度为 560cm。

②在钢筋断面图中,编号可标注在对应的方格内。

③钢筋的编号和根数也可采用简略形式标注,根数注在 N 字之前,编号注在 N 字之后。图 2-2-17 中的"20N24"表示编号 24 的钢筋有 20 根。

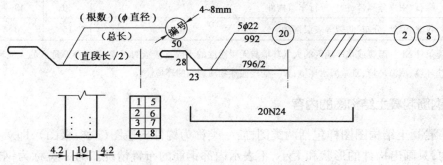

图 2-2-17 钢筋编号的标注(详见桥墩盖梁配筋图)

(三)钢筋结构图的图示内容

1.配筋图(布置图)

钢筋配筋图主要是表明各钢筋的配置,是绑扎或者焊接钢筋骨架的依据。根据结构的特点选用相应的基本投影,对于钢筋混凝土梁等长条结构,常采用一个立面图和几个断面图,对于钢筋混凝土板,则采用一个平面图或者一个平面图和一个立面图。图 2-2-18 为某桥墩盖梁的布置图。

2. 钢筋成型图

钢筋成型图是表示每根钢筋形状和尺寸的图样,是钢筋成型加工的依据。在画钢筋加工成型图(钢筋详图),主要钢筋应尽可能与配筋图中同类型的钢筋保持对齐关系。图 2-2-19 为某桥墩盖梁钢筋成型图。

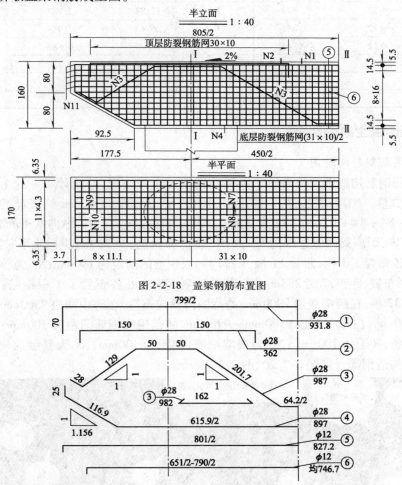

图 2-2-18 盖梁钢筋布置图

图 2-2-19 盖梁钢筋成型图

当钢筋加工形状简单时,也可把钢筋大样图绘制在钢筋数量明细表内。

3. 钢筋结构图中的尺寸标注

(1)配筋图中钢筋尺寸标注。在配筋图中,一般标注构件的外形尺寸和定位尺寸及钢筋编号。在断面图中除标注断面形状尺寸外,还应注明钢筋定位尺寸,尺寸界线通过钢筋断面中心。对于一定规律排列的钢筋,定位尺寸一般只画出两三个。

(2)成型图中钢筋尺寸标注。在钢筋成型图上,应逐段标出长度,对于直线段,尺寸数字可直接写在各段钢筋的侧面,弯起钢筋的斜度利用直角三角形标出。在成型图编号的引出线上还应标注钢筋直径、根数和设计长度。5 号钢筋为 1 根 $\phi 12$ 钢筋,设计长度为 827.5cm。

4. 钢筋数量表(钢筋明细表)

在钢筋结构图中,一般还附有钢筋数量表,内容包括钢筋的编号、直径、每根长度、根数、总长及质量等。必要时可在表中加画钢筋略图,如表2-2-5。

钢筋混凝土梁钢筋数量表　　　　　表2-2-5

编号	钢号和直径(mm)	长度(m)	根数	总长(m)	每米质量(kg/m)	总重(kg)
1	φ22	528	1	5.28	2.984	15.76
2	φ22	708	2	14.16	2.984	42.25
3	φ22	892	2	17.84	2.984	53.23
4	φ22	881	3	26.43	2.984	78.87
5	φ12	745	2	14.90	0.888	13.23
6	φ6	198	24	47.52	0.222	10.55
总　计						213.89
绑扎用铅丝 0.5%						1.07

三、钢筋混凝土结构图举例

1. T梁梁肋钢筋构造图

T梁梁肋钢筋构造图主要表达T梁梁肋钢筋的布置情况,并统计了一片主梁梁肋所用普通钢筋的数量。N1为主筋,共5根,纵向水平布置,距离梁底60mm处布置了1排,1排的间距为109+84+84+109mm;N2为马蹄底部第二排钢筋,共2根,纵向水平布置,距离梁底184mm处布置,距离梁两侧边缘为57mm;N3为分布钢筋,共22根,纵向水平布置,距离梁两侧57mm处各布置了1排,每排11根,1排内每根钢筋的间距为136mm;N3为分布钢筋,共2根,纵向水平布置,距离梁底288mm,距离梁两侧57mm处各布置了1根钢筋;N4、N7为箍筋,分别为137根,在跨中两边9900mm的范围内横向布置,在跨中两边9300mm的范围内钢筋间距为150mm,在跨中两边9300mm~9900mm的范围内钢筋间距为100mm;N5、N8为梁肋加宽段箍筋,间距为100mm;N6为梁端箍筋,间距为100mm;N9为翼缘部位箍筋;N10、N11、N12为构造钢筋。如图2-2-20、图2-2-21所示。

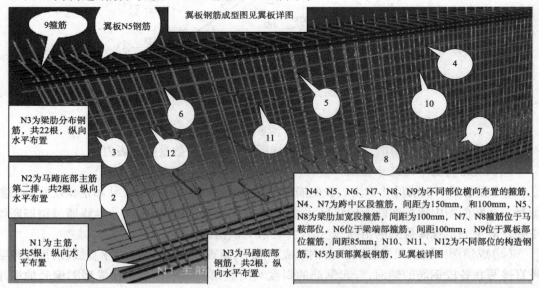

图2-2-20　T梁梁肋钢筋构造图模型图

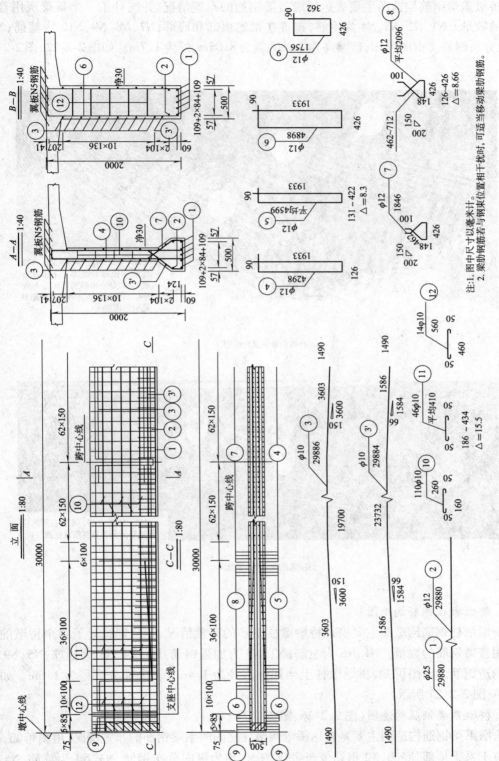

图 2-2-21 T梁梁肋钢筋布置图(钢筋用的细实线表示)

2. 桥墩盖梁钢筋构造图

桥墩盖梁钢筋构造图主要表达桥墩盖梁钢筋的布置情况,并统计了一个盖梁所用普通钢筋的数量。N1、N2、N3、N4为主筋,布置在梁的顶部和底部;N7、N8、N9、N10为箍筋;N5、N6为分布钢筋。由图可知,盖梁高为1.6m,宽为8.05m,厚为1.7m。如图2-2-22、图2-2-23所示。

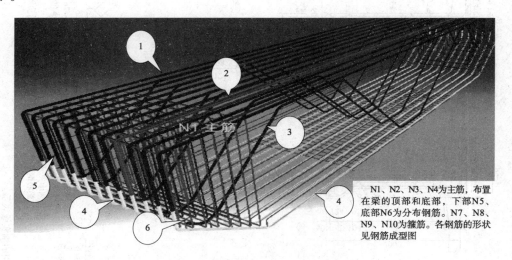

a)桥墩盖梁钢筋构造图

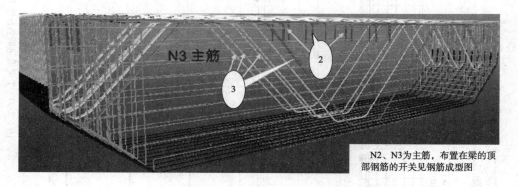

b)桥墩盖梁钢筋构造图

图 2-2-22

3. 桥墩墩柱钢筋构造图

桥墩墩柱钢筋构造图主要表达桥墩墩柱钢筋的布置情况,并分别统计了各个桥墩的墩柱所用普通钢筋的数量。N1、N6为主筋;N2、N7为加强钢筋,N3、N4、N8为箍筋;N5、N9为螺旋构造钢筋。由图可知,桥墩墩柱上半部分直径为1.4m,下半部分直径为1.6m。如图2-2-24、图2-2-25所示。

4. 桥墩系梁钢筋构造图(图2-2-26、图2-2-27)

桥墩系梁钢筋构造图主要是表达桥墩两墩柱之间的系梁钢筋的布置情况,由图可知,N1钢筋位于系梁顶部、底部,N2钢筋位于系梁侧面,均为纵向分布钢筋,N3、N4为箍筋,N5为构造钢筋。

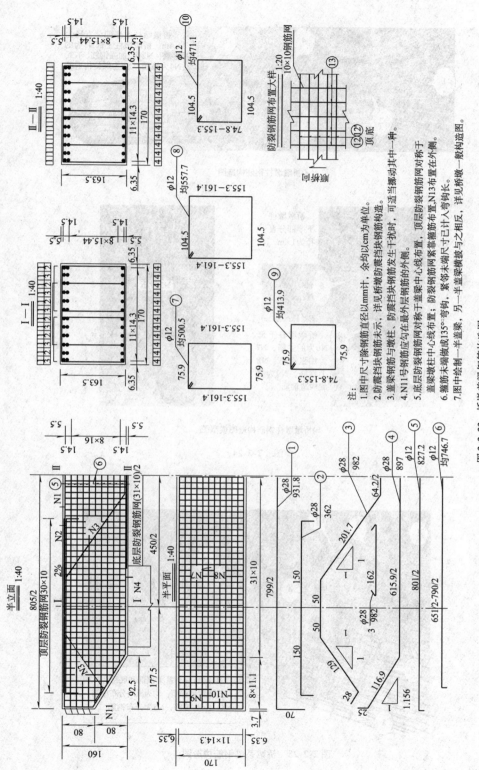

图 2-2-23 桥墩盖梁钢筋构造图

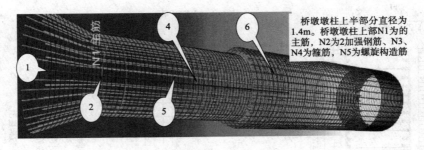

a)桥墩墩柱钢筋构造图

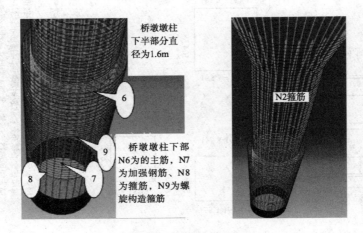

b)桥墩墩柱钢筋构造图模型图

图 2-2-24

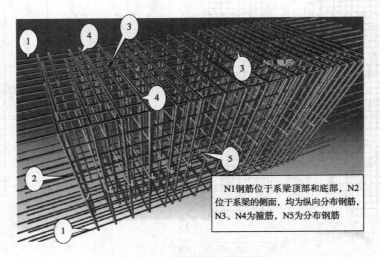

图 2-2-25 桥墩系梁钢筋构造图

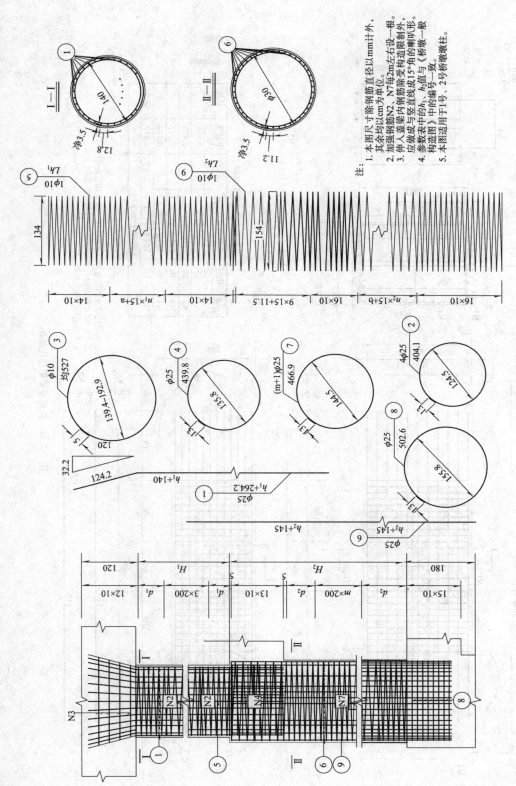

图 2-2-26 桥墩墩柱钢筋构造图

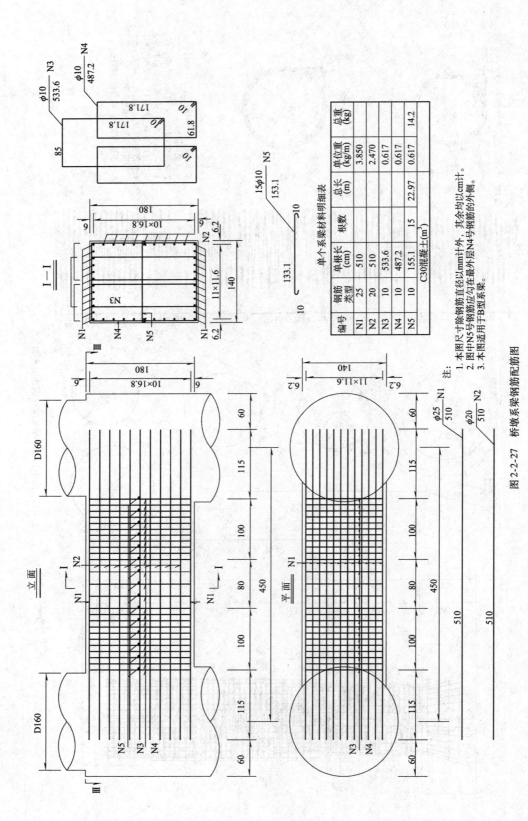

图 2-2-27 桥墩系梁钢筋配筋图

项目三　识读涵洞工程图

学习要点

1. 了解涵洞的分类,涵洞的组成及各组成部分的作用。
2. 掌握涵洞的图示方法及图示特点。
3. 识读钢筋混凝土圆管涵、盖板涵等工程图。

任务一　涵洞的基本知识

涵洞是埋设在路基下的工程构造物,其纵向与线路方向正交或斜交,用来从道路一侧向另一侧排水或作为横向穿越道路的地下通道,它与桥梁的主要区别在于跨径的大小,根据《公路工程技术标准》(JTG B01—2014)中的规定,凡是单孔跨径小于5m,多孔总跨径小于8m,以及圆管涵、箱涵,不论其管径或跨径大小、孔数多少均称为涵洞。如图2-3-1所示。

图2-3-1　涵洞洞口图

一、涵洞分类

(1)按构造形式分为:圆管涵、拱涵、箱涵、盖板涵,如图2-3-2所示。
(2)按建筑材料分为:钢筋混凝土涵、混凝土涵、砖涵、石涵、木涵、金属涵等。
(3)按洞身断面形状分为:圆形、卵形、拱形、梯形、矩形等。
(4)按孔数分为:单孔、双孔、多孔等。
(5)按洞口形式分为:一字式(端墙式)、八字式(翼墙式)、走廊式等。
(6)按洞顶有无覆盖土分为:明涵和暗涵(洞顶填土大于50cm)等。

二、涵洞的构造

涵洞由洞口、洞身和基础三部分组成。

洞身是涵洞的主要部分,其作用是承受活载压力和土压力等,将其传递给地基,保证设计流量通过的必要孔径。常见的洞身形式有圆管涵、拱涵、箱涵、盖板涵。

洞口包括端墙、翼墙或护坡、截水墙和缘石等。一般进出水口均采用同一形式。

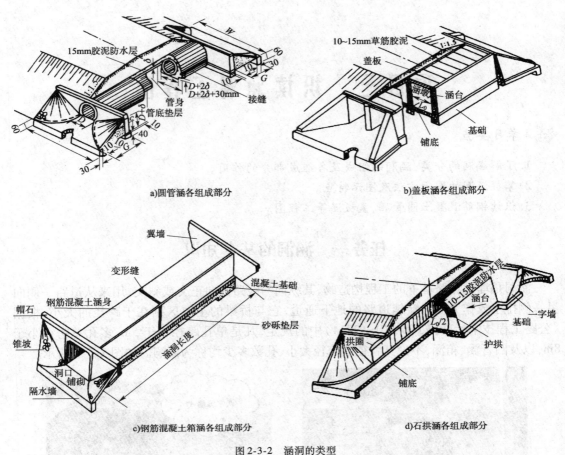

图 2-3-2 涵洞的类型

任务二 识读涵洞工程图

一、涵洞的图示方法

(1) 涵洞工程图以水流方向为纵向(即与路线前进方向成一定的角度),并以纵剖面图代替立面图。

(2) 平面图中将涵洞上方的覆土假想成透明的。平面图以半剖形式表达,剖切位置一般沿基础顶面水平剖切。

(3) 洞口正面图布置在侧面图的位置,洞顶覆土亦假想成透明的,也可以采用半剖的形式,剖切垂直于纵向剖切;当进出水洞口形状不相同时,则需分别画出进出水洞口侧面图。

(4) 涵洞的进出水洞口间应有流水的纵坡,画图时,可不考虑洞底的纵坡而画成水平的,只图示出其纵坡,但进出水洞口的高度可能不同,应加以计算。

二、涵洞构造图识读举例

1. 圆管涵构造图识读

图 2-3-3 圆管涵洞立体分解图,图 2-3-4 为一端墙式圆管涵构造图。该涵洞的进出水洞口一样,构造对称,所以图示采用了半纵剖面图、半平面图和洞口正面图(Ⅱ-Ⅱ图)。

从半纵剖面图（Ⅰ-Ⅰ图）可以读出，该涵洞涵身长3450，洞口锥坡长248，洞口长600，洞口截水墙长度30，截水墙高150，洞口铺砌厚度30，缘石的长度30、高度25及倒角尺寸5，端墙的厚度40及基础的尺寸60，路基宽度2800，路基边坡1:1.5，涵顶纵坡为0.005等，路基填土的高度可以根据高程和路基边坡计算出来。

从半平面图可以读出该涵洞与路线中线的交角为90°，即为正交涵洞，涵洞的锥坡为一椭圆形锥坡等。

从洞口正面图（Ⅱ-Ⅱ剖面图）可以读出缘石的尺寸390及其倒角尺寸5，端墙高164及端墙基础与端墙的定位尺寸10及锥坡的坡度1:1等尺寸。

该图还画了端部洞身和中部洞身的1/2断面图，从该图可以读出涵管的管径150，管壁厚度14，洞身基础的尺寸203、42、31等。该涵洞的洞口与原来的水渠相接，所以图中还给出了原渠的横断面图。

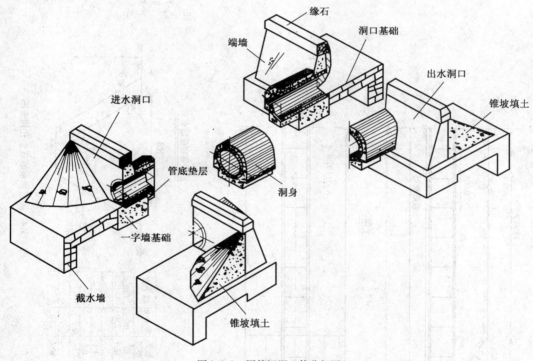

图2-3-3　圆管涵洞立体分解图

2. 盖板涵构造图识读

图2-3-5盖板涵的立体图，图中标示出了各组成部分的名称。

图2-3-6为一单孔钢筋混凝土盖板涵构造图。其图示方法基本与上述管涵相同，但由于洞口两侧为八字翼墙，其顶面和背面均是斜面，构造比较复杂，所以图中增加了Ⅰ-Ⅰ断面图和Ⅱ-Ⅱ断面图。

从半纵剖面图可读出八字翼墙端部高20、顶面的坡度1:1.5及其与洞身的连接关系，涵身高120，涵底铺砌20，截水墙高60、长30，缘石的长高尺寸30、25及倒角尺寸5，涵底纵坡1%和路基的宽度800等；盖板及基础所用材料在图中用材料断面符号表示，亦可读出。一般情况，图中还应画出沉降缝的位置，或者在附注中说明，本图未画出沉降缝的位置。

149

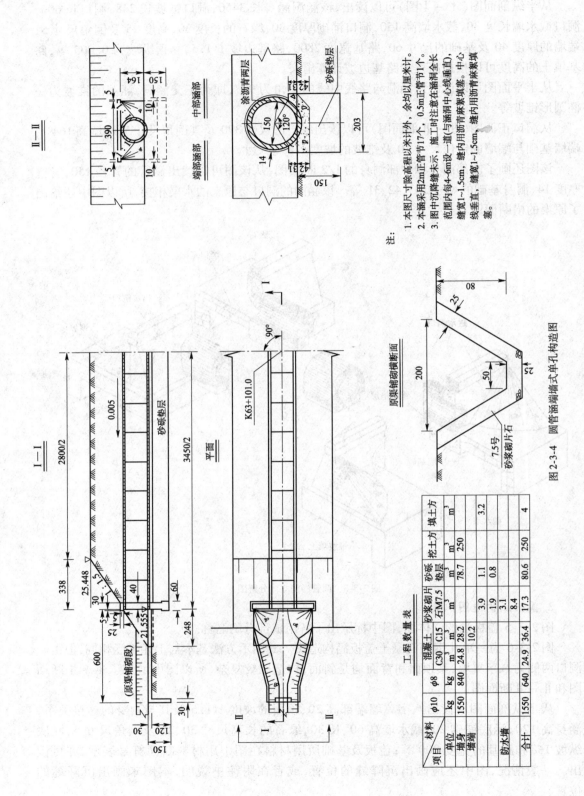

图 2-3-4 圆管涵端墙式单孔构造图

从半平面图和半剖面图中可读出涵洞的台身宽度45及其与台基的定位尺寸10,涵身长度1120,洞口的平面形状和尺寸以及台身和翼墙的材料图例等。

从洞口立面图可读出缘石的宽235和倒角尺寸5,标准跨径138,翼墙端部宽45、51及洞口的总宽等尺寸。

为了便于施工,在八字翼墙的Ⅰ—Ⅰ、Ⅱ—Ⅱ位置和涵身的Ⅲ-Ⅲ位置进行了剖切,并画出相应的断面图,表示该位置翼墙、台身和台基的详细尺寸、墙背坡度以及材料情况等,从Ⅲ-Ⅲ断面还可读出涵洞的净跨100,台帽宽19、高14等尺寸。

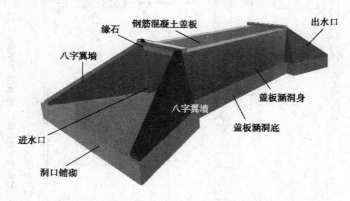

图2-3-5 单孔钢筋混凝土盖板涵立体图

3. 石拱涵构造图识读

图2-3-7石拱涵的立体图,图中标示出了各组成部分的名称。

(1)纵剖面图

图2-3-8为石拱涵洞示意图。以八字式单孔石拱涵构造图为例介绍涵洞的构造。涵洞的纵向是指水流方向即洞身的长度方向。纵剖面图是沿涵洞的中心位置纵向剖切的,半纵剖面图图示了路基宽度、填土厚度、路基横坡、翼墙的坡度(一般与路基边坡相同)、端部高度,缘石的长和高,沉降缝的设置距离、宽度,台高H,防水层厚度,涵身长度等内容,并画出相应的材料图例,如果进水洞口和出水洞口的构造和形式基本相同,整个涵洞是左右对称的,则纵剖面图可只画一半。由于这里是通用的图,路基宽度B_0和填土厚度F在图中没有注出具体值,可根据实际情况确定。翼墙的坡度一般和路基的边坡相同,均为1:1.5。整个涵洞较长,考虑到地基的不均匀沉降的影响,在翼墙和洞身之间应设有沉降缝,洞身部分每隔4~6m也应设沉降缝,沉降缝的宽度均为2cm。主拱圈是用条石砌成的,内表面是圆柱面,在纵剖面图中用上密下疏的水平细线表示。拱顶的上面有15cm厚的黏土胶泥防水层。端墙的断面为梯形,背面是用虚线画出的,坡度为3:1。端墙上面有端墙帽,又称缘石。

(2)平面图

由于该涵洞是左右对称的,平面图采用了长度和宽度两个方向的半平面图,前边一半是沿涵台基础的上面(襟边)作水平剖切后画出的剖面图,主要图示翼墙和涵台的基础宽度。后边一半为涵洞的外形投影图,是移去了顶面上的填土和防水层以及护拱等画出的,拱顶的圆柱面部分也是用一系列疏密有致的细线(素线)表示的,拱顶与端墙背面交线为椭圆曲线。八字翼墙与涵洞纵向成30°角。为了把翼墙的形状表达清楚,画出翼墙的Ⅰ—Ⅱ和Ⅱ—Ⅱ断面图,用来表示翼墙及其基础的构造、材料、尺寸和墙背坡度等内容。

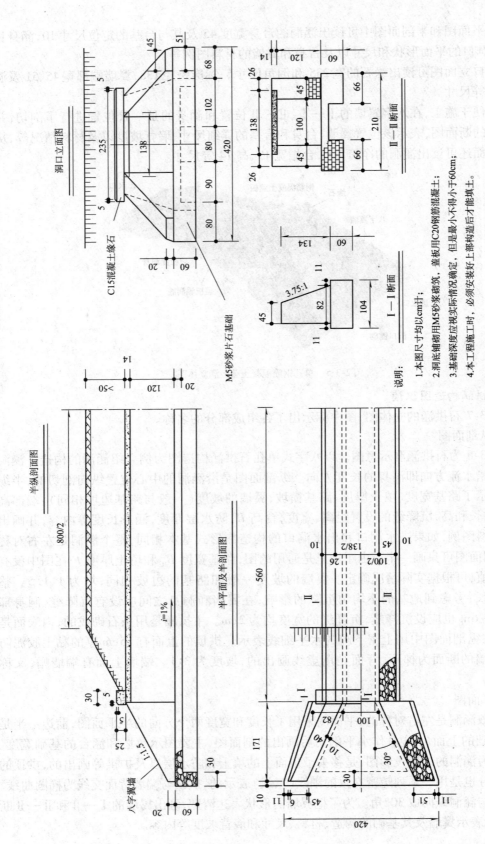

图 2-3-6 单孔钢筋混凝土盖板涵构造

（3）侧面图

采用了半剖画法。左半部为洞口的外形投影，主要反映洞口的正面形状和翼墙、端墙、缘石、基础等的相对位置，所以习惯上称为洞口正面图。右半部为洞身横断面图，主要表达洞身的断面形状，主拱、护拱和涵台的连接关系及防水层的设置情况等。

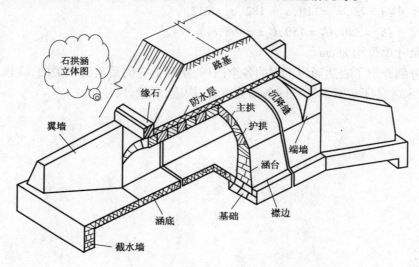

图 2-3-7　石拱涵示意图及组成部分的名称

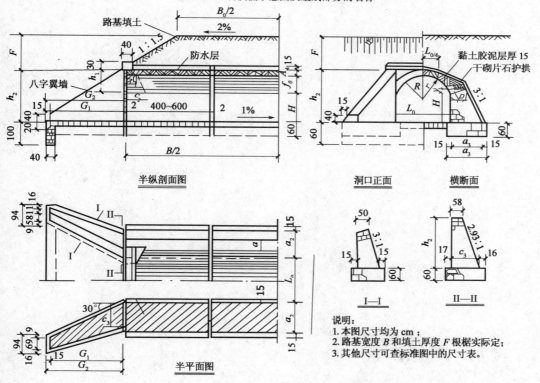

图 2-3-8　石拱涵示意图

由于此图是石拱涵洞的标准构造图，适用于矢跨比 $f_0/L_0 = 1/3$ 的各种跨径（$L_0 = 1.0 \sim 5.0 \mathrm{m}$）的涵洞，故图中一些尺寸是可变的，用字母代替，设计绘图时，可根据需要选择跨径、涵高等主要参数,然后从标准图册的尺寸表中查得相应的各部分尺寸。

例如:确定跨径 $L_0 = 300\text{cm}$,涵高 $H = 200\text{cm}$ 后,可查得各部分尺寸如下:

拱圈尺寸:$f_0 = 100, d_0 = 40, r = 163, R = 203, x = 37, y = 15$。

端墙尺寸:$H_1 = 125, c_2 = 102$。

涵台尺寸:$a = 73, a_1 = 110, a_2 = 182, a_3 = 212$。

翼墙尺寸:$h_2 = 340, G_1 = 450, G_2 z = 465, c_3 = 174$。

以上尺寸单位均为 cm。

以上分别介绍了表达涵洞工程的各个图样,实际上它们是紧密相关的,应该互相对照联系起来读图,才能了解涵洞工程的各部分位置、构造、形状、尺寸。

模块三 绘制工程结构

项目一 认识 AutoCAD 的工作界面及其基本操作

任务一 认识 AutoCAD 工作界面

学习要点

1. AutoCAD 200X 基本工作界面的认识。
2. AutoCAD 200X 绘图环境的设置。
3. AutoCAD 200X 绘图辅助工具。

AutoCAD 版本说明：AutoCAD 软件的版本目前更新较快，基本上做到了每年更新一次。并且从 2009 版开始，为了迎合用户因操作 Office 2007 界面养成的习惯，其操作界面有了一些变化，界面布置向 Office 2007 靠拢，如图 3-1-1 所示。

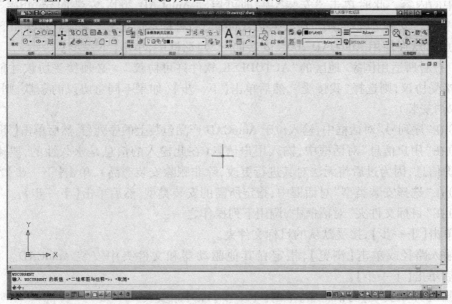

图 3-1-1 AutoCAD 2009 的工作界面

但为了让广大老用户适应这种变化，AutoCAD 2009 版在界面右下角设置了界面切换按钮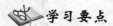。用户只需点击此按钮并选择"经典界面"即可。切换后的界面如图 3-1-2 所示。

为了配合广大使用者的习惯,我们今天仍然用 AutoCAD 经典界面为例来讲解此软件。

在教师指导下,由学生共同完成以下操作练习,通过上机实践了解 AutoCAD 2008 的工作界面,熟悉 AutoCAD 中文版的界面组成、各部分的主要功能与操作方式。

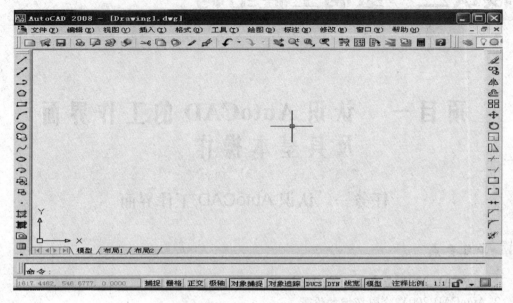

图 3-1-2　AutoCAD 2008 经典界面

一、AutoCAD 的安装

将 AutoCAD 200X 光盘插入光驱后,双击光盘上的安装程序 setup.exe,系统将显示【安装】选项卡中的内容。此时单击"安装"项,即可启动 AutoCAD 200X 安装向导,开始 AutoCAD 200X 的安装。安装过程中,用户应根据安装向导对各种提示信息给予响应。步骤如下:

(1)在"欢迎使用 AutoCAD 200X 安装向导"对话框中,单击【下一步】。

(2)查看所适用国家/地区的"AUTODESK 软件许可协议"。必须接受协议才能完成安装。要接受协议,则选择"我接受",然后单击【下一步】(如果不同意协议的条款,则单击【取消】以取消安装)。

(3)在"序列号"对话框中,输入位于 AutoCAD 产品包装上的序列号,然后单击【下一步】。

(4)在"用户信息"对话框中,输入用户信息(在此输入的信息是永久性的,要确保在此输入正确信息,因为过后将无法对其进行更改,除非删除安装产品),单击【下一步】。

(5)在"选择安装类型"对话框中,指定所需的安装类型,然后单击【下一步】。

(6)在"目标文件夹"对话框中,调用下列操作之一:

①单击【下一步】,接受默认的目标文件夹。

②输入路径或单击【浏览】,指定在其他驱动器和文件夹中安装 AutoCAD。单击【确定】,然后单击【下一步】。

(7)在【开始安装】对话框中,单击【下一步】以开始安装。

(8)显示【更新系统】对话框,其中显示了安装进度。安装完成后,将显示"AutoCAD 200X 安装成功"对话框。在此对话框中,单击【完成】。

安装完成后,如有重新启动计算机的提示,则要重新启动计算机后再运行 AutoCAD

程序。

现在用户可以注册产品后开始使用此程序。要注册产品,启动 AutoCAD 并按照屏幕上的说明操作即可。

二、AutoCAD200X 的启动方式(以 AutoCAD 2008 为例)

在默认情况下,安装完 AutoCAD 2008 后将自动在桌面上生成一个快捷方式图标,在【开始】菜单中也有对应的子菜单。使用下面三个方式之一就可以启动 AutoCAD 2008。

(1)双击桌面图标。
(2)单击【开始】\【程序】\【AutoCAD 2008】\【ACAD】菜单。
(3)在资源管理器中双击 AutoCAD 2008 的可调用文件 ACAD. EXE。

三、Autocad 2008 界面的认识

AutoCAD 2008 的工作界面主要由标题栏、菜单栏、各种工具栏、绘图窗口、十字光标、坐标系图标、滚动条、选项卡控制栏、命令窗口、状态栏、工具选项板等组成,如图 3-1-3 所示。

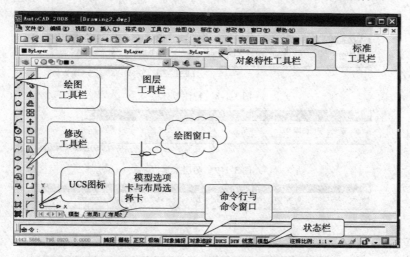

图 3-1-3 AutoCAD 2008 的工作界面

1. 标题栏

标题栏位于工作界面的最上方,和一般的软件标题栏相似,其左端显示软件的图标、名称、版本级别以及当前图形的文件名称,右端按钮是控制按钮,可以用来最小化、最大化或者关闭 AutoCAD 2008 的工作界面。

2. 菜单栏(图 3-1-4)

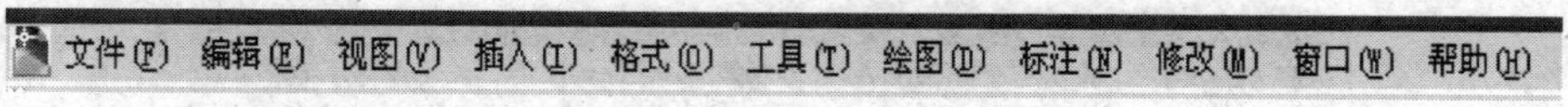

图 3-1-4 菜单栏

3. 工具栏

当光标移动到工具栏图标上停留片刻,图标旁边将出现相应的命令提示,同时在状态栏中显示该命令的功能介绍(图 3-1-5 ~ 图 3-1-13)。

(1) 绘图工具栏

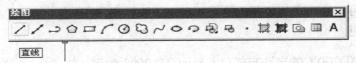

图 3-1-5 绘图工具栏

(2) 修改工具栏

图 3-1-6 修改工具栏

(3) 其他工具栏

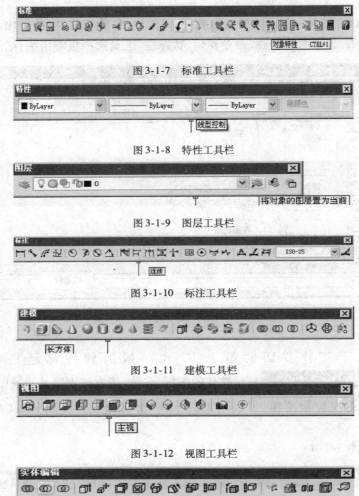

图 3-1-7 标准工具栏

图 3-1-8 特性工具栏

图 3-1-9 图层工具栏

图 3-1-10 标注工具栏

图 3-1-11 建模工具栏

图 3-1-12 视图工具栏

图 3-1-13 实体编辑工具栏

(4) 打开/关闭工具栏

将光标放在任一工具栏的非标题区,单击鼠标右键,系统会自动弹出一个快捷键,用鼠标左键单击某一个未在界面显示的工具栏名,系统即可自动在绘图区打开该工具栏。要关闭一个工具栏,将光标放在位于工具栏右上方的标记"×"上,并用鼠标左键单击它,即可关闭该工具栏,该工具栏将从绘图区域中消失。

4. 状态栏

状态行用来显示当前的作图状态,分别显示当前光标的坐标位置,绘图是否使用栅格捕捉、栅格显示功能、正交、极坐标追踪、对象捕捉、对象追踪、线宽显示功能等。如图 3-1-14 所示。

图 3-1-14　状态栏

5. 命令窗口

命令窗口(Command Window)位于绘图窗口的下方,主要用来接受用户输入的命令、参数和显示 AutoCAD 2008 系统的提示信息。它由命令行(Command line)和命令历史窗口共同组成。命令行显示用户从键盘上输入的命令信息,命令历史窗口中含有启动后的所有信息中的最新信息,命令历史窗口与绘图窗口之间切换可以通过[F2]功能键进行。命令提示默认状态显示最后三行,绘图时应时刻注意这个区的提示信息,否则将会造成答非所问的错误操作。

在绘图时,用户要注意命令行的各种提示,以便准确快捷地绘图。命令窗口的大小可以由用户自己确定,将鼠标移到命令窗口的边框线上,往上下拖动鼠标即可,同时位置可以移动。

当命令行窗口显示"命令:"时,标志着 AutoCAD 已经做好了接受命令输入的准备。从菜单或工具栏中输入一个命令名,并按下[Enter]键后,命令提示区将提示使用者响应命令的操作,直到命令结束或命令被终止。

6. 选项卡控制栏

AutoCAD 2008 为用户提供了有模型空间和布局空间两种空间,其中模型空间可以用于建立二维或者三维坐标系的绘图空间,是指用户所画的图形所处的环境,通常图形绘制与编辑工作都是在模型空间下进行的,它为用户提供了一个广阔的绘图区域,用户在模型空间中所需考虑的只是单个图形是否输出或正确与否,而不必担心绘图空间是否能容纳下。一般来说,用户可以在模型空间按实际尺寸 1:1 进行绘图,如正常的绘图都是依照实际尺寸在模型空间进行绘制。

布局空间主要是用于对图形最后输出的效果进行打印设置,它只能是二维操作,因此又称"图纸空间",在图纸空间里,用户无须再对任何图形进行修改、编辑,所要考虑的是图形在整张图纸中如何布置。通过单击选项卡控制栏中的选项卡标签,可以方便地实现模型空间和布局空间可以相互切换。

模型空间中绘制的图形能够转化到图纸空间,但图纸空间绘制的图形不能转化到模型空间。

注意:先在模型空间内完成图形的绘制与编辑,再进入图纸空间进行布局。

7. 面板

面板是 AutoCAD 2008 提供的一种特殊的选项板,也是 AutoCAD 2008 的主要命令调用的区域。可以方便地完成创建和编辑图形对象、访问图层、书写文字、标注尺寸等多种操作。

8. 工作空间

工作空间是 AutoCAD 为用户提供的经过分组和组织的菜单、工具栏、选项板和面板的集合，AutoCAD 2008 为工作空间的使用和管理提供了多种方式。当用户需要处理不同任务时，可以在 AutoCAD 2008 所提供的"二维草图与注释"、"三维建模"和"AutoCAD 经典"三种工作空间中切换，也可以依据自己的使用习惯自定义工作界面保存为自定义工作空间。

操作方式：

点击菜单命令【工具】/【工作空间】，在【工作空间】子菜单中选择要切换的工作空间或自定义空间，如图 3-1-15 所示为二维草图与注释的初始工作界面。

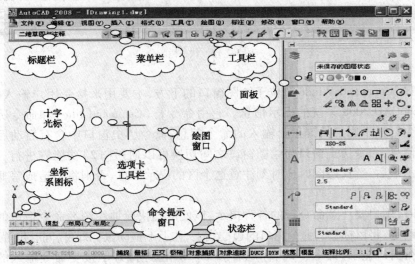

图 3-1-15　2008 二维草图与注释的初始工作界面

四、退出 AutoCAD 200X

用户可以通过下列之一操作即可退出 AutoCAD 200X。
（1）下拉菜单选择【文件】\【退出】。
（2）单击标题栏上的按钮。
（3）在命令行输入"QUIT"或"EXIT"。

退出 AutoCAD 200X 系统之前，如果未曾存盘，系统会询问用户是否将修改保存。

五、AutoCAD 200X 绘图环境的设置

为使用户绘图更方便、更精确，AutoCAD 200X 提供了多种绘图辅助工具，能够极大地提高绘图的精度和效率，所以必须对绘图前的准备工作以及一些相关概念有所了解。利用 AutoCAD 200X 绘图时，用户可设置各种绘图属性，如比例因子（它用于定义绘图比例与输出比例）、绘图界限（即绘图区域）等。

1. 设置绘图范围

绘图范围也称绘图界限，图形界限定义了一个虚拟的、不可见的绘图边界。

命令调用方式：
◆ 命令行：Limits。
◆ 菜单命令：【格式】/【图形界限】选项。

如绘制一张 A3 的图纸，用此命令来规定一个绘图范围，方式如下：

①调用【格式】/【图形界限】命令，或者在行中输入 Limits。

②输入所要求的范围,A3 图纸,大小为 420×297 可以用相对坐标。

③打开图形界限检查功能,再次调用【图形界限】命令输入 ON,打开图形界限检查功能,AutoCAD 将会拒绝输入图形界限外部的点。输入"OFF"表示关闭界限检查,关闭后,对于超出界限的点依然可以画出。

④选择菜单【视图】/【缩放】/【全部】,或者单击标准工具栏上的缩放按钮,或者命令提示下输入命令"ZOOM"或者"(Z)"后按 Enter 键,选择"A"选项,可以将所设置的绘图区域以最大的方式显示在绘图窗口中。

操作提示:

命令:limits

重新设置模型空间界限:

指定左下角点或[开(ON)/关(OFF)] <0.0000,0.0000>:

指定右上角点 <420.0000,297.0000>:

命令:LIMITS

重新设置模型空间界限:

指定左下角点或[开(ON)/关(OFF)] <0.0000,0.0000>:on

提示:在 AutoCAD 2010 中,图形界限的设置不受限制,因此所绘制的图形大小也不受限制,完全可以按 1:1 的比例来作图,图形绘制好后,再按一定的比例输出图形。

2. 设置图形单位

不同的行业通常所用的表示单位不同,因此用户应使用与自己建立的图形相适合的单位类型。打开"图形单位"对话框,在"长度"栏中选择所需要的长度单位类型和精度,一般选用小数的长度单位,在"角度"栏中设置角度单位类型和精度,默认状态角度选用十进制度数,方向以逆时针方向为正。点击顺时针复选框,也可以设置顺时针方向为正,如图 3-1-16 所示。

图 3-1-16 图形单位对话框

命令调用方式:

◆ 命令行:UNITS(UN)。

◆ 菜单命令:选择【格式】/【单位】选项。

3. 设置绘图窗口颜色和十字光标大小(图 3-1-17)

命令调用方式:

◆ 命令行:输入 OPTIONS。

◆ 菜单命令:选择【工具】/【选项】。

◆右键菜单:在命令行单击右键,弹出快捷菜单,选择【选项】。

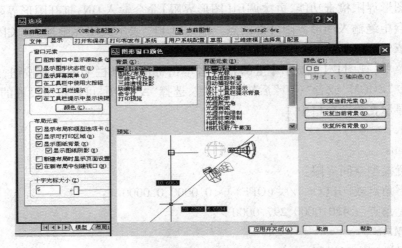

图 3-1-17　设置选项卡

常用参数设置:
①屏幕颜色、字体、改变十字光标长度等。
②自定义鼠标右键功能,如图 3-1-18 所示。

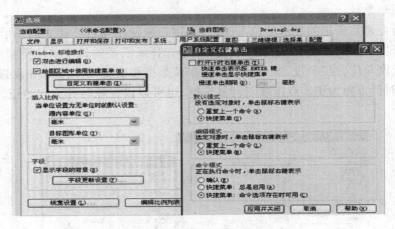

图 3-1-18　自定义右键

4. 绘图辅助知识

要快速顺利地完成图形的绘制工作,有时需要借助一些辅助工具,比如,调整图形显示范围与方式的显示工具和用于准确确定位置的精确定位工具等。

对于一个较复杂的图形来说,在观察整幅图形时往往无法对局部细节进行查看和操作,而当在屏幕上显示一个细部时又看不到其他部分。为解决这类问题,AutoCAD 提供了缩放、平移、视图等一系列图形显示控制命令,可以用来任意放大、缩小或者移动屏幕上的图形显示,此外,还提供了重画和重新生成命令来刷新屏幕,重新生成图形的功能。

(1) 对象选择集的设置

在命令窗口单击鼠标右键弹出快捷菜单,或者单击工具菜单选择【选项】,系统将弹出【选项】对话框,点击【选择集】选项,用户可以根据需要对图形目标的选择模式等进行设置,如图 3-1-19。

（2）视窗缩放

在查看或绘制尺寸较大的图形或局部复杂的图形结构时，在屏幕窗口中可能看不到或看不清局部细节，从而使很多操作不方便，图形显示缩放功能可以解决这个问题。ZOOM（缩放）命令使用户可以放大或缩小屏幕所显示的范围，就如同照相机的变焦镜头一样。它能将"镜头"对准图形的任何部分放大或缩小观察对象的视觉尺寸，而保持其实际尺寸不变。当放大图形一部分的显示尺寸时，可以更清楚查看这个区域的细节；相反，如果缩小图形的显示尺寸，则可以查看更大的区域，如整幅图。ZOOM 命令参数说明见表 3-1-1。

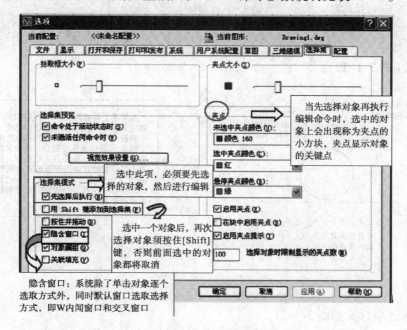

图 3-1-19 对象选择集的设置

Zoom 命 令 参 数 表 3-1-1

选项类型	说　　明
All（全部）	当前视窗缩放显示整个图形
Extents（范围）	表示将整个图形尽可能地放大到全屏幕显示
Scale（比例）	以指定的比例因子缩放显示
Center（中心点）	显示由中心点和高度（或缩放比例）所定义的范围。高度值较小时放大图形，较大时缩小图形。输入比例，数字越大，图形放大倍数越大
Window（窗口）	将两个角点所定义的矩形窗口内的图形放大到全屏幕显示
Dynamic（动态）	表示动态调整视图框的大小和位置，将其中的图形平移或缩放，以充满当前视窗
Previous（上一个）	恢复显示前一个视图，最多可恢复此前的十个视图
Realtime（实时）	单击工具栏上的 图标，将自动调用实时缩放操作。根据鼠标移动的方向和距离确定显示比例。按住鼠标左键向上移动光标，绘图区图形随之放大；向下移动光标，绘图区图形随之缩小

注意：显示控制中的缩放只不过图形在屏幕上的显示进行操作。

命令调用方式：
- 命令行：在命令行中输入 Zoom。
- 快捷键：输入 Z。
- 菜单命令：选择【视图】菜单/【缩放】选项。
- 工具栏：单击【标准工具栏】中窗口缩放命令按钮。

操作提示：

命令：zoom
指定窗口的角点，输入比例因子（nX 或 nXP），或者
[全部(A)/中心(C)/动态(D)/范围(E)/上一个(P)/比例(S)/窗口(W)/对象(O)] <实时>：

动态缩放（图 3-1-20）。

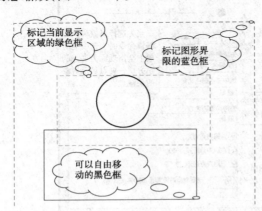

图 3-1-20　动态缩放

工具栏各选项含义如图 3-1-21。

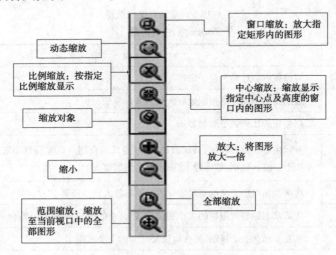

图 3-1-21　具栏各选项含义

（3）视窗平移命令

当图形幅面大于当前视口时，例如使用图形缩放命令将图形放大，如果需要在当前视口之外观察，可以使用图形平移命令来实现。平移命令能将在当前视口以外的图形的一部分移动进行查看，但不会改变图形的缩放比例。

164

命令调用方式：

◆ 命令行：输入 pan(p)。

◆ 菜单命令：选择【视图】菜单/【平移】选项。

◆ 工具栏：单击【绘图】工具栏平移图标按钮 。

视窗平移命令的各选项含义如图 3-1-22。

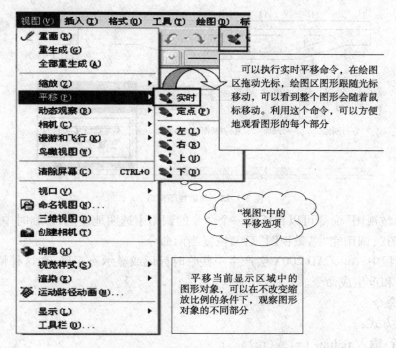

图 3-1-22　视窗平移命令的各选项含义

①定点平移

调用【视图】/【平移】/【定点】命令，命令行提示如下。

视图将沿着两点的连线向第二点移动，移动的距离为两点间的距离。

②前一视图命令

单击【标准】工具条中的 ，恢复上一次屏幕所显示的图形。

③鸟瞰视图

鸟瞰视图是一种导航工具，它在一个独立的窗口中显示整个图形视图，允许与工作的图形窗口同时打开。通过控制鸟瞰视图窗口，可以快速移动到目的区域，并且可以选择图形中的某些需要进行缩放或平移的图形部分。

命令调用方式：

◆ 命令行：输入 Dsviewer。

◆ 菜单命令：选择【视图】菜单/【鸟瞰视图】。

调用该命令后，系统打开"鸟瞰视图"窗口，如图 3-1-23 示。

在该窗口的白色粗线框称为视图框（黑色背景白框，白色背景则黑框），表示当前屏幕所显示的范围。在鸟瞰视图窗口中单击鼠标左键，则在窗口中出现一个可以移动的中间有"×"标记的细线框，表示视图框新的位置，它会随鼠标的移动而移动，从而可以实现绘图窗口中图形的平移。

在鸟瞰视图窗口中再次单击鼠标左键,则在窗口中的细线框的右侧出现一个"→"标记,此时移动鼠标可以改变视图框的大小,从而实现了图形的缩放。可以继续在鸟瞰视图窗口中单击鼠标左键,使视图框交替处于平移或缩放状态,从而不断地调整图形和视图框的相对位置和大小,并随时单击鼠标右键确定视图框的最终位置和大小,绘图窗口中也相应显示视图框中所包含的图形部分,确定显示视图框的大小。

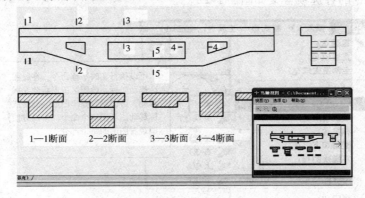

图 3-1-23　鸟瞰视图窗口

注意:"鸟瞰视图"命令可以在任何一个命令的调用中透明地使用,即临时中断当前命令调用"鸟瞰视图",调用完"鸟瞰视图"后又恢复当前命令。

在绘图过程中,AutoCAD 200X 会产生一些临时标记或显示不正确,在这种情况下,可以使用重画命令和重生成命令。

(4) 重画命令

命令调用方式:

◆ 命令行:输入 redraw (r) 或 (re)。

◆ 菜单命令:选择【视图】/【重画】选项。

(5) 重生成命令

命令调用方式:

◆ 命令行:输入 regen (re) 或 regenall (rea)。

◆ 菜单命令:选择【视图】/【重生成】选项。

任务二　学习 AutoCAD 的基本操作

学习要点

1. AutoCAD200X 的基本操作。

2. AutoCAD 200X 命令输入方式。

在教师指导下,由学生共同完成以下操作练习,通过上机实践操作 AutoCAD 200X 菜单中的命令和工具栏按钮的基本操作。

(1) AutoCAD 200X 的基本操作

①练习如何直接使用键盘调用菜单选项。

②快捷键操作练习。

③鼠标操作。

指导学生练习使用鼠标左键单击调用命令以及在不同区域单击右键调用所需快捷功能：

a. 在工作区单击右键打开快捷菜单。

b. 在命令提示区单击右键打开命令选择快捷菜单。

c. "Shift+鼠标右键"打开捕捉选项菜单。

d. 在任意工具栏上单击鼠标右键打开工具栏选择菜单。

（2）指导学生练习对话框的基本操作

①打开"文件"菜单，选择"另存为…"选项，练习显示文本框操作；打开"格式"菜单，选择"图层…"选项，通过"新建"按钮认识文本框操作。

②打开"格式"菜单，选择"标注样式…"选项，认识带"…"和"▼"符号的按钮功能及操作；打开"绘图"菜单，选择"块"→"定义属性…"选项练习带"＜"符号的按钮功能及操作。

③打开"视图"菜单选择"自定义…"选项，练习复选框的操作。

（3）指导学生练习文件的各种操作方式，熟悉文件的新建、保存、打开等基本操作。

（4）指导学生熟悉各种精确定位工具的使用方式。

（5）指导学生初步了解图层的含义。

一、AutoCAD 200X 的基本操作

1. 鼠标的基本操作

对于 AutoCAD 200X 来说，鼠标操作是使用 AutoCAD 200X 进行画图、编辑的最重要操作。灵活的使用鼠标对于加快绘图速度、提高绘图质量有着至关重要的作用。

鼠标的左右键在 AutoCAD 200X 中有特定的功能。通常左键代表选择，右键代表确定。鼠标的基本操作有以下几种：

（1）指向：把光标移动至某一工具图标上，此时系统会自动显示该图标名称。另外，在状态栏上也会显示该工具的相关帮助信息。

（2）单击左键。一般有如下几种含义：

①单击工具按钮，调用相应的命令。

②确定十字光标在绘图区的位置。

③选择目标。

④移动绘图区的水平、垂直滚动条。

⑤单击对话框中的命令按钮，调用相应的命令。

（3）单击右键。一般有如下几种含义：

①定制或关闭工具栏：把光标移至任意工具栏中的某一工具按钮上，单击右键，AutoCAD 200X 将弹出快捷菜单。如图 3-1-24c）。快捷键的其他情况，如图 3-1-24a）、b）、d）。

②在选择目标后，单击右键的作用就是结束目标选择。如果先调用命令后选择目标，那么 AutoCAD 200X 将完成后续操作。

③重复调用上一次所操作的命令时，在绘图区任一处单击右键，此时单击右键的作用就相当于按【Enter】键。

（4）双击左键：将光标移至某一对象或选项，快速按两下鼠标左键。两次按键之间不能移动鼠标，否则无效。

①启动命令。

②更改状态行上捕捉、栅格、正交等开关变量。

(5)拖动:将鼠标放在工具栏或对话框的标题栏,按住鼠标左键并拖动,可以将工具栏或对话框移到新的位置;将光标放在屏幕滚动条上,按住鼠标左键并拖动即可滚动当前屏幕。

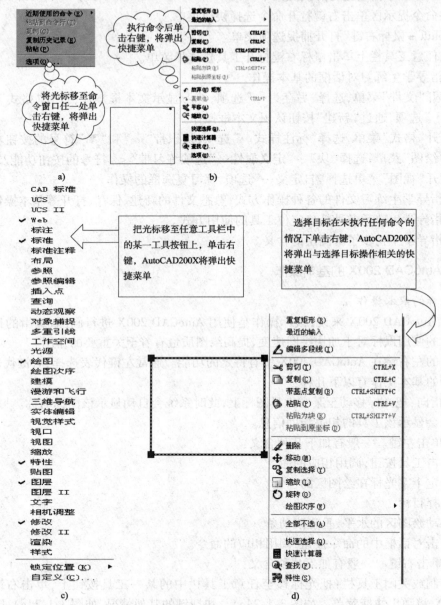

图3-1-24 快捷菜单

2. 菜单的操作

单击任意主菜单项,屏幕会弹出其下拉菜单,所包含的选项功能和作用如图3-1-25所示。通过下拉菜单可以调用 AutoCAD 2008 绝大部分命令。

3. 工具栏的操作

打开/关闭工具栏:将光标放在任一工具栏的非标题区,单击鼠标右键,系统会自动弹出一个快捷键,用鼠标左键单击某一个未在界面显示的工具栏名,系统即可自动在绘图区打开该工具栏。要关闭一个工具栏,将光标放在位于工具栏右上方的标记"×"上,并用鼠标左键单击它,即可关闭该工具栏,该工具栏将从绘图区域中消失。

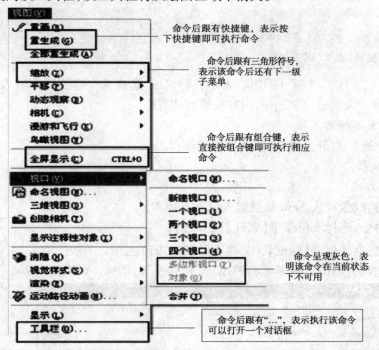

图 3-1-25　下拉菜单的选项功能和作用(以视图菜单为例)

4. 对话框的操作(如图 3-1-26 所示)。

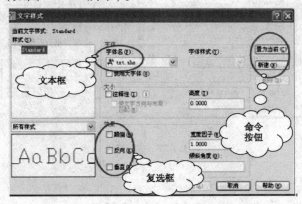

图 3-1-26　对话框的操作

5. 键盘操作

键盘主要用于命令行输入,尤其是在输入选项或数据时,一般只能通过键盘输入。在"命令:"提示下,可以通过键盘输入命令名,并按下 Enter 键或空格键予以确认。键盘在输入命令、选项和数据时,字母的大小写是等效的。一般情况下,空格键等效于【Enter】键。大部分命令通过键盘输入时可以缩写,此时可以只键入很少的字母即可调用该命令。如"Circle"命令的缩写为"C"(不分大小写)。用户可以定义自己的命令缩写。

在大多数情况下,直接输入命令会打开相应的对话框。如果不想使用对话框,可以在命令前加上"-",如"-Layer"。此时不打开"图层特性管理器"对话框,而是显示等价的命令提示信息,同样可以对图层特性进行设定。

一个典型的命令调用过程如下:

命令:c
CIRCLE 指定圆的圆心或[三点(3P)/两点(2P)/相切、相切、半径(T)]:
指定圆的半径或[直径(D)]:20

方括号"[ ]"中以"/"隔开的内容表示各种选项,选择某个选项只需输入圆括号中的字母,可以大小写。尖括号"〈 〉"中的内容是当前缺省值。

6. 文件的基本操作

完成新建文件、打开文件、保存文件的操作。

(1)新建文件

命令调用方式:

◆ 命令行:键盘输入 New,快捷键入【Ctrl】+【N】。

◆ 菜单命令:选择下拉菜单【文件】\【新建】。

◆ 工具栏:直接单击【标准】工具栏上的图标按钮 ▢。

执行新建文件操作后,屏幕上将弹出"选择样板"对话框。(图3-1-27)

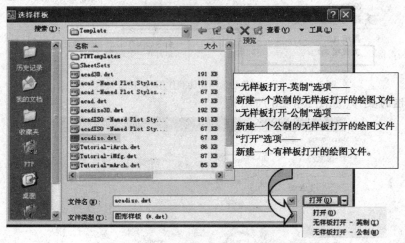

图 3-1-27 选择样板

(2)打开文件

命令调用方式:

◆ 命令行:键盘输入 Open,快捷键入【Ctrl】+【O】。

◆ 菜单命令:选择下拉菜单【文件】\【打开】。

◆ 工具栏:直接单击【标准】工具栏上的图标按钮 ▢。

(3)保存文件

命令调用方式:

◆ 命令行:键盘输入 Save,快捷键入【Ctrl】+【S】。

◆ 菜单命令:选择下拉菜单【文件】\【保存】。

◆ 工具栏:直接单击【标准】工具栏上的图标按钮 ▢。

二、绘图方法

绘制二维图形的方法：为了满足不同用户的需要，体现灵活性、方便性，中文版 AutoCAD 200X 提供了多种方法来实现相同的功能。常用的绘图方法有三种：使用绘图选项卡、绘图菜单、命令行输入命令等。命令输入方式包括菜单输入及按钮（工具栏）输入、键盘输入。以直线命令为例。

1. 菜单输入

绘图菜单是绘制图形最基本、最常用的方法。【绘图】菜单中包含了中文版 AutoCAD 200X 中大部分绘图命令，用户可以选择菜单中的命令或子命令，绘制相应图形，执行方法和其他 Windows 应用软件相同。如图 3-1-28 所示。

点击【绘图】菜单/【直线】选项，在命令行中可以看到对应的命令名以及说明。

```
命令：_line 指定第一点：
指定下一点或 [放弃(U)]：
指定下一点或 [闭合(C)/放弃(U)]：
```

2. 命令按钮法

【绘图】选项卡的每个工具按钮都对应于【绘图】菜单中的绘图命令，用户可以直接单击工具栏上的对应图标按钮执行相应的命令。这种命令输入方法方便、快捷，但需要将待用的工具栏调出。例如，单击"绘图"工具栏上的直线图标按钮 ╱ 即可执行画线命令。如图 3-1-28 所示。

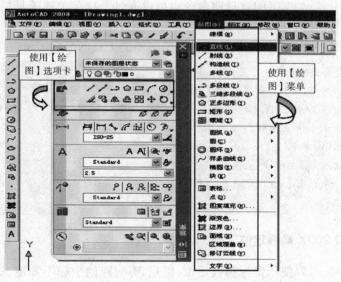

图 3-1-28　菜单选项卡与绘图选项卡

3. 键盘输入命令法

在命令提示行后输入绘图命令，按【Enter】键，可根据提示行的提示信息进行绘图操作。这种方法快捷、准确性高，但需要掌握绘图命令及其选项的具体功能，如输入直线命令"Line"，或者"L"快捷键即可，如图 3-1-29 所示。

4. 命令的重复、撤销、重做

在命令行中按【Enter】键可重复调用刚调用的命令。也可随时取消和终止命令的调用。

171

命令调用方式：
◆ 命令行:键盘输入 UNDO 或者快捷键【Esc】。
◆ 菜单命令:选择【编辑】菜单/【放弃】选项。
◆ 工具栏:直接单击【标准】工具栏上的放弃图标按钮 ↶。

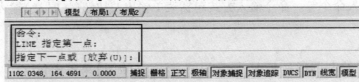

图 3-1-29　键盘输入命令绘制直线

被撤销的命令还可以恢复重做，要恢复撤销的是最后一个命令。
命令调用方式：
◆ 命令行:键盘输入 REDO 或者快捷键【Esc】。
◆ 菜单命令:选择【编辑】菜单/【重做】选项。
◆ 工具栏:直接单击【标准】工具栏上的放弃图标按钮 ↷。

5. 透明命令

在 AutoCAD 2008 中有些命令不仅可以直接在命令行中使用，而且还可以在其他命令的调用过程中插入并调用，待该命令调用完毕后，系统继续调用原命令，这种命令称为透明命令。例如 HELP、ZOOM、PAN、LIMITS 等都属于透明命令。透明命令用键盘输入时要在命令名前输入一个单引号，如'ZOOM。透明命令也可以通过下拉菜单或工具栏按钮执行，这时不必输入另外的符号。

透明命令一般多为修改图形设置或打开绘图辅助工具的命令。

```
命令：_arc 指定圆弧的起点或 [圆心(C)]:'zoom
>>指定窗口的角点，输入比例因子 (nX 或 nXP)，或者
[全部(A)/中心(C)/动态(D)/范围(E)/上一个(P)/比例(S)/窗口(W)/对象(O)] <实时>：s
>>输入比例因子 (nX 或 nXP)：2
正在恢复执行 ARC 命令。
指定圆弧的起点或 [圆心(C)]：
指定圆弧的第二个点或 [圆心(C)/端点(E)]：
指定圆弧的端点：
```

三、AutoCAD 200X 精确定位工具

在绘制图形时，可以使用坐标精确定位，但是，有时点的坐标不知道，又想精确指定这些点，AutoCAD 2008 提供了辅助定位工具，使用这类工具，可以很容易地捕捉到这些点，进行精确绘图。

1. 正交

正交功能是用来控制画水平线和垂直线。使用正交功能绘图时，对于绘制水平线与垂直线非常有用，当绘制构造线时经常使用。

2. 栅格

栅格是 AutoCAD 200X 中一种可见的位置参考图标，显示在屏幕上是一个个等距离点，

如同方格纸一样,有利于定位。

注意:栅格只显示于绘图界限范围内,不是图的一部分,只是作为一种视觉参考,用作辅助绘图,也不会打印。

3. 捕捉

AutoCAD 200X 中捕捉功能分为两种,即自动捕捉和对象捕捉。

(1)自动捕捉

是指 AutoCAD 光标只能落在其中的一个栅格点上,自动捕捉是捕捉栅格点,光标在 X 轴和 Y 轴方向移动总是捕捉格子,X 轴和 Y 轴方向栅格点的间距可以进行设置,这时,十字光标犹如受到了控制,无法连贯地移动,因为光标只能落在其中的一个格子上。自动捕捉可分为"矩形捕捉"和"等轴测捕捉"两种类型。默认设置为"矩形捕捉"。"等轴测捕捉"表示捕捉模式为等轴测模式,此模式是绘制正等轴测图时的工作环境,如图3-1-30 所示。在"等轴测捕捉"模式下,光标十字线成绘制等轴测图时的特定角度。

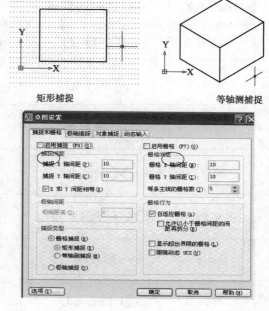

图 3-1-30　捕捉的类型

(2)对象捕捉

AutoCAD 给所有的图形都定义了特征点。对象捕捉是指在绘图过程中,通过捕捉这些特征点,迅速准确地定位这些特征点。在 AutoCAD 2008 中,可以通过单击状态行中"对象捕捉"选项,或者在"草图设置"对话框的"对象捕捉"选项卡中选择"启用对象捕捉"单选框,来完成启用对象捕捉功能。

①对象特征点指几何图形上的特殊点:比如直线的端点、中点,圆的圆心等。

②设置对象捕捉点应注意,不要把所有的对象捕捉点都打开,否则光标难以控制。

对象捕捉功能的调用:"对象捕捉"工具栏(图3-1-31)、对象捕捉快捷菜单和使用命令行三种方式。

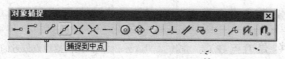

图 3-1-31　对象捕捉工具栏

"对象捕捉"工具栏:在绘图过程中,当系统提示需要指定点的位置时,可以单击"对象捕捉"工具栏相应的特征点按钮,再把光标移到要捕捉对象的特征点附近,AutoCAD 会自动提示并捕捉这些特征点。

对象捕捉快捷键菜单:在需要指定点的位置,可以按住【Ctrl】键或者【Shift】键,单击鼠标左键,打开对象捕捉快捷键菜单,从该菜单上同样可以选择某一个特征点调用对象捕捉。

使用命令行:在需要指定点的位置,在命令行输入相应的特征点的关键字,再把光标移到捕捉对象的特征点附近,AutoCAD 会自动提示并捕捉这些特征点,特征点简称见表3-1-2。

对象捕捉特征点简称　　　　　表 3-1-2

菜　单　项	工具栏按钮	缩写	功　　　能
临时追踪点	临时追踪点	TT	确定临时追踪点
捕捉自	自(F)	FROM	临时指定一点为基点,用其确定另一点
端点	端点(E)	END	捕捉线段、圆弧、椭圆弧、多段线、样条曲线等对象的端点
中点	中点(M)	MID	捕捉线段、圆弧、椭圆弧、多段线、样条曲线等对象的中点
交点	交点(I)	INT	捕捉线、圆弧、圆、椭圆、椭圆弧、多段线、样条曲线等对象之间的交叉点
外观交点	外观交点(A)	APP	如果延伸线段、圆弧等对象之后它们之间能相互交叉,捕捉对应的交叉点
延长线	延长线(X)	EXT	通过已有线或弧的端点假想地延伸一定距离来确定另一点
圆心	圆心(C)	CEN	捕捉圆弧、圆、椭圆、椭圆弧的圆心
象限点	象限点(Q)	QUA	捕捉圆弧、圆、椭圆、椭圆弧上的象限点
切点	切点(G)	TAN	捕捉切点
垂足	垂足(P)	PER	捕捉垂足
平行线	平行线(L)	PAR	确定与指定对象平行的线上的一点
节点	节点(D)	NOD	捕捉点、定数等分、定距等分命令生成的点对象以及尺寸定义点、尺寸文字定义点
插入点	插入点(S)	INS	捕捉块、文字的插入点
最近点	最近点(R)	NEA	捕捉离拾取点最近的线段、圆、圆弧等对象上的点
无	无(N)	NON	取消捕捉模式

提示:对象捕捉作为一种点的输入方式,不能单独调用,只有在调用某一绘图命令需要输入点时才能调用。

设置对象捕捉点的方式如图 3-1-32 所示。

4. 对象追踪

在使用对象追踪功能时,必须打开对象捕捉,AutoCAD 200X 首先自动捕捉到一个几何点作为追踪参考点,系统将以该点为基准点沿正交方向或某个设定的极轴方向进行追踪。如图 3-1-33 所示。

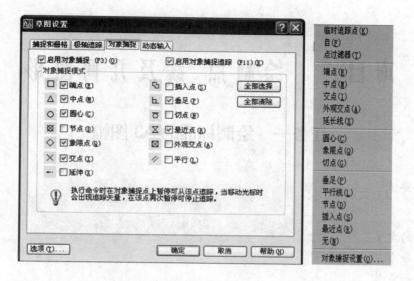

图 3-1-32　设置对象捕捉点

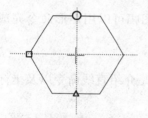

对象追踪功能：就是可以以记忆同一命令操作中光标所经过的捕捉点，从而以其中某一捕捉点的 X 或 Y 坐标控制所需要选择的定位点

图 3-1-33　对象追踪

5. 极轴追踪

光标可按用户设定的极轴方向移动，将在该方向上显示一条追踪辅助线及光标点的极坐标值。如图 3-1-34 所示。

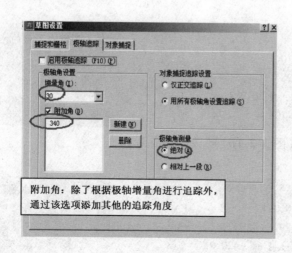

绝对：以当前坐标系的 X 轴作为计算极轴角的基准线

附加角：除了根据极轴增量角进行追踪外，通过该选项添加其他的追踪角度

图 3-1-34　极轴设置

175

项目二　绘制点、线及几何图形

任务一　绘制标准的 A3 图幅

学习要点

1. 直线。
2. 坐标的定义。
3. 删除命令。
4. 撤销和重作。

【实训 3-2-1】　在教师指导下,由学生共同完成 A3 图幅、空心板断面图、立柱的绘制。理解如何绘制直线以及 AutoCAD 中坐标的含义。

用直角坐标和极坐标输入法绘制标准的 A3 图幅。(图幅可以用矩形命令完成,此处主要是运用直线命令来介绍)

1. 用绝对坐标绘制 A3 图幅(图 3-2-1a))

操作提示:(该图幅也可以用矩形命令完成,此处主要是介绍直线命令以及坐标的概念)

绘制图幅:

命令:_line 指定第一点:0,0	←输入原点坐标
指定下一点或 [放弃(U)]:420,0	←输入图幅右下角的绝对直角坐标
指定下一点或 [放弃(U)]:420,297	
指定下一点或 [闭合(C)/放弃(U)]:0,297	
指定下一点或 [闭合(C)/放弃(U)]:c	←C 选项是闭合,使直线闭合与第一点

绘制图框:

命令:_line 指定第一点:30,10	←输入图框左下角的绝对直角坐标
指定下一点或 [放弃(U)]:410,10	
指定下一点或 [放弃(U)]:410,287	
指定下一点或 [闭合(C)/放弃(U)]:30,287	
指定下一点或 [闭合(C)/放弃(U)]:c	

2. 用相对坐标绘制 A3 图幅(图 3-2-1b))

操作提示:

命令:_line 指定第一点:	←鼠标在屏幕上任取位置单击以确定直线的第一点
指定下一点或 [放弃(U)]:@420,0	←输入图幅的第二点与第一点之间的相对坐标
指定下一点或 [放弃(U)]:@0,297	
指定下一点或 [闭合(C)/放弃(U)]:@ -420,0	
指定下一点或 [闭合(C)/放弃(U)]:c	

运用捕捉自定图框的左下角点：

命令：_line 指定第一点：from   ←采用捕捉自定方式确定图框的左下角点
基点：<偏移>：@30,10   ←鼠标捕捉最外面图幅的左下角为基点
指定下一点或［放弃（U）］：@380,0
指定下一点或［放弃（U）］：@0,277
指定下一点或［闭合（C）/放弃（U）］：@-380,0
指定下一点或［闭合（C）/放弃（U）］：c

3. 用相对极坐标绘制 A3 图纸（图 3-2-1c））

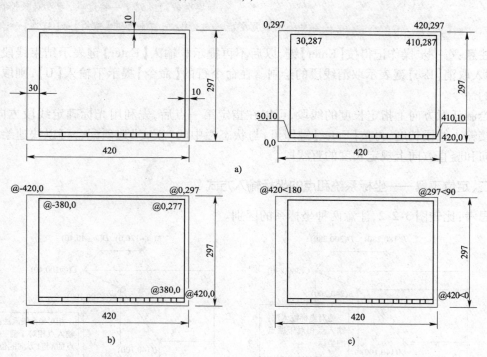

图 3-2-1

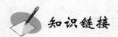 知识链接

一、绘制图幅——直线

"直线（line）"命令用于在两点之间绘制直线，执行一次直线命令绘制一条直线，也可以绘制多条直线，但每一条都是一个独立的对象，即可以对每一条直线段进行单独编辑。按【Enter】键或【Esc】键，才能终止命令。输入直线的起点和终点的方法有两种，一种是用鼠标在屏幕上直接点取，另一种是在命令中使用键盘输入坐标值。

命令调用方式：

◆ 命令行：输入 Line。

◆ 命令快捷键：L。

◆ 菜单命令：选择【绘图】/【直线】选项。

◆ 工具栏按钮：单击【绘图】/【直线】命令图标 ╱。

操作提示：

命令：_line 指定第一点：
指定下一点或［放弃(U)］：
←输入参数"U"或者右键选择【放弃】命令，删除最后画的一段线，退回到上一点，连续输入 U 可以沿线段退回起点
指定下一点或［放弃(U)］：
指定下一点或［闭合(C)/放弃(U)］： ←输入参数"C"表示自动形成封闭的多边形并结束 LINE 命令
　　　　　　　　　　　　　　　　←若要画出水平线和铅垂线，可按下 F8 进入正交模式
　　　　　　　　　　　　　　　　←若要准确画线到某一特定点，可用对象捕捉工具
　　　　　　　　　　　　　　　　←若要绘制带宽度信息的直线，可以此单击【常用】→【特性】→【线宽】

注意：每一步操作记得按【Enter】键，以后不再提示。输入【Enter】键表示结束线段的绘制，输入取消【Esc】键表示取消线段的绘制。在命令行的【命令】提示下输入【U】，则取消刚执行的命令。

绘制任意方向上指定长度的线段，可以在指定第一点后，先利用光标确定线段方向，然后直接输入线段长度，再按【Enter】键即可，与状态栏中的"正交"选项配合可以快速绘制水平方向和竖直方向上规定长度的直线段。

二、定位工具——坐标系统和点的坐标输入方式

思考：比较图 3-2-2，注意两种坐标系的区别。

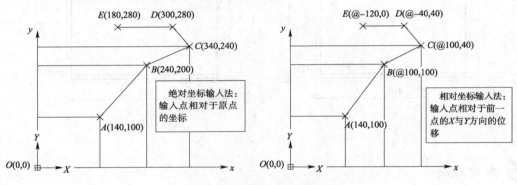

图 3-2-2　两种坐标系的区别

1. 坐标系统

AutoCAD 中，图形和位置的大小是用坐标来确定的，因此用户必须了解 AutoCAD 的坐标系统。AutoCAD 有两个坐标系统，世界坐标系统和用户坐标系统。缺省坐标系统是世界坐标系统。

（1）世界坐标系

世界坐标系（World Coordinate System），又叫通用坐标系，简称 WCS。WCS 坐标系统由 3 个互相垂直的坐标轴 X、Y、Z 轴组成，其原点位于绘图窗口的左下角，X 轴正方向为水平向右，Y 轴正方向为垂直向上，Z 轴正方向为垂直屏幕向外。图上任意一点都可以用从原点的位移来表示，比如，某点的坐标为 $(4,5,0)$，表示该点距离原点在 X 轴正方向 4 个单位，Y 轴正方向为 5 个单位，Z 轴正方向为 0 个单位。用户在绘制二维图形时，只需输入 X、Y 坐标，Z 坐标由 AutoCAD 自动赋值为 0。

(2)用户坐标系

用户坐标系(User Coordinate System):为了绘图的方便,修改坐标系的原点位置和 X、Y 轴的方向,这种适合于用户需要的坐标系叫用户坐标系,简称 UCS。用户坐标系中由 3 个互相垂直的坐标轴 X、Y、Z 轴组成。

要设置 UCS,可选择【工具】菜单下的【新建 UCS】的某一子选项如【命名 UCS】、【正交 UCS】、【移动 UCS】和【新建 UCS】命令选项,或者打开 UCS 工具栏如图 3-2-3 所示,也可在命令行调用 UCS 命令。

图 3-2-3　UCS 工具栏

命令:ucs
当前 UCS 名称:∗世界∗
指定 UCS 的原点或 [面(F)/命名(NA)/对象(OB)/上一个(P)/视图(V)/世界(W)/X/Y/Z/Z 轴(ZA)] <世界>:
指定 X 轴上的点或 <接受>:
指定 XY 平面上的点或 <接受>:

2. 点的坐标

在 AutoCAD 2008 中,点的坐标可以用直角坐标、极坐标、球面坐标和柱面坐标表示,每一种坐标又分别具有两种坐标输入方式,即绝对坐标和相对坐标。其中直角坐标与极坐标最为常用。下面介绍一下它们的输入方式。

(1)直角坐标

直角坐标有 X、Y、Z 三个坐标值(二维平面图形只用到 X、Y 的值),中间用逗号隔开,逗号必须用西文逗号,分别表示与坐标原点(绝对坐标)或前一点的相对(相对坐标)X、Y 方向的距离。如图 3-2-4 所示。

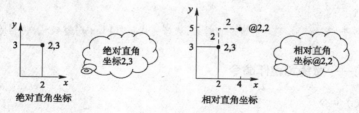

图 3-2-4　直角坐标系

①绝对直角坐标:用点的"X、Y"坐标值表示。在命令行中输入点的坐标提示下,输入 "2,3"则表示输入了一个 X、Y 的坐标值分别为 2、3 的点,此为绝对直角坐标输入方式,表示该点的坐标是相对于当前坐标原点的坐标值。

②相对直角坐标:在命令行中输入点的坐标提示下,如果输入"@2,2",则为相对坐标输入方式,表示该点的坐标是相对于前一点的坐标值。指该点相对于当前点,沿 X 方向移动 2,沿 Y 方向移动 2。

(2)极坐标

极坐标用距离和角度表示,表示一点相对于原点或其前一点的距离以及这两点的连线与 X 轴正方向的夹角,中间用"<"号隔开,如图 3-2-5 所示。

①绝对极坐标：在命令行中输入点的坐标提示下，输入"15〈30"，表示该点与坐标原点的距离为15，该点与坐标原点的连线与 X 轴正方向的夹角30°。

②相对极坐标：在命令行中输入点的坐标提示下，输入"@10<80"，则表示输入的点与上一点的距离为10，该点与上一点的连线与 X 轴正方向的夹角成80°。

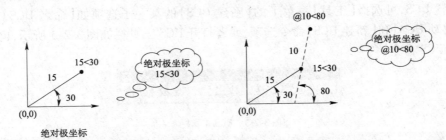

图3-2-5　极坐标

注意：在作图时，把前一点看成是坐标原点，就可以得出相对坐标值，在输入坐标值时，一定要在坐标前加上@的符号。

三、去粗取精——删除命令

在图形绘制过程中，有时需要删除已经绘制的某些对象。

命令调用方式：

◆ 命令行：输入 ERASE。

◆ 命令快捷键：E。

◆ 菜单命令：选择【修改】/【删除】选项。

◆ 工具栏：单击【修改】/【删除】命令图标 。

操作提示：

```
命令：_erase
选择对象：找到 1 个
选择对象：　←选择一个或多个要删除的对象，选择完成后按【Enter】键确认，将删除选中的所有对象
```

四、回到从前——撤销和重作命令

1. 撤销（恢复）命令

命令调用方式：

◆ 命令行：输入 U（oops）。

◆ 按键盘上的快捷键 Ctrl + Z。

◆ 工具栏：单击标准工具栏中的图标按钮 。

2. 重作命令

单击标准工具栏中的图标按钮 ，使用"撤销命令"可以逐步取消本次进入绘图状态后的操作直至初始状态。"重作命令"只有在撤销命令之后才起作用，而且只恢复最近的一次操作。

【实训3-2-2】 用"直接距离输入"法完成空心板边板断面图的绘制（图3-2-6）。

操作提示：

```
命令：_line 指定第一点：
指定下一点或［放弃(U)］：@5,5
指定下一点或［放弃(U)］：<正交 开> 152     ←"直接距离输入"法：即在给定方向输入给定距离
指定下一点或［闭合(C)/放弃(U)］：10
指定下一点或［闭合(C)/放弃(U)］：@-43,-10
指定下一点或［闭合(C)/放弃(U)］：35
指定下一点或［闭合(C)/放弃(U)］：119
指定下一点或［闭合(C)/放弃(U)］：5
指定下一点或［闭合(C)/放弃(U)］：@8,4
指定下一点或［闭合(C)/放弃(U)］：c
```

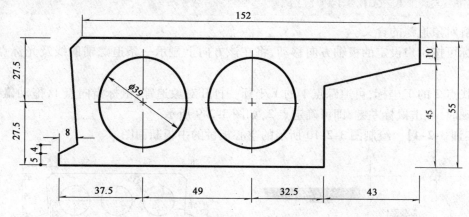

图 3-2-6　空心板断面图

提示：

绘制直线的定点方式：

①使用点取方式绘制直线。

②使用坐标方式绘制直线。

③使用对象捕捉方式绘制直线。

④使用对象追踪功能定点绘制直线。

⑤利用角度覆盖方式绘制直线。

注意： 绘图过程中灵活运用对象捕捉、对象追踪、极轴追踪来精确定点；极坐标中角度按逆时针方向增大，要向顺时针方向移动，应输入负的角度值。

【实训 3-2-3】 用"角度替代"或"极轴追踪"法完成立柱的绘制（图 3-2-7、图 3-2-8）。

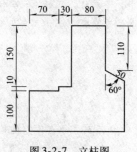

图 3-2-7　立柱图

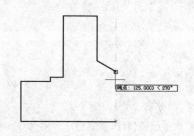

图 3-2-8　对象追踪提示

操作提示：

```
命令：_line 指定第一点：
指定下一点或 [放弃(U)]：@50＜150        ←重点提示：采用相对极坐标绘制斜线
指定下一点或 [放弃(U)]：110
指定下一点或 [闭合(C)/放弃(U)]：80
指定下一点或 [闭合(C)/放弃(U)]：150
指定下一点或 [闭合(C)/放弃(U)]：30
指定下一点或 [闭合(C)/放弃(U)]：10
指定下一点或 [闭合(C)/放弃(U)]：70
指定下一点或 [闭合(C)/放弃(U)]：100
指定下一点或 [闭合(C)/放弃(U)]：c
```

了解对象追踪的含义。

光标可按用户设定的极轴方向移动，将在该方向上显示一条追踪辅助线及光标点的极坐标值。

要找点2的Y坐标，可追踪点1的Y坐标。打开对象追踪，鼠标指向点1，拖动鼠标，待虚线出现时，点击鼠标左键，即可确定点2，如图3-2-9所示。

【实训3-2-4】 绘制图3-2-10所示的空心板桥的中板断面图。

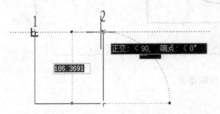
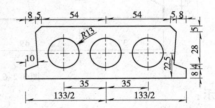

图3-2-9 对象追踪确定点的位置　　　　图3-2-10 空心板桥的中板断面图

圆的绘制操作提示：

```
命令：_circle 指定圆的圆心或 [三点(3P)/两点(2P)/相切、相切、半径(T)]：
                  ←圆心为空心板左下角点，也可以采用捕捉自定方式确定圆的圆心
指定圆的半径或 [直径(D)]：15
```

```
命令：_move
选择对象：找到 1 个
选择对象：
指定基点或 [位移(D)] ＜位移＞： 指定第二个点或 ＜使用第一个点作为位移＞：@32,29
                  ←圆心与空心板左下角点的相对直角坐标
```

```
命令：_copy
选择对象：指定对角点：找到 1 个
选择对象：
当前设置：  复制模式 = 多个
指定基点或 [位移(D)/模式(O)] ＜位移＞：指定第二个点或 ＜使用第一个点作为位移＞：40.5
                  ←两圆心之间的距离
```

任务二　绘制盖板涵截面图

📖 **学习要点**

1. 矩形。
2. 分解。
3. 偏移。
4. 移动。
5. 图案填充。

在教师指导下，由学生共同完成盖板涵断面图、沉井图的操作练习。掌握 AutoCAD 中绘制矩形的方式，并理解矩形各参数的含义以及图案填充命令的使用。

熟悉 Rectangle（矩形），自行设置倒角、倒圆、宽度等选项完成对矩形的绘制练习。

【实训 3-2-5】　用矩形、图案填充命令绘制盖板涵断面图（图 3-2-11）。

操作提示：(该图主要是矩形框，基本上利用矩形来绘制，也可以用直线绘制)

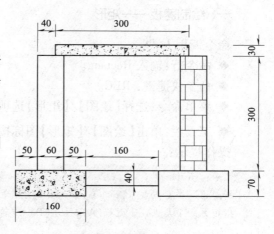

图 3-2-11　盖板涵断面图（尺寸单位：cm）

1. 绘制基础

```
命令：_rectang              ←执行矩形命令
指定第一个角点或 [倒角(C)/标高(E)/圆角(F)/厚度(T)/宽度(W)]：
                            ←指定任意点作为矩形第一角点
指定另一个角点或 [面积(A)/尺寸(D)/旋转(R)]：@160,70  ←用相对直角坐标输入矩形的长宽尺寸
```

2. 绘制涵底铺砌

```
命令：_rectang
指定第一个角点或 [倒角(C)/标高(E)/圆角(F)/厚度(T)/宽度(W)]：
                            ←捕捉已画矩形右上角点作为矩形第一角点
指定另一个角点或 [面积(A)/尺寸(D)/旋转(R)]：@160,-40
                            ←用相对直角坐标输入矩形的右下角点的坐标
```

3. 绘制涵台

```
命令：_rectang
指定第一个角点或 [倒角(C)/标高(E)/圆角(F)/厚度(T)/宽度(W)]：50   ←对象追踪定位
指定另一个角点或 [面积(A)/尺寸(D)/旋转(R)]：@60,300
```

4. 绘制盖板

```
命令：_rectang
指定第一个角点或 [倒角(C)/标高(E)/圆角(F)/厚度(T)/宽度(W)]：40   ←对象追踪定位
指定另一个角点或 [面积(A)/尺寸(D)/旋转(R)]：@300,30
```

```
命令：_mirror                                    ←操作小技巧：镜像得右半涵洞断面图
选择对象：指定对角点：找到 1 个
选择对象：
指定镜像线的第一点：指定镜像线的第二点：
要删除源对象吗？[是(Y)/否(N)] <N>：
```

知识链接

一、绘制盖板——矩形

命令调用方式：

- 命令行：输入 Rectang。
- 命令快捷键：REC。
- 菜单命令：选择【绘图】/【矩形】选项。
- 工具栏：单击【绘图】/【矩形】图标按钮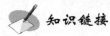。

操作提示：

```
命令：_rectang                                     ←默认方式是分别指定矩形的两个对角点画矩形
指定第一个角点或 [倒角(C)/标高(E)/圆角(F)/厚度(T)/宽度(W)]：
指定另一个角点或 [面积(A)/尺寸(D)/旋转(R)]：
```

设置点的位置的几种方式：

(1) 用鼠标直接在屏幕上取点。
(2) 通过键盘输入点的坐标。
(3) 在指定方向上通过给定距离确定点。
(4) 用目标捕捉方式输入特殊点，用"FROM 捕捉自"的方式定点。
(5) 用对象追踪确定点。

矩形各选项的含义，图 3-2-12。

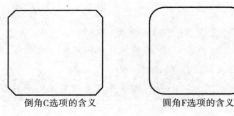
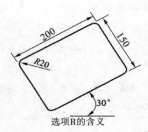

倒角C选项的含义　　　圆角F选项的含义　　　选项R的含义

图 3-2-12

```
命令：_rectang
指定第一个角点或 [倒角(C)/标高(E)/圆角(F)/厚度(T)/宽度(W)]：c
                                                    ←指定矩形两个方向的倒角距离，绘制带倒角的矩形
指定矩形的第一个倒角距离 <0.0000>：10
指定矩形的第二个倒角距离 <10.0000>：10
指定第一个角点或 [倒角(C)/标高(E)/圆角(F)/厚度(T)/宽度(W)]：
指定另一个角点或 [面积(A)/尺寸(D)/旋转(R)]：
```

```
命令：_rectang
指定第一个角点或［倒角(C)/标高(E)/圆角(F)/厚度(T)/宽度(W)］：f
指定矩形的圆角半径 <10.0000>：20          ←指定矩形圆角半径，绘制带圆角的矩形
指定第一个角点或［倒角(C)/标高(E)/圆角(F)/厚度(T)/宽度(W)］：
指定另一个角点或［面积(A)/尺寸(D)/旋转(R)］：
```

```
命令：_rectang
指定第一个角点或［倒角(C)/标高(E)/圆角(F)/厚度(T)/宽度(W)］：f
指定矩形的圆角半径 <0.0000>：20
指定第一个角点或［倒角(C)/标高(E)/圆角(F)/厚度(T)/宽度(W)］：
指定另一个角点或［面积(A)/尺寸(D)/旋转(R)］：r
指定旋转角度或［拾取点(P)］<0>：30         ←输入旋转角度
指定另一个角点或［面积(A)/尺寸(D)/旋转(R)］：d  ←输入矩形的长度与宽度
指定矩形的长度 <10.0000>：200
指定矩形的宽度 <10.0000>：150
指定另一个角点或［面积(A)/尺寸(D)/旋转(R)］：
```

高程 E 用于以设定的高程绘制矩形，此项一般用于三维绘图。厚度 T 用于以设定的厚度绘制矩形，此项一般用于三维绘图。宽度 W 用于绘制具有一定宽度的矩形，面积 A 用于绘制确定面积的矩形。

思考：绘制完倒角或圆角矩形后，如何返回绘制一般矩形特性？

提示：倒角距离、圆角半径、厚度、线宽等数据设置后，以后再调用矩形命令则把这些数据作为当前值。还原一般矩形的操作命令如下：

```
命令：_rectang
当前矩形模式：圆角=20.0000
指定第一个角点或［倒角(C)/标高(E)/圆角(F)/厚度(T)/宽度(W)］：f
                   ←因为当前矩形模式是圆角，还原一般矩形就是设置圆角半径为0
指定矩形的圆角半径 <20.0000>：0
指定第一个角点或［倒角(C)/标高(E)/圆角(F)/厚度(T)/宽度(W)］：
指定另一个角点或［面积(A)/尺寸(D)/旋转(R)］：
```

【实训3-2-6】 用矩形、图案填充命令绘制沉井图（图3-2-13）。

分析：该沉井是一个基础形式。外形为长方体（1060×720×700cm），从上往下分别切去一个长930cm、宽590cm、高150cm；长820cm、宽480cm、高400cm的八棱柱，以及上底为长820cm、宽480cm，下底为长1010cm、宽670cm，高为150cm的八棱台。V 面投影主要利用偏移命令完成，H 面投影主要利用倒角矩形和移动命令完成。

操作提示：

（1）绘制沉井外形图

分别绘图三个矩形框，大小为1060×700、1060×720、720×700，注意满足投影规律。

利用分解命令把矩形分解成独立的四条边。

```
命令：_explode
选择对象：找到1个              ←选择矩形，把矩形分解成独立的四条边
选择对象：
```

（2）绘制内部顶端的八棱柱

分别绘图三个倒角矩形框，倒角大小为 45×45，大小为 930×590；倒角大小为 50×50，大小为 820×480；倒角大小为 20×20，大小为 1010×670。

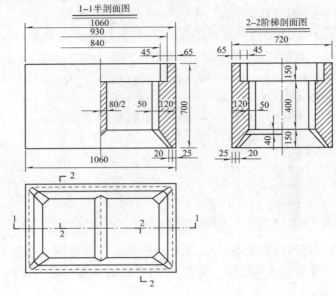

图 3-2-13 沉井图

①利用偏移命令绘制顶部八棱柱的正面投影

```
命令：_offset
当前设置：删除源=否  图层=源  OFFSETGAPTYPE=0
指定偏移距离或 [通过(T)/删除(E)/图层(L)] <通过>：65          ←输入偏移距离
选择要偏移的对象，或 [退出(E)/放弃(U)] <退出>：              ←选择直线
指定要偏移的那一侧上的点，或 [退出(E)/多个(M)/放弃(U)] <退出>：
选择要偏移的对象，或 [退出(E)/放弃(U)] <退出>：
```

②利用矩形倒角命令完成八棱柱的水平投影

```
命令：_rectang
指定 第一个角点或 [倒角(C)/标高(E)/圆角(F)/厚度(T)/宽度(W)]：c
                                              ←根据沉井的平面图，绘制倒角矩形
指定矩形的第一个倒角距离 <0.0000>：45
指定矩形的第二个倒角距离 <45.0000>：45
指定第一个角点或 [倒角(C)/标高(E)/圆角(F)/厚度(T)/宽度(W)]：
指定另一个角点或 [面积(A)/尺寸(D)/旋转(R)]：@930,590
```

③利用移动命令完成八棱柱的水平投影的定位

```
命令：_move
选择对象：找到 1 个
选择对象：
指定基点或 [位移(D)] <位移>： 指定第二个点或 <使用第一个点作为位移>：
        ←矩形的一条轴线的中点为基点为中点，第二位移点是沉井外形矩形的中点
```

二、化整为零——分解命令

"分解命令"用于将块、尺寸、多段线等组合对象分解成它们的组成成分,分解后可对它们的各个组成部分单独进行操作。

命令调用方式:

- ◆ 命令行:输入 EXPLODE。
- ◆ 命令快捷键:EX。
- ◆ 菜单命令:选择【修改】/【分解】选项。
- ◆ 工具栏:单击【修改】/【分解】图标按钮。

三、等距离复制——偏移命令

"偏移 Offset"命令用于将直线、圆弧、圆、椭圆、多边形、多段线等选定的对象以指定一定距离或一个点创建新对象进行等距离(即平行)的复制即同心复制(平行复制)。新对象是封闭的图形(如圆、正多边形等),则偏移后的对象被放大或缩小,而源对象保持不变。

命令调用方式:

- ◆ 命令行:输入 OFFSET。
- ◆ 命令快捷键:O。
- ◆ 菜单命令:选择【修改】/【偏移】选项。
- ◆ 工具栏:单击【修改】/【偏移】命令图标。

操作提示:

```
命令:_offset
当前设置:删除源=否  图层=源  OFFSETGAPTYPE=0
指定偏移距离或 [通过(T)/删除(E)/图层(L)] <通过>: 45          ←输入距离值
选择要偏移的对象,或 [退出(E)/放弃(U)] <退出>:
指定要偏移的那一侧上的点,或 [退出(E)/多个(M)/放弃(U)] <退出>:
选择要偏移的对象,或 [退出(E)/放弃(U)] <退出>:
```

思考:用矩形、图案填充命令绘制盖板涵涵身断面图 3-2-14。

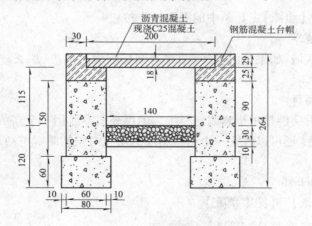

图 3-2-14　盖板涵涵身断面图

注意:各定位尺寸以及用不同的图案填充的图样来表示各构件的材料。

四、挪移之术——移动命令

移动命令用于将一个或多个对象从原来位置移到新的位置,其大小和方向保持不变。
命令调用方式:

◆ 命令行:输入 MOVE(M)。
◆ 菜单命令:选择【修改】/【移动】选项。
◆ 工具栏:单击【修改】/图标移动命令按钮 ✥ 。

操作提示:

> 命令:_move
> 选择对象:找到 1 个
> 选择对象:
> 指定基点或 [位移(D)] <位移>: 指定第二个点或 <使用第一个点作为位移>:
> ←在屏幕上指定两个点,这两点的距离和方向代表了实体移动的距离和方向

指定移动的基准点,捕捉第二点或输入第二点相对于基准点的相对直角坐标或极坐标。

以"X,Y"方式输入对象沿 X、Y 轴移动的距离,或用"距离∠角度"方式输入对象位移的距离和方向。

五、图案填充命令

在一张工程图形中,如边沟或挡土墙砌筑材料不同,可用不同图案以填充其区域,这个过程就叫做图案填充。例如我们在进行公路、桥涵设计时,不同的材质、就需要利用不同的填充图案来表达,如图 3-2-14 盖板涵涵身断面图。

命令调用方式:

◆ 命令行:输入 BHATCH。
◆ 命令快捷键:H。
◆ 菜单命令:选择【绘图】/【图案填充】。
◆ 工具栏:单击【绘图】工具条中的图案填充按钮 ▨ 。

1. 图案填充的边界

图形中的一个区域,如果是由直线、圆或者圆弧围成的边界,那么就可以在这个区域内填充图案。

2. 图案填充的编辑

图案填充的编辑功能是用于修改已经生成的填充图案或用一个新的图案替换以前生成的图案。另外,该命令还可以改变一个已经生成的填充对象的图案类型。

命令调用方式:

◆ 命令行:Hatchedit。
◆ 菜单栏:【修改】→【图案填充】。
◆ 工具栏:单击"修改 II"工具栏→▨ 按钮。

填充图案显示操作命令:

操作提示：

命令：fill

输入模式［开(ON)/关(OFF)］<开>：

边界图案填充各选项卡含义如图 3-2-15。

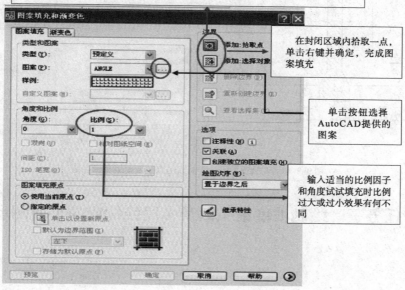

图 3-2-15　边界图案填充

AutoCAD 提供的图案选择如图 3-2-16 所示。

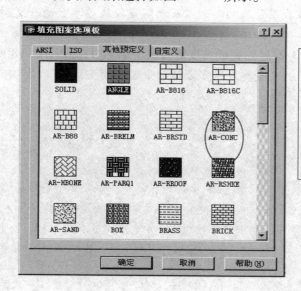

图 3-2-16　图案选择

思考：绘制 30mT 梁桥主梁构造断面图，并完成 T 梁的图案填充，如图 3-2-17。

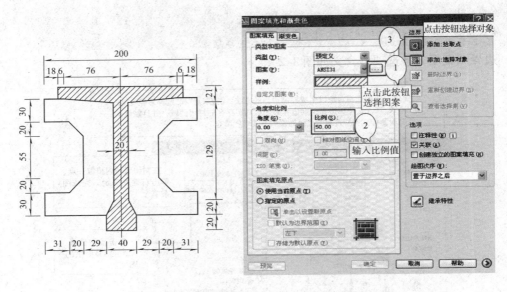

图 3-2-17　T 梁桥主梁构造断面图以及图案填充示意图

任务三　绘制坡度箭头以及多段线构成的平面图形

✎ 学习要点

1. 多段线命令。
2. 正多边形。
3. 多线。

在教师指导下，由学生共同完成坡度箭头的绘制以及理解多段线各参数的含义，桥墩平面图和板梁的绘制。

【实训 3-2-7】　完成坡度箭头的绘制练习，如图 3-2-18 所示。

图 3-2-18　坡度箭头的绘制　　　操作提示：（变宽度的多段线命令绘制箭头）

```
命令：_pline
指定起点：
当前线宽为 0.0000
指定下一个点或 [圆弧(A)/半宽(H)/长度(L)/放弃(U)/宽度(W)]：w        ←带宽度的直线
指定起点宽度 <0.0000>：2
指定端点宽度 <1.0000>：2
指定下一个点或 [圆弧(A)/半宽(H)/长度(L)/放弃(U)/宽度(W)]：
指定下一点或 [圆弧(A)/闭合(C)/半宽(H)/长度(L)/放弃(U)/宽度(W)]：w   ←变宽度的箭头
指定起点宽度 <1.0000>：10                                          ←设置起点宽度
指定端点宽度 <10.0000>：0
          ←设置端点宽度指定下一点或 [圆弧(A)/闭合(C)/半宽(H)/长度(L)/放弃(U)/宽度(W)]：
```

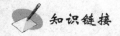

一、直与曲的结合——多段线

用"多段线"命令可以绘制由若干直线和圆弧连接而成的不同宽度的曲线或折线,并且都是一个实体,可以用"多段线修改(Pedit)"命令对其进行编辑。"多段线 Pline"命令在实际绘图中,主要还是用来绘制具有宽度或宽度变化的线段指针、箭头或圆弧对象。多段线各选项功能见表3-2-1。

命令调用方式:

- ◆ 命令行:输入 Pline。
- ◆ 命令快捷键:PL。
- ◆ 菜单命令:选择【绘图】/【多段线】选项。
- ◆ 工具栏:单击【绘图】工具条中的【多段线】图标按钮 。

思考:完成下图3-2-19,并理解多段线的各选项的含义。

操作提示:

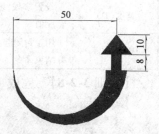

图3-2-19 多段线的选项含义

命令:_pline
指定起点:
当前线宽为 0.0000
←若需要绘制有宽度的部分需要先行进行设置,在绘制过程中若有宽度变化,仍需先修改宽度,再绘制宽度线。
指定下一个点或 [圆弧(A)/半宽(H)/长度(L)/放弃(U)/宽度(W)]:w   ←设置线宽
指定起点宽度 <0.0000>:0
指定端点宽度 <0.0000>:10
指定下一个点或 [圆弧(A)/半宽(H)/长度(L)/放弃(U)/宽度(W)]:a   ←画圆弧
指定圆弧的端点或
[角度(A)/圆心(CE)/方向(D)/半宽(H)/直线(L)/半径(R)/第二个点(S)/放弃(U)/宽度(W)]:d
指定圆弧的起点切向: ←设置切线方向画圆弧
指定圆弧的端点:50
指定圆弧的端点或
[角度(A)/圆心(CE)/闭合(CL)/方向(D)/半宽(H)/直线(L)/半径(R)/第二个点(S)/放弃(U)/宽度(W)]:w
指定起点宽度 <10.0000>:5   ←设置线宽绘制直线
指定端点宽度 <5.0000>:5
指定圆弧的端点或
[角度(A)/圆心(CE)/闭合(CL)/方向(D)/半宽(H)/直线(L)/半径(R)/第二个点(S)/放弃(U)/宽度(W)]:   ←由圆弧状态转换画直线
指定下一点或 [圆弧(A)/闭合(C)/半宽(H)/长度(L)/放弃(U)/宽度(W)]:8
指定下一点或 [圆弧(A)/闭合(C)/半宽(H)/长度(L)/放弃(U)/宽度(W)]:w   ←设置宽度变化绘制直线
指定起点宽度 <5.0000>:15   ←输入起点宽度值
指定端点宽度 <15.0000>:0   ←输入端点宽度值
指定下一点或 [圆弧(A)/闭合(C)/半宽(H)/长度(L)/放弃(U)/宽度(W)]:10
指定下一点或 [圆弧(A)/闭合(C)/半宽(H)/长度(L)/放弃(U)/宽度(W)]:

切换到画圆弧状态,各选项功能说明:

多段线各选项功能　　　　　　　　　　　　　　　　　　　　表 3-2-1

圆弧(A)	切换至圆弧绘制模式,	角度(A)	指定输入角度值控制圆弧的绘制,正值时,逆时针画弧;负值则顺时针画弧
半宽(H)	设置多段线一半的宽度	圆心(CE)	指定圆弧的圆心方式绘制圆弧
长度(L)	绘制与前一段直线角度相同的指定长度线段	方向(D)	指定圆弧的起点的切线方向绘制圆弧
放弃(U)	退回至上一点	直线(L)	由圆弧绘制切换至直线绘制
宽度(D)	设置多段线绘制的起始与结束的宽度值	半径(R)	指定圆弧的半径控制圆弧绘制
闭合(CL)	用于封闭起点和最后一个绘线点,并结束命令	第二个点(S)	指定圆弧的第二点。根据指定的三点来绘制圆弧

【实训 3-2-8】 完成重力式桥墩图 3-2-20。

操作提示:

```
命令:_pline
指定起点:                                          ←指定下一点或输入选项
当前线宽为 0.0000
指定下一个点或 [圆弧(A)/半宽(H)/长度(L)/放弃(U)/宽度(W)]:50        ←直线长度
指定下一点或 [圆弧(A)/闭合(C)/半宽(H)/长度(L)/放弃(U)/宽度(W)]:a    ←圆弧状态
指定圆弧的端点或
[角度(A)/圆心(CE)/闭合(CL)/方向(D)/半宽(H)/直线(L)/半径(R)/第二个点(S)/放弃(U)/
宽度(W)]:40                                        ←圆弧的直径
指定圆弧的端点或
[角度(A)/圆心(CE)/闭合(CL)/方向(D)/半宽(H)/直线(L)/半径(R)/第二个点(S)/放弃(U)/
宽度(W)]:l                                         ←由圆弧变成直线状态
指定下一点或 [圆弧(A)/闭合(C)/半宽(H)/长度(L)/放弃(U)/宽度(W)]:50
指定下一点或 [圆弧(A)/闭合(C)/半宽(H)/长度(L)/放弃(U)/宽度(W)]:a    ←圆弧状态
指定圆弧的端点或
[角度(A)/圆心(CE)/闭合(CL)/方向(D)/半宽(H)/直线(L)/半径(R)/第二个点(S)/放弃(U)/
宽度(W)]:cl                                        ←闭合
```

【实训 3-2-9】 绘制板梁图 3-2-21。

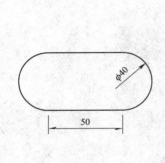

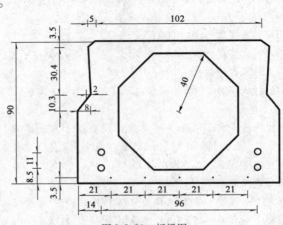

图 3-2-20　重力式桥墩的平面图　　　　　图 3-2-21　板梁图

操作提示：

(1)绘制板梁外形图

命令：_pline
指定起点：
当前线宽为 0.0000
指定下一个点或 [圆弧(A)/半宽(H)/长度(L)/放弃(U)/宽度(W)]：@-5,-3.5
指定下一点或 [圆弧(A)/闭合(C)/半宽(H)/长度(L)/放弃(U)/宽度(W)]：@2,-30.4
指定下一点或 [圆弧(A)/闭合(C)/半宽(H)/长度(L)/放弃(U)/宽度(W)]：@-8,-10.3
指定下一点或 [圆弧(A)/闭合(C)/半宽(H)/长度(L)/放弃(U)/宽度(W)]：45.8
指定下一点或 [圆弧(A)/闭合(C)/半宽(H)/长度(L)/放弃(U)/宽度(W)]：124
指定下一点或 [圆弧(A)/闭合(C)/半宽(H)/长度(L)/放弃(U)/宽度(W)]：45.8
指定下一点或 [圆弧(A)/闭合(C)/半宽(H)/长度(L)/放弃(U)/宽度(W)]：@-8,10.3
指定下一点或 [圆弧(A)/闭合(C)/半宽(H)/长度(L)/放弃(U)/宽度(W)]：@2,30.4
指定下一点或 [圆弧(A)/闭合(C)/半宽(H)/长度(L)/放弃(U)/宽度(W)]：@-5,3.5
指定下一点或 [圆弧(A)/闭合(C)/半宽(H)/长度(L)/放弃(U)/宽度(W)]：c

(2)绘制板梁横断面内室轮廓线

命令：_polygon 输入边的数目 <4>：8　　　　←用正多边形命令绘制板梁横断面内轮廓线
指定正多边形的中心点或 [边(E)]：
输入选项 [内接于圆(I)/外切于圆(C)] <I>：I
指定圆的半径：40
命令：_circle 指定圆的圆心或 [三点(3P)/两点(2P)/相切、相切、半径(T)]：
指定圆的半径或 [直径(D)] <97.0000>：2　　　←用圆命令绘制预应力板梁断面的钢绞线孔道

命令：do
DONUT　　　　　　　　　　　　　　　　←圆环命令绘制预应力板梁断面的部分纵向普通钢筋
指定圆环的内径 <0.5000>：0
指定圆环的外径 <1.0000>：1.2

二、多段线的编辑 Pedit

编辑多段线命令是针对用多段线命令 PLINE 画出的多段线的专门编辑命令。
命令调用方式：

◆ 命令行：输入 Pedit。
◆ 命令快捷键：PE。
◆ 菜单命令：选择【修改】/【对象】/【多段线】选项。
◆ 工具栏：单击【修改Ⅱ】工具条中的【多段线】图标按钮。

提示：调用多段线合并时，如果选择的不是多段线，则将提示是否转换成多段线，同时欲连接的各相邻对象必须在形式上彼此已经首尾相连，否则，将提示 0 条线段已添加到多段线。

操作提示：

命令：pedit
选择多段线或[多条(M)]：m
选择对象：指定对角点：找到 6 个
选择对象：
是否将直线和圆弧转换为多段线？[是(Y)/否(N)]? <Y>
输入选项[闭合(C)/打开(O)/合并(J)/宽度(W)/拟合(F)/样条曲线(S)/非曲线化(D)/线型生成(L)/放弃(U)]：j
合并类型 = 延伸
输入模糊距离或[合并类型(J)] <0.0000>：
多段线已增加 4 条线段
输入选项[闭合(C)/打开(O)/合并(J)/宽度(W)/拟合(F)/样条曲线(S)/非曲线化(D)/线型生成(L)/放弃(U)]：

三、绘制六角螺母——正多边形

指定正多边形边数，缺省设置为正方形，可根据绘图需要键入 3~1024 之间任一数字，指定中心点或多边形一边，选择以什么方式绘制正多边形，键入值或用鼠标指定一半径值。

命令调用方式：
- ◆ 命令行：输入 Polygon。
- ◆ 命令快捷键：POL。
- ◆ 菜单命令：选择【绘图】/【正多边形】选项。
- ◆ 工具栏：单击【绘图】/【正多边形形】图标按钮。

正多边形的绘制方式操作提示：

内接法：

命令：_polygon 输入边的数目 <4>：6
指定正多边形的中心点或[边(E)]：
输入选项[内接于圆(I)/外切于圆(C)] <I>：I　　←圆中心点到多边形端点距离为圆的半径。
指定圆的半径：20

外切法：

命令：_polygon 输入边的数目 <4>：6
指定正多边形的中心点或[边(E)]：
输入选项[内接于圆(I)/外切于圆(C)] <I>：C　　←圆中心点到多边形各边垂直距离为圆的半径
指定圆的半径：20

边长确定正多边形：

命令：_polygon 输入边的数目 <4>：6
指定正多边形的中心点或[边(E)]：E
指定边的第一个端点：指定边的第二个端点：　　　　　　　　　←边长确定正多边形

用"正多边形(Polygon)"命令用于绘制正多边形有三种方式，如图 3-2-22 所示。

说明：
（1）三种方式的共同点是都必须知道边数。
（2）同样的半径所绘多边形大小不一样。
（3）按边长方式绘正多边形默认顺序为逆时针方向。

图 3-2-22　正多边形的绘制

【实训 3-2-10】　完成图 3-2-23 城市道路交叉口的绘制练习，分析该图的各道路间的相互间的关系，设置多线样式并绘制道路平面交叉图。

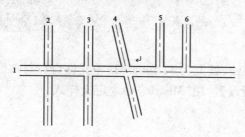

图 3-2-23　道路交叉口

道路 1 跨 2，1 为主干道，2 为次干道；1 与 3 呈平面交叉；1 与 4 呈 X 形平面交叉；1 与 5 呈 T 形平面交叉；1 与 6 呈 T 形平面交叉

操作提示：
绘制道路交叉口的多线操作命令如下：

命令：ml
MLINE
当前设置：对正 = 上，比例 = 20.00，样式 = STANDARD
指定起点或 [对正(J)/比例(S)/样式(ST)]：
指定下一点：
指定下一点或 [放弃(U)]：

编辑道路交叉口的多线操作命令如下：

命令：mledit
选择第一条多线：　　　　　　　　　　　　　　　　　　　　　　　←注意选择顺序
选择第一条多线：

四、墙线的绘制——多线

多线用于绘制多条平行的线，每条线的颜色和线型可以相同，也可以不同，且其线宽偏移、比例、样式和端头交接方式都可以用"Mlstyle"命令控制。常用在一些特殊的绘图中，如建筑平面图中可用多线绘制表示墙体的双线，在道路工程制图中可以用多线来绘制道路的标线等。

1. 命令调用方式

◆ 命令行：输入 Mline。

◆ 命令快捷键：Ml。

◆ 菜单命令：选择【绘图】/【多线】选项。

◆ 工具栏：单击【绘图】工具条中的【多线】图标按钮 。

操作提示：

```
命令：ml
MLINE
当前设置：对正 = 上,比例 = 1.00,样式 = STANDARD         ←上(T)：以外侧为基准
指定起点或 [对正(J)/比例(S)/样式(ST)]： j              ←对正(J)：设置基准对正位置
输入对正类型 [上(T)/无(Z)/下(B)] <上>： z              ←无(Z)：以中心为基准
当前设置：对正 = 无,比例 = 1.00,样式 = STANDARD         ←下(Z)：以内侧为基准
指定起点或 [对正(J)/比例(S)/样式(ST)]：                ←选择起点或输入选项
指定下一点：
指定下一点或 [放弃(U)]：           ←指定多线下一点或输入选项或按【Enter】键完成绘制
```

2. 多线命令样式的设置

多线"Mline"命令样式缺省模式为双线，线宽为1，AutoCAD中允许自行对多线的一些特性如平行线数量、线型、颜色、间距等进行设置，用"Mlstyle"命令定义样式。

命令调用方式：

◆ 命令行：MLSTYLE。

◆ 菜单：格式→多线样式。

选择菜单中的【格式 Format】/【多线样式 MlStyle…】命令完成多线样式的设置，如图3-2-24所示。

思考：绘制墙线图3-2-25。

操作提示：

```
命令：ml
MLINE
当前设置：对正 = 上,比例 = 20.00,样式 = STANDARD
指定起点或 [对正(J)/比例(S)/样式(ST)]： st     ←可以切换由"MLSTYLE"命令定义的多线样式
输入多线样式名或 [?]： wall
当前设置：对正 = 上,比例 = 20.00,样式 = WALL
指定起点或 [对正(J)/比例(S)/样式(ST)]： s            ←设置平行线间宽度的比例值
输入多线比例 <20.00>： 24
当前设置：对正 = 上,比例 = 24.00,样式 = WALL
指定起点或 [对正(J)/比例(S)/样式(ST)]：
指定下一点： 1200
指定下一点或 [放弃(U)]： 900
指定下一点或 [闭合(C)/放弃(U)]： 1200
指定下一点或 [闭合(C)/放弃(U)]： c
```

思考：多线的应用——城市道路，如图3-2-26所示。

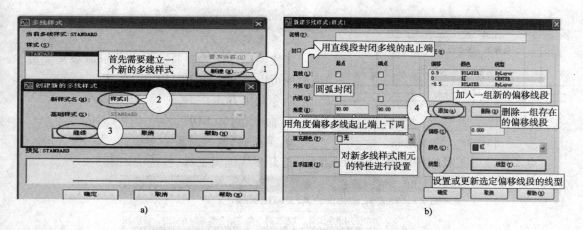

图 3-2-24 多线样式的设置

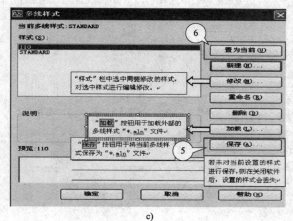

图 3-2-25 墙线的绘制

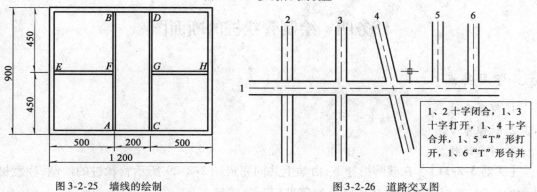

图 3-2-26 道路交叉图

操作提示：

点击【修改】菜单/对象/多线对话框，选择十字闭合选项，点击确定，操作提示如图 3-2-27。

```
命令：mledit
选择第一条多线：                                              ← 选择多线 2
选择第一条多线：                                   ←选择多线 1，然后【Enter】键确认
```

道路 1 跨 2，1 为主干道，2 为次干道；1 与 3 呈平面交叉；1 与 4 呈 X 形平面交叉；1 与 5

图 3-2-27 多线编辑提示

呈 T 形平面交叉;1 与 6 呈 T 形平面交叉。

3. 多线编辑

多线编辑往往需要通过多线编辑命令来完成,该命令可以控制多线之间相交时的连接方式。

命令调用方式:

◆ 命令行:MLEDIT。

◆ 菜单:修改→对象→多线。

点击修改Ⅱ工具栏中编辑多线命令按钮,打开多线编辑工具,各选项如图 3-2-28。

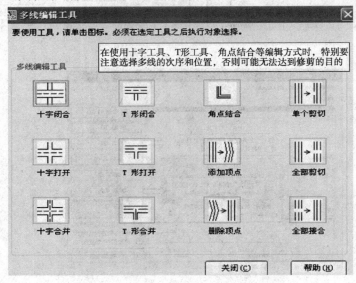

图 3-2-28 多线的编辑

任务四　绘制管状桩的断面图

学习要点

1. 样条曲线。
2. 镜像命令。
3. 对象选择。

【实训 3-2-11】　在教师指导下,由学生共同完成图 3-2-29 所示管状桩的绘制,注意桩截面的绘制,掌握镜像编辑技巧以及如何进行对象选择操作。

提示:用样条曲线绘制管状桩的断面,并用夹点编辑样条曲线。

操作提示:

(1)绘制矩形(600×20,500×150)。

(2)运用移动命令调整矩形的位置。

(3)绘制管桩。

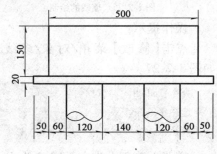

图 3-2-29 管状桩的绘制

198

(4)绘制管桩的断面。

命令:_spline
指定第一个点或[对象(O)]:
指定下一点:
指定下一点或[闭合(C)/拟合公差(F)]<起点切向>:
指定下一点或[闭合(C)/拟合公差(F)]<起点切向>:
指定起点切向:
指定端点切向:

(5)镜像得另一根管桩。

命令:_mirror
选择对象:指定对角点:找到 3 个
选择对象:
指定镜像线的第一点:指定镜像线的第二点:
要删除源对象吗?[是(Y)/否(N)]<N>:

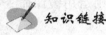 知识链接

一、美的体现——样条曲线

样条曲线是工程图的一个重要内容,但通常不用来精确的绘图,比较适合拉伸、修改,能够容易地得到需要的曲线。比如用样条曲线绘制等高线。

重点提示:编辑样条曲线最为常用的方式是编辑夹持点来改变曲线的形状,"拖拖拉拉"法。通常曲线要求不是非常精确,所以利用夹点拉拉拖拖,便能得到所需要的形状。注意在进行修改时要关闭对象捕捉和正交模式,否则影响对图形的修改。

命令调用方式:

◆ 命令行:输入 SPline。

◆ 命令快捷键:SPL。

◆ 菜单命令:选择【绘图】/【样条曲线】选项。

◆ 工具栏:单击【绘图】工具栏的【样条曲线】图标按钮。

提示:样条曲线可以绘制等高线。

二、轴对称图形的绘制——镜像命令

"镜像(Mirror)"命令用于对选定的对象按照指定的镜像线对称地复制。原对象可以删除,也可以保留。可以将图形中的个别图形实体进行镜像,也可将对称图形绘制一半后用该命令进行镜像而得到另一半,如图 3-2-30 所示。

命令调用方式:

◆ 命令行:输入 Mirror。

◆ 命令快捷键:MI。

◆ 菜单命令:选择【修改】/【镜像】选项。

◆ 工具栏:单击【修改】/【镜像】图标。

注意:当镜像操作对象中有文本时,镜像后的文本等对象的可读性由系统变量 MIRRTEXT 决定,其默认值是 1,即文字操作完全镜像,文字镜像后不具有可读性。当 MIRRTEXT 值是 0,文字镜像后具有可读性。

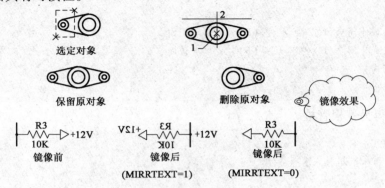

图 3-2-30　镜像操作

操作技巧:绘制工程图时,通常都需要利用轴线来定位,而且轴线通常为一组平行线,故利用偏移命令可以完成所有轴线的绘制,一般绘制一半图形,另一半则运用镜像命令完成。

思考:练习如何选择桥墩中的中间二号桩？总结选择图形对象的方式。

三、对象的选择

当调用一条编辑命令时,首先应选择对象,选择对象称为构造选择集。

目标选择就是如何选择目标。在 AutoCAD 中,正确快速地选择目标是进行图形编辑的基础。只要进行图形编辑,就必须准确无误的通知 AutoCAD 将要对图形文件中的哪些实体(或目标)进行操作。在调用大多数的 AutoCAD 编辑命令时,都会要求选择一个或多个对象加以处理,这些对象的集合被称为"选择集"。

调用所有修改命令前都要先选择对象。对于大部分修改命令,可以选择任意数目的对象;而有些修改命令,AutoCAD 将限制只能选取一个对象,比如:DIVIDE 以及 MEASURE 命令;对于 FILLET 和 CHAMFER 命令,AutoCAD 要求选择两个对象;调用 DIST 和 ID 命令,AutoCAD 要求选择两个点。

命令调用方式:

◆ 命令行:Options / Ddselect。

◆ 快捷键:Op。

◆ 菜单:工具→选项→选"选择"选项卡,如图 3-2-31 所示。

1. 创建选择集模式

先选择后执行:调用编辑命令前,选择目标,则实体上有若干的蓝色的小正方形,称之为"夹持点"。修剪 TRIM、延伸 EXTEND、打断 BREAK、倒角 CHAMFER 和圆角 FILLET 命令不支持"先选择后执行"选项。

建议先命令后执行的操作习惯,因为这样操作思路将十分清楚。

2. 直接选择

点选及多重点选、W 窗口方式、C 交叉窗口方式、任意多边形 WP(CP)选择对象、画折线选择对象 F、全部(ALL)方式、移出(R)方式、加入(ADD)方式、撤销(U)方式等。

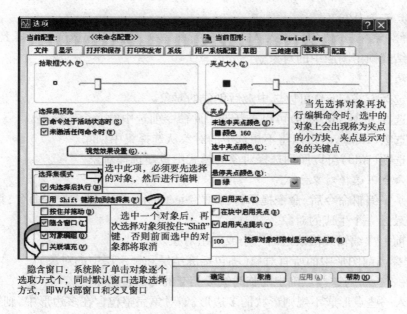

图 3-2-31　选项的含义

(1) 点选

执行某个编辑命令,要求选择编辑对象,十字光标被一个小正方形拾取框所取代。最简单的办法是用拾取框直接点取对象,选择目标后,组成实体的边界轮廓线由原先的实线变成虚线,明显地和未选择的实体区分开,如图 3-2-32 所示。

注意:利用拾取框一般地说只可选择单个实体。

(2) 窗选

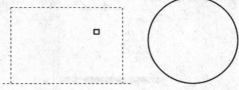

图 3-2-32　选择实体

选取对象较多,在同一图层,窗选又可分为 Window 方式和 Crossing 方式两种方式。

①Window 方式:在"选择对象"提示下,单击鼠标选择第一对角点,从左向右移动鼠标至适当位置,再单击鼠标,即可看到绘图区内出现一个实线的矩形。只有全部被包含在该选择框中的实体目标才被选中。

②Crossing 方式:在"选择对象"提示下,单击鼠标选择第一对角点,从右向左移动鼠标至适当位置,再单击鼠标,即可看到绘图区内出现一个虚线的矩形。完全被包含在该选择框中的实体目标以及与选择框相交的实体均被选中。

技巧 Window 方式选择对象的方框为实线,Crossing 方式选择对象的方框为虚线。可以连续进行多次窗口选择,也可和点选方式结合使用。

(3) 框选(Crossing)

在"选择对象"提示语句后输入 C,可执行此命令。单击鼠标选择第一对角点,不用考虑从左向右还是从右向左,移动鼠标至适当位置,再单击鼠标,窗口中完全被包含在该选择框中的实体目标以及与选择框相交的实体均被选中。

(4) 栏选方式(Fence)

在"选择对象"提示语句后输入 F,可执行此命令。此时就像绘制直线一样,左键单击一点,然后移动鼠标至第二点,单击,该折线穿越的所有对象将被选中,而且各段折线可以相交。

(5)全选方式(All)

在"选择对象"提示语句后输入 ALL,可执行此命令,它用于快速选取屏幕上的所有对象包括处于冻结或锁定图层中的对象。

操作技巧:

①最后选择方式(Last)可以选中最后创建的对象。
②前次选择方式(Previous)可以重新选中此命令前选中的一个选择集。
③删除选项(Remove)可以将不想选中的对象从选择集中剔除。
④加入选项(Add)可以回到选择对象的模式中重新选择对象。

3. 编辑命令下选择对象方式

当执行某一编辑命令后,命令提示行出现"select object"时,键入如下命令,其含义如下:

L:选择最近一个生成的对象。
P:选择前一次编辑或修改过的一个或一组对象。
ALL:选择当前图形中的所有对象(不包括冻结层和锁定层中的对象)。
F:输入一些点,与这些点确定的临时线段相交的对象被选中。
WP:输入一些点形成不规则形状的多边形,如对象完整包含在多边形中,则被选中。
CP:输入一些点形成不规则形状的多边形,如对象有部分或全部在多边形中,则被选中。

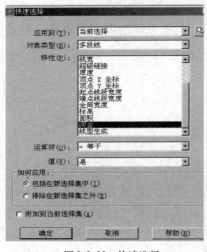

图 3-2-33 快速选择

R:将选择方式改为移去方式,后面进行的选择从选择集中移走,即不被选中;按下 SHIFT 键选择对象,也可以将特定的对象从选择集中移去。
A:将选择方式改为添加方式,缺省为添加方式。
U:回退一步,放弃最近对选择集的操作。

4. 快速选择命令

快速选择的操作步骤如下:

①执行【工具】/【快速选择】命令,弹出【快速选择】对话框。
②在对话框中,单击【选择对象】按钮,回到绘图区,选中全部图形,按【Enter】键确定。
③单击【确定】,得到选择后的效果,如图 3-2-33 所示。

任务五 绘制回头曲线、道路交叉口

学习要点

1. 圆命令。
2. 圆弧命令。
3. 圆环命令。
4. 椭圆命令。
5. 打断命令。

在教师指导下,由学生共同完成回头曲线、道路交叉口的绘制,熟悉如何绘制圆弧,如何

确定圆弧的起点、端点的位置。

【实训 3-2-12】 回头曲线的绘制(图 3-2-34)。

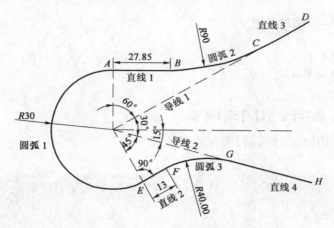

图 3-2-34 回头曲线

操作提示：
(1)绘制轴线、直导线 1 和直导线 2。
(2)绘制圆弧 1。

命令：_arc 指定圆弧的起点或 [圆心(C)]:	
指定圆弧的圆心：	←以轴线端点作为圆弧的圆心
指定圆弧的起点：@0，-30	←以 A 为圆弧的端点
指定圆弧的端点或 [角度(A)/弦长(L)]：a	
指定包含角：210	

(3)绘制直线 1、2。

命令：_line 指定第一点：	
指定下一点或 [放弃(U)]：27.8461	←正交打开，向右移动输入直线的长度 27.8461

命令：_line 指定第一点：	←直线的第一点为 E 点
指定下一点或 [放弃(U)]：@13.4315<30	←直线第二点是利用相对极坐标绘制

(4)绘制圆弧 2、3。

命令：_arc 指定圆弧的起点或 [圆心(C)]:	←以 B 点为圆弧起点
指定圆弧的第二个点或 [圆心(C)/端点(E)]：c	
指定圆弧的圆心：90	
指定圆弧的端点或 [角度(A)/弦长(L)]：per	←确定圆心和直导线 2 相切

命令：_arc 指定圆弧的起点或 [圆心(C)]：c	
指定圆弧的圆心：from	
基点：<偏移>：@40<-60	←以 F 点为基点,偏移@40<-60 所得到的点为圆弧的圆心
指定圆弧的起点：per	←直导线 2 相切的切点为圆弧的起点
到	
指定圆弧的端点或 [角度(A)/弦长(L)]：	←F 点为圆弧的另一端点

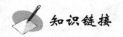

一、光滑衔接——圆与圆弧

命令调用方式：

◆ 命令行：输入 Circle。

◆ 命令快捷键：C。

◆ 菜单命令：选择【绘图】/【圆】选项。

◆ 工具栏：单击【绘图】/【圆】图标按钮 ⊙。

操作提示：

命令：_circle 指定圆的圆心或 [三点(3P)/两点(2P)/相切、相切、半径(T)]：
指定圆的半径或 [直径(D)]：200　　　　　　　　　　　←默认是已知圆心、半径绘制圆
　　　　　　　　　　　　　　　　　　　　　　　　　　←直径(D)：已知圆心、直径绘制圆
　　　　　　　　　　　　　　　　　　　　　　　　　　← 两点(2P)通过确定圆上两点绘制圆
　　　　　　　　　　　　　　　　　　　　　　　　　　←三点(3P)：通过确定圆上任意三点绘制圆

注意：圆的绘制默认方式为指定圆的半径，也可以输入直径选项 D，输入直径。

命令：_circle 指定圆的圆心或 [三点(3P)/两点(2P)/相切、相切、半径(T)]：t
指定对象与圆的第一个切点：　　　　←选择"相切、相切、半径"T选项，给定相切的对象以及半径即可
指定对象与圆的第二个切点：
指定圆的半径 <200.0000>：100

思考：绘制空心板梁桥边板断面图 3-2-35 中的圆孔。

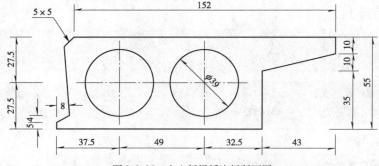

图 3-2-35　空心板梁桥边板断面图

操作提示：

命令：_circle 指定圆的圆心或 [三点(3P)/两点(2P)/相切、相切、半径(T)]：from
　　　　　　　　　　　　　　　　　　　　　　　　　　←捕捉的方式确定圆心的位置
基点：<偏移>：@37.5,27.5　　　　　　　　←空心板梁边板断面图左下角点为基点
指定圆的半径或 [直径(D)]：d
指定圆的直径：39

圆的几种操作方式，如图 3-2-36 所示：
提示：

（1）相切对象可以是直线、圆、圆弧、椭圆等图线，这种绘制圆的方式在圆弧连接中经常使用。

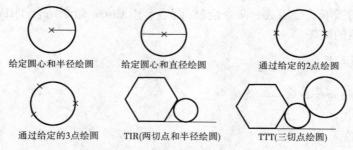

图 3-2-36　圆的几种操作方式

（2）使用"相切、相切、半径"命令时，系统总是在距拾取点最近的部位绘制相切的圆。因此，拾取相切对象时，所拾取的位置不同，最后得到的结果有可能也不相同。

二、圆弧的绘制

圆弧也是工程制图中常见的图形元素。圆弧可以通过将完整的圆打断来绘制，也可以通过倒圆角方式来绘制，但主要还是通过圆弧命令直接完成绘制工作。

命令调用方式：

◆ 命令：ARC。

◆ 命令快捷方式：A。

◆ 菜单：绘图→圆弧。

◆ 绘图工具栏：单击绘图工具栏→圆弧按钮：。

技巧：画圆弧的方向，在 AutoCAD 中，缺省设置的圆弧正方向为逆时针方向，即从起点向终点逆时针画弧。故所取的始末点顺序不同，将会画出不同方向的圆弧。

圆弧的操作方式，如图 3-2-37 所示：

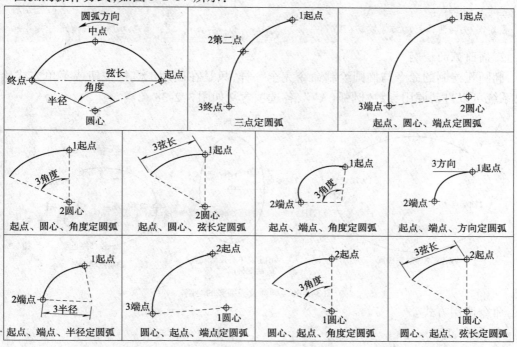

图 3-2-37　圆弧的操作方式

提示:有些圆弧不适合用 Arc 命令绘制,而适合用 Circle 命令结合 TRIM(修剪)命令生成,比如相切关系的圆弧。

三、椭圆命令

1. 长轴与短轴的结合体——椭圆

命令调用方式:

- ◆ 命令行:输入 Elipse。
- ◆ 命令快捷键:EL。
- ◆ 菜单命令:选择【绘图】/【椭圆】选项。
- ◆ 工具栏: 单击【绘图】/【椭圆】图标按钮 。

操作提示:

给定两轴端点的方式操作,如图所示:

```
命令: _ellipse
指定椭圆的轴端点或 [圆弧(A)/中心点(C)]:                    ←指定轴端点或选择参数
           ←可以通过指定一个轴的两个端点(主轴)和另一个轴的半轴长度绘制椭圆
指定轴的另一个端点:                                          ←指定第二个端点
指定另一条半轴长度或 [旋转(R)]:        ←指定另一条半轴长度或通过参数确定椭圆旋转角度
```

给定中心点和两轴端点的方式操作:

```
命令: _ellipse
指定椭圆的轴端点或 [圆弧(A)/中心点(C)]: c                      ←输入椭圆的中心点选项
           ←可以通过指定椭圆中心、一个轴的端点(主轴)以及另一个轴的半轴长度绘制椭圆
指定椭圆的中心点:
指定轴的端点:                                                ←指定轴端点
指定另一条半轴长度或 [旋转(R)]:                              ←指定另一半轴端点
```

2. 椭圆弧的绘制

椭圆弧绘制的命令与椭圆绘制命令完全一样,只是在使用工具栏按钮或菜单方式绘制时,系统可以自动调用参数"圆弧(A)",各选项含义如图 3-2-38。

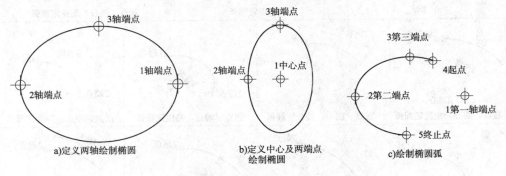

a) 定义两轴绘制椭圆   b) 定义中心及两端点绘制椭圆   c) 绘制椭圆弧

图 3-2-38 椭圆及椭圆弧的绘制

命令调用方式:

- ◆ 命令:Ellipse。
- ◆ 命令快捷方式:el。

◆ 菜单:绘图→椭圆→圆弧。
◆ 工具栏:点击绘图工具栏椭圆弧按钮→ 。

操作提示:

```
命令: _ellipse
指定椭圆的轴端点或 [圆弧(A)/中心点(C)]: _a
指定椭圆弧的轴端点或 [中心点(C)]:              ←指定椭圆弧所在椭圆轴端点或输入参数
指定轴的另一个端点:                           ←指定椭圆弧所在椭圆的另一端点
指定另一条半轴长度或 [旋转(R)]:              ←指定椭圆弧所在椭圆另一条半轴长度或输入参数
指定起始角度或 [参数(P)]:参数(P):
                               ←指定椭圆弧起始角度或输入参数P用于输入参照角度点位置
指定终止角度或 [参数(P)/包含角度(I)]:          ←指定椭圆弧的终止角度
   ←输入椭圆弧包含角度值定义椭圆弧所对应的圆心角,其角度值为从起始点开始逆时针旋转的角度
```

3. 绘制等轴测圆

正平面圆、水平圆、侧平面圆的正等轴测投影形状是椭圆。在绘制正等测轴测图中的椭圆时,应先打开等轴测平面,然后绘制椭圆。

设置等轴测作图模式:

点击【工具】菜单【草图设置】选项打开【草图设置】对话框,在"捕捉类型"区选中"等轴测捕捉",如图3-2-39。

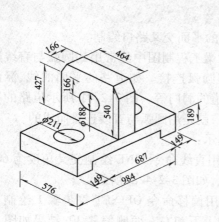
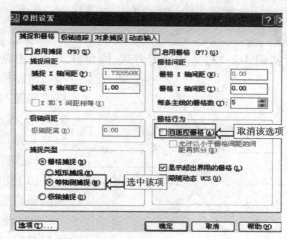

图3-2-39 等轴测作图模式设置

绘制水平圆的轴测投影(注意十字光标的变化,需在等轴测平面为水平面等轴测平面模式下)。

操作提示:

```
命令: _ellipse
指定椭圆轴的端点或 [圆弧(A)/中心点(C)/等轴测圆(I)]: I
                                ←输入选项参数"I",调用等轴测圆的绘制选项
指定等轴测圆的圆心:                ←利用对象捕捉功能确定圆心
指定等轴测圆的半径或 [直径(D)]: d   ←输入选项参数"D"调用直径选项确定椭圆参数
指定等轴测圆的直径: 211                                    ←输入直径值
```

按下【F5】键或者使用快捷方式【Ctrl】+【E】,将等轴测平面切换为正平面等轴测平面模式,重复上述操作绘制正平面上正平面圆的轴测投影。

四、圆环的绘制

工程图中绘制钢筋断面图常用圆环命令,指定内径为0,如图3-2-40。

图3-2-40 钢筋断面图

命令调用方式:
- ◆ 命令行:输入 donut。
- ◆ 命令快捷键:do。
- ◆ 菜单命令:选择【绘图】/【圆环】选项。

操作提示:

> 命令:do
> donut
> 指定圆环的内径 <0.5000>：0   ←圆环内径为0,绘制实心的圆
> 指定圆环的外径 <1.0000>：10
> 指定圆环的中心点或 <退出>：

【实训3-2-13】 用修剪方式、圆角方式完成道路的平面交叉路口绘制。

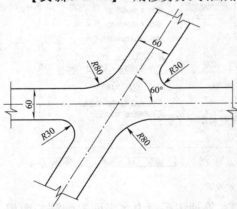

图3-2-41 道路的平面交叉路口

道路桥梁工程制图中经常用到圆弧与直线连接或圆弧与圆弧连接。如道路的平面曲线、涵洞的洞口、隧道的洞门等。图3-2-41所示道路的平面交叉路口,就是用圆弧与直线连接而成的。

操作提示:

(1)使用直线命令 LINE 绘制交叉角度为60°的两条直线,如图3-2-42a)所示。

(2)使用偏移命令 OFFSET 将步骤1绘制直线段分别向上下和左右两侧偏移30,结果如图3-2-42b)所示。

(3)使用"相切、相切、半径"方式绘制半径为80的圆,如图3-2-42c)所示。

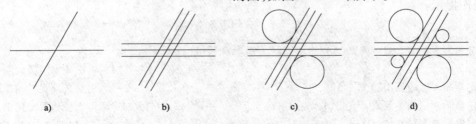

图3-2-42 圆弧连接准备工作

(4)使用"相切、相切、半径"方式绘制半径为30的圆,如图3-2-42d)所示。

(5)在命令提示行输入修剪命令TRIM(命令缩写TR)后按【Enter】键,AutoCAD 2008提示:

```
命令:trim←输入命令,按 Enter 键
当前设置:投影=UCS,边=无
选择剪切边…
选择对象或 <全部选择>:  找到 1 个
                                      ←移动鼠标选择前一步完成图形中的直线1,单击鼠标左键确定
选择对象:找到 1 个,总计 2 个        ←移动鼠标选择前一步完成图形中的直线4,单击鼠标左键确定
选择对象:                            ←按【Enter】键,完成剪切边的选择,如图 3-2-43a)所示
选择要修剪的对象,或按住 Shift 键选择要延伸的对象,或
[栏选(F)/窗交(C)/投影(P)/边(E)/删除(R)/放弃(U)]:
                  ←移动鼠标选择与直线1、4相切的圆需要修剪掉的部分,如图 3-2-43b)所示
选择要修剪的对象,或按住 Shift 键选择要延伸的对象,或
[栏选(F)/窗交(C)/投影(P)/边(E)/删除(R)/放弃(U)]:
                                                        ←按【Enter】键,完成修剪
```

结果如图3-2-43c)所示。

(6)重复步骤5的操作过程,分别选择直线3、6,直线1、6,直线3、4作为剪切边,完成其余3个圆的修剪,结果如图3-2-43d)所示。

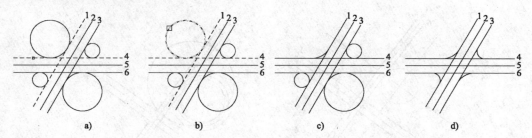

图3-2-43 修剪方式形成圆弧连接过程

(7)点击"修改"工具栏上的 按钮,调用"打断于点"命令,AutoCAD 2008 提示:

```
命令:_break 选择对象:←移动鼠标选中直线1,单击鼠标左键确认
指定第二个打断点 或 [第一点(F)]:_f
指定第一个打断点:     ←配合对象捕捉工具选中圆弧与直线1的连接点(切点),单击鼠标左键确认
指定第二个打断点:@
```

完成该步骤后,直线1从打断点分割成2段,各段成为一个独立对象。

(8)重复步骤7的操作,将每段圆弧与直线的连接位置打断。

(9)选中直线2、5,将其线型调整为点划线,选中圆弧以及与其相连的各直线段,将其线宽调整为"0.30毫米",点击状态栏上的 按钮,显示线宽,得到如图3-2-41所示道路平面交叉口图。

【实训3-2-14】 绘制交叉口(图3-2-44)。

操作提示(图3-2-45):

(1)绘制轴线:使用直线命令LINE绘制交叉角度为36°的两条直线。

(2)使用偏移命令 OFFSET 将步骤1绘制直线段分别向两侧偏移 13、9。

(3)用"圆心/半径"的方式绘制半径为 50 的圆(注意定圆心:直线 1 偏移 80,直线 6 偏移 50,两直线的交点即为圆心)。

(4)偏移 9 得到中心线圆与外圆。

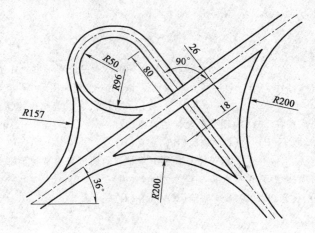

图 3-2-44　交叉口的绘制

(5)用"相切/相切/半径"绘制半径为 96 的圆、半径为 157 的圆、半径为 200 的圆。

(6)修剪多余的线(注意各圆与直线之间的几何关系确定修剪边界)。

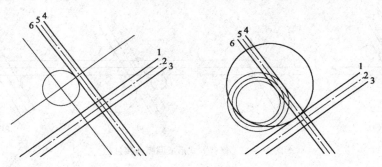

图 3-2-45　操作提示

绘制各圆弧主要是利用圆弧间相切的几何关系,如绘制半径为 96 的圆的操作提示:

命令:_circle 指定圆的圆心或 [三点(3P)/两点(2P)/相切、相切、半径(T)]:t
指定对象与圆的第一个切点:　　　　←半径为 96 的圆弧分别与主干道和半径为 50 的圆相切
指定对象与圆的第二个切点:

五、打断命令

1.命令调用方式

◆ 命令行:输入 break。

◆ 命令快捷键:br。

◆ 菜单命令:选择【修改】/【打断】选项。

◆ 工具栏按钮:修改工具栏→▢或▢。

操作提示:

命令:_break 选择对象:
指定第二个打断点 或 [第一点(F)]: _f
指定第一个打断点:
指定第二个打断点:@

2.命令选项说明

①打断命令对应有两个按钮来实现不同的打断方式,其中"打断"按钮☐主要用于将对象从中间截掉一部分,而"打断于点"按钮☐主要用于将对象从中间某处断开。

②打断命令中的"选择对象"提示除选择对象之外,在缺省情况下是将拾取对象的位置作为断开的第一点;如果要重新指定第一点,可在"指定第二个打断点或[第一点(F)]:"提示下输入参数 F 来重新选择。

③指定第一个打断点后,在"指定第二个打断点或[第一点(F)]:"或"指定第二个打断点:"提示下直接输入"@",则表示第二个断开点与第一个断开点是同一点,即采用"打断于点"方式。在这种方式下虽然无法直接观察打断情况,但是实际上对象已被无缝隙断开,如图 3-2-46 所示。

④将圆或圆弧进行断开操作时,AutoCAD 默认将第一、二两点间按逆时针旋转的部分断开,操作时一定要注意第一、二两点的拾取顺序和两点间的位置关系,否则可能会把不该去掉的部分截掉,如图 3-2-47 所示。提示:一个完整的圆不能在同一点被打断,也就是说,圆不能使用"打断于点"方式编辑修改。被打断成两段或两段以上的对象可以通过合并命令 JOIN 完成连接,合并命令还可以将一段圆弧闭合为完整的圆。

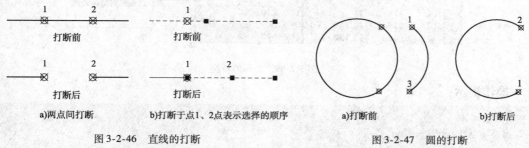

图 3-2-46　直线的打断　　　　　　　　　图 3-2-47　圆的打断

任务六　绘制路线里程桩

学习要点

1.点的定数等分与定距等分命令。
2.块命令以及图块的属性定义与使用。

在教师指导下,由学生共同完成实训路线里程桩的绘制操作练习。掌握点的定距等分、定数等分命令,如何创建块以及图块的属性定义与使用等操作。

【实训图 3-2-15】　绘制路线里程桩,根据所给转角点的坐标以及圆曲线半径绘制路线公里桩,如图 3-2-48 所示。

路线导线上共有 2 个交点,加上起点和终点,一共是 4 个顶点,坐标数据如下:
JD0:$X = 48.3423, Y = 109.5000$。

JD1：$X = 178.2461, Y = 184.5000, \alpha_1 = 40°$，JD0～JD1 = 150。

JD2：$X = 375.2077, Y = 149.7704, \alpha_2 = 30°$，JD1～JD2 = 200。

JD3：$X = 469.1770, Y = 183.9724$　　JD2～JD3 = 100。

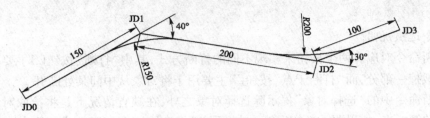

图 3-2-48　路线里程桩的设置

操作提示：

（1）绘制直线。

提示：利用 Excel 和 AutoCAD 结合绘制路线导线。进行坐标转换，将图 3-2-49 所示的 D 单元格的坐标从上到下全部复制，再回到 Auto CAD 操作界面，命令行输入多段线命令 PLINE 绘制公路导线。

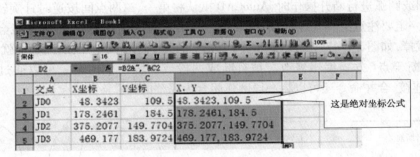

图 3-2-49　坐标的转换

操作提示：

命令：pline

指定起点：48.3423,109.5

当前线宽为 0.0000

指定下一个点或 ［圆弧（A）/半宽（H）/长度（L）/放弃（U）/宽度（W）］：178.2461,184.5

指定下一点或 ［圆弧（A）/闭合（C）/半宽（H）/长度（L）/放弃（U）/宽度（W）］：375.2077,149.7704

指定下一点或 ［圆弧（A）/闭合（C）/半宽（H）/长度（L）/放弃（U）/宽度（W）］：469.177,183.9724

（2）平曲线的绘制。

利用"相切/相切/半径"绘制半径为 150、200 的两个圆，然后进行修剪。

命令：c

circle 指定圆的圆心或 ［三点（3P）/两点（2P）/相切、相切、半径（T）］：t

指定对象与圆的第一个切点：

指定对象与圆的第二个切点：

指定圆的半径：150

（3）运用打断命令将所绘的导线在 ZY、YZ 点处打断，并进行多段线的合并编辑命令将打断后的导线和圆曲线合并成一个整体（图 3-2-50）。

打断命令操作提示：

命令：_break 选择对象： ←选择修改工具栏中打断与点的图标
指定第二个打断点 或 [第一点(F)]：_f
指定第一个打断点： ←捕捉导线上圆弧的切点为打断点
指定第二个打断点：@

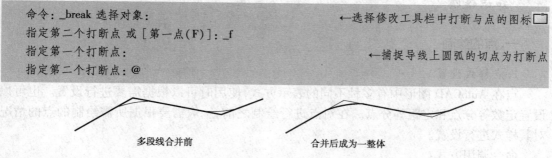

图 3-2-50　多段线的编辑

（4）定义百米桩的标注线块。

定义块：点击块的图标或者在命令行输入"B"，打开块定义对话框，设定块的名称、捕捉拾取点、选择对象即可，如图 3-2-51。

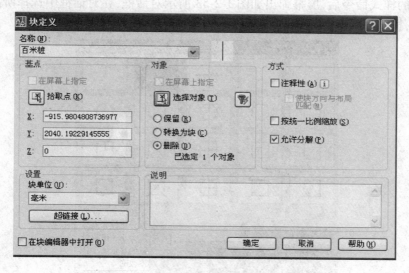

图 3-2-51　块定义

（5）运用点的定距等分命令绘制路线百米桩。

命令：me
MEASURE
选择要定距等分的对象：
指定线段长度或 [块(B)]：b
输入要插入的块名：s
是否对齐块和对象？[是(Y)/否(N)] <Y>：
指定线段长度：100

百米桩的绘制结果如图 3-2-52 所示。

图 3-2-52　百米桩

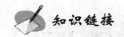

一、点的绘制

1. 点样式设置

点在 AutoCAD 图形中有多种不同的表示方式,使用时可以根据需要进行设置。也可以设置定数等分点和定距等分点。在对点进行绘制之前,一般需要根据所需绘制的点的情况对其样式进行设置。

命令调用方式:
- 命令行:ddptype。
- 菜单命令:格式→点样式。

操作提示:

执行点的样式命令后,屏幕弹出如图 3-2-53 所示对话框,在对话框中选择所需点样式和设置点大小,按"确定"按钮退出。

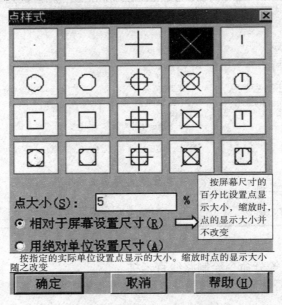

图 3-2-53　点的样式设置

2. 绘制点

命令调用方式:
- 命令行:输入 point。
- 命令快捷键:po。
- 菜单命令:选择【绘图】/【点】/【单点】/【多点】。
- 工具栏:单击【绘图】工具条中的【点】按钮。

命令功能说明:

①绘制点:菜单方式操作时,"单点"选项表示只输入一个点,"多点"选项表示可输入多个点。(POINT 或 PO)调用点绘制,采用的是单点方式,采用工具栏按钮方式调用点绘制时采用的是多点方式,AutoCAD 可以在指定的位置绘制一系列的点,直到用户按 Esc 键,结束命令。

②定数等分 div：在选定的图形对象（如直线、圆弧、圆、多段线等）的等分处放置点或插入块，而不将所选图形对象分割成若干子对象。

③定距等分点 me：按给定的长度在图形对象上放置等分点标记或插入块。

操作提示：

命令：_point
当前点模式： PDMODE = 0　PDSIZE = 0.0000　　　　　　　←说明当前所绘制点的样式与大小
指定点：　　　←通过光标拾取或输入坐标值指定点的位置，AutoCAD 即在该位置绘制出相应的点

(1) 点的定数等分命令

命令调用方式：
- ◆ 命令行：divide。
- ◆ 令快捷键：输入 div。
- ◆ 菜单命令：选择【绘图】/【点】/【定数等分】。

操作提示（图 3-2-54）：

图 3-2-54　定数等分

命令：divide
选择要定数等分的对象：　　　　　　　　　　　　　　　　　←选择对象
输入线段数目或［块(B)］：4　　　　　　　　　　　　　　　←输入等分数量
　　　　　　　　　　　　　　　　　←在等分点处，AutoCAD 按当前点样式设置自动画出等分点

思考：如何运用点的定数等分绘制图 3-2-55。

(2) 点的定距等分命令调用方式
- ◆ 命令行：measure。
- ◆ 命令快捷键：输入 me。
- ◆ 菜单命令：选择【绘图】/【点】/【定距等分】。

操作提示（图 3-2-56）：

  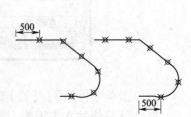

太极中的阴影部分的操作：图案填充

图 3-2-55　点的定数等分　　　　　　　　　　　图 3-2-56　定距等分

命令：me
measure
选择要定距等分的对象：　　　　　　　　　　　　　　　　　←选择对象
指定线段长度或［块(B)］：100　　　　　　　　　　　　　　←输入分段长度

命令：me
measure
选择要定距等分的对象：　　　　　　　　　　　　　　　　　←选择对象

指定线段长度或［块(B)］：b　　　←以块来取代点记号布点表示在等距点处插入指定的块图形
输入要插入的块名：s
是否对齐块和对象？［是(Y)/否(N)］＜Y＞：

提示：用定距等分(measure)命令绘制点时,在"选择定距等分对象"提示下选择对应的对象后,总是从离选择点近的一端开始绘制点。

【实训 3-2-16】　建立带属性的 A3 图幅块(包含标题栏),掌握块的创建和插入方法,了解基本的块属性的调整与设置方法。

(1)块的创建练习。熟悉块的创建方法,掌握块的定义,块的 BLOCK 命令的使用。
(2)块的插入练习。熟悉块的插入方法,体会插入块 INSERT 等相关命令的使用。
(3)块的属性编辑。
(4)综合练习。

灵活使用已介绍的基本绘图命令、对象创建编辑命令以及块的创建、插入命令完成标准的带有属性的 A3 块的操作与插入。

操作步骤：

①绘制标准的 A3 图幅以及图框和标题栏,并按照块定义命令打开块定义对话框,如图 3-2-57 所示,创建为块如图 3-2-58。

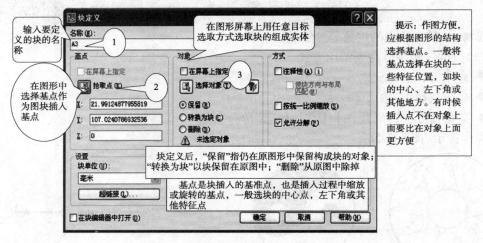

图 3-2-57　块定义对话框

②单击菜单【绘图】/【块】/【定义属性】。

属性就是块的文字说明。要创建块属性,首先进行块的属性定义。块属性特征包括标记,标记就是块名。插入块时显示的提示、值、文字格式、位置和可选模式。创建属性定义之后,在定义块时将属性块选为对象。然后,插入块时,AutoCAD 就会在命令行使用设计的提示信息,并等待输入属性。对每个新的插入块,输入不同的属性值。要同时使用几个属性,先定义这些属性,然后将它们包括在同一块中,如图 3-2-59 所示。

带有属性的结果显示,如图 3-2-60 所示。

③写块即创建外部块,以便被其他图形文件引用。

如果所作的块需作为文件保留,以便其他文件调用,那么还需写块操作 Wblock。写块可以创建图形文件,可作为块插入到其他图形中,并可以作为单独的图形文件存储。

该处源选择对象选项：包含熟悉的块作为一个整体对象写块,如图 3-2-61 所示。

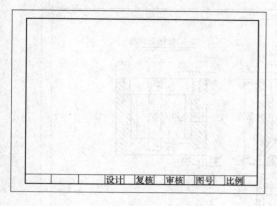

图 3-2-58　A3 图块　　　　　　　　　图 3-2-59　块属性的定义

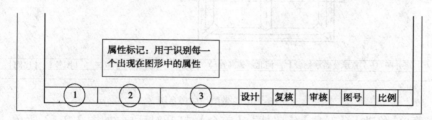

图 3-2-60　属性块

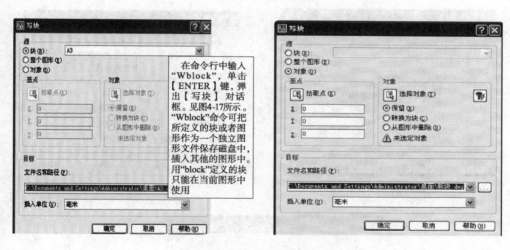

图 3-2-61　写块对话框

④插入块，如图 3-2-62 所示。

命令：_insert
忽略块 a3 的重复定义。
指定插入点或 [基点(B)/比例(S)/旋转(R)]：
输入属性值　　←提示：在插入带有可变属性的块时，系统会显示提示信息，插入块时输入相应的属性值。
图名＜图名＞：沉井图
工程名称＜工程名称＞：京承公路承德段
单位名称＜单位名称＞：河北承德高管局

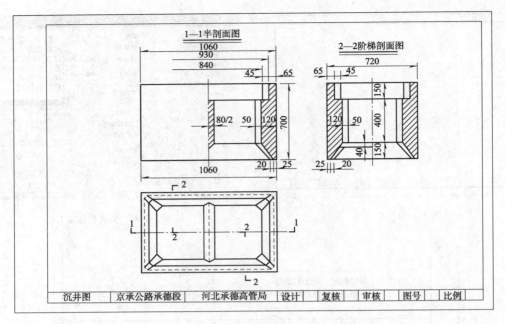

图 3-2-62 带图块的桥台图

⑤单击菜单【修改】/【对象】/【属性】/【单个】,打开对话框,如图 3-2-63 所示:

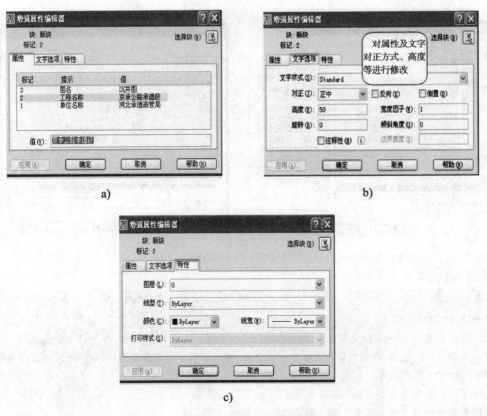

图 3-2-63 块属性的编辑对话框

二、块命令

【实训 3-2-17】 用块等分插入完成钟表的绘制。

块等分插入:可以沿着选定的对象以等间隔插入块,用 divide 命令以均匀间距插入块。图 3-2-64 所示。

操作提示:

绘制钟表的时钟刻画线的操作如下:

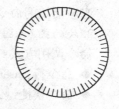

图 3-2-64 时钟图

> 钟表的时针、分针具有重复性,故利用图块命令来绘制

```
命令:div
divide
选择要定数等分的对象:
输入线段数目或[块(B)]:b          ←进行时钟刻画操作前先定义一个刻画线块,块名为"110"
输入要插入的块名:110
                                ←块名为"110"是定义一条竖直短线段,以直线的下断点为块的控制点的块
是否对齐块和对象?[是(Y)/否(N)]<Y>:
输入线段数目:12                  ←运用点的定数等分命令来绘制时钟
```

绘制钟表的分钟刻画线的操作如下:

```
命令:div
divide
选择要定数等分的对象:
输入线段数目或[块(B)]:b
输入要插入的块名:111
是否对齐块和对象?[是(Y)/否(N)]<Y>:
输入线段数目:60                  ←运用点的定数等分命令来绘制分钟
```

1. 块的创建

AutoCAD 总是把图块作为一个单独的、完整的对象来操作。图块就是将一些经常重复使用的对象组合在一起,形成一个整体,并按指定的名称保存起来,以后就可以根据作图需要将这组对象插入到图中任意指定位置,而不必重新绘制,被插入的图块可以根据图形设置不同的比例和旋转角,也可以对整个图块进行复制、移动、旋转、比例缩放、镜像、删除和阵列等操作。

块的优点:

①提高绘图效率:在 AutoCAD 中,经常要绘制一些重复出现的图形,创建块后就可以用块的插入命令来实现,即把绘图变成了拼图,避免了大量重复性工作,提高绘图效率。

②节省存储空间。

③便于修改图形:图纸中某个重复性的部分需要修改时,可以把其定义为块,对其中的块进行再定义就可以达到对这部分图的修改。

④可以添加属性。

命令调用方式:

◆ 命令行:block/bmake。

◆ 命令快捷键:b。

◆ 菜单命令：【绘图】/【块】/【创建】。

◆ 工具栏：【绘图工具栏】/【创建块】按钮 。

当激活块的命令后，打开"块定义"的对话框创建块，如图3-2-57所示。

2. 块的插入（图3-2-65）

命令调用方式：

◆ 命令行：insert。

◆ 命令快捷键：i。

◆ 工具栏：【绘图工具栏】/【插入块】按钮 。

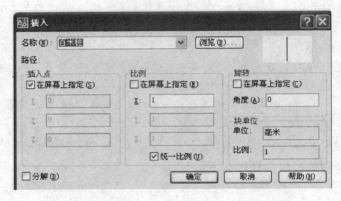

图3-2-65 块的插入

提示：插入块的时候可以根据实际需要对原创建的块从X、Y、Z 3个方向进行不同比例的缩放，也可设定插入块时原块的旋转角度。

插入块时还可以使用MINSERT命令，通过确定行数、列数及行间距和列间距，以矩阵形式插入多个图块。

AutoCAD中，还可以使用拖放的方式插入图块。

操作步骤为：鼠标拾取AutoCAD文件，按住鼠标左键将文件拖到打开的AutoCAD图形窗口中，松开鼠标左键，根据提示指定插入点和缩放比例，即可将所选择的文件按指定参数插入到当前文件中的指定位置。

3. 写块

写块即创建外部块，可以创建图形文件，可作为块插入到其他图形中，并可以作为单独的图形文件存储。创建外部块文件时，必须指定文件保存路径，后期插入时指定相应的路径才能准确插入图块。

在命令行中输入"Wblock"，按【Enter】键，弹出【写块】对话框。如图3-2-62所示。

提示："Wblock"命令可把所定义的块或者图形作为一个独立图形文件保存到磁盘中，插入到其他的图形中 。用"Block"定义的块只能在当前图形中使用。

思考：绘制如图3-2-66图所示图形，并将分别定义为外部块，"窗1"、"窗2"、"门"。

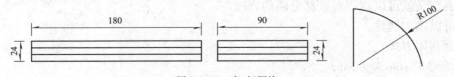

图3-2-66 窗、门图块

项目三　几何体的绘制

任务一　绘制八字翼墙三面投影图

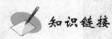学习要点

1. 构造线命令。
2. 修剪命令。

在教师指导下,由学生共同完成长方体以及八字翼墙的三面投影的绘制。掌握 AutoCAD 中如何利用构造线定位的方法,并能根据需要对图形进行修剪达到精确绘图的目的。

【实训 3-3-1】　根据投影的三对等规律完成长方体的三面投影,如图 3-3-1 所示。

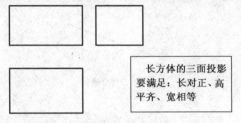

图 3-3-1　长方体的三面投影图

操作提示:

长对正的操作提示:

命令:
XLINE 指定点或[水平(H)/垂直(V)/角度(A)/二等分(B)/偏移(O)]: v
指定通过点:

高平齐的操作提示:

命令:
XLINE 指定点或[水平(H)/垂直(V)/角度(A)/二等分(B)/偏移(O)]: h
指定通过点:

知识链接

一、无限延伸的定位工具——构造线

构造线是指通过两点或通过一点并确定了方向且向两端无限延长的直线。
命令调用方式:
◆ 命令行:输入 xline。
◆ 命令快捷键:xl。

◆ 菜单命令:选择【绘图】/【构造线】选项。

◆ 工具栏:单击【绘图】工具条中的【构造线】按钮。

选项的含义如图3-3-2所示:

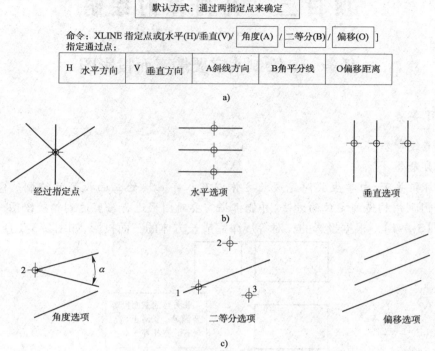

图3-3-2 选项的含义

用"构造线(xline)"命令绘制的无限长直线,通常称为参照线。这类线通常作为辅助作图线使用。在绘制三面投影图中,常用该命令绘制"长对正、高平齐、宽相等"的投影关系的辅助作图线。当绘制的图形比较大、比较复杂时,利用目测很难实现这样的要求,可以绘一些参照线作为辅助线,利用这些辅助线就可以很容易地绘出所需的图形。它在屏幕上显示出来,但是不能被打印出来。

【实训3-3-2】 运用构造线完成图3-3-3涵洞口的八字翼墙的绘制。

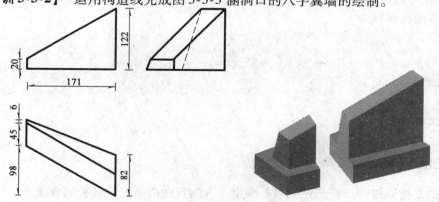

图3-3-3 涵洞口的八字翼墙的绘制

操作提示:

(1)绘制八字翼墙的V面投影。

```
命令：_line 指定第一点：
指定下一点或 [放弃(U)]：20                    ←利用正交绘制
指定下一点或 [放弃(U)]：171
指定下一点或 [闭合(C)/放弃(U)]：122
指定下一点或 [闭合(C)/放弃(U)]：c
```

（2）运用构造线完成长对正的 H 面投影图的绘制。

H 面投影图的绘制如下操作：

```
命令：_line 指定第一点：
指定下一点或 [放弃(U)]：51
指定下一点或 [放弃(U)]：@171，-98            ←利用相对直角坐标绘制
指定下一点或 [闭合(C)/放弃(U)]：82
指定下一点或 [闭合(C)/放弃(U)]：c
```

如图 3-3-4 所示先利用捕捉自的捕捉方式定点（也可以打开正交，利用对象追踪定直线的第一点），再利用平行捕捉画斜线，注意要把正交以及最近点关闭。

```
命令：
LINE 指定第一点：from                         ←捕捉自的捕捉方式定点
基点：<偏移>：@0，-6
指定下一点或 [放弃(U)]：per                   ←平行捕捉点直线
到
指定下一点或 [放弃(U)]：
```

（3）绘制一条 45°辅助线，利用构造线的"H"选项，按照"宽相等"的投影规律绘制 W 面投影，注意先绘制左侧面，再绘制右侧面。

二、锐利的剪刀——修剪命令

命令调用方式：

◆ 命令行：输入 trim(tr)。

◆ 菜单命令：选择【修改】/【修剪】选项。

◆ 工具栏： 单击【修改】工具条中的【修剪】按钮 。

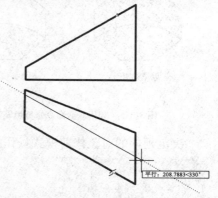

图 3-3-4 捕捉自与平行捕捉定点

（1）一般对象修剪模式：单击修剪命令按钮，选择修剪边界，按【Enter】键，单击不需要的部分，剪去多余的线条。

```
命令：_trim
当前设置：投影=UCS，边=延伸
选择剪切边...
选择对象或 <全部选择>：  找到 1 个
选择对象：
选择要修剪的对象，或按住 Shift 键选择要延伸的对象，或
[栏选(F)/窗交(C)/投影(P)/边(E)/删除(R)/放弃(U)]：
```

各选择方式的含义见表3-3-1。

表3-3-1 各选择方式的含义

栏选(F)	通过绘制连续折线的方式选择需要修剪的对象,与折线相交的所有对象将被修剪
窗交(C)	以交叉窗口方式选择修剪对象,与窗口具有交叉关系和包容关系的所有对象将被修剪
投影(P)	该选项用于设置执行修剪的空间。例如,三维空间中两条线段呈交叉关系,用户可利用该选项假想将其投影到某一平面上执行修剪操作
边(E)	设定裁剪边界是否延伸。选择"延伸(E)"方式进行修剪,则在此方式下,即使剪切边没有与要修剪的对象相交,系统也会自动延伸边直至与对象相交,然后再进行修剪。否则将只能修剪与剪切边相交的对象
删除(R)	在不退出 TRIM 命令的情况下删除选定的对象

技巧:①若在"选择对象或＜全部选择＞:"提示下直接按下空格键或是【Enter】键,则绘图区中所有的对象可以互为控制边界和被修剪对象,系统会在选择的对象中自动判断边界,这样一来,图形元素之间就能进行相互修剪,用户接下来的任务仅仅是仔细地选择被修剪的部分。
②修剪图形时最后一段或单独的一段是无法修剪掉的,可以用删除命令完成。
③利用鼠标拾取需要裁剪的部分时,如果按住【Shift】键,系统就自动将"修剪"命令转换成"延伸"命令。
④修剪命令除了可以修剪线性对象外,还可以修剪填充图案

修剪命令修剪填充图案,如图 3-3-5 所示。
(2)决定延伸的对象修剪模式(图 3-3-6)。

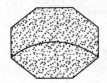
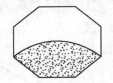

a)原填充图形　　b)修剪填充内容后

图 3-3-5　利用修剪命令修剪填充图案　　　　图 3-3-6　决定延伸的对象修剪模式

决定延伸的对象修剪模式操作提示:

命令:_trim
当前设置:投影＝UCS,边＝无
选择剪切边...
选择对象或 ＜全部选择＞: 找到 1 个
选择对象:
选择要修剪的对象,或按住 Shift 键选择要延伸的对象,或
[栏选(F)/窗交(C)/投影(P)/边(E)/删除(R)/放弃(U)]:e ←修改对象不相交选择的修剪模式
输入隐含边延伸模式[延伸(E)/不延伸(N)]＜不延伸＞:e
选择要修剪的对象,或按住 Shift 键选择要延伸的对象,或
[栏选(F)/窗交(C)/投影(P)/边(E)/删除(R)/放弃(U)]:

思考:练习绘制图 3-3-7 △ABC 平面在三面投影体系中的投影图。
【实训3-3-3】　绘制图 3-3-8 的八字翼墙,尺寸见表 3-3-2。

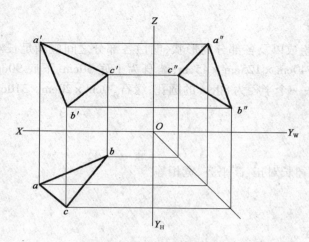
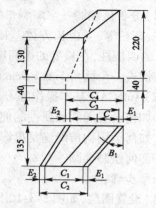

图 3-3-7 △ABC 在三面投影体系中的投影　　　　图 3-3-8 八字翼墙图

八字翼墙的尺寸表　　　　　　　　　　　表 3-3-2

	$B_1(°)$	C	C_1	C_2	C_3	C_4	E_1	E_2
大翼墙	30	46.20	80.80	103.80	104.80	127.80	12	11

任务二　绘制涵洞一字墙洞口的三面投影图

学习要点

1. 图层的设置。
2. 图层的属性。
3. 倒角命令。
4. 圆角命令。

【实训 3-3-4】 完成涵洞一字墙洞口的三面投影图的绘制。

在教师指导下,由学生共同完成如图 3-3-9 涵洞一字墙洞口的三面投影图的绘制,掌握图层的使用以及倒角等操作。

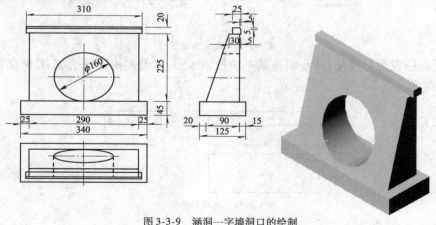

图 3-3-9　涵洞一字墙洞口的绘制

绘图提示：

（1）分析该涵洞一字墙洞口的组成以及各部分的形状，明白各部分之间应满足长对正、高平齐、宽相等。（由长方体基础 340cm×125cm×45cm，墙身为上底 30cm、下底 90cm、长 290cm 的四棱柱，在长度的中间切去一个半径为 80cm 的圆孔，缘石 30cm×20cm×310cm，在前上方切去一个倒角 5cm×5cm）

（2）AutoCAD 基本操作练习。

①如何设置图层和属性的使用？

②如何运用构造线满足投影规律长对正、高平齐、宽相等？

③如何绘制椭圆？

操作步骤：

（1）设置图层，如图 3-3-10 所示。

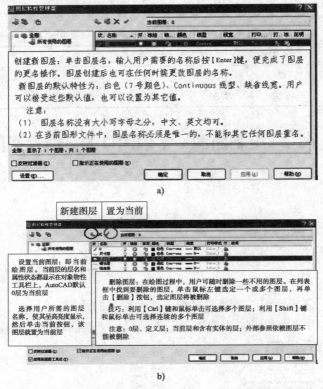

图 3-3-10 图层的设置

（2）基础层置为当前层，并绘制基础 V 面投影矩形，以及用构造线绘制 H、W 面投影。如图 3-3-11 所示。

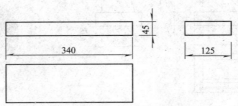

图 3-3-11 基础的绘制

（3）绘制墙身，如图 3-3-12 所示。

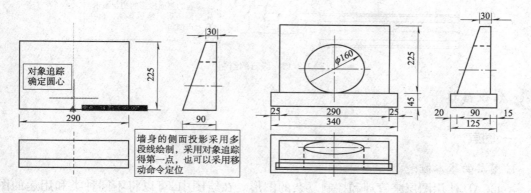

图 3-3-12 墙身的绘制

操作提示：

命令：_pline　　　　　　　　←用多段线命令绘制墙身侧面投影
指定起点：
当前线宽为 0.0000
指定下一个点或 ［圆弧(A)/半宽(H)/长度(L)/放弃(U)/宽度(W)］：90
指定下一点或 ［圆弧(A)/闭合(C)/半宽(H)/长度(L)/放弃(U)/宽度(W)］：225
指定下一点或 ［圆弧(A)/闭合(C)/半宽(H)/长度(L)/放弃(U)/宽度(W)］：30
指定下一点或 ［圆弧(A)/闭合(C)/半宽(H)/长度(L)/放弃(U)/宽度(W)］：c

此处任意定点绘制墙身侧面投影，然后用移动命令完成定位墙身侧面投影的位置，也可以直接在基础上定位绘制墙身侧面投影。

利用构造线命令绘制墙身其他面投影。墙身 V 面投影的圆的绘制以及 H 面的椭圆的绘制如下。

命令：_circle 指定圆的圆心或 ［三点(3P)/两点(2P)/相切、相切、半径(T)］：80
指定圆的半径或 ［直径(D)］：80　　←鼠标指向墙身 V 面投影中点位置向上追踪 80 确定圆的圆心，再确定半径绘制圆

命令：_ellipse
指定椭圆的轴端点或 ［圆弧(A)/中心点(C)］：c
指定椭圆的中心点：　　　　　　　　　　　　　　　　　　←确定椭圆的中心点
指定轴的端点：　　　　　　　　　　　　　　　　　　　　←确定椭圆的另一半轴长度
指定另一条半轴长度或 ［旋转(R)］：　←V 面圆的直径为椭圆的长轴，W 面后表面决定椭圆的短轴

(4) 绘制缘石，如图 3-3-13 所示。

命令：_chamfer
("修剪"模式) 当前倒角距离 1 = 0.0000，距离 2 = 0.0000
选择第一条直线或 ［放弃(U)/多段线(P)/距离(D)/角度(A)/修剪(T)/方式(E)/多个(M)］：d
指定第一个倒角距离 <0.0000>：5
指定第二个倒角距离 <5.0000>：5
选择第一条直线或 ［放弃(U)/多段线(P)/距离(D)/角度(A)/修剪(T)/方式(E)/多个(M)］：
选择第二条直线，或按住 Shift 键选择要应用角点的直线：

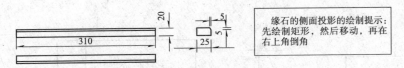

图 3-3-13　缘石的绘制

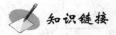

一、图层

1. 图层的基本概念

AutoCAD 使用图层来管理和控制复杂的图形。在绘图中,可以将不同种类和用途的图形分别置于不同的图层,从而实现对相同种类图形的统一管理。

形象地说,一个图层就像一张透明图纸,可以在不同的透明图纸上面分别绘制不同的实体,最后再将这些透明图纸叠加起来,从而得到最终复杂图形。在屏幕上看到的图形实际上是若干层图形叠加的结果。如图 3-3-14 所示。

图 3-3-14　图层的分层绘图原理

建立图层的优点:
① 节省存储空间。
② 控制图形的颜色、线条宽度、线型等属性。
③ 统一控制同类图形的显示、冻结等特性。

AutoCAD 允许建立无限多个图层,可以根据需要建立图层,并为每个图层指定相应的名称、线型、颜色。熟练应用图层可大大提高工作效率和图形的清晰度,尤其在复杂的图形中尤其明显。

2. 图层的设置与管理
(1) 图层的建立与更改图层的操作。
命令调用方式:

◆ 命令行:Layer。
◆ 命令快捷键:LA。
◆ 菜单命令:打开【格式】菜单,单击【图层】命令。
◆ 工具栏:单击【图层】工具栏上的【图层】 按钮。

先打开图层特性管理器,创建新的图层,如图 3-3-15 所示。
改变图层名称:

提示:利出鼠标左键修改图层名称被更多的用户所接受。先单击一次欲修改图层的"图层名",第二次单击"图层名"时将使图层名称"高亮"显示,并带有闪烁的光标,此时可以输入图层的新名称。

图 3-3-15　图层特性管理器

更改对象图层操作步骤,如图 3-3-16 所示。

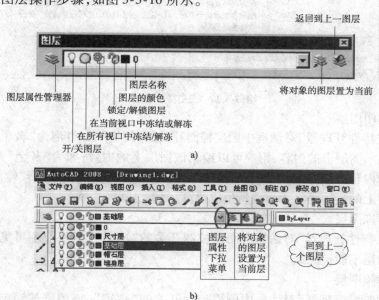

图 3-3-16　图层的修改

a. 选择要更改其图层的对象。

b. 单击图层属性下拉菜单。

c. 选择对象所需要更改的图层。

绘图时要把某个对象设定在其他图层,使用图层工具栏中的编辑框,可以非常方便地将包含一个或多个对象的图层修改为另一图层。

使用图层注意的两个概念:

a. 0 层。每当进入 AutoCAD 开始绘制一幅新图时,系统都要自动建立一个层,该层层名始终为"0",故称为 0 层。用户不能修改 0 层的层名,也不能删除该层。但可以重新设置它的颜色和线型。0 层的缺省颜色为白色,缺省线型为连续实线。

b. 当前层。在一幅图纸的众多层里,用户只能在其中一个层上绘图,该层便称为当前层。也就是说,只能选择一个层作为当前层,用户绘制的图形都是在当前层上。用户可以将已建立的任意一个层设置为当前层。

229

（2）图层状态控制。

对图层管理熟练与否，直接影响到绘图效率的提高。AutoCAD 提供了一组状态开关，用以控制图层状态属性，控制图层状态的操作是：在【图层对象特性管理器】对话框中，选择要操作的图层，单击开关状态图标等进行设置，单击【确定】按钮完成状态设置。如图 3-3-17 所示。

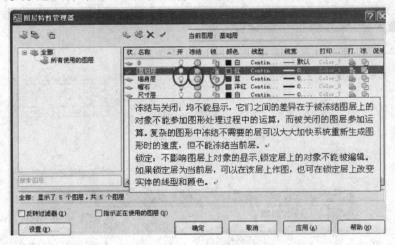

图 3-3-17　图层特性管理

①打开/关闭图层

单击"图层特性管理器"对话框中图层控制开关的"灯泡"，如灯泡为"黄色"表示打开图层，绘图区将显示图层上的内容，用户可以编辑该图层上的内容；如为"灰色"则表示关闭图层，该图层上的内容全部隐蔽，该层上的实体不能在屏幕上显示或由绘图仪输出。重新生成图形时，而图层上的实体仍将参与重新生成运算。

②冻结/解冻图层

单击"图层特性管理器"对话框中图层控制开关的"冻结"，该图层不可见，也不能被编辑和打印，当前层不能被冻结。

③锁定/解锁图层

单击"图层特性管理器"对话框中图层控制开关的"锁定"，该图层被锁定，图层上的内容仍旧可见，并且能够进行捕捉和添加新操作对象，锁定的图层不能被编辑和修改，但是可以被显示和输出打印。

（3）图层的线型、线宽、颜色控制，如图 3-3-18 所示。

AutoCAD 中有多种线型供用户选用，但每一个图层只能有一种线型，在缺省的情况下为实线，用户可以根据需要为不同的图层设置不同的线型。如图 3-3-18 所示。

命令调用方式：

　　◆ 命令行：linetype。

　　◆ 菜单命令：打开【格式】菜单，单击【线型】命令。

　　◆ 工具栏：单击特性工具栏 ──── ByLayer ▼ 线型下拉框。

打开线型管理器对话框，单击 加载(L)... 按钮，打开加载或者重载线型对话框，然后选择所需要的线型。线型定义一般是由一连串的点、短划线和空格组成的。标准线型库对虚线的间距、中心线的长划、短划和间距已经事先设定。线型比例因子直接影响着每个绘图单位中线型重复的次数。线型比例因子越小，短划线和空格的长度就越短，于是在每个绘图单位中重复的次数就越多。绘制工程图时,虚线和点划线往往不能正常显示,可进行线型全局比例的修改。

a)线型管理器

b)线型的设置

c)线型比例的设置

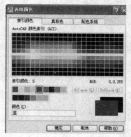

d)颜色、线宽的设

图3-3-18 线型、颜色、线宽的设置

思考:分别建立图层。

实线图层:颜色为黑色,线型为实线。

虚线图层:颜色为蓝色,线型为虚线。

中心线图层:颜色为红色,线型为点划线,并把中心线层置为当前层。

二、倒角命令

倒角命令为构件切角的命令。

命令调用方式:

◆ 命令行:输入 Chamfer。

◆ 命令快捷键:CHA。

◆ 菜单命令:选择【修改】/【倒角】选项。

◆ 工具栏:单击【修改】/【倒角】图标按钮 ⌐ 。

倒角的两种操作方式如图 3-3-19 所示,各选项含义见表 3-3-3。

图3-3-19 倒角操作方式

操作提示:

命令:CHAMFER
("修剪"模式) 当前倒角距离 1 = 0.0000,距离 2 = 0.0000
选择第一条直线或 [放弃(U)/多段线(P)/距离(D)/角度(A)/修剪(T)/方式(E)/多个(M)]: d
指定第一个倒角距离 <0.0000>: 5
指定第二个倒角距离 <5.0000>: 5
选择第一条直线或 [放弃(U)/多段线(P)/距离(D)/角度(A)/修剪(T)/方式(E)/多个(M)]:
选择第二条直线,或按住 Shift 键选择要应用角点的直线:

各选项含义 表3-3-3

选项	含义
多段线(F)	用于在对多段线进行倒角操作时将所有直线段间的顶点进行倒角操作
距离(D)	用于设定倒角距离,在该方式下,倒角由两对象的交点分别到倒角斜线两个端点的距离(即第一倒角距离和第二倒角距离)决定
角度(A)	用第一条线的倒角距离和第二条线的角度设置倒角距离
修剪(T)	用于设定完成倒角操作后是否修剪对象。如果选择"修剪(T)"方式进行倒角,则完成操作后,倒角连接多余的部分将被修剪掉。选择"不修剪(N)"方式则会保留原对象状态,但在他们之间加上一条倒角斜线
方式(E)	用于控制使用两个距离还是一个距离和一个角度来创建倒角
多个(M)	该选项可以一次创建多个倒角。调用该选项后,系统将重复提示"选择第二个对象",直到用户按【Enter】键结束命令

思考:完成下图3-3-20,熟悉倒角命令的运用。

提示:用长度和角度来完成倒角的操作时,长度是指第一条边被切去的长度,角度是指第一条边与最后完成的倒角边的夹角。

操作提示:

命令:
CHAMFER
("修剪"模式) 当前倒角距离 1 = 0.0000,距离 2 = 0.0000
选择第一条直线或 [放弃(U)/多段线(P)/距离(D)/角度(A)/修剪(T)/方式(E)/多个(M)]: a
指定第一条直线的倒角长度 <0.0000>: 32
指定第一条直线的倒角角度 <0>: 50
选择第一条直线或 [放弃(U)/多段线(P)/距离(D)/角度(A)/修剪(T)/方式(E)/多个(M)]:
选择第二条直线,或按住 Shift 键选择要应用角点的直线:

命令:_chamfer
("修剪"模式) 当前倒角长度 = 32.0000,角度 = 50
选择第一条直线或 [放弃(U)/多段线(P)/距离(D)/角度(A)/修剪(T)/方式(E)/多个(M)]: d
指定第一个倒角距离 <0.0000>: 20
指定第二个倒角距离 <20.0000>: 指定第二点: ←用对象捕捉来确定倒角距离
选择第一条直线或 [放弃(U)/多段线(P)/距离(D)/角度(A)/修剪(T)/方式(E)/多个(M)]:
选择第二条直线,或按住 Shift 键选择

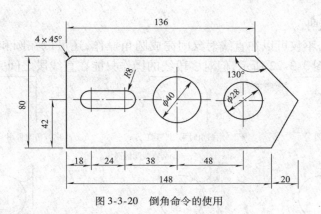

图 3-3-20　倒角命令的使用

三、为构件切圆角——圆角命令

1. 命令调用方式

◆ 命令行：输入 Fillet。

◆ 命令快捷键：F。

◆ 菜单命令：选择【修改】/【圆角】选项。

◆ 工具栏：单击【修改】/【圆角】命令图标按钮 。

操作提示：

```
命令：_fillet
当前设置：模式 = 修剪，半径 = 0.0000
选择第一个对象或 [放弃(U)/多段线(P)/半径(R)/修剪(T)/多个(M)]：r
指定圆角半径 <0.0000>：20
选择第一个对象或 [放弃(U)/多段线(P)/半径(R)/修剪(T)/多个(M)]：
选择第二个对象，或按住 Shift 键选择要应用角点的对象：
```

2. 命令选项说明见表 3-3-4

命令选项说明　　　　　　　　表 3-3-4

选项	说明
多段线(F)	将多段线中每个直线段间的顶点进行圆角操作
半径(R)	用于设定圆角半径
修剪(T)	用于设定完成圆角操作后是否修剪对象，如果选择"修剪(T)"方式进行圆角操作，则完成操作后，圆弧连接多余的部分将被修剪掉。选择"不修剪(N)"方式则会在圆弧连接完成后保留原对象状态，如图 3-3-21 所示
多个(M)	该选项可以一次创建多个圆角
按住 Shift 键选择要应用角点的对象	选择第二个圆角对象时按住【Shift】键，系统将以 0 值替代当前的圆角半径。

a) 原图形　　　　b) 圆角操作选择"不修剪"方式　　　c) 圆角操作选择"修剪"方式

图 3-3-21　圆角操作时选择修剪与否的区别

3. 命令功能说明

(1) 圆角命令,不仅可以在直线对象间完成圆角操作,还可以在圆和圆弧以及直线之间完成圆弧连接,如图3-3-22所示,但对多段线的操作只能在直线段之间完成。

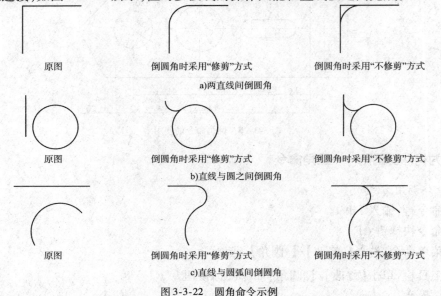

图3-3-22　圆角命令示例

(2) 在使用"多段线"选项对多段线进行圆角操作时,如果多段线本身是通过"封闭(C)"选项完成首尾封闭连接,则在多段线的直线段之间会自动倒出圆角。如果多段线最后一段的终点和起点仅仅是通过手动相连,则该多段线的起终点之间不会进行圆角操作。

(3) 如果将圆角半径设定为0,则在修剪模式下,无论两条非平行直线间相互关系如何,都将会自动准确相交,如图3-3-23所示。

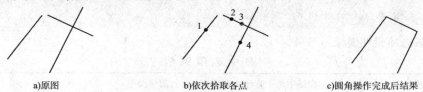

图3-3-23　圆角半径设置为0时操作效果

思考:运用圆角命令完成图3-3-24交叉口的绘制。

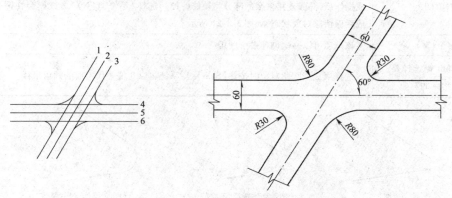

图3-3-24　交叉口的绘制示意图

操作提示：

```
命令：fillet                                          ←输入命令,按【Enter】键
当前设置：模式 = 修剪,半径 = 0.0000
选择第一个对象或 [放弃(U)/多段线(P)/半径(R)/修剪(T)/多个(M)]：t
                          ←输入选项参数"T",按【Enter】键,打开修剪模式选择选项
输入修剪模式选项 [修剪(T)/不修剪(N)] <修剪>：N
                          ←输入选项参数"N",按【Enter】键,设置修剪模式为"修剪"
选择第一个对象或 [放弃(U)/多段线(P)/半径(R)/修剪(T)/多个(M)]：r
                          ←输入选项参数"R",按【Enter】键,设置圆角半径
指定圆角半径 <0.0000>：80←输入半径值"80",按【Enter】键
选择第一个对象或 [放弃(U)/多段线(P)/半径(R)/修剪(T)/多个(M)]：
                          ←移动鼠标选中直线1,单击鼠标左键确认
选择第二个对象,或按住 Shift 键选择要应用角点的对象：
                          ←移动鼠标选中直线4,单击鼠标左键,完成直线1和直线4的圆弧连接
```

4．工程运用

利用圆角命令绘制两端带弯钩的直筋,如图3-3-25所示。

操作技巧：

```
命令：_fillet
当前设置：模式 = 修剪,半径 = 0
选择第一个对象或 [放弃(U)/多段线(P)/半径(R)/修剪(T)/多个(M)]：
选择第二个对象,或按住 Shift 键选择要应用角点的对象：
```

思考：重力式桥墩平面的绘制,如图3-3-26所示。

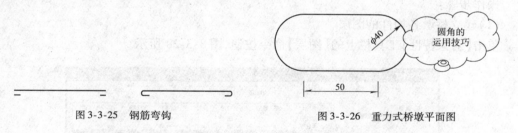

图3-3-25　钢筋弯钩　　　　　　　图3-3-26　重力式桥墩平面图

任务三　绘制桥墩图

学习要点

图形复制编辑命令：多重复制、阵列。

【实训3-3-5】　在教师指导下,由学生共同完成桥墩图(图3-3-27)的操作练习,用不同的方式绘制。

（1）分析该图的组成以及各部分的形状,明白各部分之间应满足长对正、高平齐、宽相等。（该桥墩由桩基础、承台、立柱和盖梁四部分组成）

（2）AutoCAD基本操作练习。

①练习如何建立图层,如何设置对象线型以及线型比例。

②掌握如何利用多重复制、阵列、镜像、偏移编辑功能绘制复杂的二维图形,并分析其绘图技巧。

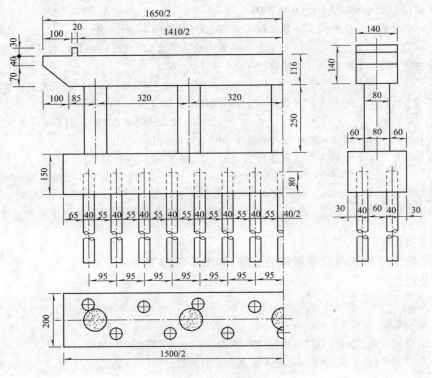

图 3-3-27 桥墩图

操作步骤:

(1)建立桥墩各构件的图层

单击【对象特性】工具栏上的【图层】命令按钮,图 3-3-28 所示。

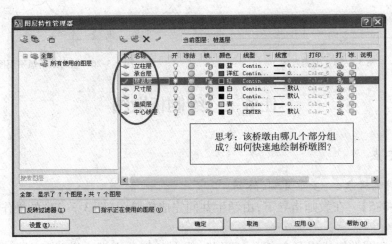

图 3-3-28 图层特性管理器

(2)绘制桥墩的对称中心线并设置线型比例

①线型的设置

命令调用方式：
◆ 命令行：Linetype。
◆ 命令快捷键：LT。
◆ 菜单栏：【格式】/【线型】。
◆ 工具栏：对象特性工具栏/【线型控制】。

调用命令后，AutoCAD 弹出线型管理器对话框，图 3-3-29 所示。

图 3-3-29　线型管理器对话框

②线型比例设置

每种线型都是由已定义的实线段、空白段、点或文本、形组成，显示在屏幕上或绘制在图纸上的长度为其定义长度与线型比例的乘积。使用系统变量 ltscale 存放线型比例值。若显示或绘制图形时线型显示不符合要求（空白段太大或太小），可以对线型比例重新设置。

采用虚线、点划线等线型时，需要调整线型比例因子，以控制线型的外观。

改变显示比例的步骤如下：

①单击【格式】/【线型】，打开【线型管理器】对话框。
②在【线型管理器】对话框中点击【显示细节】按钮，显示已经加载线型的详细信息。
③调整【全局比例因子】数值。
④单击【确定】按钮，线型的显示随之改变。

提示：如果对某个已绘制图形的线型比例进行修改，可利用标准工具栏【对象特性】按钮/【线型比例】选项卡中进行修改。

或者通过命令输入新的线型比例。

操作提示：

命令：lts
LTSCALE 输入新线型比例因子 <1.0000>：10
正在重生成模型。

（3）绘制群桩基础与承台

①绘制群桩图 3-3-30 图。

提示：该群桩的绘制运用偏移复制 OFFSET（绘制单根桩）、镜像复制 MIRROR、阵列复制 ARRAY、复制 COPY 完成。群桩的阵列绘制参数，设置矩形阵列的行数、列数、行间距和列间距，阵列角度，偏移距离和方向的正负将影响阵列的方向，间距为正值将使阵列沿 X 轴或 Y 轴正方向阵列，或阵列角度为正值沿逆时针方向阵列，负值则相反。如图 3-3-31 所示。

②绘制桥墩图第一群桩和第二部分承台,如图 3-3-32。

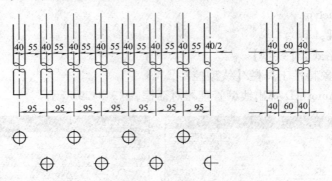

图 3-3-30　群桩的绘制

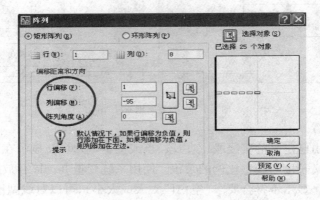

图 3-3-31　群桩的阵列绘制参数

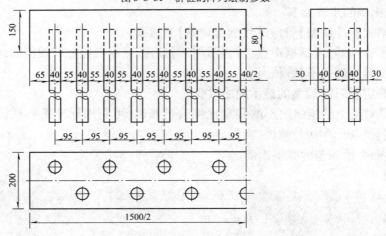

图 3-3-32　承台的绘制

操作提示:承台尺寸为 1500×200×150,故绘制矩形 750×150、200×150;在承台的侧面中心位置复制一根桩基础,然后向左移动 50,再镜像得到桩的侧面投影。

(4)绘制立柱与盖梁(图 3-3-33)。

操作提示:立柱尺寸为圆柱,直径为 80,高为 250,绘制一个立柱,再利用阵列完成,和桩的绘制相类似。

盖梁操作提示:

```
命令:_line 指定第一点:
指定下一点或 [放弃(U)]: 725
指定下一点或 [放弃(U)]: @-100,70
指定下一点或 [闭合(C)/放弃(U)]: 40
指定下一点或 [闭合(C)/放弃(U)]: 100
指定下一点或 [闭合(C)/放弃(U)]: 30
指定下一点或 [闭合(C)/放弃(U)]: 20
指定下一点或 [闭合(C)/放弃(U)]: 30
指定下一点或 [闭合(C)/放弃(U)]: @705,6
```

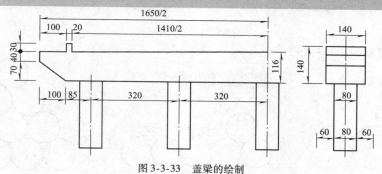

图 3-3-33 盖梁的绘制

 知识链接

图形的复制有多重复制、镜像复制、偏移复制和阵列复制。

(1)多重复制 COPY :可绘少量的相同形状的图形,也可以绘大量的相同形状的无规律的图形,若有规律,可用阵列复制。

(2)镜像复制 MIRROR :对称图形的复制。

(3)偏移复制 OFFSET :可复制封闭和未封闭图形,封闭图形可放大,也可缩小;偏移距离可为非负值;点、文本、图块不可偏移复制。

(4)阵列复制 ARRAY :有规律的图形。

1. 事半功倍的工具——复制命令

命令调用方式:

◆ 命令行:输入 Copy。

◆ 命令快捷键:CO 或 CP。

◆ 菜单命令:选择【修改】/【复制】选项。

◆ 工具栏:单击【修改】/【复制】命令图标 。

```
命令: co
COPY
选择对象:找到 1 个
选择对象:                    ←选择一个或多个要复制的对象,选择完成后按【Enter】键确认。
当前设置:   复制模式 = 多个
指定基点或 [位移(D)/模式(O)] <位移>: 指定第二个点或 <使用第一个点作为位移>:
指定第二个点或 [退出(E)/放弃(U)] <退出>:
```

选项含义：
①若指定第二点，系统即以两点所确定的位移进行复制。
②指定位移，即键入 X、Y 方向的位移分量，中间用逗号分开，按【Enter】键确认。

(1) 单一复制（图 3-3-34）

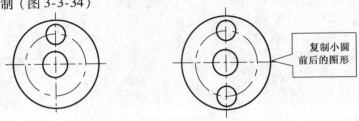

图 3-3-34 单一复制

(2) 多重复制（图 3-3-35）

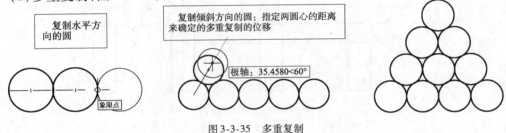

图 3-3-35 多重复制

复制倾斜方向的圆操作提示：

命令：co
COPY
选择对象：找到 1 个
选择对象：
当前设置：复制模式 = 多个
指定基点或 [位移(D)/模式(O)] <位移>：指定第二个点或 <使用第一个点作为位移>：80
指定第二个点或 [退出(E)/放弃(U)] <退出>：160
　　　　　　　　　　　　　　　　　　←假定圆的半径是 40，利用极轴捕捉复制其他的圆。
指定第二个点或 [退出(E)/放弃(U)] <退出>：240

复制与移动的区别，如图 3-3-36 所示。

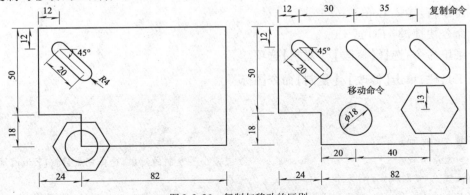

图 3-3-36 复制与移动的区别

区别：MOVE 移动命令将对象从一个位置重新定位到另一个新的位置，而 COPY 复制命令原来的位置保留对象并复制一个或者多个新的对象。

"编辑"菜单下的"复制"命令与"修改"菜单下的"复制"命令有着本质的区别,前者是将目标复制到粘贴板上,再通过"粘贴"命令才能完成复制工作,这个"复制"命令既可以在同一文件下使用,也可以在不同文件下进行图形的复制;而后者只能在同一文件中使用。

2. 有序排列图形——阵列命令(图3-3-37)

选定对象　　　　　旋转对象的环形阵列　　　　　对象不旋转的环形阵列

图3-3-37　阵列效果图

命令调用方式:

◆ 命令行:输入 Array。

◆ 命令快捷键:AR。

◆ 菜单命令:选择【修改】/【阵列】选项。

◆ 工具栏:单击【修改】/【阵列】命令图标按钮 品。

工程应用:利用矩形阵列与环形阵列绘制桩基础断面图,如图3-3-38。

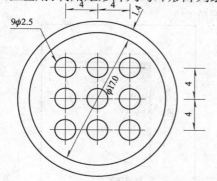
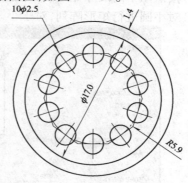

图3-3-38　桩基础断面图

矩形桩基础断面阵列的操作提示,如图3-3-39a)所示。环形桩基础断面阵列的操作提示,如图3-3-39b)所示:

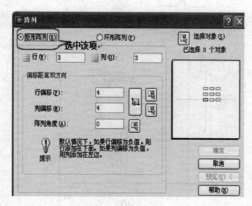
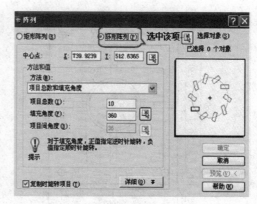

a)矩形阵列的操作提示　　　　　　　　　b)桩基础断面图的绘制

图 3-3-39

思考:绘制下面锥坡平面图。

操作提示:

(1)绘制直线 OC、OD 以及椭圆弧 CD。

(2)绘制 OE 直线,并阵列

(3)偏移椭圆弧 CD 并修剪

椭圆弧的操作提示:

```
命令:_ellipse
指定椭圆的轴端点或[圆弧(A)/中心点(C)]:_a
指定椭圆弧的轴端点或[中心点(C)]:c
指定椭圆弧的中心点:                    ←鼠标拾取 O 点为中心点
指定轴的端点:                          ←鼠标点取 C 点
指定另一条半轴长度或[旋转(R)]:         ←鼠标点取 D 点
指定起始角度或[参数(P)]:180
指定终止角度或[参数(P)/包含角度(I)]:270
```

OE 的阵列操作提示如图 3-3-40:

操作提示:

(1)按照图中的尺寸先绘制如图所示的矩形、小圆及中间大圆,并偏移大圆,小矩形。

(2)对小圆进行矩形阵列,对于小矩形进行环形阵列。

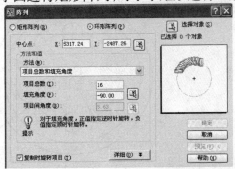
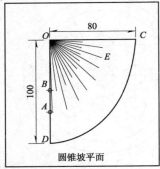

图 3-3-40 阵列操作对话框

【实训 3-3-6】 按照图尺寸要求,绘制交通标志牌底座加劲法兰盘结构图 3-3-41。

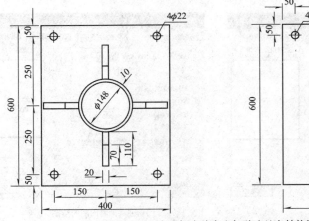

图 3-3-41 交通标志牌底座加劲法兰盘结构图

242

工程应用:利用矩形阵列绘制等间距钢筋网,如图3-3-42所示。
工程应用:利用环形阵列绘制灌注桩钢筋,图3-3-43所示。

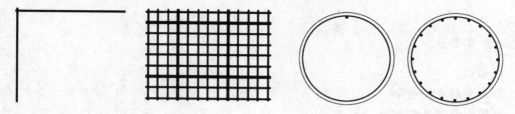

图3-3-42　等间距钢筋网　　　　　　　　图3-3-43　灌注桩钢筋

操作提示:先测试箍筋周长,根据主筋间距和箍筋周长计算阵列的个数。

【实训3-3-7】　按照图尺寸要求绘制钢筋混凝土空心板上部结构断面图,如图3-3-44所示。

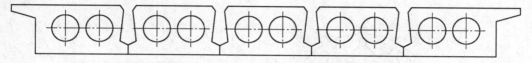

图3-3-44　钢筋混凝土空心板上部结构断面图

操作提示(图3-3-45):
(1)分别按照尺寸要求绘制空心板边板和中板断面图。
(2)多重复制空心板中板断面图。
(3)移动右侧空心板边板断面图并镜像得到左侧空心板断面图。

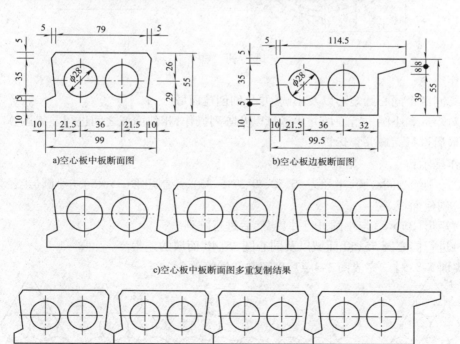

图3-3-45　钢筋混凝土空心板上部结构断面图绘制过程

任务四 编辑图形

学习要点

1. 面域。
2. 图形的变换命令。
3. 图形长度改变命令。
4. 高级编辑功能。

掌握 AutoCAD 中图形的编辑方法,在教师指导下,由学生共同完成以下操作练习。

【实训 3-3-8】 完成下图 3-3-46 的绘制,了解并掌握面域的绘制,并理解"并"、"交"、"差"等布尔运算。

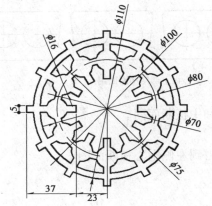

操作提示:
1. 绘制四个同心圆、相邻圆之间进行差集运算、绘制矩形以及小圆,并分别创建面域。
2. 对矩形和小圆进行阵列。
3. 进行面域并集运算。

图 3-3-46 面域

操作提示:
1. 绘制四个同心圆矩形以及小圆,并分别创建面域。
2. 对矩形和小圆进行面域并集运算以及阵列操作,相邻面域之间进行差集运算。
3. 最后进行面域并集运算。

操作提示:
(1) 分别绘制同心圆(半径为 55、50、40、37.5、35),绘制矩形(35×5)与小圆(半径为 6)。
(2) 创建面域。
(3) 矩形(35×5)与小圆进行并集,然后进行阵列。
(4) 进行同心圆 55、50 面域以及同心圆 35、40 面域的差集。

【实训 3-3-9】 完成图 3-3-47,理解并掌握缩放命令。

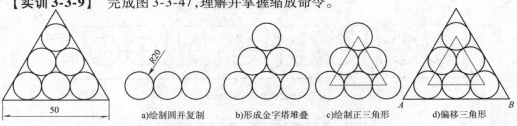

图 3-3-47 参照方式缩放图形对象示例

先满足各圆的相切关系,然后绘制多段线,并偏移多段线,最后缩放成所要求的尺寸。
操作提示:

(1)绘制一个圆(直径可任取,为便于绘图,本例取圆半径为 20),并利用对象捕捉复制水平方向两个与之相切的圆和极轴追踪复制倾斜方向的圆,如图 3-3-47a)、b)所示。

(2)用多段线命令绘制正三角形,结果如图 3-3-47c)所示。

(3)使用偏移命令 OFFSET 将正三角形向外侧偏移距离 20,得到图 3-3-47d)所示结果。

(4)用缩放命令 SCALE(命令缩写 SC)缩放至最后的结果,并删除多余三角形。
操作提示:

命令:scale	←输入命令,按【Enter】键
选择对象:指定对角点:找到 8 个	←选中前 3 步绘制的全部图形对象
选择对象:	←按【Enter】键确认对象选择完成
指定基点:	←配合对象捕捉功能捕捉到大三角形左下角点 A 作为缩放基点
指定比例因子或[复制(C)/参照(R)] <1.0000>:	
	r←输入选项参数"R",按【Enter】键,调用参照方式缩放图形对象
指定参照长度 <1.0000>:	←配合对象捕捉功能捕捉到大三角形左下角点 A 作为参照长度第一点
指定第二点:	←配合对象捕捉功能捕捉到大三角形右下角点 B 作为参照长度第二点
指定新的长度或[点(P)] <1.0000>: 50	←输入新的长度值"50",按【Enter】键,完成缩放

【实训 3-3-10】 绘制图 3-3-48 所示百分比柱状图。

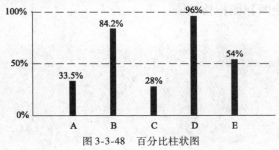

图 3-3-48 百分比柱状图

操作提示:

(1)使用直线命令绘制水平方向和竖直方向上的柱状图框架直线段,并调整线型和线宽。(线段长度为任意长度)。如图 3-3-49a)所示。

(2)打开点样式对话框,将点样式设置为任意明显可见样式。使用定数等分命令 DIVIDE 将表示横轴的直线段等分为 6 段。

(3)用多段线命令 PLINE 绘制具有一定宽度的直线段,并使用复制命令 COPY 将宽度直线复制到各等分点上。

(4)输入拉长命令 LENGTHEN(命令缩写 LEN)后按 Enter 键,绘制 A 柱状图,依次类推。
操作提示:

命令:lengthen	←输入命令,按【Enter】键
选择对象或[增量(DE)/百分数(P)/全部(T)/动态(DY)]: p	
按【Enter】键,使用百分数方式修改对象长度	←输入选项参数"P",
输入长度百分数 <100.0000>: 33.5	←输入长度百分比值,按【Enter】键确认
选择要修改的对象或[放弃(U)]:	←移动鼠标至线段 A 上端,单击鼠标左键
选择要修改的对象或[放弃(U)]:	←按【Enter】键结束修改

结果如图 3-3-49d)所示。

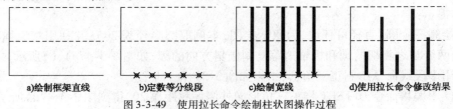

图 3-3-49　使用拉长命令绘制柱状图操作过程

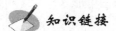

一、面域

面域指的是二维的封闭图形,由线段、多段线、圆、圆弧、样条曲线等对象围成的封闭区域,但应保证相邻对象间共享连接的端点,否则不能创建面域。

可采用"并"、"交"、"差"等布尔运算来构造不同形状的图形。

命令调用方式:

◆ 命令行:输入 REGION。

◆ 命令快捷键:REG。

◆ 菜单命令:选择【绘图】/【面域】选项。

◆ 工具栏:单击【绘图】/图标按钮 。

操作提示:

命令:_region
选择对象:找到 1 个　　　　　　　　　　　　　　　　　　　　　←选择对象
选择对象:
已提取 1 个环。
已创建 1 个面域。

布尔运算:布尔运算是一种数学上的逻辑运算,在图像处理中,通过布尔运算可以提高绘图效率,是绘制复杂图形的主要手段。布尔运算包括并运算、差运算和交运算。

1. 并运算(图 3-3-50)

并运算的命令是 Union(或者 uni),并运算是将多个面域(或实体)合并成一个面域(或实体)。

操作提示:

命令:union
选择对象:找到 2 个　　　　　　　　　　　　　　　　　　　　←选择要进行面域的对象
选择对象:

2. 差运算(图 3-3-50)

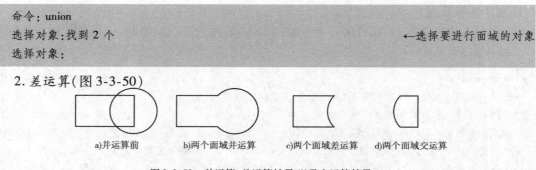

图 3-3-50　并运算、差运算结果 以及交运算结果

差运算的命令是 subtract,差运算是将多个面域(或实体)减去多个面域(或实体)。
操作提示:

命令:subtract
选择要从中减去的实体或面域... ←选择矩形面域
选择对象:找到 1 个
选择对象:
选择要减去的实体或面域.. ←选择圆面域
选择对象:找到 1 个
选择对象: ←按 Enter 键完成矩形面域减去与圆面域公共部分的操作

3. 交运算

交运算的命令是 INTERSECT,交运算是将多个面域(或实体)公共部分组成一个新面域(或实体)。
操作提示:

命令:INTERSECT
选择对象:指定对角点:找到 2 个
选择对象: ←至少必须选择 2 个实体或共面的面域

二、图形的变换见表 3-3-5

图形变换　　　　　　　　　　　　　　　　　表 3-3-5

移动 MOVE	将对象移动到另一新的位置,即把对象定位到另一新的位置,原来图形将不再在原来位置显示
旋转 ROTATE	将所选的单个或一组对象在不改变大小的情况下,绕指定的基点旋转一个角度
缩放 SCALE	将对象按指定的比例因子(包括参考值)相对于指定的基点放大或缩小,从而改变对象的尺寸大小

1. 改变构件角度——旋转命令

旋转(Rotate)命令用于将所选的单个或一组对象在不改变大小的情况下,绕指定的基点旋转一个角度,旋转后的位置将作相应的改变,即改变对象的方向。

(1)命令调用方式

◆ 命令行:ROTATE。
◆ 命令快捷方式:RO。
◆ 菜单:[修改]→[旋转]。
◆ 工具栏按钮:修改工具栏→ 。

操作提示:

命令:rotate
UCS 当前的正角方向:　ANGDIR = 逆时针　ANGBASE = 0
选择对象:指定对角点:找到 4 个
选择对象:
指定基点:
指定旋转角度,或 [复制(C)/参照(R)] <0>: ←旋转操作时选择复制的含义如图 3-3-51

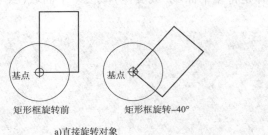

a) 直接旋转对象　　　　　　　　　　　b) 对象旋转时选择"复制"参数

图 3-3-51　旋转操作时选择复制与否的区别

（2）命令功能说明见表 3-3-6

命 令 功 能 说 明　　　　　　　　　　　　　　　表 3-3-6

基点	将要编辑对象的参考点，可以是图形中的任意点，基点的选择与实体旋转后的图形位置有关根据绘图需要指定基点，且基点最好选在已知的对象上
转角	基于当前用户坐标系测量的。旋转角度为正，选定对象将按逆时针方向旋转；反之，选定对象将按顺时针方向旋转
默认状态下	旋转操作完成后，原位置上的图形对象将被删除。选择参数"复制（C）"，然后再给出旋转角度，则可保留原位置上的图形对象
参照（不能准确知道旋转的角度值）	选择参数"参照（R）"，通过先指定某个方向作为起始参照角，然后选择一个新对象作为原对象要旋转到的位置的方式来确定旋转角度。也可以输入新角度值来指明要旋转到的方位
放弃与退出	放弃指取消误操作；退出指完成编辑

使用"参照"选项旋转图形选项操作如图 3-3-52 所示。

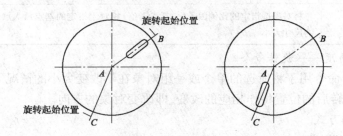

图 3-3-52　使用"参照"选项旋转图形

```
命令：rotate←输入命令，按【Enter】键
UCS 当前的正角方向：　ANGDIR = 逆时针　ANGBASE = 0
选择对象：指定对角点：找到 4 个                    ←选择键槽作为需要旋转的对象
选择对象：                                        ←按【Enter】键或单击鼠标右键确认选择的对象
指定基点：        ←配合对象捕捉工具移动鼠标捕捉到大圆圆心 A 点作为旋转基点，单击鼠标左键确认
指定旋转角度，或 [复制（C）/参照（R）] <0>：r      ←输入选项参数"R"，使用参照方式旋转对象
指定参照角 <39>：                ←配合对象捕捉工具移动鼠标捕捉到 A 点，单击鼠标左键确认
指定第二点：                     ←配合对象捕捉工具移动鼠标捕捉到 B 点，单击鼠标左键确认
指定新角度或 [点（P）] <248>：    ←配合对象捕捉工具移动鼠标捕捉到 C 点，单击鼠标左键确认
```

```
命令：_rotate
UCS 当前的正角方向：  ANGDIR=逆时针    ANGBASE=0
选择对象:指定对角点:找到 1 个
选择对象：
指定基点：
指定旋转角度,或［复制(C)/参照(R)］<60>:r     ←先指定某个方向作为起始参照角
指定参照角 <300>:@                          ←输入@是相对于基点确定第二点作为起始方向
指定第二点：                                ←与基点形成了起始方向
指定新角度或［点(P)］<0>：                  ←选择一个新对象作为原对象要旋转到的位置
                                            ←如将键槽由直线 AB 位置旋转到直线 AC 位置
```

【实训 3-3-11】 完成图 3-3-53 的绘制。

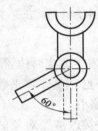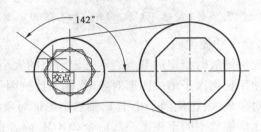

图 3-3-53　旋转

操作提示：

```
命令：
ROTATE
UCS 当前的正角方向：  ANGDIR=逆时针    ANGBASE=0
选择对象:指定对角点:找到 1 个
选择对象：
指定基点：
指定旋转角度,或［复制(C)/参照(R)］<0>: -60    ←绝对角度方式,指定旋转基点并输入绝对角度
```

```
命令：_rotate
UCS 当前的正角方向：  ANGDIR=逆时针    ANGBASE=0
选择对象:指定对角点:找到 1 个
选择对象：
指定基点：                                                      ←圆心为基点
指定旋转角度,或［复制(C)/参照(R)］<60>:  r
指定参照角 <300>:@
指定第二点：                           ←水平线段的中点为第二点,斜线的交点(为新角度)
指定新角度或［点(P)］<0>：
```

2. 变比例绘图——缩放命令

"比例(Scale)"命令用于将对象按指定的比例因子(包括参考值)相对于指定的基点放

大或缩小,从而改变对象的尺寸大小。如图3-3-54所示。

(1)命令调用方式
- 命令行:输入Scale。
- 快捷键:SC。
- 菜单命令:选择【修改】/【比例】选项。
- 工具栏:单击修改工具栏→【比例】图标按钮🔲。

操作提示:

直接缩放对象:

```
命令:scale                                           ←输入命令,按【Enter】键
选择对象:指定对角点:找到11个
                                                     ←选中形对象
选择对象:                                            ←按【Enter】键确认对象选择完成
指定基点:           ←配合对象捕捉功能,捕捉到圆心位置,单击鼠标左键,将圆心作为缩放基点
指定比例因子或[复制(C)/参照(R)]<1.0000>:2   ←输入比例因子,按【Enter】键,完成比例缩放
```

(2)命令功能说明

①比例缩放时指定的基点表示选定对象的大小发生改变时位置保持不变的点。

②使用比例因子缩放图形对象时,输入比例因子必须是非零正数,比例因子大于1,则选中图形对象放大;比例因子小于1,则选中图形对象缩小。

③比例缩放不同于视图缩放命令ZOOM,前者直接改变了对象的实际尺寸,而后者仅仅是改变了对象在屏幕上的显示大小,对图形对象的实际尺寸并无任何影响。

④利用比例缩放命令可以使某些图形的绘制变得简单,例如需要绘制某个结构物或者构造物的局部大样图时,可以先将需要放大的部分复制下来,在利用比例缩放、修剪等工具即可完成局部放大图。

参照方式缩放对象:

有时需要缩放的图形对象比例因子无法得知,或者需要经过复杂的计算,这时,使用指定比例因子方式缩放图形对象就不那么方便了。绘图时可以先以任意尺寸绘出图形的形状,再利用参照方式缩放对象,使图形对象满足尺寸要求。

重点提示:以参照长度模式R来缩放图形是指输入一个数值或拾取两点来指定一个参考长度(第一个数值),然后再输入新的数值或拾取另外一点(第二个数值),则计算两个数值的比率,并以此比率作为比例缩放因子。

```
命令:_scale
选择对象:指定对角点:找到10个
选择对象:
指定基点:
指定比例因子或[复制(C)参照(R)]<1.00>:c
缩放一组选定对象。
指定比例因子或[复制(C)参照(R)]<1.00>:r
指定参照长度<1.00>:指定第二点:
指定新的长度或[点(P)]<1.00>:75
```

复制(C)缩放操作提示,如图3-3-54所示。

a)缩放前的长方体

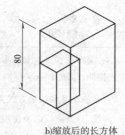
b)缩放后的长方体

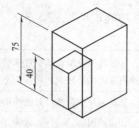
c)参照复制缩放后的长方体

图 3-3-54　复制缩放

三、改变长度命令（见表 3-3-7）

改变长度命令　　　　　　　　　　　　　表 3-3-7

命令	说明
拉伸"Stretch"	用于按指定的方向和角度拉伸或缩短图形。可以移动图形的指定部分，同时保持图形未动部分相连
拉长"Lengthen"	可以修改直线长度或圆弧的长度以及圆心角度
延伸"EXTEND"	将线段、曲线等对象延伸至选定的边界对象处，使其与边界对象相交；也可将对象延伸到与一隐含的边界相交
合并"JOIN"	连接某一连续图形的两个部分将其合并为一个对象，或将某段圆弧闭合为整圆

1. 拉伸命令

如果想调整图形中某部分实体的位置，可以使用 STRETCH 命令。如图 3-3-55 所示。

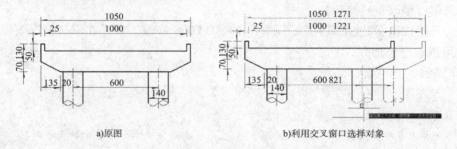

a)原图　　　　　　　　　　　　　b)利用交叉窗口选择对象

图 3-3-55　使用拉伸命令调整对象长度和位置操作过程

（1）命令调用方式

◆ 命令行：STRETCH。

◆ 命令快捷方式：S。

◆ 菜单：[修改]→[拉伸]。

◆ 工具栏按钮：修改工具栏→▱。

操作提示：

```
命令：stretch                                    ←输入命令，按【Enter】键
以交叉窗口或交叉多边形选择要拉伸的对象…
选择对象：指定对角点：找到 11 个    ←以交叉窗口方式选择需要拉伸的对象，单击鼠标左键确认
选择对象：                                       ←按【Enter】键或单击鼠标右键确认选择的对象
指定基点或 [位移(D)] <位移>：            ←在绘图区任意位置单击鼠标左键，指定基点
指定第二个点或 <使用第一个点作为位移>：   ←输入第二点的相对坐标，按【Enter】键，完成修改工作
```

(2)命令功能说明见表3-3-8

拉伸命令功能说明　　　　　　　　　　　　　　表3-3-8

拉伸命令 STRETCH	①通过改变端点的位置来修改图形对象,编辑过程中除被伸长、缩短的对象外,其他图形元素的大小及相互间的几何关系将保持不变,来完成拉伸、缩短及移动实体的操作
	②图形对象的选择只能使用交叉窗口方式或交叉多边形方式完成
	③拉伸圆弧、椭圆弧、直线、多段线段、多线、样条曲线以及使用矩形命令RETCANG绘制的矩形和正多边形命令POLYGON绘制的正多边形等其中多段线按照一段一段的直线和圆弧处理
	④对象完全包含在交叉窗口或交叉多边形里面,则此时拉伸命令与使用移动命令MOVE的效果一样
	⑤定拉伸距离和方向可以使用鼠标直接在屏幕上指定两个点,这两点的距离和方向代表了拉伸实体的距离和方向。另外也可以通过输入两点之间的绝对坐标或相对坐标来确定拉伸的距离和方向

提示: "修改"菜单下的"延伸"命令和"拉伸"命令有着本质的区别,前者是将目标延伸到所选界限,而后者则不设界限,可通过输入数值确定拉伸的距离。

2．拉长命令

拉长命令LENGTHEN可以改变所选对象的长度以及圆弧的圆心角度。它可用来拉长或缩短直线、多段线、圆弧和椭圆弧,对样条曲线只能缩短。对闭合的图形对象,如圆、矩形等只起测量作用,不能改变其长度。

(1)命令调用方式

◆ 命令行:LENGTHEN。

◆ 命令快捷方式:LEN。

◆ 菜单:[修改]→[拉长]。

◆ 工具栏按钮:修改工具栏→✎。(AutoCAD 2008修改工具栏在默认情况下没有此图标,用户可以自己添加)

操作提示:

命令: lengthen
选择对象或[增量(DE)/百分数(P)/全部(T)/动态(DY)]:
←提示下如果没有输入选项参数而直接选择对象,则会在命令提示行中显示被选中对象的长度和角度值

(2)命令选项说明见表3-3-9

3．延伸命令

可以将线段和曲线等延伸到一个边界对象,使其与边界对象相交,或者与边界的隐含部分(延长线)相交。

命令选项说明　　　　　　　　　　　　　　表3-3-9

增量(DE)	通过输入增减量值调整长度或角度。修改对象长度时,输入值为正,对象将拉长,为负时缩短
百分数(P)	通过指定对象总长度的百分数来调整对象长度。长度百分数必须为非零正数,输入值在0到100之间时,对象缩短;取值等于100时,对象长度不变;取值大于100时,对象长度增加
全部(T)	通过指定从固定端点测量的总长度的绝对值来修改选定对象的长度
动态(DY)	通过鼠标移动拖动选定对象的端点之一来改变其长度。其他端点保持不变
无论使用哪种方式调整对象长度或圆弧的圆心角度,拉长命令会从距离选择点最近的端点处开始	

(1) 命令调用方式
◆ 命令行:输入 EXTEND。
◆ 命令快捷方式:EX。
◆ 菜单命令:选择【修改】/【延伸】选项。
◆ 工具栏:修改工具栏→延伸图标按钮 。
操作提示：

命令：_extend
当前设置:投影=UCS,边=延伸
选择边界的边...
选择对象或 <全部选择>: 找到 1 个　　　←使用鼠标单击选中直线段 C 作为延伸边界
选择对象：　　　　　　　　　　　　　　←按【Enter】键或单击鼠标右键确认选择的对象
选择要延伸的对象,或按住 Shift 键选择要修剪的对象,或
[栏选(F)/窗交(C)/投影(P)/边(E)/放弃(U)]:　　←使用鼠标单击选中直线段 A 完成延伸

如图 3-3-56 所示,可以使用延伸命令将直线 A、B 延伸到直线 C 上。

延伸线段 A、B 到 C　　　　　　　　　　　结果

图 3-3-56　使用延伸命令延长线条

命令：extend　　　　　　　　　　　　　　←输入命令,按【Enter】键
当前设置:投影=UCS,边=无
选择边界的边...
选择对象或 <全部选择>: 找到 1 个　　　←使用鼠标单击选中直线段 C 作为延伸边界
选择对象：
选择要延伸的对象,或按住 Shift 键选择要修剪的对象,或
[栏选(F)/窗交(C)/投影(P)/边(E)/放弃(U)]:e
　　　　　　　　　　　　　　　　　　　←输入选项参数"E",按【Enter】键,调用边界设置选项
输入隐含边延伸模式[延伸(E)/不延伸(N)] <不延伸>: e
　　　　　　　　　　　　　　　　　　　←输入选项参数"E",按【Enter】键,设置边界为延伸模式
选择要延伸的对象,或按住 Shift 键选择要修剪的对象,或
[栏选(F)/窗交(C)/投影(P)/边(E)/放弃(U)]::　　←使用鼠标单击选中直线段 B 完成延伸

(2) 命令选项说明见表 3-3-10

命 令 选 项 说 明　　　　　　　　　　　　　表 3-3-10

栏选(F)	通过绘制连续折线的方式选择需要修剪的对象,与折线相交的所有对象将被延伸
窗交(C)	以交叉窗口方式选择修剪对象,与窗口具有交叉关系和包容关系的所有对象将被延伸
投影(P)	该选项用于设置执行修剪的空间。例如,三维空间中两条线段呈交叉关系,用户可利用该选项假想将其投影到某一平面上执行延伸操作
边(E)	设定是否将对象延伸到隐含边界(延长线)。选择"延伸(E)"方式进行延伸,则在此方式下,即使边界边太短且延伸对象后不能与其直接相交,AutoCAD 会假想将边界边延长,然后使延伸边伸长到与边界相交的位置。否则将只能延伸与边界边可以直接相交的对象

253

技巧:
①若在"选择对象"提示直接按空格键或是【Enter】键,则绘图区中所有的对象可以为互相边界和被延伸对象,此时系统会在选择的对象中自动判断边界。
②延伸命令调用后,首先提示选择的对象是作为延伸边界的对象,伸边界可以有多条,确认后,再选择被延的对象。连续选择被延伸的对象,可延伸多个对象,直到按【Enter】键结束命令。
③有效的边界对象可以是二维和三维多段线、圆弧、圆、椭圆、直线、样条曲线、文字和构造线等。如果边界对象是具有一定宽度的多段线,则 AutoCAD 将忽略名段线的宽度,而将对象延长到多段线的中心线位置。
④利用鼠标拾取需要延伸的部分时,如果按住【Shift】键,系统就自动将"延伸"命令转换成"修剪"命令。
⑤选择需要延伸的对象时,拾取点的位置决定了延伸的方向,延伸发生在拾取点的一侧

4. 合并命令(图 3-3-57)

图 3-3-57 合并命令

(1)命令调用方式
◆ 命令行:JOIN。
◆ 命令快捷方式:J。
◆ 菜单:[修改]菜单→[合并]选项。
◆ 工具栏按钮:修改工具栏→合并图标按钮 ╌╌ 。

操作提示:

命令:
JOIN 选择源对象:
选择圆弧,以合并到源或进行[闭合(L)]: l
已将圆弧转换为圆。

(2)命令功能说明
①使用合并命令 JOIN 可以将相似的对象合并为一个对象。也可以使用圆弧和椭圆弧创建完整的圆和椭圆。可以使用合并命令的对象包括:圆弧、椭圆弧、直线、多段线、样条曲线。
②要将相似的对象与之合并的对象称为源对象。要合并的对象必须位于相同的平面上。合并两段或多段圆弧(椭圆弧)时,将从源对象开始沿逆时针方向进行合并操作。
③当源对象是直线时,合并对象只能是直线且必须与之共线,源对象与合并对象之间可以有间隙;源对象是多段线时,合并对象可以是直线、多段线或圆弧。源对象与合并对象之间不能有间隙,并且必须位于同一平面上;源对象是圆弧(椭圆弧)时,合并对象只能是圆弧(椭圆弧),并且圆弧(椭圆弧)对象于源对象必须位于同一假想的圆(椭圆)上,但是它们之间可以有间隙,选择"闭合"选项可将源对象圆弧(椭圆弧)转换成完整圆(椭圆);源对象是样条曲线时,合并对象可以是样条曲线和螺旋,但源对象与合并对象必须相接(端点对端点),合并完成后将形成新的单个样条曲线。

四、高级编辑命令

每个图形,每个线条都有其不同的颜色、粗细、线型(实线、虚线或中心线)图层、高度、文字样式等,在 AutoCAD 中,图形实体的这些特性被称为对象属性。改变实体的形状、大小,实质上就是在改变其属性。例如,在使用虚线绘制图形对象时,由于线型比例不合适,导致虚线各段间距过大或过小,通过改变虚线对象的特性,可以快速调整其线型比例。

下面介绍如何运用夹持点操作来进行编辑,以及如何改变对象的属性和对象特性的匹配问题。

1. 运用夹持点操作

在 AutoCAD 中,系统还提供了一种简单实用的编辑方法,那就是利用图形对象的关键点来拉伸、移动或复制对象。

夹持点的定义:AutoCAD 中,在未执行任何命令的情况下,当选择要编辑某个对象后,对象的控制点上将出现一些小的蓝色正方形框,这些正方形框被称为对象的冷夹持点。

图形对象上可以控制其位置和大小的关键点。用鼠标单击其中一个,冷夹持点变为热夹持点,热夹持点以高亮度的颜色显示,图 3-3-58 所示。

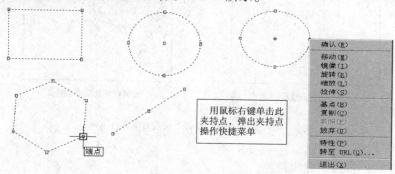

图 3-3-58 夹持点的定义

操作提示:

命令:
＊＊拉伸＊＊
指定拉伸点或 [基点(B)/复制(C)/放弃(U)/退出(X)]:

2. 使用对象特性命令改变对象属性

AutoCAD 提供了一个专门进行图形实体属性编辑和管理的工具——属性管理器,在属性管理器中,图形实体的所有属性均一目了然,修改起来极为方便。

(1)命令调用方式

◆ 命令行:PROPERTIES。

◆ 命令快捷方式:PR。

◆ 键盘快捷方式:【Ctrl】+【1】。

◆ 菜单:[标准]→[特性]。

◆ 工具栏按钮:标准工具栏→ 。

根据选择的对象不同,"特性"对话框中显示的对象属性项目也不同,如图 3-3-59。

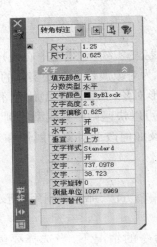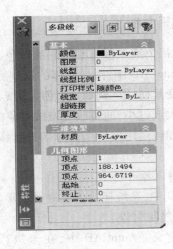

图 3-3-59 特性工具板

在使用虚线绘制图形对象时,由于线型比例不合适,导致虚线各段间距过大或过小,通过改变虚线对象的特性,可以快速调整其线型比例。图 3-3-60 所示。

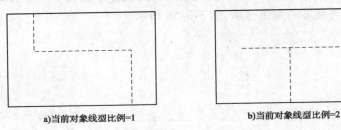

a)当前对象线型比例=1　　　　b)当前对象线型比例=2

图 3-3-60　使用对象特性命令修改对象属性示例

【操作步骤】

①选中图 3-3-60a)中虚线对象。

②单击"标准"工具栏上的 按钮,打开图 3-3-61 所示"特性"对话框。

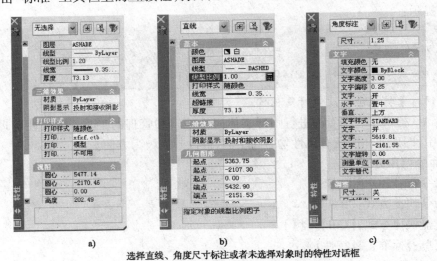

a)　　　　　　　　b)　　　　　　　　c)

选择直线、角度尺寸标注或者未选择对象时的特性对话框

图 3-3-61　特性工具板

③使用鼠标点击"线型比例"选项,激活线型比例文本框,在其中输入新的线型比例值 2（系统默认值为 1）,按【Enter】键后,绘图区中的虚线立即更新,显示修改后的结果如图 3-3-60b)所示。

④点击"特性"对话框左上角 ✖ 按钮关闭"特性"对话框。

（2）命令功能说明

根据选择的对象不同,"特性"对话框中显示的对象属性项目也不同,图 3-3-61a)为不选择任何对象时的特性工具板。选中对象后,工具板中将会列表显示所选中对象的当前属性数据,如图 3-3-61b)所示为选中直线时所显示的对象特性。此时,只要点击欲修改特性选项就可以通过对话框或下拉菜单或直接键入新的数据等方式对对象的属性进行修改。修改完成,按【Enter】键后直接关闭特性工具板,对象将改变为新的特性。

3. 使用对象特性匹配修改对象属性

特性匹配命令 MATCHPROP 是一个非常有用的编辑工具,利用特性匹配功能可以将目标对象的属性与源对象的特性进行匹配,使目标对象的特性与源对象相同。特性匹配功能可以快捷地修改对象特性,并使不同的对象具有相同的特性。如图所示,如果需要将圆的特性调整为与虚线 AB 一致,包括线型、所在图层、颜色等,可以在调用特性匹配命令MATCHPROP 后,根据提示依次选择对象完成调整。

（1）命令调用方式

◆ 命令行:MATCHPROP。

◆ 命令快捷方式:MA。

◆ 菜单:[修改]→[特性匹配]。

◆ 工具栏按钮:标准工具栏→特性匹配图标按钮 ✎。

操作提示(图 3-3-62):

```
命令:_matchprop
选择源对象:                                         ←使用鼠标选中虚线段 AB
当前活动设置:  颜色 图层 线型 线型比例 线宽 厚度 打印样式 标注 文字 填充图案 多段线 视口 表
格材质 阴影显示 多重引线
选择目标对象或［设置(S)］:                           ←使用鼠标选中圆
选择目标对象或［设置(S)］:                           ←按【Enter】键完成特性匹配操作
```

（2）命令功能说明

AutoCAD 的特性匹配功能类似于 OFFICE 系列软件中提供的"格式刷"功能,它可以复制某一个对象的基本特性,如颜色、图层、线型、线宽等,然后将其应用到另外一个或一组对象当中去,从而达到修改目的。

需要复制修改的特性项目可以通过在"选择目标对象或[设置(S)]:"提示下选择参数"S"打开如图 3-3-63 所示"特性设置"对话框来完成。

4. 剪贴板编辑

剪贴板是 Windows 系统中各应用程序之间进行数据交换的主要方式之一,通过剪贴板可以在不同的文件之间进行挪移,拷贝需要的内容。

①复制命令 📋 复制到剪贴板 (Ctrl+C):该命令将选定的对象复制到剪贴板中。

②剪切命令 ![] 剪切到剪贴板(Ctrl+X)：该命令将选定的对象复制到剪贴板并从图形中删除对象。

利用剪贴板粘贴命令 ![] 从剪贴板粘贴(Ctrl+V)，可以把一些应用程序中的文字、表格等直接调入 AutoCAD 中。

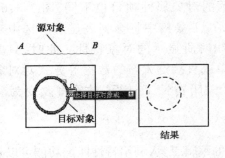

图 3-3-62　特性匹配

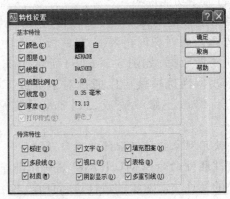

图 3-3-63　"特性设置"对话框

项目四　书写文字、表格以及尺寸标注

在 AutoCAD 设计和绘制图形的工作中，一幅完整的工程图样不仅需要使用相关的绘图命令、编辑命令以及绘图辅助工具绘制出图形，另外还需要加以一些必要的文字和尺寸标注，由此来增加图形的可读性，表达图形不易表达的内容，使图形信息变得准确和容易理解。

任务一　绘制道路路线纵断面图的资料部分

学习要点

1. 掌握新建和修改文字样式的方法。
2. 学会书写单行文字和多行文字的方法。
3. 了解如何在文字中输入特殊文字。
4. 编辑文字。

在教师指导下，由学生共同完成路线纵断面图资料部分的操作练习。熟悉单行文字、多行文字的使用，掌握文字式样与文字编辑的方法。

【实训 3-4-1】　完成纵断面图的资料部分(图 3-4-1)。

操作提示：

(1)单击【格式】菜单中【文字样式】子菜单，打开"文字样式"对话框(图 3-4-2)，进行文字样式的设置。

(2)书写纵断面资料的桩号、高程等文字内容：绘制矩形框，运用多行文字书写命令，设置好各参数,然后多重复制。

多行文字操作提示:

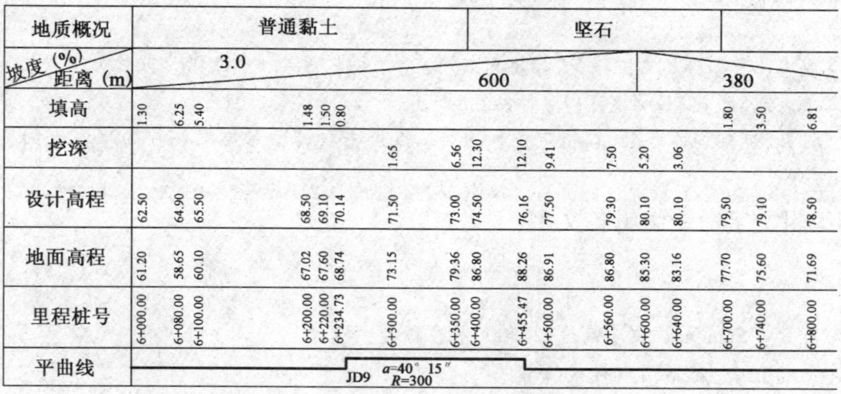

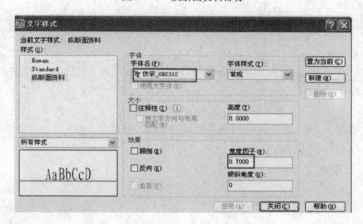

图 3-4-1　纵断面资料部分

图 3-4-2　文字样式对话框

```
命令:mt                                    ←输入多行文字命令,按【Enter】键
MTEXT 当前文字样式:"Standard"  文字高度: 2.5  注释性: 否
指定第一角点:                                            ←指定第一角点,
指定对角点或 [高度(H)/对正(J)/行距(L)/旋转(R)/样式(S)/宽度(W)/栏(C)]: j
                        ←可以指定对角点,也可以进行有关参数的设置,输入对正选项
输入对正方式 [左上(TL)/中上(TC)/右上(TR)/左中(ML)/正中(MC)/右中(MR)/左下(BL)/中下
(BC)/右下(BR)]
  <左上(TL)>:ml                                    ←输入对正方式
指定对角点或 [高度(H)/对正(J)/行距(L)/旋转(R)/样式(S)/宽度(W)/栏(C)]: h
指定文字高度 <0>: 3.5                              ←输入文字高度
指定对角点或 [高度(H)/对正(J)/行距(L)/旋转(R)/样式(S)/宽度(W)/栏(C)]: r
指定旋转角度 <4>: 90                              ←输入文字角度
指定对角点或 [高度(H)/对正(J)/行距(L)/旋转(R)/样式(S)/宽度(W)/栏(C)]:
                                    ←输入多行文字宽度范围的对角点
```

命令：_copy
选择对象：找到5个
　　　　←里程桩号对象向上复制得到地面高程、设计高程、填、挖数字，调整和行距，然后选中这五个数字
选择对象：
指定基点或［位移(D)］＜位移＞：指定第二个点或 ＜使用第一个点作为位移＞：　　　　←选定基点
指定第二个点或［退出(E)/放弃(U)］＜退出＞：
←把正交打开，鼠标向右移动，在指定位移的第二点点击右键粘贴里程桩号的单位比例换算的单元格所有数据

(3) 用编辑文字命令编辑各文字。

命令：dt
TEXT
当前文字样式："Standard"文字高度：2.5000　注释性：否
指定文字的起点或［对正(J)/样式(S)］：
　　　　　　　　　　←指定文字的起点该选项为默认选项，输入或者拾取文字的起点位置
指定高度＜2.5000＞：5
←可以输入根据出图比例设置文字高度(出图比例时1:100,字高就是500)或者拾取两点，以两点之间的距离为字高
指定文字的旋转角度 ＜0＞：
←输入所注写的文字与x轴正方向的夹角，可以输入或者拾取两点，以两点的边线与x轴正方向的夹角为旋转角
输入文字：
←输入要注定的文字，输入后用【Enter】键换行，连续两次，结束命令

(4) 左侧单行文字的操作。
文字坡度%与距离文字的输入提示。

命令：
DTEXT　　　　　　　　　　　　　　　　　　　　　　　　←输入单行文字命令，按【Enter】键
当前文字样式："纵断面资料"　文字高度：3.5000　注释性：否
指定文字的起点或［对正(J)/样式(S)］：
指定高度 ＜3.5000＞：
指定文字的旋转角度 ＜0＞：　　　　　　　　　　·←由两点连线方向来确定旋转角度

里程桩号、地面高程等文字的输入提示：
绘制矩形框以及矩形的一条对角线，输入执行单行文字的操作。

命令：dt
TEXT　　　　　　　　　　　　　　　　　　　　　　　　←输入单行文字命令，按【Enter】键
当前文字样式："STANDARD"　文字高度：7.30　注释性：否
指定文字的起点或［对正(J)/样式(S)］：j
输入选项
［对齐(A)/调整(F)/中心(C)/中间(M)/右(R)/左上(TL)/中上(TC)/右上(TR)/左中(ML)/正中(MC)/右中(MR)/左下(BL)/中下(BC)/右下(BR)］：m
指定文字的中间点：　　　　　　　　　　　　　　　←捕捉对角线的中点为文字的起点
指定高度 ＜7.30＞：5
指定文字的旋转角度 ＜0.00＞：

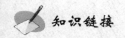

一、新建文字标注样式

在输入文字之前,首先要设置文字样式,文字样式包括字体、字高、宽度比例等内容。
命令的调用方式:
- 命令行:输入 STYLE。
- 命令快捷键:输入 ST。
- 菜单栏:【格式】/【文字样式】。
- 文字工具栏:单击文字工具栏文字样式按钮。

当调用文字样式后将打开如图 3-4-3"文字样式"管理器对话框。

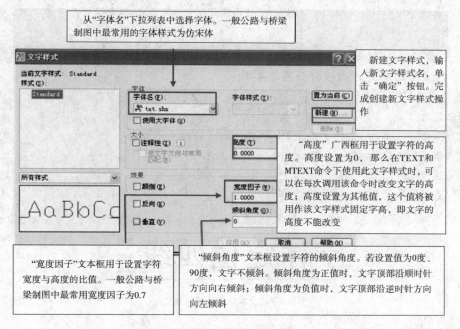

图 3-4-3 文字样式对话框

在"文字样式"对话框完成了必要的修改后,单击"应用"按钮将确认修改的设置,然后单击"关闭",退出"文字样式"对话框。

提示:使用字体名下拉列表选择字体时,往往对应同种字体名有两种表示方式,区别在于字体名前是否加"@"符号,如仿宋体在选择时会有 仿宋 GB2312 和 @仿宋_GB2312 两种情况。前者实体是按正常方式书写,后者按单行文字旋转90°书写。

二、书写单行文字

用于图形中输入不需要进行复杂排版的简短内容,可以使用单行文字完成书写。例如在工程图纸中的标题栏的书写。

1. 命令调用方式
- 命令行:TEXT/DTEXT。

◆ 命令快捷键：输入 DT。
◆ 菜单：【绘图】→【文字】→【单行文字】。

激活文字命令后，操作提示：

命令：dt
TEXT
当前文字样式："Standard" 文字高度：2.5000 注释性：否
指定文字的起点或[对正(J)/样式(S)]：
　　　　　　　　　　　　←指定文字的起点该选项为默认选项，输入或者拾取文字的起点位置
指定高度 <2.5000>：5
←可以输入根据出图比例设置文字高度(出图比例时1：100，字高就是500)或者拾取两点，以两点之间的距离为字高
指定文字的旋转角度 <0>：
←输入所注写的文字与X轴正方向的夹角，可以输入或者拾取两点，以两点的连线与X轴正方向的夹角为旋转角
输入文字：　　　　　　　　←输入要注写的文字，输入后用【Enter】键换行，连续两次，结束命令

2. 单行文字的对齐方式操作如图3-4-4

命令：dt
TEXT
当前文字样式："Standard" 文字高度：20.0000 注释性：否
指定文字的起点或[对正(J)/样式(S)]：j
输入选项
[对齐(A)/调整(F)/中心(C)/中间(M)/右(R)/左上(TL)/中上(TC)/右上(TR)/左中(ML)/正中(MC)/右中(MR)/左下(BL)/中

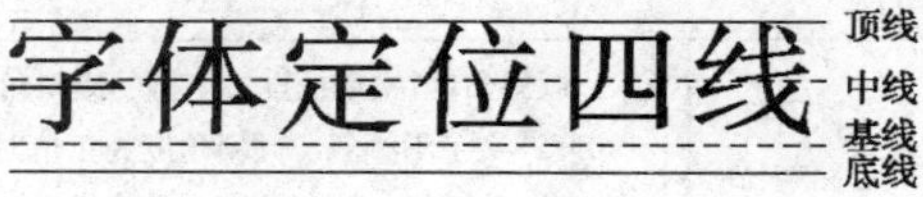

图3-4-4　文本排列位置的基准线

各符号的含义：

对齐(A)——通过输入两点确定字符串底线的长度，输入文字的多少确定字高、字高与字宽比例不变。输入的文字越多，字就越小。

调整(F)——通过输入两点确定字符串底线的长度和原设定好的字高确定字的定位，即字高始终不变。两定位点确定后，输入的字越多，字就越窄。

中心(C)——定位点设定在字符串基线的中点。

中间(M)——定位点设定在字符串的中间。

右(R)——定位点设定在字符串基线的右端。

TL——顶部左侧，ML——中间左侧，TC——顶部中间，MC——中间中间，TR——顶部右侧，MR——中间右侧，BL——底部左侧，BC——底部中间，BR——底部右侧，Start——基线左端。

【实训3-4-2】 绘制工程图纸的右下角的标题栏，如图3-4-5所示。
操作提示(图3-4-6)：

(1)根据图示尺寸绘制标题栏线框图。
(2)设置文字样式,并将新的文字样式设置为当前样式。
(3)在需要书写单行文字的线框内绘制辅助对角线。
(4)执行单行文字的书写,删除对角线,复制其他文字,并进行文字编辑得到图标题栏。

图 3-4-5 使用单行文字书写标题栏

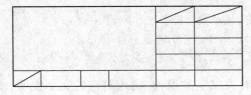 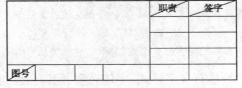

图 3-4-6 使用单行文字书写标题栏操作过程

3. 特殊的文本字符与符号选项

工程图中用到得许多符号都不能直接通过键盘输入,比如直径符号"φ"等,在书写单行文字时可以通过以下几种方式完成。

(1)百分号引导法

特殊的文本符号除了可以通过"多行文字编辑器"对话框输入外,还可以通过控制字符方式输入。输入特殊文本字符时控制字符均以两个百分号开始(％％),然后输入控制符。见表 3-4-1 所示。

特殊符号控制码　　　　　表 3-4-1

代　码	对应特殊字符及功能	代　码	对应特殊字符及功能
％％O	打开或关闭文字上划线	％％P	标注正负号(±)
％％U	打开或关闭文字下划线	％％C	标注直径符号(φ)
％％D	标注单位符号"度"("°")	％％％	标注百分比符号("%")

(2)键盘输入法

可以利用软键盘输入希腊字母、数学符号、标点符号、罗马数字等符号,使用完毕后要返回 PC 键盘。

(3)复制粘贴

对于一些特殊的符号如"≧"、"～"、"√"、"∞"等,可以从 Word 等文本编辑软件中复制到 windows 剪贴板中,然后回到 AutoCAD 中,执行单行文字命令后,粘贴到文本窗口中,这样可以在 AutoCAD 的单行文字书写中写出所需要的特殊字符。

(4)图形法

AutoCAD 是一款功能十分丰富的图形软件,绘制图形是它的强项,所以对于十分复杂的符号也可以用软件直接绘制,这时要求使用者要有熟练的操作技巧。

注意:特殊符号录入过程中需要注意字体与字符的兼容性,如果一些特殊符号或汉字输入后无法辨认或显示"?",表明当前字体与特殊符号或汉字不兼容,可以通过更改字体来解决显示问题。

三、书写多行文字

【实训 3-4-3】 使用多行文字书写下列文字说明。

说明：

(1) 本图尺寸除钢筋直径以 mm 计外，其余均以 cm 计。

(2) 待空心板就位后，N10 筋与顶板相对应的钢筋绑扎。

操作提示：

(1) 在命令提示行输入多行文字命令 MT，根据 AutoCAD 2008 的提示进行下列操作。

```
命令：mt
MTEXT 当前文字样式："纵断面资料"  文字高度：12.5000  注释性：否
指定第一角点：        ←绘图区域任意位置单击鼠标左键指定多行文字的第一角点
指定对角点或 [高度(H)/对正(J)/行距(L)/旋转(R)/样式(S)/宽度(W)/栏(C)]：
←移动鼠标拖出一个矩形窗口，在适当位置单击鼠标左键，打开文字格式对话框和多行文字输入窗口。
```

(2) 进行文字样式、字体高度、倾斜角度等有关文字的设置，输入对应的文字说明，单击文字格式对话框上的确定按钮，完成多行文字的书写。

多行文字是以段落方式"处理"文字。段落的宽度是由指定的矩形框决定。这样就可以很容易地将绘制的文本作为一个整体，用左、右、中对正方式进行自动排版。每个多行文字段无论包含多少字符，都被认为是一个单个对象。

1. 命令调用方式

◆ 命令行：MTEXT。

◆ 命令快捷键：输入 T 或者 MT。

◆ 菜单栏：【绘图】→【文字】→【多行文字】。

◆ 工具栏：单击"绘图"工具栏→A 按钮。

启动"多行文字"命令后，光标在绘图窗口中单击指定一角点并向上移动鼠标指定第二角点绘制一个矩形框，并打开多行文字处理器。其矩形框用于指定多行文字的输入位置和大小，箭头指示文字书写的方向，如图 3-4-7 所示。

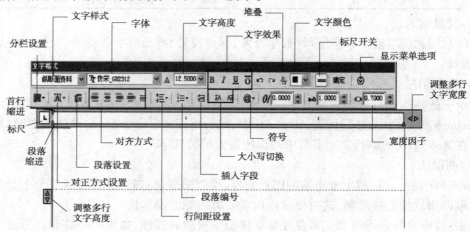

图 3-4-7 多行文字编辑器

2. 分数形式

使用"/"或"#"连接分子与分母,选择分数文字,单击"堆叠" 按钮,即可显示为分数的表达方式。

3/4 → $\frac{3}{4}$ 3#4 → $\frac{3}{4}$

3. 上、下标形式

使用"^"字符标识文字,将"^"字符放在文字之后,然后将其与文字都选中,并单击堆叠 按钮,即可设置所选文字为上标字符。使用"^"字符标识文字,将"^"字符放在文字之前,然后将其与文字都选中,并单击堆叠 按钮,即可设置所选文字为下标字符。

100²^ → 100^2 m3^ → m^3 100^2 → 100_2

4. 添加特殊符号

对于多行文字中添加特殊符号,除了单行文字中添加特殊符号的方法外,还可以直接使用多行文字编辑器中的"符号"选项菜单添加。

特殊符号的输入:单击"文字格式对话框"的@"符号"选项的"其他"打开"字符映射表"对话框(图3-4-8),其中包含了系统中每种可用字体的整个字符集。在对话框中找到需要的特殊符号,单击【选择】按钮选中要添加的符号复制到剪贴板中,然后关闭字符映射表对话框,回到多行文字编辑器中,再单击【Ctrl + V】组合键,将保存在剪贴板中的符号粘贴在多行文字中。

图 3-4-8　字符映射表

四、文字的编辑

无论是单行文字还是多行文字,均可直接通过双击来编辑,此时实际上是执行了 DDEDIT 命令。

该命令的特点如下:

编辑单行文字时,文字全部被选中,因此,直接输入文字,则文本原内容均被替换。退出文字编辑状态,可在其他位置单击或者按【Enter】键。编辑多行文字时,多行文字编辑器将重新激活,可以对多行文字进行编辑修改,修改完成后点击确定按钮保存修改内容并退出多行文字编辑器,也可以执行相关文字编辑命令的操作。

要修改文字的特性,可在选中文字后单击"标准"工具栏中的"对象特性按钮",打开单行文字的"特性"面板。利用该面板可修改文字的内容、样式、对正方式、高度、宽度比例等。

命令调用方式:
- 命令行:DDEDIT。
- 菜单栏:修改→文字。
- 工具栏:单击"修改 II"工具栏中→按钮 。

操作提示:

命令:ddedit
选择注释对象或 [放弃(U)]:

提示:为什么汉字显示为很多问号?
产生的原因:
①由于没有找到指定的 SHX 大字体文体。
②或者字体样式的定义未使用中文 TTF 真轮廓字体或 SHX 大字体。
解决的方法:修改字体样式定义,替换汉字字体文件。

五、拼写检查、查找和替换文字

1. 拼写检查

在 AutoCAD 中,用户可以对当前图形的所有文字进行检查,以便查找文字的错误,提供了"拼写检查"命令。

命令执行方式:
- 命令行:输入 _spell。
- 菜单:工具菜单→拼写检查选项。

启动"拼写检查"命令后,即可选择要进行拼写检查的文字,或者在命令行输入"ALL"选择图形中的所有文字。如图 3-4-9 所示。

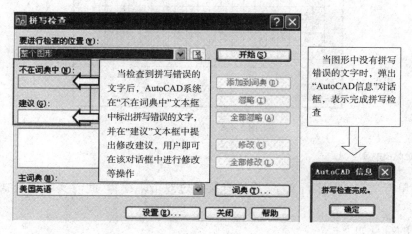

图 3-4-9 拼写检查对话框操作

2. 查找和替换

在 AutoCAD 中,当需要对图形文件中已经书写完成的文字中某一个字或者某一个词进行批量修改时,可以使用 AutoCAD 提供的查找和替换功能,它可以方便快捷地修改文字对象。

命令调用方式：
◆ 命令：find。
◆ 菜单：单击【编辑】菜单→【查找】选项。
◆ 工具栏：单击文字工具栏→查找按钮。

执行查找命令后,打开查找与替换对话框,各参数的功能如图3-4-10所示。

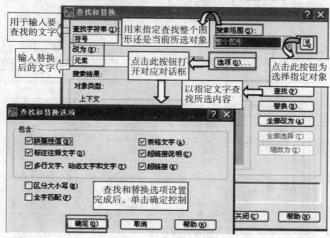

图3-4-10　查找与替换对话框

任务二　U形桥台尺寸标注

学习要点

1. 掌握创建和编辑尺寸标注样式的方法。
2. 掌握正确标注各种类型的尺寸。
3. 了解特殊尺寸标注的方法。

在教师指导下,由学生共同完成桥墩、U形桥台的尺寸标注操作练习,掌握各种尺寸标注的调整、设置与标注方式。

实训内容：
(1)尺寸标注样式设置：熟悉标注样式的修改、编辑方式。
(2)尺寸标注练习：熟悉各种尺寸标注的方式,体会相关命令的使用。
(3)综合练习。

【实训3-4-4】　完成U形桥台的尺寸标注(图3-4-11)。

AutoCAD 2008尺寸标注的步骤：
(1)了解专业图样尺寸标注的有关规定。
(2)建立尺寸标注所需的文字样式、标注样式。
(3)建立一个新的图层,专门用于标注尺寸,以便于区分和修改。
(4)保存或输出用户所做的设置,以提高作图效率。
(5)用尺寸标注命令时,结合对象捕捉功能准确地进行尺寸标注。
(6)检查所标注尺寸,对个别不符合要求的尺寸进行修改和编辑。

注意：尺寸标注命令可以自动测量所标注图形的尺寸，用户画图时应尽量准确，这样可以减少修改尺寸文本所花时间，从而加快画图速度。

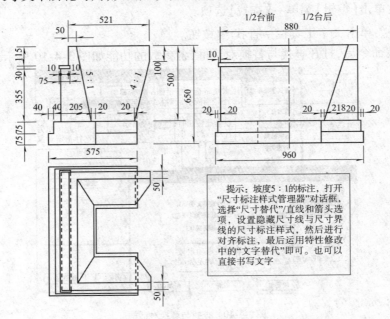

图 3-4-11　桥台的尺寸标注

尺寸标注对于几乎所有的图形都是必要的，AutoCAD 2008 为用户提供了线性标注、对齐标注、半径标注、直径标注、角度标注等众多的标注方法。一般情况下标注尺寸时都要使用不同形式的捕捉工具，以便精确定位。此外还可根据需要创建不同的尺寸标注样式。

操作步骤：

（1）设置文字标注样式。

（2）设置尺寸标注样式：单击【格式】菜单，选择【标注样式】菜单选项，或者在命令行中输入标注样式命令，打开"标注样式管理器"对话框，创建新建标注样式，操作如图 3-4-12 ~ 图 3-4-17 所示。

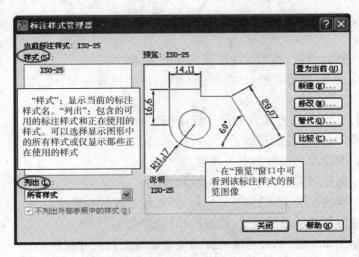

图 3-4-12　标注样式管理器

(3)根据需要标注的尺寸类型选择尺寸标注 U 形桥台的各种尺寸。

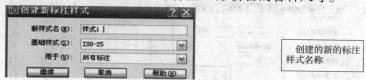

图 3-4-13 创建新标注样式对话框

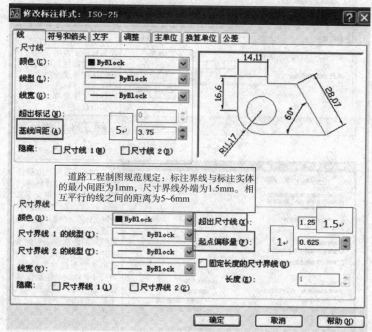

图 3-4-14 "线"的选项设置

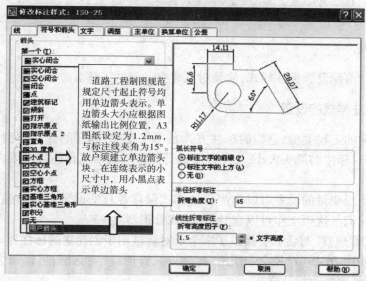

图 3-4-15 符号和箭头选项设置

(4)进行尺寸的修改。

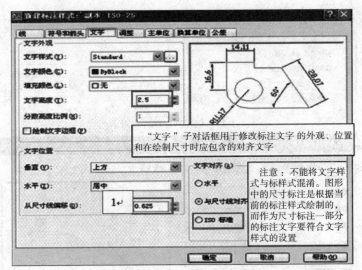

图 3-4-16　文字选项设置

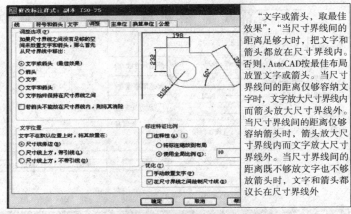

图 3-4-17　调整选项设置

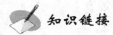知识链接

在标注尺寸前须设置标注样式,故须对尺寸有一定的了解。

一、尺寸标注样式的设置

每一种不同的工程类型,它们的标注方式是不一样的,同样的标注类型,在不同比例的图形中,也需要对标注的箭头大小,文字尺寸进行调整。这项工作往往需要在进行标注前首先确定。

尺寸标注系统变量的设置可以作为标注样式保存各自的设置,并给它们命名以便在以后使用时调用它们。这项工作可以在"标注样式管理器"中完成。

"标注样式管理器"对话框中提供了多个子对话框用于创建新的标注样式或修改已存在的标注样式。使用 DIMSTYLE 命令调用"标注样式管理器"对话框,可以很方便地创建标注样式,或者根据需要修改标注样式。

命令调用方式:

◆ 命令行:Dimstyle。

◆ 菜单栏:点击【格式】菜单/【标注样式】选项。

◆ 工具栏:单击"标注"工具栏/标注样式选项按钮 。

调用命令后,弹出"标注样式管理器"对话框,"线"的选项含义。点击选择"修改"按钮,打开"修改标注样式"对话框,对话框中有六个选项卡,选择每一个选项卡将显示对应的子对话框,各选项的有关含义如下。

1. 线的选项卡

a."超出标记"文本框用于指定当箭头使用建筑标记(小斜线)时尺寸线超出尺寸界线的距离。

b."基线间距"文本框用于设置在用"基线标注"命令绘制的基线标注的尺寸线间的距离。

c."隐藏"复选框用于确定在绘制尺寸时是否隐藏一条或两条尺寸线或尺寸界线。

起点偏移与超出部分示意如图 3-4-18。

d."超出尺寸线"文本框用于指定尺寸界线在尺寸线上方伸出的距离。

e."起点偏移量"文本框用于指定尺寸界线到定义该标注的原点的偏移距离。

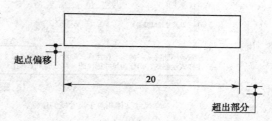

图 3-4-18 起点偏移与超出部分

2. 文字选项的含义(图 3-4-19)

3."调整选项卡"(图 3-4-20)

用于控制各尺寸标注元素的放置位置,"调整选项"区中有五个按钮:用于控制标注文字与箭头中哪一项绘制在尺寸界线中。标注特征比例中全局比例的缩放对被标注的实际对象尺寸或距离并不产生影响。

在尺寸标注样式中,设置的文字高度、偏移量、箭头大小等都是以实际出图的数字设定。对于不同的出图比例,可以用全局比例因子进行调整,所以,无须对文字高度、偏移量、箭头大小等尺寸进行换算。

4. 主单位各选项的含义(图 3-4-21)

在按照一定比例绘制的图形对象或者图形对象被缩放后,可以将测量单位比例选项中的比例因子设置为绘图比例或者缩放比例的倒数,这样,在进行尺寸标注时,标注的文字所显示的就是物体的真实尺寸而非按比例缩放后的尺寸。

二、尺寸标注的整体性和关联性

1. 整体性

缺省情况下,每当标注一个尺寸时,该尺寸的所有组成部分将作为一个整体。即选择尺寸时只能选中整个尺寸并进行整体处理(如整体移动、旋转、删除等),而不能单独选择某一部分进行操作。实际上,图形中的每个尺寸都是作为一个块对待的,只是该块没有明确的名称。

尺寸的整体性可通过系统变量 DIMASO 控制。当该变量为 ON,所标注的尺寸具有整体性尺寸;当该变量为 OFF 时,所标注的尺寸则不具整体性,即各组成元素彼此无关。

2. 关联性

标注尺寸时,AutoCAD 将自动测量标注对象的大小,并在尺寸上给出测量结果,即尺寸文本。

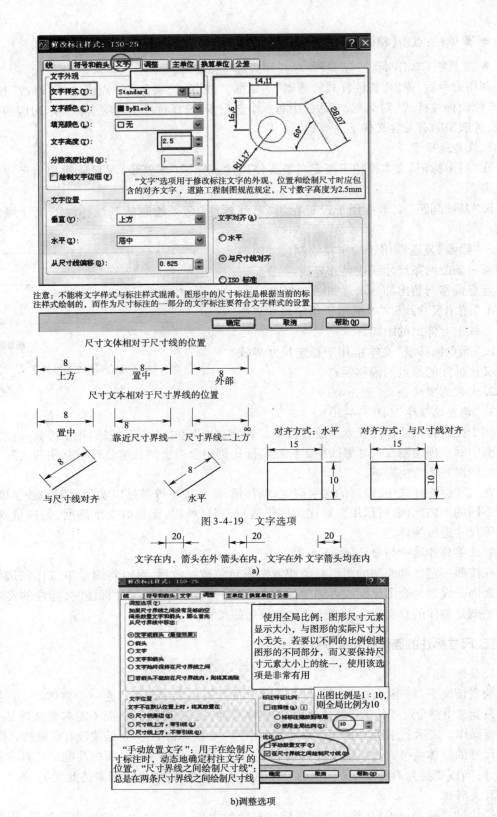

图 3-4-19 文字选项

b)调整选项

图 3-4-20

当用有关编辑命令修改对象时,尺寸文本将随之变化并自动给出新的对象大小,这种尺寸标注称为关联性尺寸。

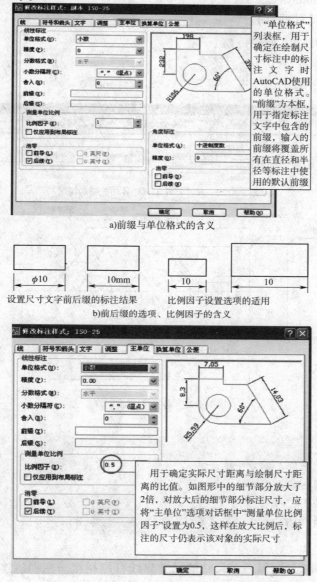

a)前缀与单位格式的含义

b)前后缀的选项、比例因子的含义

c)比例因子的含义

图 3-4-21 主单位选项

如果一个尺寸标注不具有整体性,就是无关性尺寸。当编辑修改对象大小时,尺寸线不发生变化。关联性控制就是尺寸的整体性变量控制。

注意:整体尺寸可通过分解命令分解为相互独立的组成元素。

三、尺寸标注的类型

尺寸标注工具栏各功能键的说明如图 3-4-22、图 3-4-23 各种尺寸标注类型。

1. 线性标注

该命令用于标注水平方向和垂直方向的尺寸。

命令调用方式：
- 命令行：Dimlinear。
- 菜单：【标注】/【线性】。
- 工具栏："标注"工具栏→ 。

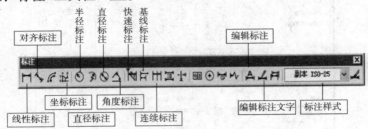

图 3-4-22 尺寸标注工具栏各功能键的说明

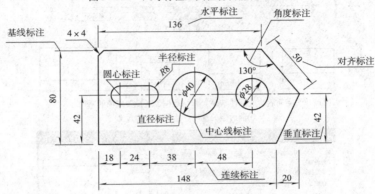

图 3-4-23 各种尺寸标注类型

操作提示：

命令：_dimlinear
指定第一条尺寸界线原点或 <选择对象>：
指定第二条尺寸界线原点：
指定尺寸线位置或
[多行文字(M)/文字(T)/角度(A)/水平(H)/垂直(V)/旋转(R)]：

2.连续标注

用于绘制一连串尺寸,每一个尺寸的尺寸界线首尾相接。在创建连续标注形式的尺寸时,首先应建立一个基本的线性标注,然后执行连续的标注命令。

命令调用方式：
- 命令行：DIMCONTINUE。
- 菜单栏：【标注】/【连续】。
- 工具栏：在"标注"工具栏→ 。

操作提示：

命令：_dimcontinue
指定第二条尺寸界线原点或[放弃(U)/选择(S)] <选择>：
标注文字 = 319.68
指定第二条尺寸界线原点或[放弃(U)/选择(S)] <选择>：

思考：标注桥墩图 3-4-24 的尺寸，理解线性标注与连续标注的关联。

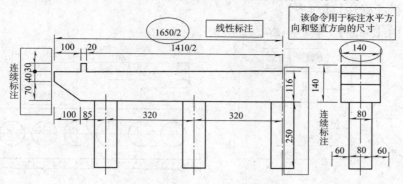

图 3-4-24　线性标注与连续标注

3. 基线标注

基线标注(有时称平行尺寸标注)用于多个尺寸标注共用一条尺寸界线作为尺寸界线。与连续标注类似，基线标注命令不能单独使用，它必须依附于已经完成的线性标注。

命令调用方式：

◆ 命令行：DIMBASELINE。

◆ 菜单栏：【标注】/【基线】。

◆ 工具栏："标注"工具栏→ 。

操作提示：

```
命令：_dimbaseline
指定第二条尺寸界线原点或 [放弃(U)/选择(S)] <选择>：
标注文字 = 92.46
指定第二条尺寸界线原点或 [放弃(U)/选择(S)] <选择>：
标注文字 = 519.48
```

注意：要进行连续标注、基线标注前须先进行线性标注。

思考：重力式 U 形桥台的尺寸标注如图 3-4-25 所示，理解基线标注与连续标注的区别。

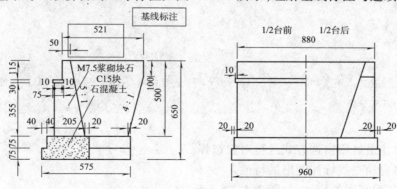

图 3-4-25　基线标注

基线标注与连续标注的区别如图 3-4-26 所示。

4. 对齐标注

对齐标注来标注倾斜对象的真实长度，对齐标注的尺寸线平行于倾斜的标注对象。

命令调用方式：

- ◆ 命令行:DIMALIGNED。
- ◆ 菜单栏:【标注】/【对齐】。
- ◆ 工具栏:【标注】工具栏→ 。

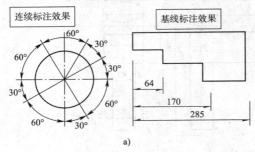
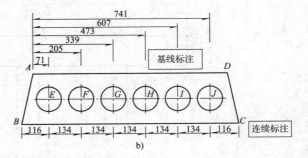

图 3-4-26 基线标注与连续标注的区别

操作提示:

命令:_dimaligned
指定第一条尺寸界线原点或 <选择对象>:
指定第二条尺寸界线原点:
指定尺寸线位置或
[多行文字(M)/文字(T)/角度(A)]:
标注文字 = 92.7

5. 快速标注

快速标注用于在选定的对象的端点和圆心点之间创建一系列的尺寸标注,即快速生成标注。

命令调用方式:

- ◆ 命令行:QDIM。
- ◆ 菜单栏:【标注】/【快速标注】。
- ◆ 工具栏:【标注】工具栏→ 。

操作提示:

命令:QDIM
关联标注优先级 = 端点
选择要标注的几何图形:找到 1 个
选择要标注的几何图形:
指定尺寸线位置或[连续(C)/并列(S)/基线(B)/坐标(O)/半径(R)/直径(D)/基准点(P)/编辑(E)/设置(T)] <连续>

说明:

①快速标注最好用窗选方式进行对象选择。

②系统将自动查找标注图形的特性。

思考:地基配筋图的标注,如图 3-4-27 所示。

6. 引线与快速引线标注(图 3-4-28)

引线标注用于对图形中的某一特征进行说明,并用一条引线将文字指向被说明的特征。引线标注由箭头、引线、基线、多行文字或图块组成。引线的末端是注释,引线和注释是两个独立的对象,但两者是相关的,移动注释,引线也会随之移动,但移动引线并不会导致注释的移动。

命令调用方式：
◆ 命令行：QLEADER。
◆ 工具栏：【标注】工具栏→ 。

操作提示：

命令：QLEADER
指定第一个引线点或 [设置(S)] <设置>：
指定下一点：
指定下一点：
指定文字宽度 <0>：
输入注释文字的第一行 <多行文字(M)>：2×45%%d
输入注释文字的下一行：216

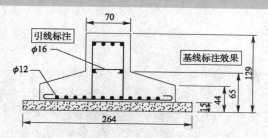

图 3-4-27 地基配筋图

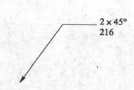

图 3-4-28 快速引线标注

当执行引线标注时可选择"设置 S"选项，打开引线设置对话框，如图 3-4-29 所示。

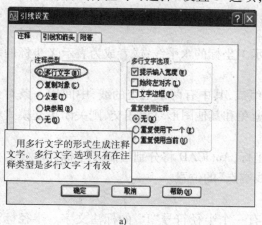

a)

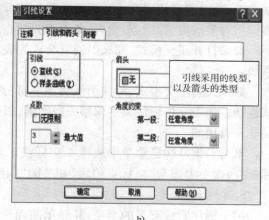

b)

图 3-4-29 引线设置

工程实例：当在命令行中输入 QLEADER 命令时，AutoCAD 提示如图 3-4-30。

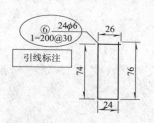

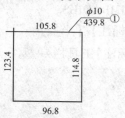

图 3-4-30 箍筋的尺寸标注

277

工程实例:钢筋的尺寸标注图3-4-31所示。

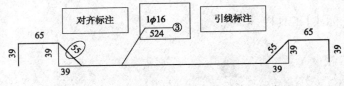

图3-4-31　钢筋的标注

7. 坐标标注

坐标标注基于原点(称为基准)可显示任意一点的 X 或 Y 坐标。

命令调用方式：

- ◆ 命令行:DIMORDINATE。
- ◆ 菜单栏:【标注】/【坐标】。
- ◆ 工具栏:【标注】工具栏→ 。

操作提示：

> 命令：_dimordinate
> 指定点坐标：
> 指定引线端点或 [X 基准(X)/Y 基准(Y)/多行文字(M)/文字(T)/角度(A)]：
> 标注文字 =

默认提示是"指定点坐标：",但实际上 AutoCAD 搜寻对象上的一些重要的几何特征点,如端点、交点或者代表孔或轴的圆的圆心等等。因此,在响应"指定点坐标："提示时,通常需要调用对象捕捉,如端点、交点、象限点或圆心。

如果打开正交模式,那么引线就会成为表示 Y 坐标的水平线;或者成为表示 X 坐标的垂直线。

如果关闭正交模式,标注引线将由三部分组成,其中有两条正交的线,中间用一条对角线连接。如需要将标注文字偏移一段距离,以避免和其他图形对象相交,则关闭正交模式将是非常有用的。

单击右键从快捷菜单中选择 X 坐标或 Y 坐标,AutoCAD 将分别绘制 X 坐标标注或 Y 坐标标注,而不考虑与"坐标点位置"相关的"引线端点"的位置。

8. 半径标注

用于标注圆或圆弧的半径,并显示前面带有一个半径符号"R"的标注文字。半径标注时,未将标注放置在圆弧上而导致标注指向圆弧外,则 AutoCAD 会自动绘制圆弧延伸线。

命令调用方式：

- ◆ 命令行:DIMRADIUS。
- ◆ 菜单栏:【标注】/【半径】。
- ◆ 工具栏:【标注】工具栏→ 。

> 命令：_dimradius
> 选择圆弧或圆：
> 标注文字 =80
> 指定尺寸线位置或 [多行文字(M)/文字(T)/角度(A)]：

9. 直径标注

标注圆弧或圆的直径尺寸,并显示前面带有一个直径符号"φ"的标注文字。

命令调用方式:
- ◆ 命令行:DIMDIAMETER。
- ◆ 菜单栏:【标注】/【直径】。
- ◆ 工具栏:【标注】工具栏→ 。

操作提示:

```
命令:_dimdiameter
选择圆弧或圆:
标注文字 = 160
指定尺寸线位置或[多行文字(M)/文字(T)/角度(A)]:
```

圆的尺寸标注效果(图3-4-32)。

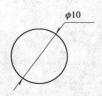

标注直径时尺寸文字和箭头的不同位置

"文字与箭头取最佳位置"选项,文字位置:尺寸线上方,不带引线,与尺寸线对齐

"文字"选项,文字位置:尺寸线旁,文字采用水平

"文字"选项,文字位置:尺寸线上方,带引线,文字采用180标准

图 3-4-32 圆的尺寸标注效果图

标注圆的直径时箭头与文字的摆放位置要求比较灵活,所以一般专门为直径尺寸的标注建立独自的标注样式。

工程实例:标注图 3-4-33 涵洞洞口圆的尺寸。

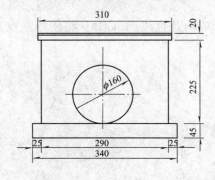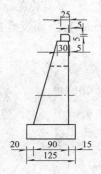

图 3-4-33 涵洞洞口尺寸

10. 角度标注

角度标注用于创建圆、圆弧或直线的角度尺寸标注。

命令调用方式:
- ◆ 命令行:DIMANGULAR。
- ◆ 菜单栏:【标注】/【角度】。
- ◆ 工具栏:【标注】/工具栏→ 。

如果选择的对象是一条直线，选择另外一条直线后，AutoCAD 将两条直线的交点作为角度尺寸的顶点，用这两条直线作为角的两条边，然后，系统会提示指定圆弧尺寸线的位置，该尺寸线（弧线）张角通常小于 180°。如果圆弧尺寸线超出了两直线的范围，那么系统会自动添加必要的尺寸界线的延长线。

操作提示：

```
命令：_dimangular
选择圆弧、圆、直线或 <指定顶点>：
选择第二条直线：
指定标注弧线位置或 [多行文字(M)/文字(T)/角度(A)/象限点(Q)]：
标注文字 =
```

如果选择的对象是一段圆弧，AutoCAD 自动将圆弧的圆心作为顶点，并且将圆弧的两个端点分别作为第一条尺寸界线和第二条尺寸界线的端点，以响应角度标注的"顶点/端点/端点"的提示。

```
命令：_dimangular
选择圆弧、圆、直线或 <指定顶点>：
指定标注弧线位置或 [多行文字(M)/文字(T)/角度(A)/象限点(Q)]：
标注文字 =
```

如果选择的对象是一个圆，AutoCAD 自动将圆的圆心作为顶点，将选择圆时的点作为角度标注的第一个端点，然后提示如下：

```
命令：_dimangular
选择圆弧、圆、直线或 <指定顶点>：
指定角的第二个端点：
指定标注弧线位置或 [多行文字(M)/文字(T)/角度(A)/象限点(Q)]：
标注文字 =
```

如果按【Enter】键，而没有选择圆弧、圆或两条直线，AutoCAD 将使用三点方式绘制角度标注尺寸。

```
命令：DIMANGULAR
选择圆弧、圆、直线或 <指定顶点>：
指定角的顶点：
指定角的第一个端点：
指定角的第二个端点：
指定标注弧线位置或 [多行文字(M)/文字(T)/角度(A)/象限点(Q)]：
标注文字 =
```

11. 绘制圆心标记

用于绘制十字标记表示圆或圆弧的圆心。

命令调用方式：

◆ 命令行：Dimcenter。

◆ 菜单：【标注】→【圆心标记】。

◆ 工具栏：【标注】工具栏→⊕。

选择圆或圆弧后，AutoCAD 根据系统变量 DIMCEN 的设置绘制十字标记。

四、编辑标注

尺寸标注的各个组成部分，比如文字的大小、文字的位置、旋转角度以及箭头的形式等等，都可以通过编辑尺寸标注进行修改。

在 AutoCAD 中，可以用修改命令和夹点编辑方式编辑所标注的尺寸。此外，AutoCAD 还提供了另外两个专门用于编辑标注文字对象的修改命令，即 DIMEDIT 和 DIMTEDIT。

1. DIMEDIT 命令编辑尺寸

该命令用于修改或编辑已有的尺寸对象，用于将标注文字替换成新的文字、旋转一个已经存在的文字、移动文字到一个新的位置，还可以根据将标注文字移回到原始位置。另外，通过这些选项还可以修改（用"倾斜"选项）尺寸界线相对于尺寸线的角度（通常尺寸界线垂直于尺寸线）。"默认"选项会按默认位置和方向放置尺寸文字。"新建"选项用于修改尺寸文字。"旋转"选项可将尺寸文字旋转指定的角度。"倾斜"选项可使非角度标注的尺寸界线旋转一角度。

命令调用方式：

◆ 命令行：Dimedit。

◆ 工具栏："标注"工具栏→编辑标注按钮，如图 3-4-34 所示。

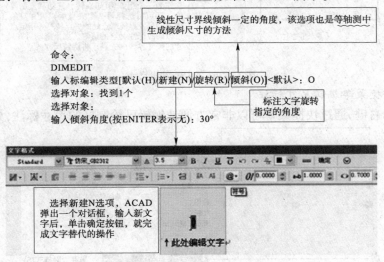

图 3-4-34　编辑标注各选项的含义

旋转与倾斜选项效果的区别，如图 3-4-35 所示。

2. Dimtedit 命令修改尺寸文字的位置

该命令为编辑尺寸文本位置，用于沿尺寸线修改标注文字的位置（使用"左"、"右"和"缺省"选项）和角度（使用"旋转"选项）。

命令调用方式：

◆ 命令行：Dimtedit。

◆ 工具栏：在"标注"工具栏→编辑标注文

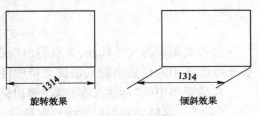

图 3-4-35　旋转与倾斜选项效果的区别

字按钮。

操作提示：

命令：dimtedit
选择标注：
指定标注文字的新位置或[左(L)/右(R)/中心(C)/默认(H)/角度(A)]：

各选项含义如下：

默认情况下，AutoCAD允许用光标确定标注文字的位置，通过鼠标将尺寸文字拖动到新位置后单击拾取键即可。

(1)"左(L)"和"右(R)"选项仅对非角度标注起作用，它们分别决定尺寸文字是沿尺寸线左对齐还是右对齐。

(2)"中心(C)"选项可将尺寸文字放在尺寸线的中间。

(3)"默认(H)"选项将按默认位置、方向放置尺寸文字。

(4)"角度(A)"选项可以使尺寸文字旋转指定的角度。

3. 用夹点编辑尺寸标注如图3-4-36所示

水平和垂直的尺寸仍保持水平和垂直状态。移动尺寸线与尺寸界线交点处的夹点将使尺寸线靠近或远离要标注的对象。

图3-4-36　夹持点编辑尺寸

4. 使用快捷菜单编辑尺寸标注

单击鼠标右键，通过快捷菜单可以非常方便地编辑已绘制好的尺寸标注，如图3-4-37。

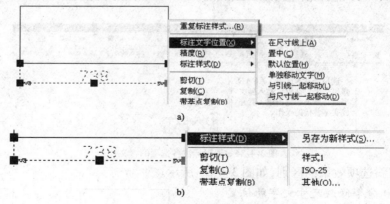

图3-4-37　快捷菜单编辑尺寸

选择要编辑的尺寸标注，夹点将出现在所选尺寸元素的关键点上，单击鼠标右键（光标位于绘图区中的任意位置），快捷菜单中将包括编辑尺寸标注的命令。

快捷菜单中的"标注文字位置"弹出菜单包括：在尺寸线上、居中、缺省位置、单独移动文字、与引线一起移动和与尺寸线一起移动。选择其中的一个选项，标注文字的位置将按照所选选项移动。

5. 使用"对象特性管理器"编辑尺寸标注（如图3-4-38）

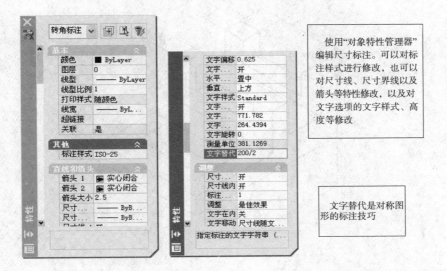

图3-4-38　对象特性管理器编辑尺寸

【实训3-4-5】　完成图3-4-39所示截水沟断面图的尺寸标注。

操作步骤：
(1) 创建文字样式与尺寸标注样式。
(2) 使用线性标注和连续标注命令完成尺寸标注。
(3) 使用引线标注完成截水沟的材料的说明标注。

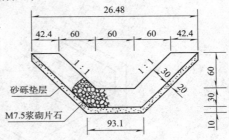

图3-4-39　截水沟断面图

任务三　标注轴测投影图的尺寸

学习要点

1. 正等测图的绘制。
2. 正等测图的尺寸标注。

【实训3-4-6】　在教师指导下，由学生共同完成图3-4-40形体的正等轴测图绘制以及正等轴测图的尺寸标注，掌握正等轴测图的绘制方式和技巧，另要求同学在作出轴测图的同时完成该图的平面图和立面图的绘制。

操作提示（图3-4-41）：
(1) 绘制轮廓图（图3-4-41a）。
(2) 绘制细部（图3-4-41b）。
(3) 标注尺寸标注。

注意：在绘图过程中使用【F5】键变换等轴测面，选定 Left、Top 和 Right 等轴测轴帮助绘制等轴测图。

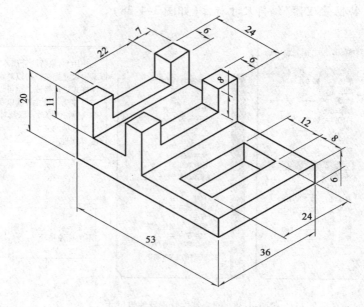

图 3-4-40 轴测图

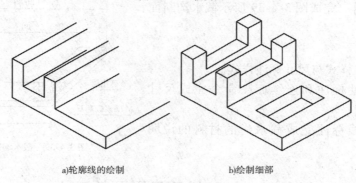

a)轮廓线的绘制　　　　　　b)绘制细部

图 3-4-41 操作提示

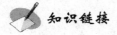

一、等轴测图含义

等轴测图是用相片的方式表达某个实体,以便更清楚地描述实体的外观。这种类似于相片的实体表达方式是用二维的绘图方式画出实体的三维立体图形。

将实体按一定角度倾斜以便观察该实体的其他视图,用二维的方法绘制这个实体,展现在观察者面前的是一个三维的图形,这个图形就是等轴测图。

等轴测图测角的生成:从垂直线与水平基线的交点处画出两条30°角的直线,由这两个形成30°角的两条直线的方向表示实体实际的二维方向,其中一个方向表示实体的长度方向,另一个方向表示实体的宽度方向,垂直方向在多数情况下表示实体的高度方向。

根据观察实体的方式确定哪一条角度线测量实体宽度,哪一条角度线测量实体长度,高度是沿垂直线测量。一旦用总长、总宽和总高画出实体的外轮廓后,再加入细节部分,删除和修剪多余的线,完成实体的绘制。等轴测图中的孔看上去已不再是圆而是椭圆。

二、等轴测图的绘制

点击【工具】菜单/【草图设置】/【等轴测捕捉】/【确定】,即可绘制轴测图。如图 3-4-42 所示。

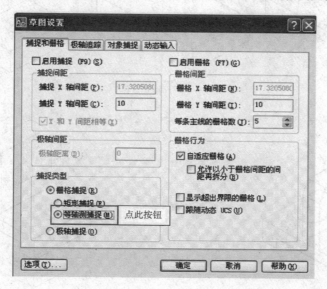

图 3-4-42　草图设置

等轴测面的选定:在绘图过程中使用【F5】键变换等轴测面的选定 Left、Top 和 Right 等轴测轴帮助绘制等轴测图。如图 3-4-43 所示。

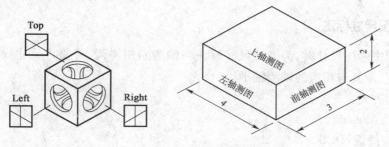

图 3-4-43　等轴测面的示意图

绘制正等轴测图:关键所在是会用【Ctrl】+【E】两键或者【F5】键控制三个坐标面的转换。

【实训 3-4-7】　完成图 3-4-44 的正等测图的绘制。

操作提示:

(1)〈等轴测平面上〉绘制画底座和底座上的两个小孔。

命令:ELLIPSE
指定椭圆轴的端点或 [圆弧(A)/中心点(C)/等轴测圆(I)]:i
　　　　　　　　　　←鼠标进入上等轴测平面状态时,点击椭圆命令绘制椭圆
指定等轴测圆的圆心:30
指定等轴测圆的半径或 [直径(D)]:20

(2)〈等轴侧平面　左〉绘制立板和画立面上的小孔。

285

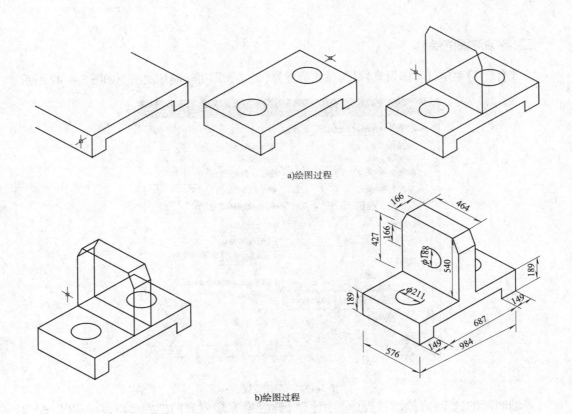

a)绘图过程

b)绘图过程

图 3-4-44　正等轴测图的绘制

三、轴测图尺寸标注

在轴测图中标注尺寸时,为了使尺寸标注与轴测面相协调,需要将尺寸线、尺寸界线倾斜一定的角度,使其与相应的轴测轴平行。

命令调用方式:

- ◆ 命令行:dimedit。
- ◆ 命令快捷键:DED。
- ◆ 菜单栏:【标注】/【倾斜】。
- ◆ 工具栏按钮:标注工具栏→ 。

操作提示:

> 命令:_dimedit
> 输入标注编辑类型 [默认(H)/新建(N)/旋转(R)/倾斜(O)] <默认>:o
> 选择对象:找到 1 个
> ←在上轴测面上,如标注的尺寸线与 X 轴平行,则尺寸标注的倾斜角是 -30°,文字倾斜角度为 -30°。
> 选择对象:
> 输入倾斜角度 (按 ENTER 表示无):-30

在轴测图中标注尺寸时,为了使文字看起来像在当前轴测图中,就必须使用倾斜角与旋转角来设置文字,且文字倾斜角和旋转角为 30°和 -30°。

操作提示:

命令：_dimedit
输入标注编辑类型［默认(H)/新建(N)/旋转(R)/倾斜(O)］＜默认＞:o
选择对象：找到1个
　　←在上轴测面上，如标注的尺寸线与Y轴平行，则尺寸标注的倾斜角是30°，文字倾斜角度为30°。
选择对象：
输入倾斜角度（按ENTER表示无）：30°

建立两个文字样式，在效果选项组中倾斜角度为30°与-30°。在左轴测面上，与Y轴平行，标注文字的倾斜角是-30°，尺寸标注的倾斜角是90°，与Z轴平行，标注文字的倾斜角是30°，尺寸标注的倾斜角是-30°；在右轴测面上，如标注的尺寸线与Z轴平行，则标注文字的倾斜角是-30°，尺寸标注的倾斜角是30°。

轴测投影图的尺寸标注要点：
(1)要先设置标注尺寸的两种文字样式即尺寸数字的倾斜方向即30°或者-30°。
(2)选取标注　对齐标注进行各轴测投影面的尺寸标注。
(3)调整尺寸界线的方向，选取标注　倾斜命令，使标注的尺寸界线位于对应的轴测平面内，倾斜角度要求有30°、-30°、90°。

思考：完成图3-4-45轴测图的尺寸标注。

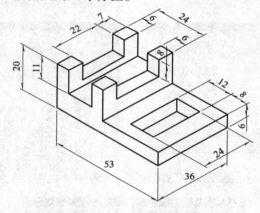

图3-4-45　轴测图尺寸标注

任务四　创建表格

✎ 学习要点

1.设置新建表格样式。
2.创建表格。

在公路工程图样中除了必要的文字说明外，经常还需要使用一些表格用以表明工程数量等信息，AutoCAD 2008以上版本专门提供了表格创建与管理工具，在AutoCAD 2008以上版本的表格中，可以计算数学表达式，可以快速跨行或列进行汇总等计算。

【实训3-4-8】　在教师指导下，由学生共同完成以下创建表格操作练习图3-4-46，通过上机实践熟悉如何创建表格以及进行有关表格的统计计算。
操作提示：

1. 新建表格格式

在创建一个新的表格之前,应该先对表格的样式进行设置,包括表格中文字采用的字体、高度、颜色、对齐方式以及表格边框的设置等。如表3-4-2。

命令调用方式:

◆ 命令行:输入Table。

◆ 下拉菜单:单击【绘图】菜单→表格选项。

◆ 工具栏:单击【绘图】工具栏上的"表格" 图标。

激活Table命令后,将弹出"插入表格"对话框,如图3-4-46a)所示。也可以直接进行设置新建表格样式。

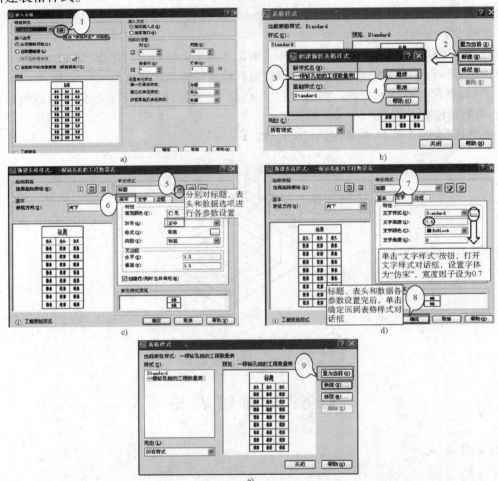

图3-4-46 创建表格样式

一根钻孔桩工程数量表 表3-4-2

墩号	钢筋编号	直径 (mm)	单根长度 (cm)	根数	总长 (m)	共重 (kg)	C25 混凝土 (m³)
2	1	φ25	998	22	219.56	160.61	21.20
	2	φ16	324	4	12.96	61.40	
3	3	φ8	226544.30	2	4530.89	358.10	
	4	φ12	56	18	10.08	26.90	

命令调用方式:
- ◆ 命令行:键盘输入 TABLESTYLE,快捷键入 TS。
- ◆ 菜单命令:选择下拉菜单【格式】\【表格样式】。
- ◆ 工具栏:样式工具栏上的图标按钮。

打开"表格样式"对话框,如图所示。新建表格样式步骤如图 3-4-46a) ~ e)所示。

2. 创建表格

(1)执行表格命令,插入空白表格对话框(图 3-4-47)

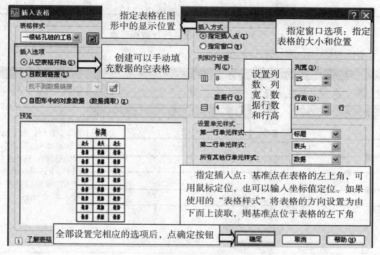

a)插入表格对话框

b)插入空白表格

图 3-4-47　插入表格

命令: tb
TABLE
指定插入点:

激活 Table 命令后,将弹出"插入表格"对话框,如图所示。完成对表格样式、插入选项、插入方式、列和行的设置等选项的设置。

(2)编辑表格

AutoCAD 可以对表格进行编辑,包括修改表格的行数和列数,修改单元格的大小以及对表格中插入和修改对象等操作。

①修改表格的行数和列数(图 3-4-48)。

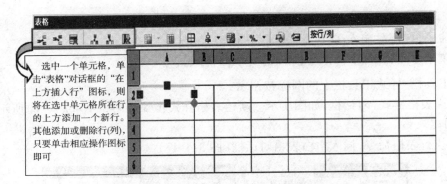

图 3-4-48 修改表格的行数和列数

②合并单元格(图 3-4-49,图 3-4-50)。

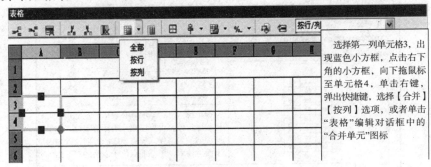

图 3-4-49 单元格合并的操作

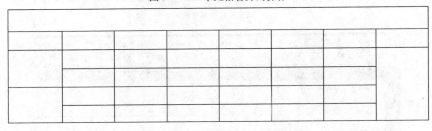

图 3-4-50 单元格合并后的结果

③修改表格的大小(修改"特性"面板中的"单元高度"值和"单元宽度"值,进行精确修改),如图 3-4-51 所示。

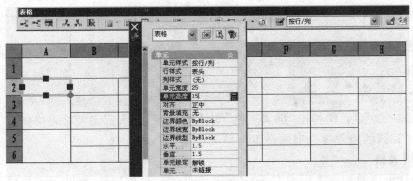

a)单元格行高的精确调整

图 3-4-51

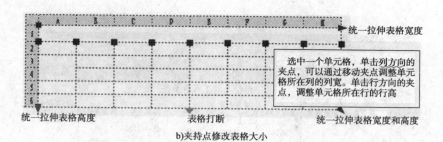

b)夹持点修改表格大小

图 3-4-51　修改表格大小

④表格的文字或数据的输入(图 3-4-52)。

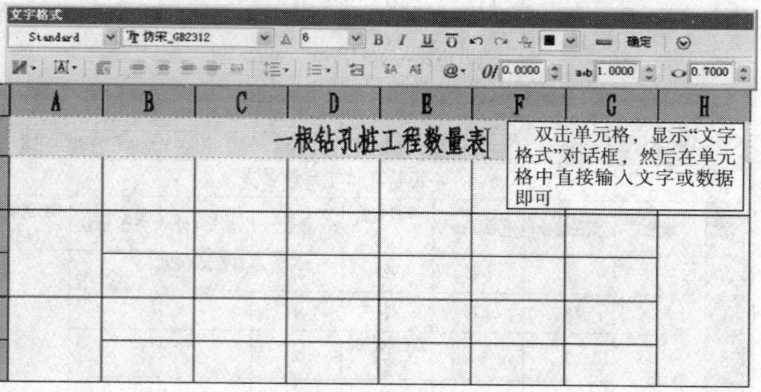

a)表格文字输入

一根钻孔桩工程数量表							
墩号	钢筋编号	直径(mm)	单根长度(cm)	根数	总长(m)	共重(kg)	C25混凝土(m^3)
2	1	φ25	998	22			
	2	φ16	324.6000	4			
3	3	φ8	226544.300000	2			
	4	φ12	56	18			

b)表格文字输入结果

图 3-4-52　表格文字或数据的输入

⑤表格的统计计算,图 3-4-53。

a)表格的统计计算过程①

图　3-4-53

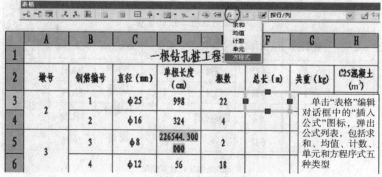

b)表格的统计计算过程②

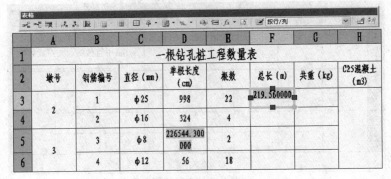

c)表格的统计计算过程③

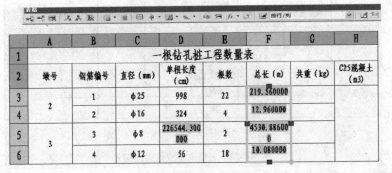

d)表格的统计计算过程④

墩号	钢筋编号	直径(mm)	单根长度(cm)	根数	总长(m)	共重(kg)	C25混凝土(m3)
			一根钻孔桩工程数量表				
2	1	φ25	998	22	219.56	160.61	21.20
2	2	φ16	324	4	12.96	61.40	
3	3	φ8	226544.30	2	4530.89	358.10	
3	4	φ12	56	18	10.08	26.90	

e)表格的统计计算结果

图 3-4-53 表格的统计计算

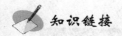

创建表格

激活 Table 命令后,将弹出"插入表格"对话框,如图 3-4-54 所示,各选项的操作。

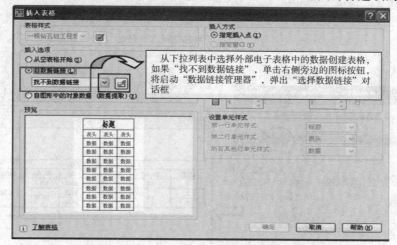

图 3-4-54 插入表格对话框

【实训 3-4-9】 完成涵台台帽工程数量表 3-4-3。

表 3-4-3

涵台台帽工程数量表					
钢筋编号	直径(mm)	每根长度(cm)	根数	共重(kg)	C25 混凝土(m³)
1	φ8	2456	2×9	174.6	14.08
2	φ6	129.8	2×88	111.12	
3		154.6	2×88		

自数据链接方式插入表格操作步骤,如图 3-4-55a)~d)所示。

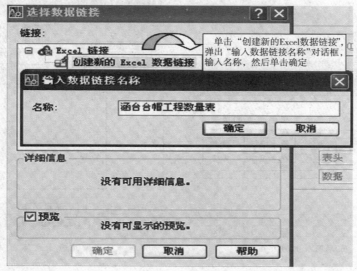

a)

图 3-4-55

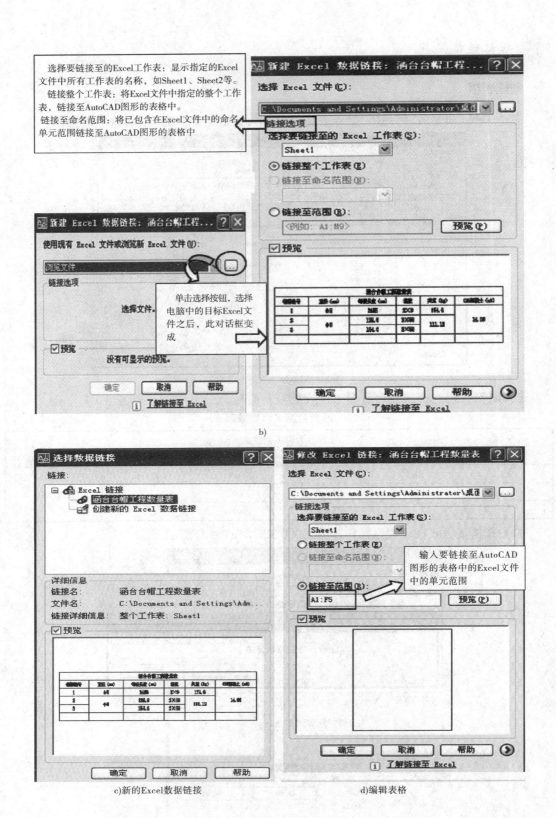

图3-4-55 自数据链接方式插入表格操作步骤

(1)创建新的 Excel 数据链接
(2)插入表格

单击选择数据链接对话框中确定选项,回到插入表格对话框,单击确定选项,鼠标在绘图窗口任意位置指定插入点,即可插入涵台台帽工程数量表格。

也可进行有关的编辑,比如删除涵台台帽工程数量表格最后一行,操作如图 3-4-56。

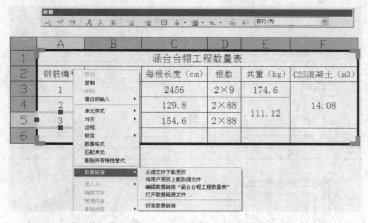

图 3-4-56　编辑表格操作提示

单击某一个单元格,弹出快捷菜单,选择数据链接选项,选择编辑数据链接"涵台台帽工程数量表"。

【实训 3-4-10】　完成下图的工程数量表格如图 3-4-57。

边板工程数量表						边板工程数量表					
钢筋编号	直径(mm)	每根长度(cm)	根数	总长(m)	共长(m)	钢筋编号	直径(mm)	每根长度(cm)	根数	总长(m)	共长(m)
1	φ12	218	9			1	φ12	218	9	19.62	20.91
2	φ12	43	3			2	φ12	43	3	1.29	

图 3-4-57　边板工程数量表

项目五　创建三维实体

任务一　U 形桥台的三维建模

学习要点

1. 掌握绘制三维实体。
2. 掌握布尔运算命令,能够通过布尔运算创建组合实体。

在教师指导下,由学生共同完成重力式 U 形桥台、桥墩、T 梁等三位立体模型,掌握各种三维建模的方式和技巧。

(1)三维建模的基本命令练习:长方体、圆柱、圆锥、球等命令。
(2)三维模型的编辑命令练习:拉伸、旋转等命令的使用。
(3)综合练习:根据桥台构造图的三面投影绘制其立体图。

【实训 3-5-1】 绘制图 3-5-1 重力式 U 形桥台的三维立体模型图。

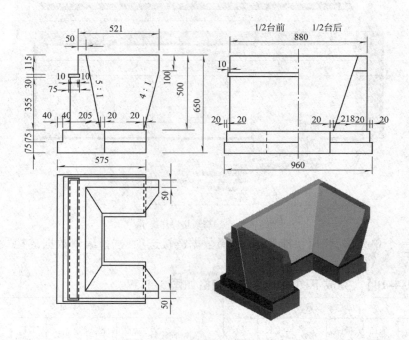

图 3-5-1 桥台的投影与立体图

该重力式 U 形桥台由四部分组成:基础、前墙、侧墙、台帽组成。下面分别绘制基础、前墙、侧墙、台帽的三维模型图,然后再组装成一个整体桥台。

操作提示:

(1)在俯视图 即 H 面图中绘制基础三维效果图(图 3-5-2)。

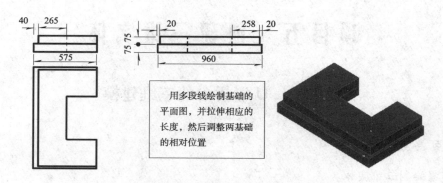

图 3-5-2 基础三维效果图

①在俯视图 中用多段线命令绘制基础的平面图。

操作提示:

```
命令:_pline
指定起点:
当前线宽为 0.0000
指定下一个点或 [圆弧(A)/半宽(H)/长度(L)/放弃(U)/宽度(W)]:960
指定下一点或 [圆弧(A)/闭合(C)/半宽(H)/长度(L)/放弃(U)/宽度(W)]:575
指定下一点或 [圆弧(A)/闭合(C)/半宽(H)/长度(L)/放弃(U)/宽度(W)]:278
指定下一点或 [圆弧(A)/闭合(C)/半宽(H)/长度(L)/放弃(U)/宽度(W)]:270
指定下一点或 [圆弧(A)/闭合(C)/半宽(H)/长度(L)/放弃(U)/宽度(W)]:404
指定下一点或 [圆弧(A)/闭合(C)/半宽(H)/长度(L)/放弃(U)/宽度(W)]:270
指定下一点或 [圆弧(A)/闭合(C)/半宽(H)/长度(L)/放弃(U)/宽度(W)]:278
指定下一点或 [圆弧(A)/闭合(C)/半宽(H)/长度(L)/放弃(U)/宽度(W)]:c
```

②拉伸得立体图。

操作提示:

```
命令:_extrude
当前线框密度:ISOLINES=4
选择要拉伸的对象:找到 1 个
选择要拉伸的对象:
指定拉伸的高度或 [方向(D)/路径(P)/倾斜角(T)]:75
```

(2)在主视图 即 V 面图中绘制前墙的三维效果图(图 3-5-3)。

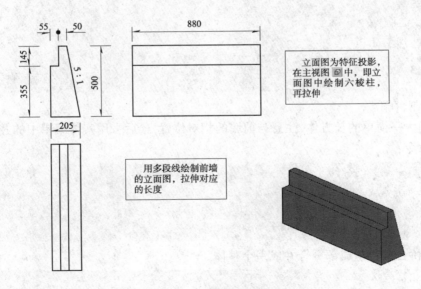

图 3-5-3　前墙的三维效果图

(3)绘制侧墙图(图 3-5-4)。

四棱柱与两三棱柱进行差集。

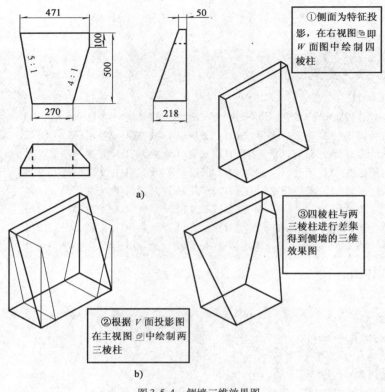

图 3-5-4 侧墙三维效果图

操作命令：

```
命令：_subtract 选择要从中减去的实体或面域...
选择对象：找到 1 个
选择对象：                                    ←选择四棱柱实体
选择要减去的实体或面域..
选择对象：找到 1 个
选择对象：找到 1 个,总计 2 个
选择对象：                                    ←选择两三棱柱实体
```

(4) 绘制台帽。

台帽即为一简单的长方体,注意与前墙的相对位置,最后采用实体编辑中的并集。

操作命令：

```
命令：_box
指定第一个角点或 [中心(C)]：
指定其他角点或 [立方体(C)/长度(L)]：@75,30
指定高度或 [两点(2P)] <120.0000>：900
```

(5) 把桥台的各组成部分合并成一个整体。

```
命令：_union
选择对象：指定对角点：找到 5 个
选择对象：
```

(6) 剖切桥台图 3-5-5。

图 3-5-5　桥台剖切

操作提示：

命令:_slice
选择要剖切的对象:找到 1 个
选择要剖切的对象:
指定 切面 的起点或 [平面对象(O)/曲面(S)/Z 轴(Z)/视图(V)/XY(XY)/YZ(YZ)/ZX(ZX)/三点(3)] <三点>: yz
指定 YZ 平面上的点 <0,0,0>:
在所需的侧面上指定点或 [保留两个侧面(B)] <保留两个侧面>: b

知识链接

一、创建三维实体模型

1. 用命令直接绘制三维实体

（1）创建长方体

用于创建实心的长方体或正方体。默认状态下,长方体的底面总是与当前的用户坐标系的 XY 平面平行。实心长方体可用以下两种方式创建:指定长方体的中心点或指定一个角点。

命令调用方式：

◆ 命令行:BOX。

◆ 菜单栏:绘图→建模→长方体。

◆ 工具栏:单击"建模"工具栏命令按钮→ 。

操作提示：

命令: box
指定第一个角点或 [中心(C)]:　　　　　　　　←输入或在屏幕上指定正方体的一个顶点
指定其他角点或 [立方体(C)/长度(L)]: c　　　　←选择正方体选项
指定长度: 100　　　　　　　　　　　　　　　← 输入或指定正方体的长度

命令:_box
指定第一个角点或 [中心(C)]:　　　　　　　　←指定长方体底面对角点和高度方式
指定其他角点或 [立方体(C)/长度(L)]: @340,125
指定高度: 45

299

```
命令:BOX
指定第一个角点或 [中心(C)]:
指定其他角点或 [立方体(C)/长度(L)]:l          ←指定长、宽、高的方式创建长方体
指定长度 <100.0000>:
指定宽度:80
指定高度或 [两点(2P)] <100.0000>:60
```

```
命令:_box
指定第一个角点或 [中心(C)]:c                  ←"中心点"选项
指定中心:                                     ←输入或在屏幕上指定长方体底面的中心点
指定角点或 [立方体(C)/长度(L)]:@75,50         ←输入或指定长方体底面的一个角点
指定高度或 [两点(2P)]:200                     ←长为150,宽为100,高为200的长方体
```

(2) 创建圆锥体

该命令用于创建圆锥体或椭圆锥体。默认状态下,圆锥体的底面平行于当前用户坐标系的 XY 平面,且对称地变细直至交于 Z 轴上的一点。

命令调用方式:

- ◆ 命令行:CONE。
- ◆ 菜单栏:绘图→建模→圆锥体。
- ◆ 工具栏:单击"建模"工具栏按钮→ 。

默认状态提示输入圆锥底面的中心点,并假定底面是圆,然后输入圆的半径或直径 D,输入圆锥的顶点或高度值。

操作提示:

```
命令:_cone
指定底面的中心点或 [三点(3P)/两点(2P)/相切、相切、半径(T)/椭圆(E)]:
                                              ← 输入或在屏幕上指定圆锥体底面的中心点
指定底面半径或 [直径(D)] <10.0000>:           ← 输入或指定底面的半径或直径
指定高度或 [两点(2P)/轴端点(A)/顶面半径(T)] <90.0000>:40
         ← 输入或指定圆锥体的高度,生成圆锥体的中心线与当前 UCS 的 Z 轴平行
```

```
命令:_cone
指定底面的中心点或 [三点(3P)/两点(2P)/相切、相切、半径(T)/椭圆(E)]:
                                              ← 输入或在屏幕上指定圆锥体底面的中心点
指定底面半径或 [直径(D)] <10.0000>:           ← 输入或指定底面的半径或直径
指定高度或 [两点(2P)/轴端点(A)/顶面半径(T)] <90.0000>:A
指定顶点:@150,0                               ←输入或指定圆锥体的顶点
```

圆锥的底面平行于当前的基准面。相反,"顶点"选项提示输入一个点,AutoCAD 由此得出圆锥的高度与方向。

"椭圆"选项用于创建底面为椭圆的圆锥体。创建这类圆锥体的某些提示与 AutoCAD 的 ELLIPSE 命令的提示一样。

(3) 创建圆柱体

用于创建两端直径相等的圆或椭圆作底面的圆柱体。圆柱体是与拉伸圆或椭圆相似的

一种基本实体,但它没有拉伸斜角。

命令调用方式:

◆ 命令行:CYLINDER。

◆ 菜单栏:绘图→建模→圆柱体。

◆ 工具栏:单击"建模"工具栏→ 按钮。

可用两种方式绘制圆柱体:输入底面的圆心点或选择"椭圆"绘制底面为椭圆的圆柱体。

操作提示:

```
命令:_cylinder。
指定底面的中心点或 [三点(3P)/两点(2P)/相切、相切、半径(T)/椭圆(E)]:
                                            ←输入或在屏幕上指定圆柱体底面的中心点
指定底面半径或 [直径(D)] <10.0000>:         ← 输入或指定圆柱体底面的半径或直径
指定高度或 [两点(2P)/轴端点(A)] <40.0000>:   ←输入或指定圆柱体的高度
```

```
命令:
CYLINDER
当前线框密度: ISOLINES=4
指定圆柱体底面的中心点或 [椭圆(E)] <0,0,0>:  ←输入或在屏幕上指定圆柱体底面的中心点
指定圆柱体底面的半径或 [直径(D)]: 20         ←输入或指定圆柱体底面的半径或直径
指定圆柱体高度或 [另一个圆心(C)]: c          ←进入指定圆柱体另一端面中心点模式
指定圆柱的另一个圆心:                       ← 指定圆柱的另一个圆心
```

(4)创建球体

用于创建一个三维体,三维体表面上的所有点到中心的距离都相等。创建球体只有一种方式,即中心轴与当前用户坐标系的 Z 轴方向一致。

命令调用方式:

◆ 命令行:SPHERE。

◆ 菜单栏:绘图→建模→球体。

◆ 工具栏:单击"建模"工具栏→ 按钮。

操作提示:

```
命令:_sphere。
指定中心点或 [三点(3P)/两点(2P)/相切、相切、半径(T)]:
指定半径或 [直径(D)] <10.0000>:
```

(5)截面

在工程设计中,为了进一步表达设计意图,需要绘制一个工程的剖面图或截面图。

命令调用方式:

◆ 命令行:Section。

◆ 菜单:【绘图】/【建模】/【截面平面】。

操作提示:

```
命令:_sectionplane 选择面或任意点以定位截面线或 [绘制截面(D)/正交(O)]: d
指定起点:
指定下一点:
指定下一个点或按 ENTER 键完成:
按截面视图的方向指定点:
```

301

2. 拉伸二维实体

绘制物体的平面图形,用面域命令 REGION 使各部分图形生成面域。再用 EXTRUDE 命令拉伸,创建物体各部分的 3d 模型。拉伸命令还可以沿指定路径 p 拉伸对象或按指定高度值和倾斜角度拉伸对象。

如果用直线或圆弧来创建轮廓,在使用 EXTRUDE 拉伸命令之前需用 PEDIT 的"合并"命令把它们转换成单一的多段线或使它们成为一个面域。拉伸的对象为平面二维面、封闭多段线、多边形、圆、椭圆、封闭样条曲线、圆环和面域。不能拉伸具有相交的多段线。

通过拉伸圆、闭合的多段线、多边形、椭圆、闭合的样条曲线、圆环和面域创建特殊的实体。因为多段线可以是任意形状,因此,使用 EXTRUDE 命令可创建不规则的实体。

命令调用方式:
- ◆ 命令行:EXTRUDE。
- ◆ 菜单栏:绘图→建模→拉伸。
- ◆ 工具栏:"建模"工具栏→按钮。

操作提示:

```
命令:_extrude
当前线框密度:ISOLINES =4                    ←根据拉伸高度和倾斜角度生成实体
选择要拉伸的对象:指定对角点:找到 1 个
选择要拉伸的对象:
指定拉伸的高度或[方向(D)/路径(P)/倾斜角(T)] < -1.0870 >:75
选择拉伸路径或[倾斜角(T)]<0 >:0            ←指定拉伸的倾斜角度,按【Enter】键表示角度为 0
```

【实训 3-5-2】 绘制图 3-5-6 所示的路基立体轮廓三维图形。

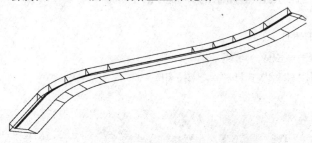

图 3-5-6 路基立体轮廓三维图形

操作提示:
(1)完成图 3-5-7 所示的路线导线以及平曲线绘制。
(2)绘制如图 3-5-8 所示的路基底轮廓线,平面选择 -90°。

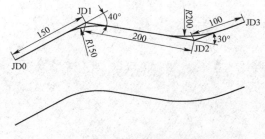

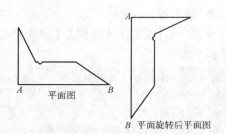

图 3-5-7 路线导线以及平曲线绘制　　　　图 3-5-8 绘制路基底轮廓线

```
命令:_pline
指定起点:
当前线宽为 0.0000
指定下一个点或 [圆弧(A)/半宽(H)/长度(L)/放弃(U)/宽度(W)]: 12
指定下一点或 [圆弧(A)/闭合(C)/半宽(H)/长度(L)/放弃(U)/宽度(W)]: @9,-6
指定下一点或 [圆弧(A)/闭合(C)/半宽(H)/长度(L)/放弃(U)/宽度(W)]: @-27.5,0
指定下一点或 [圆弧(A)/闭合(C)/半宽(H)/长度(L)/放弃(U)/宽度(W)]: 15
指定下一点或 [圆弧(A)/闭合(C)/半宽(H)/长度(L)/放弃(U)/宽度(W)]: @4.5,-9
指定下一点或 [圆弧(A)/闭合(C)/半宽(H)/长度(L)/放弃(U)/宽度(W)]: 0.5
指定下一点或 [圆弧(A)/闭合(C)/半宽(H)/长度(L)/放弃(U)/宽度(W)]: @0.,-0.5
指定下一点或 [圆弧(A)/闭合(C)/半宽(H)/长度(L)/放弃(U)/宽度(W)]: 0.5
指定下一点或 [圆弧(A)/闭合(C)/半宽(H)/长度(L)/放弃(U)/宽度(W)]: c
```

(3)通过拉伸绘制完整的路基立体轮廓三维图(图3-5-9)。

选择视图菜单三维视图西南等轴测,进入轴测图显示状态,然后进行三维旋转以及消隐处理。

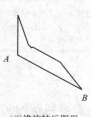

a)三维旋转后图形 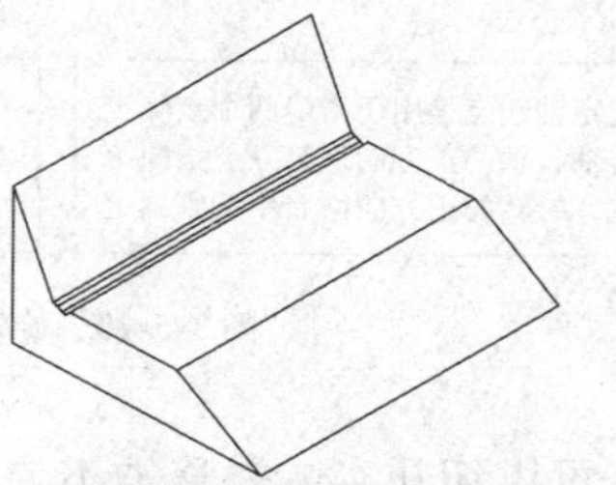　　b)路基立体轮廓三维图形端部放大图形

图3-5-9 路基立体轮廓三维图形

操作提示:

```
命令:ROTATE3D
当前正向角度:ANGDIR=逆时针 ANGBASE=0
选择对象:找到 1 个
选择对象:                              ←选择路基底平面图作为选择对象
指定轴上的第一个点或定义轴依据
[对象(O)/最近的(L)/视图(V)/X 轴(X)/Y 轴(Y)/Z 轴(Z)/两点(2)]: 指定轴上的第二点:
                                       ←以 AB 为轴上第一点和第二点
指定旋转角度或 [参照(R)]: 90
```

```
命令:_extrude
当前线框密度: ISOLINES=4              ←根据指定路径生成实体
选择要拉伸的对象:指定对角点:找到 1 个
选择要拉伸的对象:                      ←以路基底轮廓线为拉伸对象
指定拉伸的高度或 [方向(D)/路径(P)/倾斜角(T)] <-1.0870>: P
                                       ←路线导线为拉伸路径
选择拉伸路径或 [倾斜角(T)]:
```

命令:HIDE(消隐处理)。

3. 旋转实体

该命令通过旋转闭合的多段线、多边形、圆、椭圆、闭合的样条曲线、圆环和面域创建三维对象。

命令调用方式:

◆ 命令行:REVOLVE。

◆ 命令快捷键:REV。

◆ 菜单栏:绘图→建模→旋转。

◆ 工具栏:"建模"工具栏→ 按钮。

操作提示(图3-5-10):

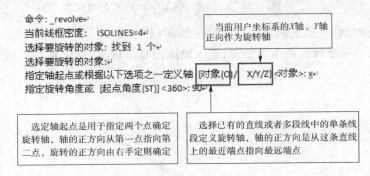

图3-5-10 旋转操作提示

4. 剖切实体

使用 SLICE 命令可以切开实体并移去不要的部分,从而得到新的实体。可以保留剖切实体的一半或全部。剖切实体的默认方式是:先指定三点定义剖切平面,然后选择要保留的部分。也可以通过其他对象、当前视图、Z 轴或 XY、YZ 或 ZX 平面来定义剪切平面。

操作提示:

命令:
SLICE
选择要剖切的对象:指定对角点:找到 1 个
选择要剖切的对象:
指定 切面 的起点或[平面对象(O)/曲面(S)/Z 轴(Z)/视图(V)/XY(XY)/YZ(YZ)/ZX(ZX)/三点(3)] <三点>: yz
指定 YZ 平面上的点 <0,0,0>:
在所需的侧面上指定点或[保留两个侧面(B)] <保留两个侧面>:

二、布尔运算

在 AutoCAD 中有三种基本的布尔运算:"并"、"交"和"差"。通过布尔运算可以将两个或两个以上的实体或面域组合成一个新的复合体或面域。

UNION(并)、SUBTRACTION(差)和 INTERSECTION(交)命令允许在一个命令中同时选择多个实体和面域,但是,实体只和实体进行组合,面域只和面域进行组合。在进行面域之间的组合时,只能组合位于同一平面内的面域。意思是一个布尔运算命令可以创建一个复合实体,但可能会创建多个复合面域。

(1)"并"运算

该运算用于根据一个或多个原始的实体生成一个新的复合的实体。在进行"并"操作时,实体或面域并不进行复制,因此复合体的体积只会等于或小于原对象的体积。UNION 命令用于完成"并"运算。

命令调用方式:

◆ 命令行:UNION。
◆ 菜单栏:修改→实体编辑→并集。
◆ 工具栏:"实体编辑"工具栏→⑩按钮。

操作提示:

命令:_union
选择对象:找到 1 个
选择对象:找到 1 个,总计 2 个
选择对象:

(2)"差"运算

用于从选定的实体中删除与另一个实体的公共部分。例如,可用 SUBTRACT 命令在对象上减去一个圆柱,从而在机械零件上创建孔。如果选择的对象是实体,那么 SUBTRACT 命令将用一个选择集中实体减去另一个选择集中的实体。如果第二个实体完全包含在第一个实体中,那么创建的组合体为第一个实体减去第二个实体;如果第二个实体的一部分包含在第一个实体中,那么只减去两个实体的重叠部分。同样,对于面域,也是从一组面域中删除与另一组面域的公共部分。

命令调用方式:

◆ 命令行:SUBTRACT。
◆ 菜单栏:修改→实体编辑→差集。
◆ 工具栏:在"实体编辑"工具栏→⑩按钮。

操作提示:

命令:_subtract 选择要从中减去的实体或面域...
选择对象:找到 1 个
选择对象:
选择要减去的实体或面域..
选择对象:找到 1 个
选择对象:

注意:使用 SUBTRACT 命令只能选择实体或面域。

(3)"交"运算

该运算用于将两个或多个对象的公共部分生成复合对象。如果选择的对象是实体,INTERSECT命令将计算两个或多个实体的公共部分的体积,并生成复合实体。如果选择的对象是面域,INTERSECT 命令将计算两个或多个面域的重叠面积,并生成复合面域。

命令调用方式:

◆ 命令行:INTERSECT。

- 菜单栏:修改→实体编辑→交集。
- 工具栏:在"实体编辑"工具栏→⊙按钮。

操作提示:

```
命令:_intersect
选择对象:找到 1 个
选择对象:找到 1 个,总计 2 个
选择对象:
```

布尔运算结果对比如图 3-5-11 所示。

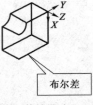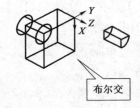

图 3-5-11 布尔运算结果对比

三、三维实体编辑命令

1. 剖切实体

利用 AutoCAD 2008 提供的剖切命令,用户可以方便地根据需要将实体切成两部分,或绘制出实体的切割剖面图。

命令调用方式:

- 命令行:SLICE。
- 菜单栏:修改→三维操作→剖切。

操作提示

```
命令:_slice
选择要剖切的对象:找到 1 个
选择要剖切的对象:
指定 切面 的起点或 [平面对象(O)/曲面(S)/Z 轴(Z)/视图(V)/XY(XY)/YZ(YZ)/ZX(ZX)/三点(3)] <三点>:zx
指定 ZX 平面上的点 <0,0,0>:
在所需的侧面上指定点或 [保留两个侧面(B)] <保留两个侧面>:b
```

2. 三维阵列

三维阵列是将指定的对象在三维空间进行阵列。它不但在 X、Y 方向上实现阵列,而且在 Z 方向也有相应的阵列数。如图 3-5-12 所示。

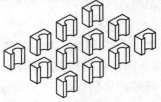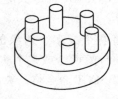

a)矩形阵列　　　　　　　　　　b)环形阵列

图 3-5-12 三维阵列图形

命令调用方式：
- ◆ 命令行：3DARRAY。
- ◆ 菜单栏：修改→三维操作→三维阵列。

操作提示：

```
命令：_3darray
选择对象：指定对角点：找到 1 个
选择对象：
输入阵列类型 [矩形(R)/环形(P)] <矩形>：
输入行数 (- - -) <1>：3
输入列数 (|||) <1>：4
输入层数 (...) <1>：1
指定行间距 (- - -)：100
指定列间距 (|||)：100
指定层间距 (...)：100
```

←矩形阵列中的行、列、层是分别沿着当前 UCS 的 X、Y、Z 轴方向，当提示输入某方向的间距值时，正值是沿相应坐标轴的正方向阵列，负值则沿负方向阵列

```
命令：
_3DARRAY
选择对象：找到 1 个
选择对象：
输入阵列类型 [矩形(R)/环形(P)] <矩形>：p        ←环形阵列
输入阵列中的项目数目：6                          ←输入要生成阵列的个数
指定要填充的角度 (+ =逆时针，- =顺时针) <360>：  ←确定要阵列的角度
旋转阵列对象？[是(Y)/否(N)] <是>：              ←旋转阵列是否要旋转视图
指定阵列的中心点：                              ←确定阵列旋转轴的一个端点
指定旋转轴上的第二点：                          ←确定阵列旋转轴的另一个端点
```

任务二　熟悉三维绘图环境

学习要点

1. 掌握坐标系 UCS。
2. 掌握三维绘图基本命令，三维图形的编辑和渲染。

1. 三维造型的概念

创建三维模型时，可将 AutoCAD 2008 的工作空间切换至"三维建模"，如图 3-5-13 所示。

前面我们讨论的都是在一个平面上绘制的二维图。这个平面只有两条坐标轴，X 轴与 Y 轴。在三维绘图中，我们除了用到 X 轴与 Y 轴外，还要用到 Z 轴，图 3-5-14 所示。

2. 厚度与高程

要创建一个圆柱体的三视图，只需绘制一个带有厚度的圆，然后沿每一坐标轴的方向观

察,即可得到不同的视图。这种绘制方式指的是拉伸二维对象,只有可拉伸的对象才可用此方式创建。

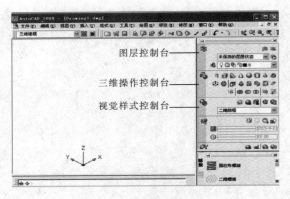

图 3-5-13　三维建模界面

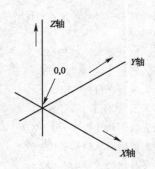

图 3-5-14　三维坐标体系

高程 elev 为透明命令,设置新对象的高程和拉伸厚度,厚度是指到高程的距离,正值表示沿 Z 轴正方向拉伸,而负值表示沿 Z 轴负方向拉伸。

思考:绘制圆柱如图 3-5-15 所示。

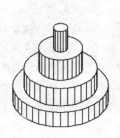 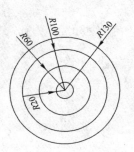 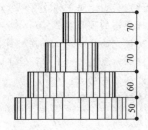

图 3-5-15　绘制圆柱体

用前面所学的二维绘图命令绘制的图形实际上都是真正的三维图形,这就是说,绘制的每一条线、圆或圆弧实际上都是保存在三维坐标系中。在默认状态下,AutoCAD 按当前的高程值设置对象的 Z 坐标值,同时将它的厚度设为 0,因此看到的二维图实际上是图形在三维空间中沿某一方向的投影。

而用对象捕捉的功能得到对象的几何特征点可能不在当前平面内。

操作提示:

命令: elev
指定新的默认标高 <25.0000> : 0
指定新的默认厚度 <25.0000> : 50
命令: _circle 指定圆的圆心或 [三点(3P)/两点(2P)/相切、相切、半径(T)]:
指定圆的半径或 [直径(D)] <35.0000> : 130

```
命令: elev
指定新的默认标高 <0.0000>:50
指定新的默认厚度 <50.0000>:60
命令: c
CIRCLE 指定圆的圆心或 [三点(3P)/两点(2P)/相切、相切、半径(T)]:
指定圆的半径或 [直径(D)] <130.0000>:100
命令: elev
指定新的默认标高 <50.0000>:110
指定新的默认厚度 <60.0000>:70
命令: c
CIRCLE 指定圆的圆心或 [三点(3P)/两点(2P)/相切、相切、半径(T)]:
指定圆的半径或 [直径(D)] <100.0000>:60
命令: elev
指定新的默认标高 <110.0000>:180
指定新的默认厚度 <70.0000>:
命令: c
CIRCLE 指定圆的圆心或 [三点(3P)/两点(2P)/相切、相切、半径(T)]:
指定圆的半径或 [直径(D)] <60.0000>:20
```

3. 右手定则

AutoCAD 提供了两种类型的坐标系,一个是固定的坐标系,叫做世界坐标系(WCS);另一个是由使用者自定义的,叫做用户坐标系(UCS)。

世界坐标系是固定的且不能被修改。在世界坐标系中 X 轴以 $(0,0,0)$ 点为起点,沿向右的方向值逐渐增大;Y 轴以 $(0,0,0)$ 点为起点,沿向上的方向值逐渐增大;Z 轴以 $(0,0,0)$ 点为起点,沿指向屏幕外的方向值逐渐增大。

用户坐标系允许修改坐标原点的位置及 X、Y、Z 轴的方向,这样可以减少绘制三维对象时的计算量。UCS 命令用于定义新用户坐标系的坐标原点及 X 轴、Y 轴的正方向。绘制一个屋顶的结构大样图,如果使用世界坐标系,那么需要计算倾斜的屋顶面内所有点的三个坐标值。但如果将用户坐标系的 $X-Y$ 面设置到倾斜的屋顶面上,这时在绘制图形时就像在平面中绘图一样简单。当改变了用户坐标系或旋转某个对象时,只要用右手定则就可以方便地确定旋转的正方向。

右手定则的使用方式是:
(1)如图 3-5-16 所示伸开右手的拇指、食指和中指。
(2)拇指指向 X 轴正方向。
(3)食指指向 Y 轴正方向。
(4)中指指向 Z 轴正方向。

在三维绘图中一般都是在二维空间绘图,各视图情况如图 3-5-17 所示。

4. 用户坐标系(UCS)

用 AutoCAD 200X 中绘制二维图形时,一般使用世界坐标系(WCS)。在图 3-5-18 中,根据箭头的方向可确定 X 轴与 Y 轴的正方向,Z 轴的正方向由 X 轴与 Y 轴的方向决定。

在 AutoCAD 中,可以根据用户的需求来制定坐标系统,即用户坐标系(User Coordinate System,简称 UCS)。制定适合用户需要的坐标系统,可以比较方便绘制用户所需的图形。

命令调用方式：
- ◆ 命令行：UCS。
- ◆ 菜单：【工具】→【新建 UCS】。
- ◆ 工具栏按钮：UCS 工具栏以及【UCSⅡ】相应按钮（图 3-5-18）。

右手定则

图 3-5-16 右手定则

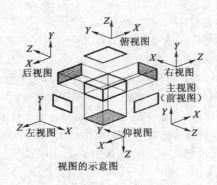

视图的示意图

图 3-5-17 视图的示意图

图 3-5-18 UCS 工具栏

操作提示：

命令：ucs
当前 UCS 名称：*世界*
指定 UCS 的原点或 [面(F)/命名(NA)/对象(OB)/上一个(P)/视图(V)/世界(W)/X/Y/Z/Z 轴(ZA)] <世界>：200,200
指定 X 轴上的点或 <接受>：
指定 XY 平面上的点或 <接受>：

各选项的含义：

①指定新 UCS 的原点（或工具栏上）：缺省选项，为新的用户坐标系统指定新的原点，但 X、Y、Z 轴的方向不变。可直接用鼠标在屏幕上选取一点作为新的原点；也可以键入 X、Y、Z 坐标值作为新的原点，如果只键入 X、Y 坐标值，则 Z 坐标值将保持不变。

②面（或工具栏）：根据三维实体表面创建新的 UCS。将新 UCS 的 XOY 平面对齐在所选三维实体的一面，且新原点为位于实体被选面且离拾取点最近的一个角点。

选择面的方式定义 UCS 坐标，如图 3-5-19 所示。

```
命令:ucs
当前 UCS 名称:*世界*
指定 UCS 的原点或 [面(F)/命名(NA)/对象(OB)/上一个(P)/视图(V)/世界(W)/X/Y/Z/Z 轴
(ZA)] <世界>:f
选择实体对象的面:                                    ←选取三维实体的表面
输入选项 [下一个(N)/X 轴反向(X)/Y 轴反向(Y)] <接受>:
                                          ←接受:表示接受当前所创建的 UCS
                                          ←X 轴反向:表示新的 UCS 绕 X 轴旋转 180°
                                          ←Y 轴反向:表示新的 UCS 绕 Y 轴旋转 180°
```

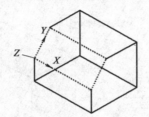

以选择面的方式定义 UCS 坐标,选取面的方式是在面的边界内或边缘上单击鼠标左键。UCS 的 X 轴会对齐于选择点的最接近边缘

图 3-5-19　面的方式定义 UCS

③指定三个点定义一个新的 XY 平面;或者指定一个点作为坐标原点,指定一个方向作为 Z 轴的正方向。

操作提示:

```
命令:ucs
当前 UCS 名称:*俯视*
指定 UCS 的原点或 [面(F)/命名(NA)/对象(OB)/上一个(P)/视图(V)/世界(W)/X/Y/Z/Z 轴
(ZA)] <世界>:3
指定新原点 <0,0,0>:
在正 X 轴范围上指定点 <1.0000,0.0000,30.0000>:
在 UCS XY 平面的正 Y 轴范围上指定点 <0.5991,0.8007,30.0000>:
```

④对象(或工具栏上):根据用户指定的对象来创建新的 UCS。新 UCS 与所选对象具有相同的 Z 轴方向,原点和 X 轴正方向由规则确定,Y 轴方向则由右手规则确定。

选择后出现提示:

选择对齐 UCS 的对象://选择用来确定新 UCS 的对象。

⑤视图(或工具栏上):选择后将新 UCS 的 XOY 平面设为当前视图平面,即是新的 UCS 平行于计算机屏幕,且 X 轴指向当前视图中的水平方向,原点保持不变。

⑥X/Y/Z(或工具栏上):将原 UCS 绕 X(或 Y 或 Z)轴旋转指定的角度生成新的 UCS。以"X"为例,选择后出现提示:

指定绕 X 轴的旋转角度 <90>://用户可在此提示符下输入旋转角度,正负值由右手规则确定(假设用右手握住轴,拇指方向就是正方向,弯曲手指的方向是该轴正向旋转角度的方向)。

定义新的用户坐标系的常用方法:绕 X 轴、Y 轴、Z 轴旋转 90°确定 UCS,得到不同的用户坐标系,如图 3-5-20 所示。

⑦上一个(或工具栏上),选择后,将返回上一次的坐标系统,此命令最多可重复使用十次。

⑧Z 轴(或工具栏上):确定新的原点和 Z 轴的正方向(X 轴和 Y 轴方向不变)来创建新的 UCS。

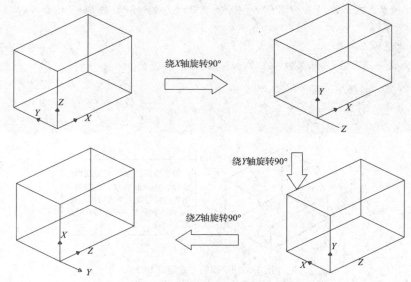

图 3-5-20 坐标系的转换

选择后出现提示:

命令:
UCS
当前 UCS 名称: *没有名称*
指定 UCS 的原点或 [面(F)/命名(NA)/对象(OB)/上一个(P)/视图(V)/世界(W)/X/Y/Z/Z 轴(ZA)] <世界>: za
←确定新的原点和 Z 轴的正方向(X 轴和 Y 轴方向不变)来创建新的 UCS
指定新原点或 [对象(O)] <0,0,0>:
在正 Z 轴范围上指定点 <963.4026,0.0000,1.0000>:
←输入或指定某一点,新原点和此点的连线方向为 Z 轴的正方向。直接按【Enter】键则新坐标系的 Z 轴通过新原点且和原坐标系的 Z 轴平行同向

绕 X 旋转的坐标体系的建立:

命令: ucs
当前 UCS 名称: *俯视*
指定 UCS 的原点或 [面(F)/命名(NA)/对象(OB)/上一个(P)/视图(V)/世界(W)/X/Y/Z/Z 轴(ZA)] <世界>: x
指定绕 X 轴的旋转角度 <90>:

【实训 3-5-3】 绘制图 3-5-21 烟灰缸。

 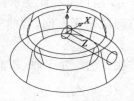 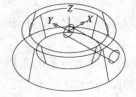

图 3-5-21 烟灰缸的绘制

操作提示：

①二维圆拉伸而得（半径80，高度50，锥面角度15）绘制半径为80的圆，然后拉伸。

```
命令：_extrude
当前线框密度： ISOLINES = 4
选择要拉伸的对象：找到 1 个
选择要拉伸的对象：
指定拉伸的高度或 [方向(D)/路径(P)/倾斜角(T)] <50.0000>：t
指定拉伸的倾斜角度 <0>：15
指定拉伸的高度或 [方向(D)/路径(P)/倾斜角(T)] <50.0000>：50
```

②圆台顶面圆的拉伸（半径55，高度-35，锥面角度15）。
③建立用户坐标系（以圆台面的上表面圆心为原点），如图3-5-22。

```
命令：ucs
当前 UCS 名称：*主视*
指定 UCS 的原点或 [面(F)/命名(NA)/对象(OB)/上一个(P)/视图(V)/世界(W)/X/Y/Z/Z 轴(ZA)] <世界>：
指定 X 轴上的点或 <接受>：
指定 XY 平面上的点或 <接受>：
```

④旋转用户坐标系，在该用户坐标系中绘制圆柱（半径10，高度90，锥面角度0），图3-5-22所示。

```
命令：UCS
当前 UCS 名称：*没有名称*
指定 UCS 的原点或 [面(F)/命名(NA)/对象(OB)/上一个(P)/视图(V)/世界(W)/X/Y/Z/Z 轴(ZA)] <世界>：X
指定绕 X 轴的旋转角度 <90>：-90
```

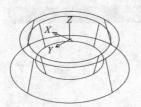 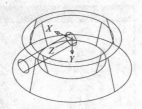

图 3-5-22 用户坐标体系的建立

⑤对小圆柱进行阵列。
⑥对所画图形进行差集运算。
思考：如何利用坐标体系画如图3-5-23 所示。

5. 设置多视窗

在创建三维实体的过程中，用户经常需要从不同的方向观察图形，AutoCAD 2008 会显示出对应的视图，默认视图是 *XY* 平面视图，即俯视图。

命令调用方式：

◆ 命令行：VIEW。

◆ 命令快捷键：V。

◆ 菜单：【视图】→【三维视图】。

◆ 工具栏按钮：视图工具栏→

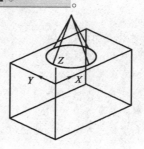

a)

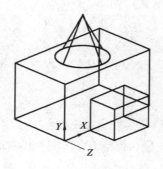
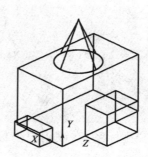

b)

图 3-5-23　用坐标体系画图

执行 VIEW 命令，打开"视图管理器"对话框（图 3-5-24），在对话框左侧列表中选择相应的视图后，单击"置为当前"按钮（图），再单击"应用"按钮，可以完成视图观察方式的调整。

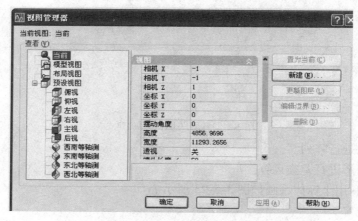

图 3-5-24　视图管理器对话框

6. 三维构造模型样式

命令调用方式：

◆ 命令行：VSCURRENT。

◆ 命令快捷键：VS。

◆ 菜单:【视图】→【视觉样式】。

◆ 工具栏按钮:视图样式工具栏→,选项含义见表3-5-1和图3-5-25。

选 项 含 义 表3-5-1

二维线框	显示用直线和曲线表示边界的对象。在这种视觉样式下,光栅图像和OLE对象、线型和线宽都是可见的
三维线框	显示用直线和曲线表示边界的对象,同时显示一个已着色的三维UCS图标。在这种视觉样式下,光栅图像和OLE对象、线型和线宽仍然是可见的
三维隐藏	显示用三维线框表示的对象并隐藏不可见的面上的直线。在这种视觉样式下,光栅图像和OLE对象和线宽都是可见的,但线型不可见
真实	对三维实体表面进行着色,并使对象的边平滑化,同时可以显示已附着到对象的材质
概念	对三维实体表面进行着色,并使对象的边平滑化,但着色时使用从冷色到暖色之间的过渡而不是从深色到浅色的过渡,效果缺乏真实感,但是,可以更方便地查看模型的细节

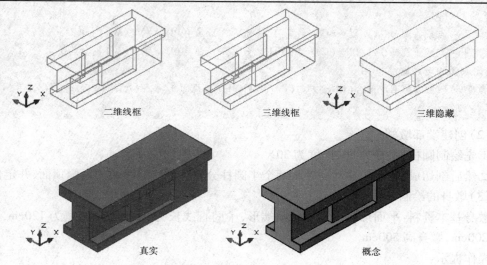

图3-5-25 视觉样式选项含义

【实训3-5-4】 绘制图重力式桥墩(图3-5-26)。

墩帽基本资料:平面形状为两侧为圆端形,中间直线长为982cm,宽为120cm,墩帽中间厚度为40cm,端部为70cm。

a)墩帽图　　　　b)墩身图　　　　c)重力式桥墩图

图3-5-26 重力式桥墩的三维效果图

操作提示:

(1)创建底层墩帽

①在俯视图上绘制长为982cm,宽为120cm,端部为两个半圆的封闭图形(可用多段线

315

绘制,也可用直线绘制,直线绘制时必须用面域命令将其生成面域)。

②用实体拉伸命令拉伸高度40cm,完成底部墩帽模型图。

```
命令:_pline                    ←在俯视图上多段线绘制底层墩帽平面图
指定起点:
当前线宽为0.0000
指定下一个点或[圆弧(A)/半宽(H)/长度(L)/放弃(U)/宽度(W)]:982
指定下一点或[圆弧(A)/闭合(C)/半宽(H)/长度(L)/放弃(U)/宽度(W)]:a
指定圆弧的端点或
[角度(A)/圆心(CE)/闭合(CL)/方向(D)/半宽(H)/直线(L)/半径(R)/第二个点(S)/放弃(U)/宽度(W)]:120
指定圆弧的端点或
[角度(A)/圆心(CE)/闭合(CL)/方向(D)/半宽(H)/直线(L)/半径(R)/第二个点(S)/放弃(U)/宽度(W)]:1
指定下一点或[圆弧(A)/闭合(C)/半宽(H)/长度(L)/放弃(U)/宽度(W)]:982
指定下一点或[圆弧(A)/闭合(C)/半宽(H)/长度(L)/放弃(U)/宽度(W)]:a
指定圆弧的端点或
[角度(A)/圆心(CE)/闭合(CL)/方向(D)/半宽(H)/直线(L)/半径(R)/第二个点(S)/放弃(U)/宽度(W)]:cl
```

(2)创建端部墩帽

①先绘制圆柱,半径为60,厚度为30。

②然后剖切成两半,用移动命令将两个半圆柱分别移到底层墩帽的两侧顶面,并定位。

(3)墩身的绘制

墩身基本资料:平面形状为两侧为圆端形,中间直线长为982cm,上底宽为120cm,下底宽为200cm,墩身高500cm。

操作提示:

①先创建中间的墩身部分,在右视图中绘制上底宽为120cm,下底宽为200cm,高为500cm的梯形,创建面域,再拉伸982cm,完成中间墩身部分。

②创建端部墩身部分,在右视图中绘制上底直径为120cm,下底直径200cm,高为500cm的桥台图。(在右视图中绘制上底为60cm,下底为100cm,高为500cm的直角梯形,然后用旋转命令绘制桥台)

③然后把圆台剖切成两半,用移动命令将两个半圆台分别移到墩身的两侧,并定位。

④用并集命令侧面墩身和中间墩身做布尔运算,使其成为一个整体墩身。

```
命令:_revolve
当前线框密度: ISOLINES=4
选择要旋转的对象:指定对角点:找到1个
选择要旋转的对象:
指定轴起点或根据以下选项之一定义轴[对象(O)/X/Y/Z]<对象>:o    ←对象为竖直的轴线,旋转直角梯形即可
选择对象:
指定旋转角度或[起点角度(ST)]<360>:
```

(4) 基础的绘制

基础的资料：平面形状为矩形，上层基础长为1162cm，宽为220cm，下层长为1212cm，宽为260cm，上下层厚度均为75cm。

操作提示：绘制基础的上下层的长方体，并定位。

【实训3-5-5】 绘制如图3-5-27所示的重力式桥台。

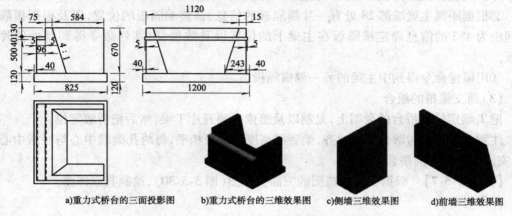

a) 重力式桥台的三面投影图　b) 重力式桥台的三维效果图　c) 侧墙三维效果图　d) 前墙三维效果图

图3-5-27　重力式桥台的绘制

基本资料：重力式梁式桥台由台帽、前墙、侧墙和基础四部分组成。台帽的基本资料：台帽为长方体，长1130cm，宽96cm，厚度40cm；侧墙的基本资料：侧墙断面为梯形，顶宽75cm，低宽243cm，侧墙高670cm，侧墙长584cm；前墙的基本资料：台口宽86cm，台口高170cm，前墙顶宽75cm，背坡4∶1，前墙胸高500cm，前墙长1120cm，前墙总高670cm。基础的基本资料：基础为长方体，长1200cm，宽825cm，厚度120cm。

操作过程参照【实训3-5-1】的绘制过程。

【实训3-5-6】 绘制图20m的T梁上部结构三维模型如图3-5-28所示。

每孔由5片主梁构成，主梁为20m标准T形梁。主梁的绘制基本资料：梁高为130cm，梁长为1996cm，梁宽为158cm，梁肋宽为30cm，翼缘板端部厚8cm，根部厚14cm。横隔板的基本资料：每片中间主梁两侧各有5片横隔板，横隔板的宽是15，与主梁同高，横隔板的间距为485，边主梁的横隔板分布在内侧。

图3-5-28　T梁上部结构

操作提示：

(1) 主梁的绘制

操作提示（图3-5-29）：

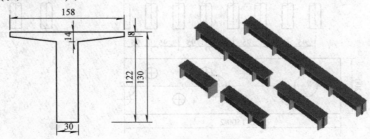

图3-5-29　T梁的示意图

①在右视图中绘制T形梁断面,并生成面域。
②用实体拉伸命令拉伸1996cm,形成T梁。
(2)横隔板的绘制
①根据外侧高122,内侧高116,宽64,厚15在右视图中绘制横隔板的断面,再拉伸,完成一片横隔板,再进行隔板的定位,注意三面投影中的定位。
②根据距离主梁端部28处有一片横隔板的信息,调整端隔板的位置,以及根据横隔板的间距为485的信息确定横隔板在主梁上的位置以及数量,用阵列命令得到其他四片横隔板。
③用镜像命令得到中主梁的另一侧横隔板。
(3)简支梁桥的组合
把T梁定位于桥台的台帽上,复制以及镜像得到五片T梁,然后把桥墩定位。
注意梁的轴线与墩台轴线对齐,梁底的高度与墩顶相平,每两孔梁端中心与桥墩中心对齐,完成整座梁桥的拼装操作。

【实训3-5-7】 根据桥墩构造图的三面投影图(图3-5-30),绘制其立体图。
操作提示:
(1)用圆柱命令先画桩的三维效果图。
(2)用长方体命令画承台的三维效果图。
(3)用圆柱命令画立柱的三维效果图。
(4)在主视图中绘制盖梁的特征投影,然后用拉伸二维实体的方法绘制盖梁的三维效果图。
(5)根据各部分的相对位置组合桥墩的整体三维模型。

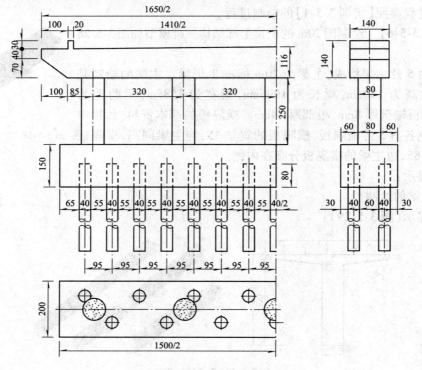

图3-5-30 桥墩三面投影图

【实训 3-5-8】 根据桥台构造图的三面投影图(图 3-5-31),绘制其立体图(图 3-5-32)。

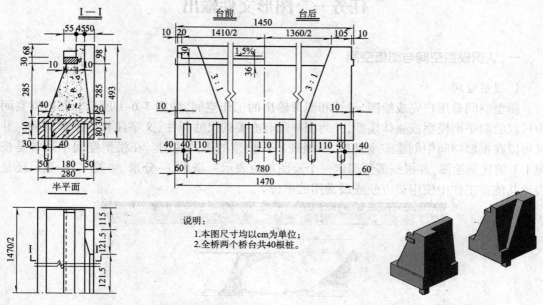

图 3-5-31　桥台构造三面投影图　　　　图 3-5-32　桥台三维效果图

项目六　打印输出图形

📖 学习要点

1. 模型空间。
2. 图纸空间。
3. 创建打印布局。
4. 图纸打印输出。

在教师指导下,由学生共同完成以下操作练习。
(1)在图纸空间中创建打印布局。
(2)图形的打印输出的各参数设置。
(3)理解绘图比例、屏幕缩放比例、出图比例的含义。

理解模型空间和图纸空间的概念,并掌握绘图空间切换的方法。掌握创建打印布局的方法,并能够准确地进行图纸打印输出。

使用 AutoCAD 绘制好的工程图样最后基本上都需要通过打印输出设备输出到图纸上,从而方便设计、施工、监理等各相关单位进行审核、施工和监督等工作。因此,图形输出往往是整个绘图工作的最后阶段。

和很多应用软件一样,AutoCAD 系统也提供了功能强大的图形输出功能。图形绘制完成后,可以使用多种方法输出:既可以将图形打印在图纸上,也可以创建成文件以供其他应用程序使用或在网上发布;既可以在模型空间中进行打印输出,也可以利用布局选项卡在图纸空间中输出图形。

任务一 图形文件输出

一、认识模型空间与图纸空间

1. 模型空间

模型空间是用户完成绘图、设计和图形输出的工作空间,如图 3-6-1 所示。在模型空间中可以绘制平面模型或立体模型,并为图样配有必要的尺寸标注、文字注释等图形对象。并且可以在模型空间中创建多个视口,以展现用户模型的不同视图。在模型空间中通常是按照 1:1 的比例绘图,并根据需要确定一个绘图单位表示一毫米、一分米、一英寸、一英尺还是表示其他在工作中使用最方便或最常用的单位。

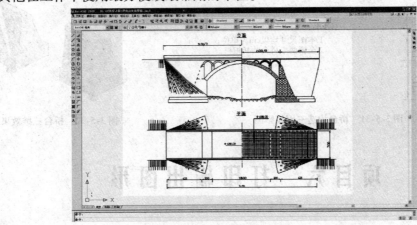

图 3-6-1 模型空间

2. 图纸空间

图纸空间是相对模型空间而言的。图纸空间可以被看作是一张虚拟的图纸,如图 3-6-2 所示。通过图纸空间可以用一定的比例将模型空间绘制的图形在图纸上的情况表达出来。每个图纸空间对应着一个页面设置。通常可在图纸空间添加标题块和文字注释,并可在图纸空间中设置比例不同的多个视口来观察和打印图形。

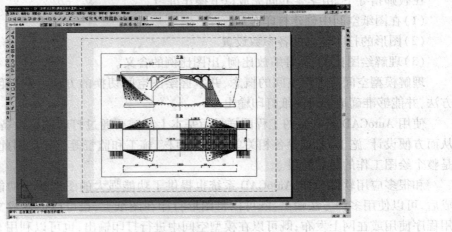

图 3-6-2 图纸空间

3. 模型空间和图纸空间的切换

一般情况下可以在模型空间中绘图，在图纸空间中进行打印输出。模型空间与图纸空间之间切换的方法通常有以下几种：

（1）单击选项卡控制栏上的标签

在选项卡控制栏上有"模型"标签和"布局"标签。单击"模型"标签进入模型空间，单击"布局"标签进入图纸空间，如图 3-6-3 所示。

图 3-6-3　模型空间和图纸空间切换标签

（2）单击状态栏中的"模型/图纸"切换按钮

在状态栏右侧有个"模型/图纸"切换按钮，单击它可以在"模型空间"和"图纸空间"之间进行切换，如图 3-6-4 所示。

图 3-6-4　模型空间和图纸空间切换按钮

（3）利用系统变量 TILEMODE 命令

在命令提示行输入 TILEMODE 命令进行赋值后，也可以完成模型空间与图纸空间的切换。当赋值为 1 时，工作空间为模型空间；当 TILEMODE 命令设置为 0 时，工作空间为图纸空间。

二、图形文件的输出

在 AutoCAD 中除了能绘制和编辑图形实体，将图形输出到图纸上外，还能以各种格式输出到文件，进行格式转换供其他应用程序使用。这样就可以合理有效的使用不同的应用软件，达到特殊应用的目的，使得各应用软件能够实现图形与数据资源共享。

将当前图形文件存为用户指定的其他文件格式，命令执行方式如下。

操作提示：

菜单命令：单击文件/输出
命令行：export

文件类型说明（图 3-6-5）：

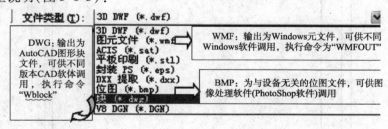

图 3-6-5　文件类型说明

三、模板文件的建立

【实训 3-6-1】　建立 A3 图框的模板文件。

AutoCAD 工程图的绘制过程中很多绘图的设定都是相似的，使用模板把设置好的图纸大小、尺寸单位、边框等的绘图环境保存为模板文件，在绘制新图的时候将设置好的模板文件导入，可以省去重复设置绘图环境的麻烦，并且使图纸标准化。

A3 图框的标准图幅尺寸为 420mm×297mm,左侧装订边间距为 30mm,其余三边幅面线与图框线的间距为 10mm,标题栏详见图 3-6-6。字体采用仿宋字体,标题栏小字高度为 3.5mm,其他高度为 5mm。绘图比例是 1∶100。

操作步骤：

1. 设置图层

在命令提示行输入图层命令 LAYER 并按【Enter】键,在弹出的"图层特性管理器"对话框中,单击"新建"按钮,建立一个新图层,新建图层的名字、线型、线宽、颜色等可根据情况设置成需要的样式。一般需要建立的图层有"尺寸标注"、"辅助线"、"细实线"、"粗实线"、"中线"、"虚线"、"文字"等。

2. 设置绘图单位

选择"格式"下拉菜单中的"单位"选项,在弹出的"图形单位"对话框中对绘图单位进行设置。

3. 图形界限

选择"格式"菜单中的"图形界限"选项或在命令行输入 LIMITS 并按【Enter】键,按命令提示操作完成绘图界限的设置。

4. 尺寸标注与文字标注

分别选择"格式"下拉菜单中的"文字样式"和"标注样式",在弹出的"文字样式"和"标注样式管理器"对话框中,根据需要对文字及标注的样式进行设置。

5. 图框的绘制

根据《道路工程制图标准》(GB 50162—92)规定,道路工程图纸一般采用 A3(420mm×297mm)图幅绘制,考虑到用图纸布局出图,只需预先建立标准图框图块,然后在图纸布局中插入该标准图框图块即可。

按照《道路工程制图标准》(GB 50162—92)规定绘制的道路工程图样图框和标题栏如图 3-6-6 所示。需要注意的是,虽然在《道路工程制图标准》(GB 50162—92)中规定了标题栏的尺寸与内容,但并非是强制性的,具体绘制时,只要不影响使用,均可以自行更改和调整。

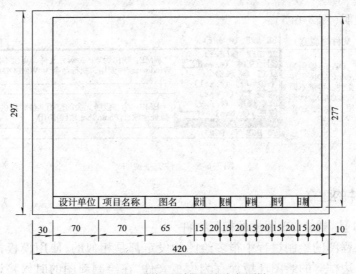

图 3-6-6 道路工程制图图框与标题栏

6. 模板文件的保存

完成以上设置后,可以将其保存为模板,方便今后调用,其操作过程如下:

(1)单击"文件"下拉菜单中的"另存为"选项或在命令提示行中输入SAVEAS并按【Enter】键,弹出如图3-6-7所示"图形另存为"对话框。

图3-6-7 "图形另存为"对话框

(2)在"文件类型"下拉列表框中选择"AutoCAD图形样板(x.dwt)"项。

(3)在"文件名"下拉列表框中输入图形模板名称,如"××工程A3图样板"。

(4)单击保存按钮,弹出"样板说明"对话框,如图3-6-8所示,在此处可以加上必要的说明,方便以后的查找和调用。

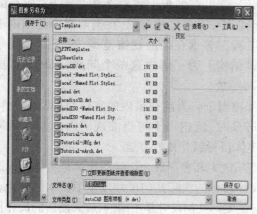

图3-6-8 图形另存为选项以及样板选项

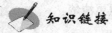
知识链接

在道路工程制图中,不同的比例尺对应不同的图形类型,一般情况下,地形图的比例尺根据实际情况,多采用1:5000和1:2000;路线平面图的比例尺采用1:2000;纵断面的比例尺水平方向1:2000,竖直方向1:200;横断面比例尺为1:200;特殊工点地形图可根据实际情况进行选择,如1:500、1:1000等。

在绘制道路工程的AutoCAD图形时,比例尺的选择可根据实际需要按照规范进行设置,最常用的是按1:1的比例进行绘图,但出图比例要根据选用图幅大小和图形尺寸来确定。如路基宽度为7.5m,若以cm为单位绘制时,其实际绘图长度为7.5×100=750个绘图单位,若选用A3图纸出图,则其出图比例为750/375≈2。考虑出图比例时的字高可按下面公式估算:

图中字高 = 实际图纸中要求的字高 × 出图比例

如要求实际图纸中的字高为 2.5，出图比例为 1:40，则定义字高为 $2.5 \times 40 = 100$，所有文字标注和尺寸标注均可参照该字高。

绘图时也可以按 1:1 的比例进行绘制，完成后，在标注之前按一定比例进行缩放，或在规定的绘图空间中按比例尺直接绘制，然后进行标注等工作。

使用 AutoCAD 进行计算机绘图时，在绘图过程中可不必考虑图形尺寸与图幅大小的关系，但在用图纸出图时就应了解和设置相关比例了。

用户绘图时可按照 1:1 的比例绘制，而在出图时，由于打印机、绘图仪和图纸的限制，不能按照此比例出图，这时需要确定绘图比例和出图比例。

与出图比例有关的比例除绘图比例外，还有线型比例及尺寸标注比例，这两种比例的大小不影响出图比例，但影响除实线外的线型及尺寸标注的外形尺寸。

1. 绘图比例

在绘图过程中所采用的比例就是绘图比例。绘图比例又分为两种：一种是绝对绘图比例，另一种是相对绘图比例。

绝对绘图比例是一个明确的数值。该数值可从键盘输入，也可由所选定的点到基点之间的距离值来确定。AutoCAD 将根据该数值对选定的实体目标进行比例缩放。

相对绘图比例是一个比值，AutoCAD 将根据该比值确定究竟是放大还是缩小。

2. 屏幕缩放比例

在手工绘图中，当选择好一个合适的比例后，就可在图板上将整个图形绘出，所有的线条均表达在图板图幅范围内。而在 AutoCAD 绘图中，屏幕尺寸有限，在当前视窗范围内不可能全部清楚的显示整幅工程图。如果将整幅工程图显示在当前视窗范围，对于那些线条紧密、结构复杂的图形，根本无法看清其中的具体结构。为了解决这两个问题，AutoCAD 提供了屏幕缩放命令 ZOOM，可对当前视窗进行屏幕缩放。

从视觉上看，用 ZOOM 命令放大屏幕时，就相当于将当前视窗内的实体目标从远处移至近处，以便看清楚。同理，用 ZOOM 命令缩小屏幕时，就相当于将当前视窗内的实体目标从近处移至远处，这样在当前视窗内，所看到的实体目标就呈缩小状态。

绘图比例与屏幕缩放比例最大的区别在于实质放大和表面放大。绘图比例是实体目标的实质放大倍数。用 SCALE 命令放大实体目标后，实体目标的实际几何尺寸发生了根本的变化。放大后实体目标的实际几何尺寸和放大前实体目标的实际几何尺寸是不同的，放大前后的尺寸比值就是绘图比例。用 ZOOM 命令缩放屏幕后，实体目标的实际几何尺寸并没有发生根本的变化。就相当于用放大镜看物体时的放大镜倍数，物体并没有真正放大，在视觉上看得更清楚。

3. 出图比例和尺寸标注比例

在 AutoCAD 绘图中，除了要绘出所要表达的线条、标注的尺寸、文字之外，还要把所画的这些内容输送到出图设备(绘图仪或打印机)以打印输出，即为出图比例问题。出图比例就是绘图单位和出图单位的比例关系。换句话说，在屏幕上所画的 100 个图形单位长的线段，从出图设备绘出时，在图纸上要绘制的长度是多少。在图纸上要绘制的线条的长度和屏幕上所画的同一条线条长度的比值称为出图比例。

下面以画一张 1:5 的 1 号工程图纸为例，介绍三种绘图方式。

(1) 先画后缩再出图

①先按 1:1 比例绘出所有图形实体，即按图纸的具体尺寸真实绘制。比如图纸中线段

AB 的尺寸标注长度为 888mm，那么就在屏幕上画 888 个图形单位长的线来表达该线段。

②绘制完图纸中的所有图形实体之后，启动 SCALE 命令，将所有图形实体缩小 5 倍，即绘图比例为 1:5。

③利用 SCALE 命令，将早已定义的 1 号标准图幅 A1（文件名为 A1.DWG），按 1:1 比例，插入到当前图形文件中。

注意：所插入的"1 号标准图幅 A1"是严格按照参照国家标准来创建的，即图幅规格为 841×594 图形单位。

④利用 MOVE 命令调整图框和各视图之间的相互位置关系，以使图纸各部分布局合理、匀称。

注意：在调整相互位置关系时，应注意各视图之间的对应关系（长对正、高平齐、宽相等），以免产生相互错位。

⑤启动标注样式命令，在【主单位】选项卡中，将【比例因子的值】设为 5，并保存该尺寸标注样式。

⑥在该尺寸标注样式下标注全部尺寸。

⑦利用文本样式命令，设置各字体样式的标准字高。

⑧标注文字。

⑨启动打印命令，在【打印设置】选项卡的【图纸尺寸、图纸单位】选项组中选择毫米作为长度单位；在【打印比例】选项组中设置【比例】为 1:1。

⑩在【打印】对话框内设置完其他参数，单击【确定】按钮即可将当前图形文件打印输出。

（2）边缩边画再出图

①先按 1:5 比例绘出所有图形实体。比如图纸中线段 AB 的尺寸标注长度为 888mm，那么就在屏幕上画 888/5=177.6 个图形单位长的线来表达该线段。

②绘制完图纸中的所有图形实体之后，利用 Insert 命令，将早已定义的 1 号标准图幅 A1（文件名为 A1.DWG），按 1:1 比例，插入到当前图形文件中。

③利用 MOVE 命令调整图框和各视图之间的相互位置关系，以使图纸各部分布局合理、匀称。

④启动标注样式命令，按照制图规范设置各参数，其中在【主单位】选项卡中，将【比例因子】的值设为 5，在【调整】选项卡中，将【全局比例因子的值】设为 1，并保存该尺寸标注样式。

⑤在该尺寸标注样式下标注全部尺寸。

⑥利用文本样式命令，设置各字体样式，按照标准字高。

⑦启动打印命令，在【打印设置】选项卡的【图纸尺寸、图纸单位】选项组中选择毫米作为长度单位；在【打印比例】选项组中设置【比例】为 1:1。

⑧在【打印】对话框内设置完其他参数，单击【确定】按钮即可将当前图形文件打印输出。

（3）先画不缩再出图

①先按 1:1 比例绘出所有图形实体，即按图纸的具体尺寸真实绘制。比如图纸中线段 AB 的尺寸标注长度为 888mm，那么就在屏幕上画 888 个图形单位长的线来表达该线段。

②绘制完图纸中的所有图形实体之后，利用 Insert 命令，将早已定义的 1 号标准图幅 A1（文件名为 A1.DWG）放大 5 倍的比例，按 5:1 比例，插入到当前图形文件中。

③利用 MOVE 命令调整图框和各视图之间的相互位置关系，以使图纸各部分布局合理、匀称。

④启动标注样式命令，按照制图规范设置各参数，其中在【主单位】选项卡中，将【比例因子】的值设为 1，在【调整】选项卡中，将【全局比例因子的值】设为 1，并保存该尺寸标注样式。

⑤在该尺寸标注样式下标注全部尺寸。

⑥利用文本样式命令,书写文字时,图中字高＝标准字高×5。

⑦标注文字。

⑧启动打印命令,在【打印设置】选项卡的【图纸尺寸、图纸单位】选项组中选择毫米作为长度单位;在【打印比例】选项组中设置【比例】为1:5。

⑨在【打印】对话框内设置完其他参数,单击【确定】按钮即可将当前图形文件打印输出。

任务二　在图纸空间中创建打印布局

打印布局:

打印布局是在图形输出之前所进行的一系列设置。包括打印机设置,图纸设置,标题栏设置,视口的类型与位置的设置。通过创建准确的打印布局,可以高效率地打印出符合需要的工程图纸或电子图形文件。

一、新建布局标签

默认情况下,新图形最开始有两个布局标签,即"布局1"和"布局2"。另外,也可以根据实际绘图需要创建新的布局标签。命令选项功能说明见表3-6-1。

命令选项功能说明　　　　　　　　　　　　　　　　表3-6-1

复制(C)	复制布局:复制已有的布局的方式来创建新布局。复制时需要分别键入源布局和新建布局的名称,在默认状态下,新布局名称为源布局名称后加注括号,括号内为一个递增的索引数字
删除(D)	命令提示行输入要删除布局的名称,然后才能删除该布局。但删除所有的布局后,系统会自动生成一个名为"布局1"的布局,以保证图纸空间的存在
新建(N)	新建布局
设置(S)	设置为当前布局
样板(T)	使用DWT样板文件中的布局:可以从样板文件(.DWT)、图形文件(.DWG)或DXF文件(.DFX)中的布局中提取布局信息来创建新布局。新布局中将包含源布局内的所有图形对象和浮动窗口,但不包括浮动窗口内的图形对象
重命名(R)	给已有布局重新命名
另存为(SA)	将创建或修改的布局存为DWT样板文件
?	查询当前图形内的所有布局

命令调用方式:

◆ 命令行:LAYOUT。

◆ 菜单:插入→布局→新建布局。

◆ 快捷菜单:在选项卡控制栏的标签上单击鼠标右键,打开快捷菜单→新建布局。

◆ 按钮:

操作提示:

命令:LAYOUT
输入布局选项[复制(C)/删除(D)/新建(N)/样板(T)/重命名(R)/另存为(SA)/设置(S)/?]＜设置＞:

调用样板选项后,会弹出"从文件选择样板"对话框,如图3-6-9所示。通过在对话框中选择相应文件即可完成新布局的创建。

二、使用"创建布局向导"创建打印布局

除了用LAYOUT命令新建布局外,还可以使用"创建布局向导"对图纸页面布局样式进行创建和详细设置。"创建布局向导"可以指导用户一步一步地完成新布局的创建。

1. 命令调用方式

◆ 命令行:LAYOUTWIZARD。

◆ 菜单:插入→布局→创建布局向导。

图 3-6-9 "从文件选择样板"对话框

2. 操作提示

命令:LAYOUT。

命令提示行输入命令并按【Enter】键后,图3-6-10所示"创建布局-开始"对话框。对新布局的设置将在此对话框中根据系统提示逐步完成。

设置一个新的布局具体步骤如图:

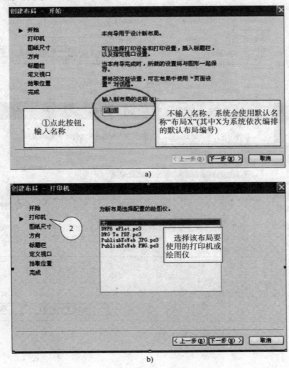

图 3-6-10

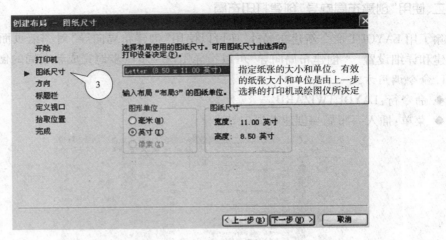

c)

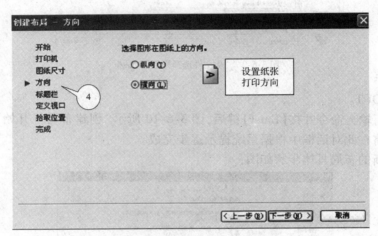

d)

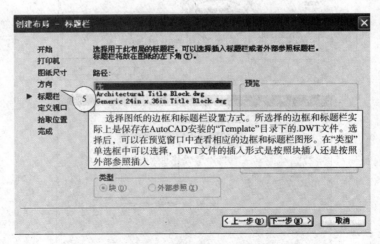

e)

图 3-6-10

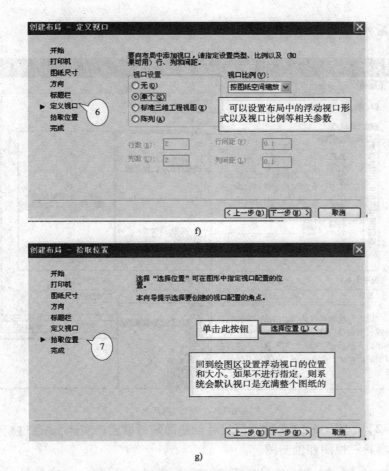

图 3-6-10 创建新的布局

在"创建布局－完成"对话框中单击"完成"按钮,至此,一个新的布局创建完成。在每一个步骤中,都可以单击"上一步"按钮返回前一步的对话框,以便重新设置相关参数。

三、创建和修改图纸空间视口

在 AutoCAD 2008 中,图纸空间的视口是用来观察图形对象的。只有在图纸空间内设置视口才能看见模型空间的对象。图纸空间内可以设置多个视口,从而为用户从多个角度表达立体图形。创建视口后还可以更改视口的大小、比例和位置。图纸空间的视口通常叫做浮动视口。在激活的浮动视口中,用户可以像在模型空间中一样绘制和编辑图形对象,编辑完成的结果会在其他视口以及模型空间体现出来。

1. 命令调用方式

命令:VPOTRS。

菜单:视图→视口→新建视口

按钮1:

按钮2:

2. 操作提示

命令:VPOTRS。

调用命令后，在绘图区会弹出如图 3-6-11 所示"视口"对话框。

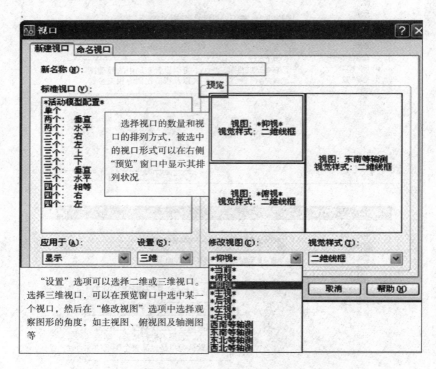

图 3-6-11 "视口"对话框

【实训 3-6-2】 图 3-6-12 为按实际尺寸创建的某桥墩盖梁实体，现通过新建视口，在图纸空间同时观察其三视图和轴测图。

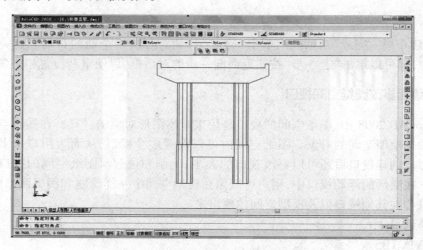

图 3-6-12 模型空间中的桥墩盖梁实体图

操作提示：

（1）使用创建布局向导命令 LAYOUYTWIZARD 创建一个名为"桥墩盖梁"的布局，并在"创建布局 – 定义视口"对话框中先将视口设置为"无"。

（2）在"桥墩盖梁"布局下输入命令 VPOTRS，在弹出的"视口"对话框中完成如图3-6-11所示的设置并按"确定"按钮退出。

(3)在"指定一个角点或[布满(F)]<布满>:"提示下按下【Enter】键,使浮动视口布满全部图纸空间。此时,绘图区将出现如图3-6-13所示反映图形三视图和轴测图的浮动视口。

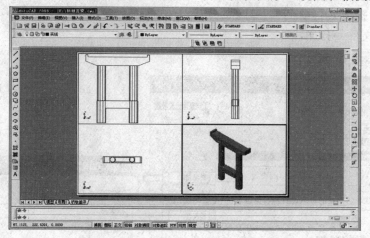

图3-6-13　布局空间中的桥墩盖梁图形

完成后可以将右下角的"东南等轴测"视口激活,并通过视图菜单中的"着色"工具完成体着色,使视图具有更强的表现力。

任务三　图形的打印输出

一、页面设置

页面设置的内容包括打印设备、图纸尺寸、打印区域、打印比例、打印样式等参数。通过设置各个参数,可以创建详细的图纸输出页面,并进行打印预览,为打印图纸或输出电子文件做好准备。

1. 命令调用方式
◆ 命令:PAGESETUP。
◆ 菜单:文件→页面设置管理器。
◆ 快捷菜单:在布局标签上单击鼠标右键弹出的快捷菜单→页面设置管理器。

2. 操作提示
命令:PAGESETUP。
在命令提示行输入命令,并按【Enter】键后,将打开如图3-6-14所示"页面设置管理器"对话框。
"页面设置"对话框中各项参数的设置与"打印"对话框相同,将在"打印输出"部分具体介绍。

二、打印输出

打印输出往往是整个绘图工作的最后一步,AutoCAD的打印命令除了能直接将已经设置好的页面直接打印输出之外,还可以通过对话框设置完成对未事先设置页面的图形对象的打印。

1. 命令调用方式
◆ 命令行:PLOT。
◆ 键盘快捷方式:【Ctrl】+【P】。
◆ 菜单:文件→打印。
◆ 按钮:

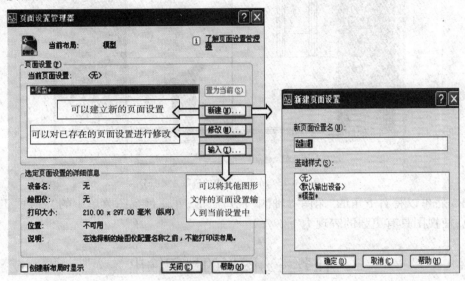

图 3-6-14　页面设置管理器

2. 操作提示

命令:PLOT。

在命令提示行输入命令,并按【Enter】键后,将打开如图 3-6-15 所示"打印"对话框。

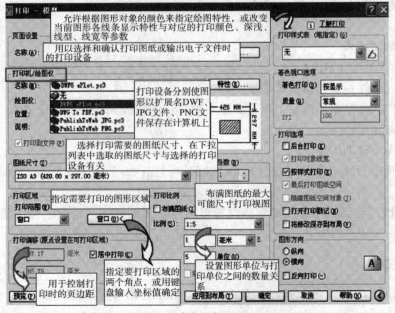

a)打印对话框

图　3-6-15

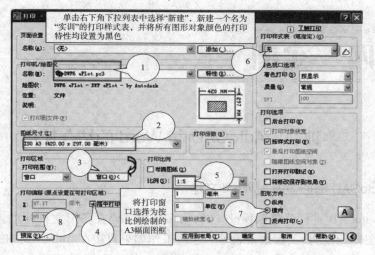

b)打印对话框

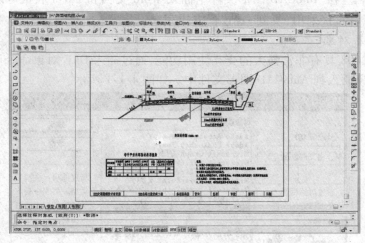

c)打印设置实训

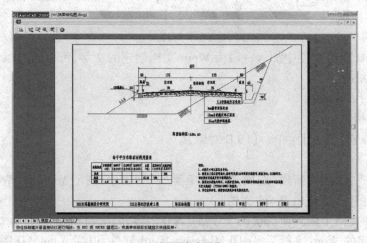

d)实训图打印预览

图 3-6-15 打印对话框各参数的设置

模块四 实训

实训一 AutoCAD 与 Word 的结合使用

一、在 AutoCAD 图形中插入 Word 文档

在使用 AutoCAD 进行公路工程设计时,很多时候需要在图形文件中加入大量的文字或表格,如设计图样的说明、工程数量表等。这些工作如果直接在 AutoCAD 中完成,既费时间,同时在版式上也很难达到效果。在 AutoCAD 图形文件中直接插入 Word 文档和 Excel 表格等显得非常便利。在 AutoCAD 图形文件中插入 Word 文档和 Excel 表格可以通过插入 OLE 对象方式,也可以直接采用"复制→粘贴"方式完成。

1. 插入 OLE 对象

AutoCAD 2008 具有非常强大的交互使用功能,通过插入 OLE 对象命令可以将其他应用程序创建的对象插入到 AutoCAD 图形文件中。如图 4-1-1 所示。

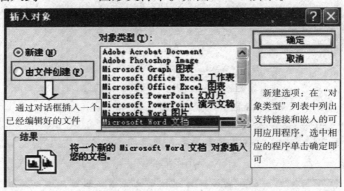

图 4-1-1 插入对象

在 AutoCAD 图形文件中加入一段由 Word 文档创建的文字,可以通过以下操作完成。
命令调用方式:
◆ 命令行:insertobj。
◆ 命令快捷键:io。
◆ 菜单:点击【插入】菜单→【OLE 对象】。
操作步骤:
①在对话框中选中"新建"选项,在"对象类型"列表中选择"Microsoft Word 文档",单击"确定"按钮,打开一个空白 Word 文档。
②在 Word 文档中输入所需要的文字、图表等内容并完成排版。
③保存创建的 Word 文档后,关闭 Microsoft Word 软件,返回 AutoCAD 图形文件,在绘图窗口将显示创建的 Word 文档内容。

OLE 为对象连接于嵌入,插入 OLE 对象,实际上通过 AutoCAD 2008 与其他应用软件,如 Word Excel PowerPoint 等相关联,并通过将相关软件创建的内容链接到当前图形文件中。

2. 以复制、粘贴的方式插入 Word 文档

先在 Word 软件中编辑输入文字,然后通过右键菜单或者键盘快捷方式"【Ctrl】+【C】"将编辑好的内容复制到剪贴板上,回到 AutoCAD 绘图窗口后,通过粘贴的方式,就可以将编辑好的 Word 文档加入到 AutoCAD 图形文件中。

粘贴的方式有两种:

方式之一:直接粘贴,即在绘图窗口单击鼠标右键,在菜单中选择"粘贴"或使用键盘快捷方式"【Ctrl】+【V】"将文字粘贴为 OLE 对象。粘贴完成后,如果需要编辑修改,则需要通过右键菜单,选择文档对象 OLE→打开,进入相应程序编辑修改。

方式之二:通过菜单方式将文字粘贴为 AutoCAD 图元,即选择菜单命令:【编辑】→【选择性粘贴】,打开"选择性粘贴"对话框,选择"AutoCAD 图元"完成粘贴后,粘贴内容转换为 AutoCAD 对象,需要编辑修改,直接通过双击鼠标激活文本框进行修改。如图 4-1-2 所示。

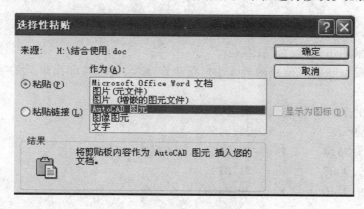

图 4-1-2　选择性粘贴

二、将 AutoCAD 图形添加到 Word 文档

命令调用方式:

◆ 命令行:COPYCLIP。

◆ 键盘快捷键方式:【Ctrl】+【C】。

◆ 菜单:【编辑】→【复制】。

◆ 工具栏按钮:标准工具栏→ 。

COPYCLIP 命令是将所有选定的对象复制到 Window 剪贴板中,打开 Word 文档,使用 Word 菜单:编辑→粘贴或者键盘快捷键【Ctrl】+【V】,就可以将剪贴板中的内容插入到 Word 文档。利用 Word 提供的"图片"工具栏中的裁剪工具对空边进行修整,再通过鼠标拖动角点来调整图形的大小。如图 4-1-3 所示。

图 4-1-3　Word 软件"图片"工具栏与"裁剪"工具

需要在 Word 文档中编辑修改插入的 AutoCAD 图形对象,可以直接在插入的图形对象上双击鼠标左键,自动打开 AutoCAD 并进入工作界面,直接在 AutoCAD 中完成对图形对象的修改,完成后,直接保存并关闭 AutoCAD 返回 Word,图形对象修改完成。

实训二　绘制道路路线平面图

在教师指导下,根据所给参数由学生共同完成道路平曲线的绘制及路线里程桩的绘制练习,以及完成曲线要素表。

一、绘制要求

(1)图线
①图标外框线线宽宜为 0.7mm 图标内分格线线宽宜为 0.25mm。
②线宽、线型的设置根据《道路工程制图标准》(GB 50162—92)中的要求进行设计。
(2)字体
①尺寸、符号等标注字体样式统一采用:仿宋体,宽高比为 0.7。
②其他文字采用仿宋体,宽高比取 0.7。
③文字高度根据制图规范视图纸大小自行确定字号,要求打印出来后的字体美观大方,清晰可见。

已知转角点的坐标以及曲线要素表如下:

JD1　　$X = 89.9528$　　　$Y = -23.5457$
JD2　　$X = 135.3514$　　$Y = -58.1667$
JD3　　$X = 209.9007$　　$Y = -8.7819$
JD4　　$X = 268.9240$　　$Y = -20.4469$

二、思考

根据所给的平面图回答以下问题:
(1)路线平面图的作用。
(2)路线平面图由哪些部分构成?
(3)根据给出的起点、交点、终点以及其他条件完成平曲线的绘制。
(4)根据平面图,将平曲线要素表 4-2-1 补充完整。

曲线要素表　　　　　　　　　　　　　　　　　　表 4-2-1

交点号	偏角 (°′″)	曲线要素值(m)			外　距
		切线长度 T	半径 R	曲线长度 L	
JD0					
JD1	右 22°39′38″		50	19.78	
JD2	左 70°51′05″		30	37.1	
JD3	右 44°42′07″		50	39.01	

(5)补充图上路线的里程桩(20m 桩和百米桩)。
(6)解释曲线要素表。

(7)沿线有几个交角点？

操作提示：

1. 根据所给转角点的坐标绘制导线

首先将转角点的坐标输入 Excel 表格中，按照 Excel 的坐标表示法，绝对坐标的公式是 X&“，”&Y(注意“，”是英文的半角)。选中 C1 栏，在上部的公式栏中输入 = A1&“，”&B1，输入公式后按【Enter】键，则在 C1 栏中生成了绝对坐标。选中 C1 栏，将光标指向 C1 栏右下角，系统提示出现黑色的十字标记，按住鼠标左键向下拖动十字光标标记一直到 C5 为止，则 C 栏中自动生成了绝对坐标形式，如图 4-2-1。

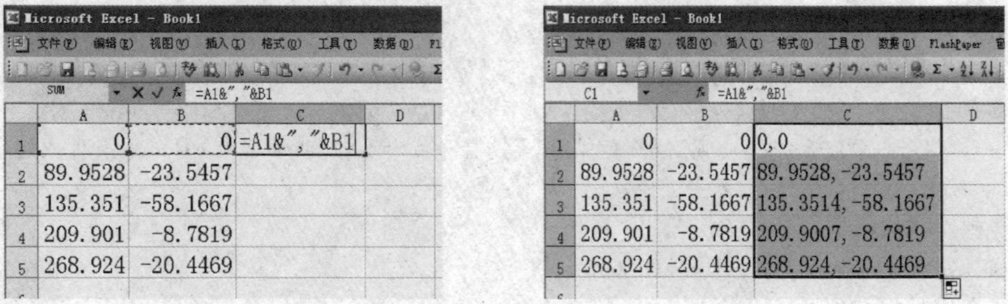

	A	B	C
1	0	0	=A1&","&B1
2	89.9528	-23.5457	
3	135.351	-58.1667	
4	209.901	-8.7819	
5	268.924	-20.4469	

	A	B	C
1	0	0	0,0
2	89.9528	-23.5457	89.9528,-23.5457
3	135.351	-58.1667	135.3514,-58.1667
4	209.901	-8.7819	209.9007,-8.7819
5	268.924	-20.4469	268.924,-20.4469

图 4-2-1　输入公式后自动生成的绝对坐标表格

复制选中的对象，回到 AutoCAD 中，在命令行输入“PL”多段线命令，在指定起点的提示下，把光标移至该位置，点右键“粘贴”，再按【Enter】键即可得到导线。

命令：pl

PLINE

指定起点：

→单击鼠标右键快捷键菜单中“粘贴”选项，将复制坐标粘贴到光标处，命令栏将自动给定多段线将所有的导线点坐标完成导线的绘制

2. 根据曲线要素表绘制圆曲线

命令：c

CIRCLE 指定圆的圆心或［三点(3P)/两点(2P)/相切、相切、半径(T)］：t

指定对象与圆的第一个切点：

指定对象与圆的第二个切点：

指定圆的半径：50

3. 编辑路线并查询各切线长以及外距完成曲线要素表格

利用查询 DI 命令查询切线长与外距。

命令：DI

DIST 指定第一点：指定第二点：

距离 =20.5584，XY 平面中的倾角 =214，与 XY 平面的夹角 =0

X 增量 = -17.1389，Y 增量 = -11.3536，Z 增量 =0.000

$T_1=10.0185$；$T_2=21.3402$；$T_3=20.5584$。

$E_1=0.9938$；$E_2=6.8158$；$E_3=4.0615$。

在导线与各圆曲线的交点处打断与合并多段线。

命令:_break 选择对象:
指定第二个打断点 或 [第一点(F)]: _f
指定第一个打断点:
指定第二个打断点:@

命令:pedit
选择多段线或 [多条(M)]: m
选择对象:找到 1 个
选择对象:找到 1 个,总计 2 个
选择对象:
是否将直线和圆弧转换为多段线? [是(Y)/否(N)]? <Y>
输入选项
[闭合(C)/打开(O)/合并(J)/宽度(W)/拟合(F)/样条曲线(S)/非曲线化(D)/线型生成(L)/放弃(U)]: j
合并类型 = 延伸
输入模糊距离或 [合并类型(J)] <0.0000>:
多段线已增加 1 条线段

4. 创建百米桩块,并绘制百米桩

命令: me
MEASURE
选择要定距等分的对象:
指定线段长度或 [块(B)]: b
←为了使百米桩和导线相协调,建立两个创建100m桩的短直线图块,分别以直线上、下端点作为图块的基点
输入要插入的块名: 100米桩(上端点)
是否对齐块和对象? [是(Y)/否(N)] <Y>:
指定线段长度: 100

中桩的绘制如图 4-2-2:

图 4-2-2　中桩绘制

5. 标注里程桩

公里桩符号"●"为直径 5 个单位的圆,右边半圆填充。

6. 公里桩数字的输入,如图 4-2-3

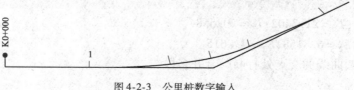

图 4-2-3　公里桩数字输入

```
命令：dtext
当前文字样式：Standard   当前文字高度：2.5000
指定文字的起点或［对正(J)/样式(S)］：
指定高度＜2.5000＞：3.5
指定文字的旋转角度＜0＞：90
```

实训三　绘制道路路线纵断面图

在教师指导下,根据所给的纵坡、竖曲线表(见表4-3-1)、纵断面数据资料表(见表4-3-2)合理选择图幅绘制纵断面图,完成道路纵断面图中设计线与地面线的绘制、沿线附属结构物的绘制,以及完成资料部分中填挖高度。

纵坡、竖曲线表　　　　　　　　　　　　　　表4-3-1

纵坡、竖曲线表								
…专用公路								
序号	桩号	高程(m)	竖曲线				纵坡（%）	
			凸曲线半径 R(m)	凹曲线半径 R(m)	切线长 T(m)	外距 E(m)	＋	－
1	K0+140	34.200		1000	18.76	0.18		4.786
2	K0+430	31.000		4000	46.11	0.266		1.043

一、绘图要求

1. 一般要求

(1) 图线

① 图标外框线线宽宜为0.7mm,图标内分格线线宽宜为0.25mm。

② 线宽、线型的设置根据《道路工程制图标准》(GB 50162—92)中的要求进行设计。

(2) 字体

① 尺寸、符号等标注字体样式统一采用:仿宋体,宽高比为0.7。

② 其他文字采用仿宋体,宽高比取0.7。

③ 文字高度根据制图规范视图纸大小自行确定字号,要求打印出来后的字体美观大方,清晰可见。

2. 纵断面要求

(1) 资料表部分。

① 资料表部分包括地质概况、设计高程、地面高程、填挖高度、里程桩号、坡度和坡长的相关数据内容,要求合理设置表格尺寸。

② 资料表部分文字设置符合国家制图标准规范要求,字体大小设置合理。

(2) 图样部分。

① 竖直方向比例和水平方向比例注意区分。

② 地面线、设计线线宽设置合理。

③ 竖曲线位置在图上标示清楚。

④工程构筑物的名称、规格和位置在图上表达清楚。

二、思考

纵断面图绘制完成后回答下列问题：
①纵断面图包含哪些内容？
②此条路线纵向起伏情况如何？
③纵断面图表达的是道路的什么情况？纵断面图的横坐标和竖坐标的比例是否一样？有什么要求？
④此图展示的路线细实线表示什么内容？粗实线表达什么内容？
⑤已知坡度如何求设计高度？地面高程又是如何得到的？如何求填挖高度？

纵断面数据资料表　　　　　　　　　　　表 4-3-2

里程桩号	地面高程	设计高程	里程桩号	地面高程	设计高程
0	40.7	40.7	380	29.2	31.8
20	39.5	39.7	389.81	29.1	31.71
40	38.5	38.8	400	29.0	31.6
60	36.4	37.8	420	29.4	31.4
100	33.2	35.9	428.81	29.0	31.32
140	30.4	34.2	440	28.7	31.25
180	30.3	33.8	460	28.5	31.55
220	30.1	33.4	467.80	28.4	31.66
240	31.0	33.2	480	28.6	32.05
260	33.0	33.0	500	29.9	32.55
280	31.0	32.8	520	31.9	32.65
300	31.0	32.6	560	34.8	33.65
320	30.0	32.4	600	35.5	34.65
340	28.5	32.2	640	35.7	35.65
354.81	28.5	32.06	680	35.7	36.65
360	29.0	32.0			

操作提示：

（1）绘制地面线与设计线（参照实训一中如何利用 Excel 表格转化成坐标形式）。

提示：地面线与设计线按绝对坐标进行绘制，里程桩号作为 X 坐标，地面高程和设计高程分别作为 Y 坐标，按照 Excel 中的坐标公式 X&","&Y，对数据行进行坐标转换，同时对数据进行比例换算。选中 D2 栏，在上部公式栏中输入 =A2*1000/2000&","&B2*1000/200 按【Enter】键，进行坐标转换，在 D2 栏中自动生成了绝对坐标。选中 D2 栏，将光标放置在 D2 栏右下角，光标变成黑色十字标记，按住鼠标左键并向下拖动十字标记，直到最后一组数据为止，在 D 列中将会自动生成地面线绘制坐标。

复制 D 列中生成的坐标值，回到 AutoCAD 中，建立地面线图层并将该图层作为当前层。在命令行输入"PL"多段线命令，在指定起点的提示下，把光标移至该位置，点右键"粘贴"，再按【Enter】键即可得到地面线的绘制。

在 Excel 表格中处理纵断面数据资料表中里程桩号与地面高程数据，绘制纵断面的地面线，以及处理起点、竖曲线转角点的设计高程资料、纵坡竖曲线表中各转角点的高程、切线长、外距等资料绘制设计线。如图 4-3-1 所示。

设计线资料

					设计线
起点	0	0	40.7	203.5	0, 203.5
转角点1	140	70	34.2	171	70, 171
转角点2	430	215	31	155	215, 155
终点	680	340	34.2	171	340, 171

	A x(里程桩号)	B x1(比例换算)	C y1(地面高程)	D y1(比例换算)	E 地面线
2	0	0	40.7	203.5	0, 203.5
3	20	10	39.5	197.5	10, 197.5
4	40	20	38.5	192.5	20, 192.5
5	60	30	36.4	182	30, 182
6	100	50	33.2	166	50, 166
7	140	70	30.4	152	70, 152
8	180	90	30.3	151.5	90, 151.5
9	220	110	30.1	150.5	110, 150.5
10	240	120	31	155	120, 155
11	260	130	33	165	130, 165
12	280	140	31	155	140, 155
13	300	150	31	155	150, 155
14	320	160	30	150	160, 150
15	340	170	28.5	142.5	170, 142.5
16	354.81	177.405	28.5	142.5	177.405, 142.5
17	360	180	29	145	180, 145
18	380	190	29.2	146	190, 146
19	389.81	194.905	29.1	145.5	194.905, 145.5
20	400	200	29	145	200, 145
21	420	210	29.4	147	210, 147
22	428.81	214.405	29	145	214.405, 145
23	440	220	28.7	143.5	220, 143.5
24	460	230	28.5	142.5	230, 142.5
25	467.8	233.9	28.4	142	233.9, 142
26	480	240	28.6	143	240, 143
27	500	250	29.9	149.5	250, 149.5
28	520	260	31.9	159.5	260, 159.5
29	560	280	34.8	174	280, 174
30	600	300	35.5	177.5	300, 177.5
31	640	320	35.7	178.5	320, 178.5

图 4-3-1 纵断面资料

注意:里程的比例换算:A * 1000/2000,2000 是纵断面图的横向比例,高程的换算:C * 1000/200,200 是纵断面图的竖向比例。

(2)根据竖曲线要素表中切线长以及外距绘制竖曲线。

在变坡点处绘制构造线并执行偏移命令。

命令:_offset
当前设置:删除源=否 图层=源 OFFSETGAPTYPE=0
指定偏移距离或[通过(T)/删除(E)/图层(L)]<通过>: 9.38 ←第一切线长的比例换算结果
选择要偏移的对象,或[退出(E)/放弃(U)]<退出>:
指定要偏移的那一侧上的点,或[退出(E)/多个(M)/放弃(U)]<退出>:

执行圆弧命令绘制竖曲线。

命令:_arc 指定圆弧的起点或[圆心(C)]:
指定圆弧的第二个点或[圆心(C)/端点(E)]:0.9
←从变坡点向上追踪0.9,0.9是外距的比例换算
指定圆弧的端点:

把原来的导线在竖曲线端点处执行打断命令,把变坡点与竖曲线的端点处的直线变成细实线,加粗圆弧,即可得到设计线。

(3)书写资料部分(参照模块三 项目四 任务一)。
(4)绘制标尺(注意标尺要与起点的高程相对应),并填写绘图比例。

命令:_rectang
指定第一个角点或[倒角(C)/标高(E)/圆角(F)/厚度(T)/宽度(W)]:
指定另一个角点或[面积(A)/尺寸(D)/旋转(R)]:@-1,10 ←10=2*1000/200
←也就是纵向调和的单位比例换算,2代表标尺的长度间隔 注意:不同的标尺间隔不同

(5)标注水准点、桥涵等附属结构物。
(6)绘制标准的 A3 图幅,并插入路线纵断面图中。结果如图 4-3-2 所示。

绘制公路纵断面图的要点:

(1)绘图时设计好比例尺(一般里程方向1:2000,高程方向1:200)。
(2)绘制纵断面图标题栏时,要注意各栏高度应以填写项所占尺寸为准。
(3)逐项填写纵断面图标题栏的内容时,一般先填写一行内容,可采用阵列方法或平行拷贝方法复制该行到其他行,再采用 DDEDIT 命令逐个修改数值,这样不但文字格式统一,而且便于对齐控制。
(4)标尺采用矩形绘制(宽度为1个单位),先绘制两节,然后用阵列方法制作其他部分。
(5)采用多段线绘制(宽度为0个单位)纵断地面线,要注意标尺的起始刻度和比例变换。
(6)纵断面设计线可以参照地面线的方法绘制,线宽采用0.5个单位。
(7)竖曲线绘制采用三点圆弧绘制,三点依次是竖曲线起点、变坡点位置设计高程处、竖曲线终点。
(8)标注水准点、桥涵构造物时要注意其与桩号的对应,标注圆管涵、箱涵、盖板涵时,最好先绘制好标准符号并定义为图块,利用图块插入命令绘制,以提高绘制效率。

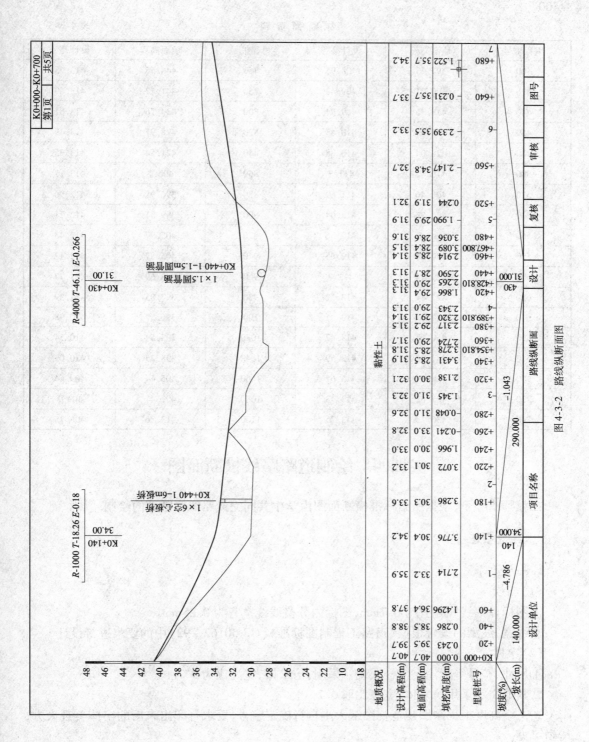

图 4-3-2 路线纵断面图

考核：根据纵断面资料表 4-3-3 完成纵断面图的绘制，水平比例：1∶2000，垂直比例：1∶400。

纵 断 面 资 料　　　　　　　　　表 4-3-3

里程桩号	地面高程	设计高程	里程桩号	地面高程	设计高程
400	397.73	408.91	760	446.55	413.73
420	400.21	409.43	780	441.77	413.69
440	418.75	409.94	800	434.76	413.61
460	432.33	410.43	820	428.97	413.49
480	428.04	410.88	840	421.54	413.35
500	410.87	411.3	860	406.1	413.17
520	406.46	411.69	880	396.92	412.96
540	421.96	412.04	900	399.31	412.71
560	432.6	412.36	920	405.97	412.43
580	434.38	412.65	940	405.87	412.12
600	421.44	412.9	960	408.69	411.77
620	421.44	413.12	980	397.85	411.39
640	417.32	413.31	100	396.57	410.98
660	430.58	413.47	1020	393.54	410.54
680	441.24	413.59	1040	398.25	410.09
700	440.8	413.67	1060	405.44	409.64
720	427.52	413.73	1080	402.41	409.2
740	430.13	413.75	1100	413.36	408.75

实训四　绘制道路路线横断面图

在教师指导下，根据所给标准横断面图由学生共同完成路线横断面的绘制。

一、绘图要求

1. 一般要求

（1）图线

①图标外框线线宽宜为 0.7mm，图标内分格线线宽宜为 0.25mm。

②线宽、线型的设置根据《道路工程制图标准》（GB 50162—92）中的要求进行设计。

（2）字体

①尺寸、符号等标注字体样式统一采用：仿宋体，宽高比为 0.7。

②其他文字采用仿宋体，宽高比取 0.7。

③文字高度根据制图规范视图纸大小自行确定字号，要求打印出来后的字体美观大方，清晰可见。

2. 横断面要求

（1）横断面图的地面线一律用细实线，设计线用粗实线，道路的超高、加宽也应在图中表示出。

(2)同一张图纸内绘制的横断面图,应按里程桩号顺序排列,从图纸的左下方开始,先由下而上,再自左向右排列。

(3)在每一张路基横断面图中应写明图纸序号及总张数,在最后一张图的右下角绘制图标。

(4)绘图比例应在图纸中注释说明。

二、思考

先读懂图 4-4-1 所示某道路的标准横断面,并回答问题。

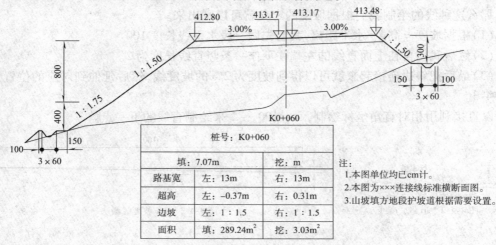

横断面示意图(一)

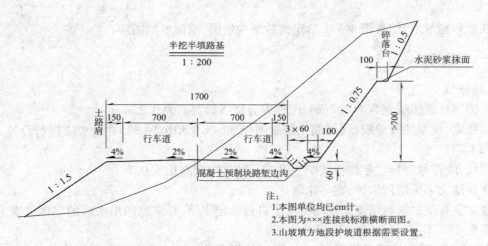

横断面示意图(二)

图 4-4-1 某道路标准横断面图

(1)该标准横断面图展示了几种路堤形式?

(2)该道路路幅宽度为多少?行车道、路肩宽度为多少?

三、操作提示

(1)先确定道路中线位置。

(2)从道路中线向两边绘制道路宽度,包括路肩。

(3)从路肩向两边绘制路堤填方、挖方坡度。
(4)根据尺寸绘制边沟。
(5)标注尺寸以及相关的文字说明。

注意:

坡度很小的线画法:

在公路设计过程中我们经常会遇到一些有坡度的设计线,如4-4-2图中的表示道路横坡2%坡度的线和表示路肩横坡4%坡度的线。

那么这种线的绘制我们根据坡度的定义就可以画出来。

(1)根据坡度=高差/水平距离,我们先做一段水平线长度100。
(2)然后我们再在上面直线的左端往下作一条竖直线长度为2。
(3)最后把斜边连接起来就可以得到坡度为2%的坡度线,然后延伸到对应的位置。如图4-4-3。

也可以直接利用相对直角坐标绘制,@-100,-2来绘制直线的下一点。

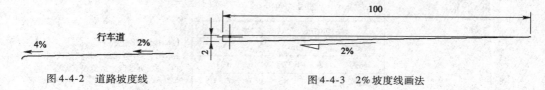

图 4-4-2　道路坡度线　　　　　　　图 4-4-3　2%坡度线画法

实训五　绘制桥墩构造图

在教师指导下,识读图 4-5-1 给定的桥墩构造图,绘制所给图样。

一、一般要求

(1)图线

①图标外框线线宽宜为 0.7mm,图标内分格线线宽宜为 0.25mm。

②线宽、线型的设置根据《道路工程制图标准》(GB 50162—92)中的要求进行设计。

(2)字体

①尺寸、符号等标注字体样式统一采用:仿宋体,宽高比为 0.7。

②其他文字采用仿宋体,宽高比取 0.7。

③文字高度根据制图规范视图纸大小自行确定字号,要求打印出来后的字体美观大方,清晰可见。

为了节省图幅,桩基采用了折断的画法,用样条曲线命令完成折断线的绘制。

二、操作提示

(1)绘制桩基三面投影图 4-5-2(按 1∶1 绘制)。
(2)绘制系梁三面投影图 4-5-3。
(3)绘制横梁、墩柱投影图 4-5-4。
(4)绘制盖梁三面投影图 4-5-5。

绘制盖梁的立面图,再根据投影的三对等关系得到其他面投影。

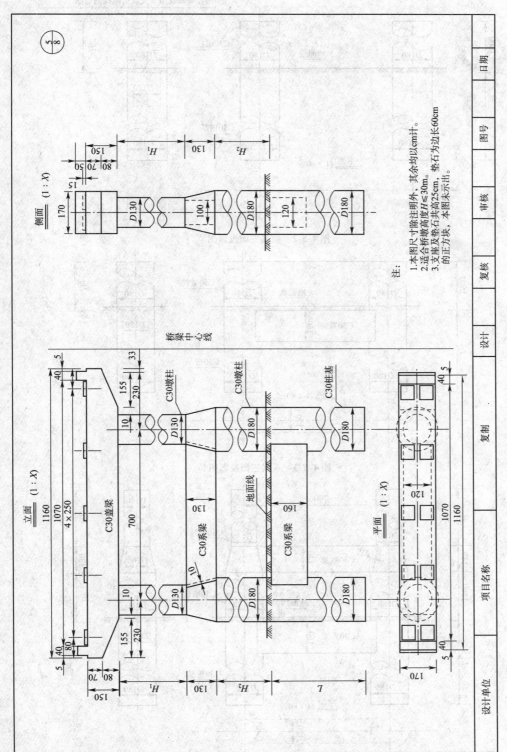

图 4-5-1 桥墩一般构造图

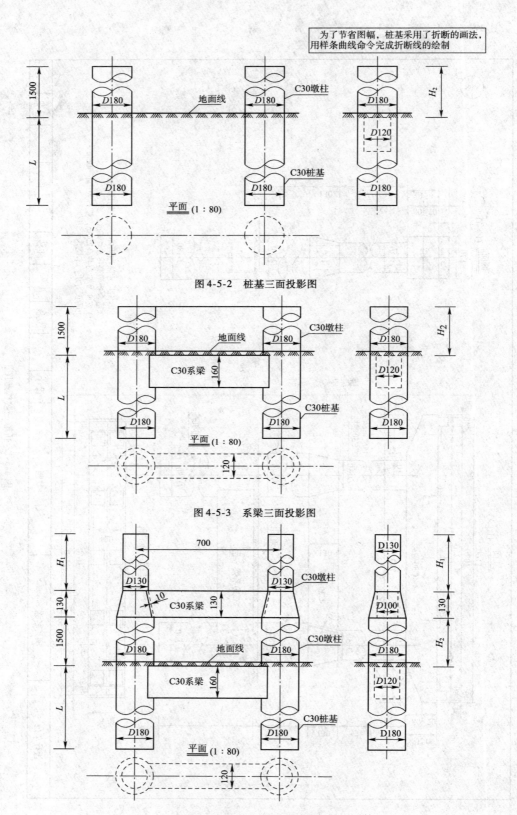

图 4-5-2　桩基三面投影图

图 4-5-3　系梁三面投影图

图 4-5-4　横梁、墩桩投影图

```
命令:1
LINE 指定第一点:
指定下一点或［放弃(U)］:50
指定下一点或［放弃(U)］:40
指定下一点或［闭合(C)/放弃(U)］:50
指定下一点或［闭合(C)/放弃(U)］:5
指定下一点或［闭合(C)/放弃(U)］:70
指定下一点或［闭合(C)/放弃(U)］:@155,-80
指定下一点或［闭合(C)/放弃(U)］:850
指定下一点或［闭合(C)/放弃(U)］:@155,80
指定下一点或［闭合(C)/放弃(U)］:70
指定下一点或［闭合(C)/放弃(U)］:5
指定下一点或［闭合(C)/放弃(U)］:50
指定下一点或［闭合(C)/放弃(U)］:40
指定下一点或［闭合(C)/放弃(U)］:50
指定下一点或［闭合(C)/放弃(U)］:c
```

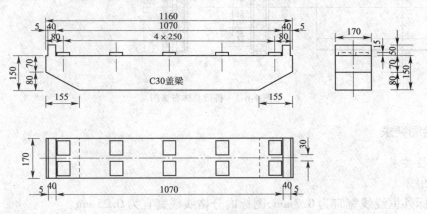

图 4-5-5　盖梁的三面投影图

绘制垫块:大小为 60×60×15,采用矩形命令绘制垫块的 V 面投影,然后阵列得到其他垫块,并根据投影的三对等关系绘制垫块的其他面投影。

盖梁示意图:

(5)绘制完成后整体缩放 0.125 倍,再插入标准的 A3 图幅中［也可采用另一种方式,把 A3(420×297)放大 8 倍,插入画好的图中,再设置对应的标注样式,以及打印时再缩放成标准的 A3 图幅大小］。

(6)设置标准的文字样式与标注样式,强调一点的是在设置标注样式时选择【主单位】选项【测量比例因子】设置成 8,其他文字大小还是标准的 3.5。可适当设置全局比例因子,使文字打印时大小适中。三维效果图如图 4-5-6 所示。

图 4-5-6　桥坡三维效果图

实训六 绘制桥梁总体布置图

在教师指导下,识读图4-6-1给定的桥梁总体布置图,并绘制所给图样。

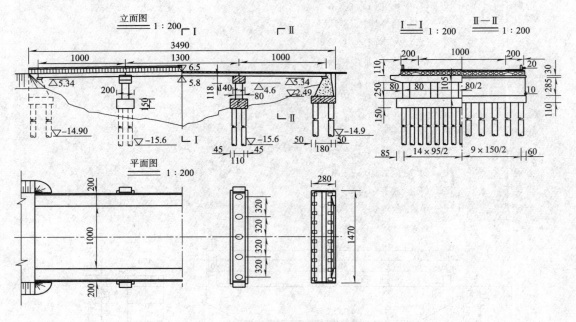

图4-6-1 桥梁总体布置图

一、绘图要求

1. 一般要求

（1）图线

①图标外框线线宽宜为0.7mm,图标内分格线线宽宜为0.25mm。

②线宽、线型的设置根据《道路工程制图标准》(GB 50162—92)中的要求进行设计。

（2）字体

①尺寸、符号等标注字体样式统一采用:仿宋体,宽高比为0.7。

②其他文字采用仿宋体,宽高比取0.7。

③文字高度根据制图规范视图纸大小自行确定字号,要求打印出来后的字体美观大方,清晰可见。

2. 专业要求

①要求立面图采用半剖面图的表达方式、平面图常用分层局部剖切的形式,侧面图中跨和边跨部分各取一半组成的表达方式。

②尺寸标注中的数值、文字外观大小、尺寸起止符号等要规范。

二、操作提示

1. 建立图层(立面图、平面图、剖面图、轴线图层、文字层、尺寸层)

2. 桥梁立面图的绘制

注意:

①绘制确定桥墩、桥台的位置的轴线:轴线的绘制方法以及比例的设置,如果立面图中的墩台数量较多时,轴线要进行标注。轴线的编号绘制,轴线编号圆用细实线绘制,直径为4mm。轴线以及编号的工作完成后,建议将轴线图层锁定,以便在以后绘图中利于操作。

②桥墩的绘制:桩基础采用示意图,用代表圆柱的截断面的符号,将基桩截断,其中注意折断线的绘制,可以用样条曲线绘制,也可以用圆弧命令绘制,绘制单根基桩,再采用镜像或者多重复制命令完成桥墩整个基桩的绘制。承台、立柱以及盖梁的高度尺寸参照剖面图中的尺寸。

③桥台的绘制:基桩的绘制参照桥墩基桩的绘制,具体的尺寸参照桥台结构图。

④主梁的绘制(绘制桥面线、主梁的底面线)。结果如图4-6-2。

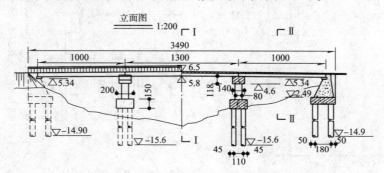

图4-6-2 桥梁立面图

3. 桥梁平面图的绘制

注意:

①平面图中桥墩及桥台与立面图中的桥墩及桥台位置对应关系。

②分别绘制桥墩、桥台平面图以及桥面的绘制。如图4-6-3。

4. 桥梁侧面(剖面图4-6-4)的绘制

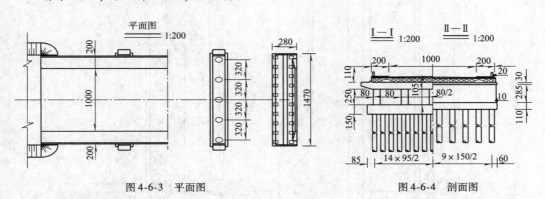

图4-6-3 平面图   图4-6-4 剖面图

5. 对桥梁各部分进行尺寸标注

注意: 尺寸标注中各参数尤其是全局比例因子的设置。

实训七 绘制盖板涵工程图

在教师指导下,识读图4-7-1给定的钢筋混凝土盖板涵,并绘制所给图样。

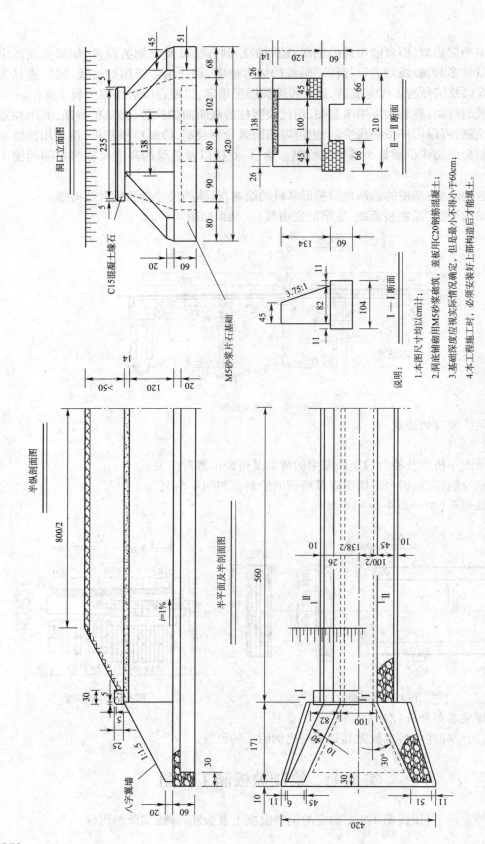

图 4-7-1 单孔钢筋混凝土盖板涵构造

一、绘图要求

1. 一般要求

（1）图线

①图标外框线线宽宜为 0.7mm，图标内分格线线宽宜为 0.25mm。

②线宽、线型的设置根据《道路工程制图标准》（GB 050162—92）中的要求进行设计。

（2）字体

①尺寸、符号等标注字体样式统一采用：仿宋体，宽高比为 0.7。

②其他文字采用仿宋体，宽高比取 0.7。

③文字高度根据制图规范视图纸大小自行确定字号，要求打印出来后的字体美观大方，清晰可见。

2. 专业要求

①要求立面图采用半纵剖面图的表达方式、平面图采用半剖平面图的表达方式，侧面图表达洞口形式。

②盖板涵要求洞口两侧为八字翼墙，洞高 120cm，净跨 100cm，总长 1482cm。

③正确表达 Ⅰ—Ⅰ、Ⅱ—Ⅱ、Ⅲ—Ⅲ 断面图。

④正确标注尺寸。

二、操作提示

1. 建立图层（建立基础层、八字翼墙层、缘石层、盖板层、路基层、尺寸标注层、文字层）

2. 绘制基础图（图 4-7-2）

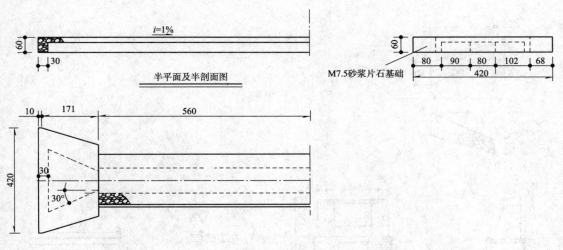

图 4-7-2　基础图

3. 绘制八字翼墙图（图 4-7-3）

4. 依次绘制缘石、盖板图、路基、断面图（图 4-7-4）。

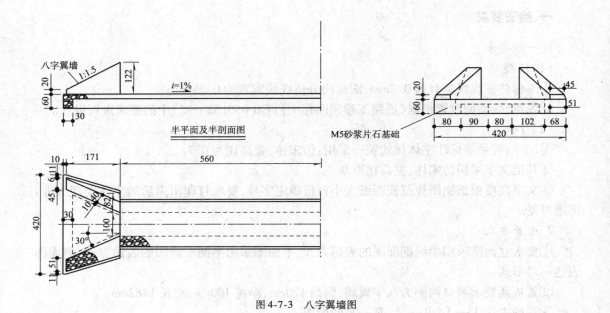

图 4-7-3 八字翼墙图

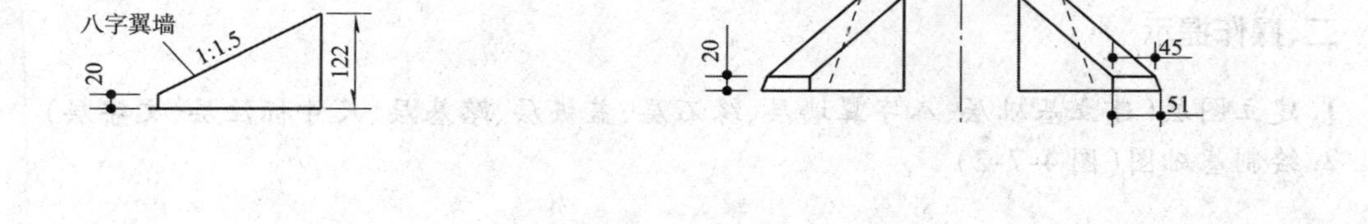

图 4-7-4 其他图绘制

实 训 考 核

考核一

制图理论部分(版本)

绘制图 4-8-1,要求:

(1)绘制标准的 A3 图幅图框等,并在标题栏内填好相应的名称。
(2)选取合适的比例绘制空心板的三面投影,需补全空心板 H 面投影,合理布图。
(3)线条清晰,层次分明,字体要满足规范要求。
(4)绘制空心板的正等轴测投影。
(5)正确、完整、清晰、合理地标注空心板的尺寸。

CAD 绘制(电脑绘制版本)。

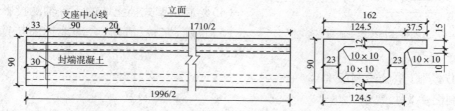

图 4-8-1 空心板三面投影绘制

绘制图 4-8-2,要求:

(1)按规范要求绘制标准的 A3 图幅图框,并在标题栏内填好相应的名称,字体要满足规范要求。

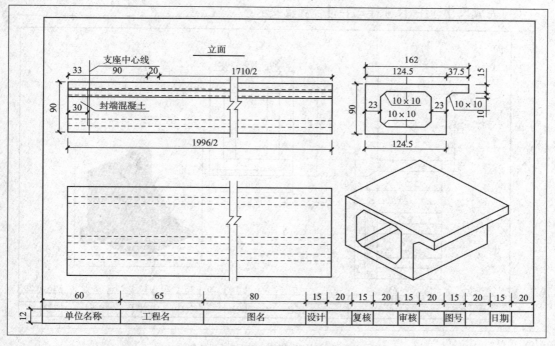

图 4-8-2 空心板三面投影图及三维效果图绘制

(2)建立图层。

(3)补全完成 H 面投影,以及完成该空心板的三维效果图的绘制。

(4)完成尺寸标注,尺寸样式要符合规范要求。

考核二

制图理论部分(版本)。

绘制图 4-8-3,要求:

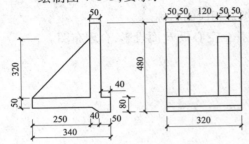

图 4-8-3 扶壁式挡土墙三面投影绘制

(1)绘制标准的 A3 图幅图框等,并在标题栏内填好相应的名称。

(2)选取合适的比例绘制扶壁式挡土墙的三面投影,需补全扶壁式挡土墙 H 面投影,合理布图。

(3)线条清晰,层次分明,字体要满足规范要求。

(4)绘制扶壁式挡土墙的正等轴测投影。

(5)正确、完整、清晰、合理地标注扶壁式挡土墙的尺寸。

CAD 绘制(电脑绘制版本)。

绘制图 4-8-4,要求:

(1)按规范要求绘制标准的 A3 图幅图框,并在标题栏内填好相应的名称,字体要满足规范要求。

(2)建立图层。

(3)补全完成 H 面投影,以及完成该扶壁式挡土墙的三维效果图的绘制。

(4)完成尺寸标注,尺寸样式要符合规范要求。

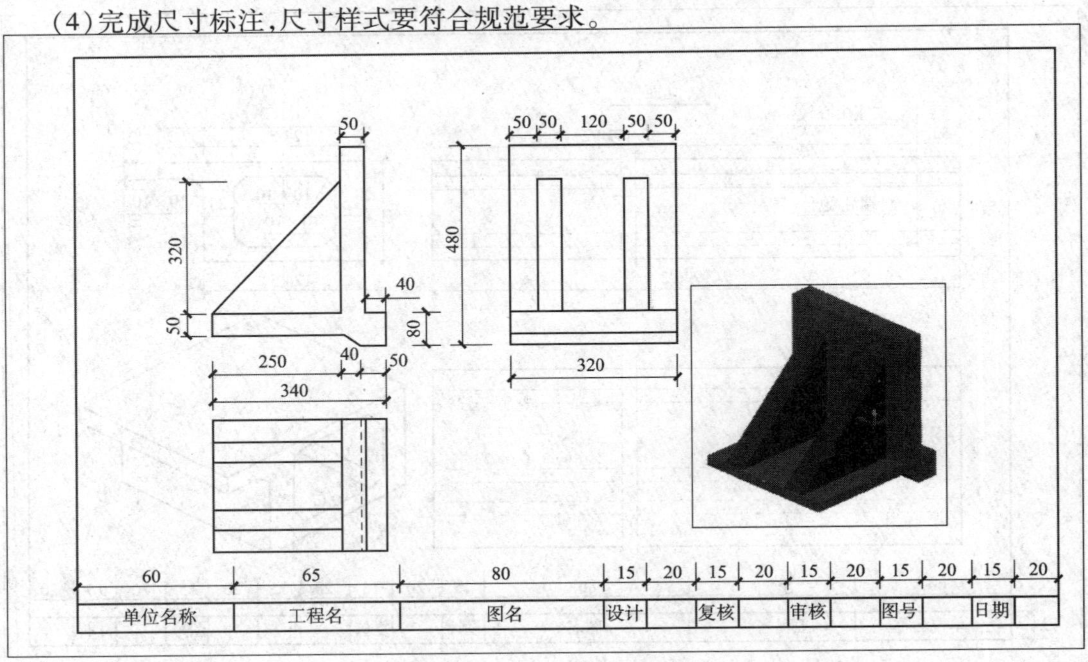

图 4-8-4 扶壁式挡土墙三维效果绘制

考核三

根据图4-8-5所给工程结构图纸,在A3纸上抄绘图纸,尺寸如图所示,绘图比例自定。

要求:

(1)按规范要求在A3图纸上绘制好图框,并在标题栏内填好相应的名称。

(2)抄绘图纸要正确,布局合理,比例选用适当,线条清晰,层次分明。

(3)尺寸标注要做到正确、完整、清晰、合理。

考核四

根据桥墩立体图4-8-6画出三面投影图并标注尺寸,图中立柱为直径130cm的圆柱,立柱高为1000cm比例自定,下图4-8-6中尺寸单位为cm。

要求:

(1)按规范要求在A3图纸上绘制好图框,并在标题栏内填好相应的名称。

(2)抄绘图纸要正确,布局合理,比例选用适当,线条清晰,层次分明。

(3)尺寸标注要做到正确、完整、清晰、合理。

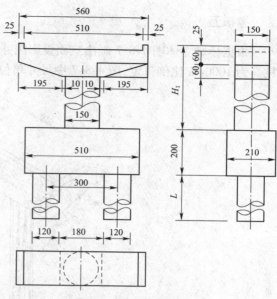

图4-8-5 桥梁结构图

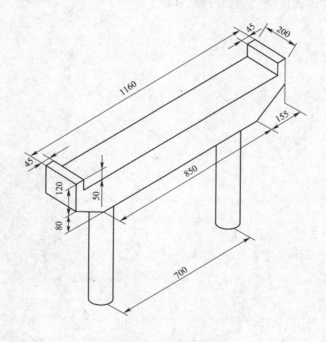

图4-8-6 桥墩立体图

考核五

根据桥墩立体图 4-8-7 画出三面投影图并标注尺寸,图中立柱为直径 130cm 的圆柱,立柱高为 1000cm 比例自定,图 4-8-7 中尺寸单位为 cm。

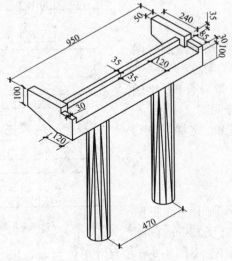

图 4-8-7 桥墩立体图

要求:
(1)按规范要求在 A3 图纸上绘制好图框,并在标题栏内填好相应的名称。
(2)抄绘图纸要正确,布局合理,比例选用适当,线条清晰,层次分明。
(3)尺寸标注要做到正确、完整、清晰、合理。

参 考 文 献

[1] 汪谷香.道路工程制图与CAD[M].北京:人民交通出版社,2010.
[2] 刘松雪,姚青梅.道路工程制图[M].北京:人民交通出版社,2013.
[3] 曹雪梅,汪谷香.道路工程制图计算机绘图[M].北京:人民交通出版社,2013.
[4] 赵云华.道路工程制图[M].北京:机械工业出版社,2007.
[5] 阮志刚.公路工程CAD制图[M].北京:人民交通出版社,2011.
[6] 郑益民.公路工程CAD基础教程[M].北京:人民交通出版社,2008.